Lehr- und Handbücher zu Tourismus, Verkehr und Freizeit

Herausgegeben von Universitätsprofessor Dr. Walter Freyer

Bisher erschienene Werke:

Handbuch für Studienreiseleiter

Pädagogischer, psychologischer
und organisatorischer Leitfaden
für Exkursionen und Studienreisen

Herausgegeben von
Wolfgang Günter

Dritte, überarbeitete und ergänzte Auflage

R. Oldenbourg Verlag München Wien

Bibliografische Information Der Deutschen Bibliothek

Die Deutsche Bibliothek verzeichnet diese Publikation in der Deutschen
Nationalbibliografie; detaillierte bibliografische Daten sind im Internet
über <http://dnb.ddb.de> abrufbar.

© 2003 Oldenbourg Wissenschaftsverlag GmbH
Rosenheimer Straße 145, D-81671 München
Telefon: (089) 45051-0
www.oldenbourg-verlag.de

Gedruckt auf säure- und chlorfreiem Papier
Satz: Wolfgang Günter
Gesamtherstellung: Druckhaus „Thomas Müntzer" GmbH, Bad Langensalza

ISBN 3-486-27417-1

Inhalt

IV

Vorwort

Das »Handbuch für Studienreiseleiter«, das nunmehr in neuer Auflage erscheint, gehört längst zur Standardliteratur der Touristiker. Allerdings hat sich in dieser schnellebigen Branche viel seit der letzten Ausgabe verändert: Neuartige Trends bestimmen Reiseverhalten und Veranstalterangebote, moderne Konzeptionen und aktuelle Forschungsergebnisse verdienen Beachtung. Das »Handbuch« ist deshalb gründlich überarbeitet und durch neue Beiträge ergänzt worden. Autoren und Herausgeber hoffen, damit das »grünen Buch« angemessen aktualisiert und in seiner gewohnten Qualität erhalten zu haben. Sie danken gleichzeitig dem R. Oldenbourg-Verlag und seinem Cheflektor Diplom-Volkswirt Martin Weigert für die Aufnahme des »Handbuches« in die tourismuswissenschaftliche Reihe dieses Verlages.

Freiburg   Der Herausgeber

Vorwort zur ersten Auflage

Der organisierte Bildungstourismus gehört zu den aktivsten und zukunfts-
trächtigsten Zweigen der Reisebranche: Er verbuchte im vergangenen
Jahrzehnt überdurchschnittliche Zuwachsraten und erwies sich gleichzeitig gesamtwirtschaftlichen Konjunktureinbrüchen gegenüber als relativ
unempfindlich. Seine Ziele beschränken sich nicht nur auf die wenigen
großen Urlaubsgebiete, sondern umfassen den ganzen Globus. Seine Veranstaltungsformen reichen in erstaunlicher Vielfalt von der Abenteuer-
reise bis hin zum »rollenden Seminar« akademischen Zuschnitts.

Die Erfolge des Bildungstourismus entscheiden sich nicht nur am Einfallsreichtum seiner Manager oder an der Generalstabsarbeit seiner Planer,
sondern – mehr als in anderen Bereichen des Tourismus – am Engagement und Können seiner Reiseleiter. Erst durch sie entsteht aus einer
komplexen Fülle von Routenverläufen, Organisationsvorgängen, Führungen und Besichtigungen das fertige Produkt, die Studienreise.

Studienreiseleiter haben überwiegend ein wissenschaftliches Studium
absolviert, führen häufig akademische Titel und sind nicht selten hoch-
qualifizierte Experten für die Thematik ihrer Routen. In ihrer Mehrzahl
sind sie nebenberuflich tätig und verstehen das Reiseleiten als Ergänzung
oder aber als Alternative zum Hauptberuf.

Es steht außer Zweifel, dass Engagement und fachwissenschaftliche
Kompetenz alleine noch niemanden zu einem guten Studienreiseleiter
machen: Auch ein qualifizierter Kunsthistoriker oder Indologe etwa benötigt hierzu eine Reihe zusätzlicher Kenntnisse und Fertigkeiten – zumal er
häufig in einer Umwelt zu tun hat, die touristisch noch wenig erschlossen
ist. Und wegen seines anspruchsvollen Publikums entscheidet sich das
Gelingen einer Fahrt häufig genug daran, ob er über psychologisch-päda-
gogische Kenntnisse und Fähigkeiten verfügt, die über das Alltagsver-
mögen eines Akademikers hinausgehen. Der nebenberufliche Status der
meisten Studienreiseleiter darf nicht darüber hinwegtäuschen, dass ihre
Tätigkeit eine bestimmte Form der Erwachsenenpädagogik ist. Wie andere Berufsfelder der Erwachsenenbildung erfordert die Reisepädagogik ein

bestimmtes Repertoire von Kenntnissen und professionellen Verhaltensweisen, das auch durch längere Berufspraxis nur zufällig und bruchstückhaft erworben wird. Die angemessenste Art ihrer Vermittlung ist deshalb eine gezielte Ausbildung.

Bekanntlich gibt es in der Bundesrepublik – im Unterschied zu Griechenland oder Italien etwa – keine öffentliche Berufsausbildung zum Reiseleiter. Deren Ausbildung und Fortbildung haben sich deshalb bei den Veranstaltern konzentriert. Wegen des nebenberuflichen Status der meisten Studienreiseleiter haben die Veranstalter jedoch bislang kostenintensive Ausbildungsmaßnahmen gescheut: Die Kurse dauern deshalb von einem Wochenende bis höchstens eine Woche, die Ausbilder rekrutieren sich weitgehend aus dem Management der Betriebe. Freilich darf nicht übersehen werden, dass Ausbildungsmaßnahmen in den vergangenen Jahren beträchtlich zugenommen haben. Der schnell wachsende Bedarf an Reiseleitern, die zunehmenden Ansprüche der Kunden (verbunden mit den Änderungen im Reiserecht) sowie der wachsende gegenseitige Konkurrenzdruck haben nicht nur bei den großen Veranstaltern die Einsicht wachsen lassen, dass sich ein gleichmäßig hohes Leistungsniveau - neben der Auswahl nur durch die Ausbildung und Fortbildung der Reiseleiter gewährleisten lasse.

Allerdings lässt diese innerbetriebliche Ausbildung noch viele Wünsche offen. Sie findet sich bislang fast nur bei den kommerziellen Veranstaltern, ist aber auch dort – wie die einzige bisher durchgeführte Erhebung gezeigt hat[1] – zu kurz sowie einseitig an Fragen der Organisation und Administration orientiert. In Psychologie und Pädagogik beschränkt sie sich mangels anerkannter Konzeptionen und professioneller Ausbilder[2] zumeist auf die Weitergabe von Erfahrungswissen[3]. Entsprechend groß ist deshalb bei den Reiseleitern (zumal bei solchen mit einer gewissen Be-

---

[1] Vgl. Robert Datzer/Martin Lohmann: Der Beruf des Reiseleiters. Eine soziologische Untersuchung, Starnberg 1981, 10-14.

[2] Im Unterschied zu anderen Bereichen der Erwachsenenpädagogik ist die Reisepädagogik bislang in Forschung und Lehre deutscher Hochschulen nicht vertreten. Ausgebildete Experten (die etwa als Ausbilder tätig sein könnten) fehlen deshalb ebenso wie wissenschaftlich fundierte reisepädagogische Konzeptionen.

[2] Auch in Zukunft wird auf der innerbetrieblichen Schulung der Schwerpunkt der Reiseleiterausbildung liegen. Aus diesem Grunde wäre es wünschenswert, wenn die bestehenden Fachhochschulen für Tourismus stärker reisepädagogische Themen (wie dies etwa bei dem - inzwischen eingestellten - Modellversuch »Freizeitpädagogik: Animation im Freizeit- und Urlaubsbereich« an der Freien Universität Berlin vorgesehen gewesen war) in ihr Lehrangebot einbeziehen würden. Der touristische Führungsnachwuchs würde dadurch befähigt, kompetenter als bisher die innerbetriebliche Reiseleiterausbildung zu organisieren und zu leiten.

[3] Vgl. Datzer/Lohmann: Der Beruf des Reiseleiters 34 f.

rufserfahrung) auch der Wunsch nach einer kompetenteren psychologischen und pädagogischen Ausbildung[4].

Das »Handbuch für Studienreiseleiter«, das nunmehr nach knapp zwei-
jähriger Vorbereitung erscheint, will der Ausbildungssituation aber auch
den erkennbaren Bedürfnissen der Studienreiseleiter Rechnung tragen. Es
versteht sich deshalb als ein Hilfsmittel, das sich für die innerbetriebliche
Reiseleiterschulung ebenso eignet wie für das Selbststudium und das deshalb auch jene zahlreichen Reiseleiter gemeinnütziger und kirchlicher
Institutionen sowie der Volkshochschulen im Blick hatte, für die es bislang kaum Schulungsmöglichkeiten gibt. Es eröffnet im übersichtlichen
Rahmen eines Buches die für einen Studienreiseleiter wichtigsten Sachbereiche und wendet den psychologischen und pädagogischen Aspekten
einer Studienreise besondere Aufmerksamkeit zu. Ein solches Projekt ist
bislang in Deutschland ohne Vorbild und verdient deshalb einige Erläuterungen.

Das Handbuch ist als Sammelwerk konzipiert. Denn die vielschichtige
und fächerübergreifende Materie konnte nur durch die gezielte Zusammenarbeit verschiedener Experten erschlossen werden. Gemeinschaftsar-
beiten führen jedoch häufig zu Unschärfen in Konzeption und Gestaltung.
Der Herausgeber war deshalb bemüht, durch Redaktionskonferenzen und
zahlreiche Rücksprachen die Einheitlichkeit der Konzeption zu wahren;
dies sollte und konnte jedoch nicht die legitimen Eigenheiten eines jeden
Autors in Diktion, Darstellungsweise und Problemsicht verdecken.

Das Handbuch ist praxisorientiert, das heißt, es erschließt den gegenwärtigen Stand theoretischer Einsichten für die Bedürfnisse der Praxis.
Dieser Absicht diente nicht nur der Grundsatz, dass die Autoren neben
ihrer fachlichen Qualifikation auch über langjährige Erfahrungen als Studienreiseleiter oder Tourismusexperten verfügen sollten; sie bestimmte
vor allem Gestaltung und Konzeption des Handbuches: Stil und Darstel-
lungsniveau hatten deshalb allgemeinverständlich zu sein. Der Darstellung
des Gesicherten kam der Vorrang vor der Diskussion des Fragwürdigen
zu. Verweise auf wichtige Literatur sollten das oft weit verstreute Schrift-
tum erschließen und zur vertiefenden Weiterarbeit anregen.

Vor allem aber hatten sich Inhalt und Aufbau des Handbuches an den
praktischen Bedürfnissen, am Tätigkeitsfeld des Studienreiseleiters zu
orientieren. So führt der erste Teil den Reiseleiter in sein Berufsfeld ein,
das heißt in die Geschichte, in die Gegenwart und in die darin begründeten Wirkungen des Bildungstourismus. Der zweite Teil behandelt wichtige und mit einer Gruppenreise stets aufgeworfene individual- und sozialpsychologische Fragen. Der dritte Teil beschreibt das weite Feld der Di-

daktik und Methodik, weist den Reiseleiter in deren grundlegende Prinzipien ein und zeigt die konstitutiven Sachbereiche einer Studienreise auf. Der vierte Teil behandelt schließlich wichtige organisatorische, medizinische und juristische Fragen.

Herausgeber und Autoren hoffen, damit ein Hilfsmittel geschaffen zu haben, das knapp, präzise und übersichtlich über alle wichtigen Tätigkeiten und Berufsmerkmale eines Studienreiseleiters informiert, das damit den Reiseleitern ihren Beruf erleichtert, das aber auch anderen Berufsgruppen – Journalisten, Pädagogen, Tourismusexperten und Juristen etwa – als ein zuverlässiges Nachschlagewerk dient.

Tübingen   Der Herausgeber

Teil I

DER BILDUNGSTOURISMUS

Wolfgang Günter

Geschichte der Bildungsreise

I. Einleitung

Seit den Anfängen der Geschichte sind Menschen gereist: Kaufleute und Pilger, Gelehrte und Künstler, Kuriere und Eroberer haben immer wieder die ungewisse, aber verlockende Ferne gesucht. Motive wie Profitgier, Glaubenseifer, Forscherdrang und Abenteuerlust haben die Welt und das Bild von ihr verändert und die Signatur ganzer Epochen geprägt.

Von diesen unterschiedlichen Erscheinungsformen des Reisens unterscheidet sich die Bildungsreise dadurch, dass sie überwiegend oder ausschließlich mit der Absicht unternommen wird, durch die persönliche Begegnung mit der Natur, mit den Menschen und ihrer Kultur das Wissen zu erweitern, persönliche Fähigkeiten auszubilden, den Geschmack zu verfeinern und die Urteilsfähigkeit zu schärfen. Im Unterschied zur Forschungsreise sucht sie ihre Ziele zumeist im Umkreis der eigenen Kultur – immer aber in bekanntem Raum – und verfolgt somit die Absicht, das schon Gewusste in persönlicher Erfahrung bewusst zu machen. Da sie sich in der Regel Orten zu bewegt, die im Selbstverständnis eines bestimmten Kulturkreises als bedeutend und sehenswert gelten, bewegt sie sich auf die Geschichte zu, auf die in ihr vermittelten Monumente, Überreste und Schauplätze.

Wenn es im folgenden um die wichtigsten geschichtlichen Phasen des Bildungstourismus geht, so soll nach dem Typischen gefragt werden, das heißt danach, wann, wie und warum die Bildungsreise jeweils zu einer überindividuellen, gesellschaftlichen Erscheinung wurde. Bei den vielfältigen Motiven für das Reisen gibt es Mischformen und Übergänge, die hier insoweit Beachtung finden sollen, als sie sich dem Bildungstourismus annähern. Von Bildungsreise im eigentlichen Sinne ist jedoch immer nur dann die Rede, wenn das Bildungsmotiv erkennbar wird, die Interessen sich auf bestimmte Ziele konzentrieren und diese sich wiederum zu einer feststehenden Route formieren. Dabei spielt es keine Rolle, in welchem institutionellen Rahmen, mit welchen Verkehrsmitteln und in welcher Sozialform die Reise unternommen wird.

II. Die Bildungsreise der Antike

Die ersten historisch fassbaren Spuren eines Bildungstourismus tauchen
im Ägypten des 15. Jahrhunderts vor Christus auf: An der Stufenpyramide
von Sakkara, an der Sphinx und den großen Pyramiden von Gizeh beispielsweise fanden Archäologen Inschriften zahlreicher Ägypter[1], die
eigens hierher gekommen waren, um diese damals bereits altehrwürdigen
Denkmäler zu besichtigen. Die Verfasser waren Schreiber, Intellektuelle
also, die die Geschichte ihres Volkes kannten und dadurch angeregt worden waren, diese Monumente (deren gewaltige Größe zudem die Sensa-
tionslust anstachelte) mit eigenen Augen zu sehen und sich so der eigenen
Herkünfte zu versichern. Aus vielen Einritzungen geht hervor, dass die
Verfasser ihren Besuch mit einer Pilgerreise nach Unterägypten verbunden hatten, zu dessen Heiligtümern nach dem Zeugnis des Herodot[2] jedes
Jahr große Ströme von Pilgern zogen. Offenbar hat sich also die Bildungsreise aus der Wallfahrt entwickelt; nicht nur deshalb, weil die Kunst schon
immer im Dienst der Religion stand und ein Heiligtum deshalb zugleich
Kunstwerk, häufig auch Museum und Archiv war, sondern weil der institutionelle Rahmen einer Pilgerfahrt ein risikoarmes, gesellschaftlich
sanktioniertes Reisen erlaubte.

Greifbarere Konturen gewann der Bildungstourismus aber erst im griechisch-römischen Kulturkreis: Seit 800 vor Christus erschlossen griechische Kolonisten planmäßig die Küsten des Pontus und des Mittelmeers.
Sie gründeten Flottenstützpunkte, Handelsstationen und Städte und schufen damit einen Verkehrs- und Wirtschaftsraum, der von Spanien bis zur
Krim reichte. Bedeutsam wurde, dass sie sich nicht dem fremdartigen,
»barbarischen« Milieu assimilierten, sondern an ihrer völkischen und kulturellen Identität festhielten und aus der heroischen Epoche der Perser-
kriege und dem Aufschwung ihrer Kultur im »klassischen« 5. Jahrhundert
ein neues Selbstverständnis gewannen. In diesem Kulturkreis wurde viel
gereist: Nicht nur der Handel trieb die Menschen umher, sondern auch die
Religion: Man besuchte Spiele zu Ehren der Götter (so in Olympia) oder
zog zu berühmten Orakelstätten wie etwa nach Delphi oder Didyma[3].

Seit dem 5. Jahrhundert vor Christus tauchte eine neuartige Gruppe
von Reisenden auf: Ihr erster und zugleich bedeutendster Vertreter war
Herodot[4], der um 484 vor Christus im kleinasiatischen Halikarnassos

---

[1] Vgl. Jean Yoyotte: Les pèlerinages dans l'Egypte ancienne, Paris 1960, 49-53, sowie
Lionel Casson: Reisen in der Alten Welt, München 1976, 24-29.

[2] Historien II 59, 60.

[3] Über Reiseanlässe, Ziele und Reiseformen vgl. Casson: Reisen in der Alten Welt
75-106.

[4] Zur Biographie Herodots sowie zum Aufbau und zu den Quellen der Historien vgl.
Casson: Reisen in der Alten Welt 108-25, sowie Marion Giebel: Reisen in der Antike,
Düsseldorf/Zürich 1999, 29-63.

geboren wurde und zwischen 430 und 425 vor Christus in Süditalien starb. Er stammte aus einer reichen Notablenfamilie, verließ jung seine Heimat und durchzog unstet die Gebiete des östlichen Mittelmeers und des Pontus. Südrussland, Kleinasien, Syrien, Mesopotamien und Ägypten kannte er aus eigener Anschauung. Wenn seine Reisen auch Forschungsreisen waren, vergleichbar denen eines Marco Polo, Alexander von Humboldt oder Charles Darwin, so verwendete er doch einen guten Teil seiner Zeit zum Besuch von »Sehenswürdigkeiten«, wie – um nur wenige Beispiele zu nennen – die Pyramiden, das Delphische Orakel oder die Schlachtfelder von Marathon und Thermopylai; das heißt, er nahm nicht nur Dinge in Augenschein, die zu erforschen waren, sondern auch solche, die im Urteil der Zeitgenossen als sehenswert galten.

Seine Berichte, die »Historien«, befassen sich jeweils mit dem geographischen Raum und dessen Besonderheiten sowie mit der Geschichte, den Sitten und Religionen der darin lebenden Menschen. Ihr bleibender Wert beruht darin, dass sie Legende von Realität scheiden, eine Fülle von Einzelinformationen zu einem System verbinden, auf Hintergründe und Ursachen hin befragen und damit Vernunft an die Stelle von Gerüchten und mythologischen Hypothesen setzten. Die Welt – auch jenseits der griechischen Ökumene – wurde damit grundsätzlich überschaubar, das Reisen außerhalb vertrauter Umgebung verlor seinen urtümlichen Schrecken, schrumpfte zu einem Problem der planenden Vernunft – zumindest für jene, die über Zeit und Geld verfügten und im übrigen Abenteuerlust genug besaßen, um Mühsal und Gefahr eines Reisens nicht zu scheuen, dessen institutionelle Voraussetzungen noch kaum entwickelt waren.

Der verwegene und neugierige Forschungs- und Bildungsreisende Herodot blieb nicht allein: Andere Zeitgenossen, die der gleichen adeligen Oberschicht angehörten, wie etwa Parmenides[5] oder Platon[6], verbrachten ihre Jugend ebenfalls auf Reisen. Ihre Herkunft versicherte sie weitreichender Beziehungen und somit der Betreuung durch Gastfreunde, was wiederum den Aufenthalt in der Fremde sicherer und bequemer machte. Ihre Reiseroute führte sie zwar überwiegend durch den griechischen Kulturkreis – neben dem blühenden Süditalien vor allem in die Küstenstädte Kleinasiens –, brachte sie aber als exotischen Höhepunkt auch in das vom persischen Königsfrieden geschützte Ägypten.

Die kommenden Jahrhunderte veränderten die Welt erneut: Der Sieg Alexanders über das Perserreich und sein kühner Vorstoß nach Nordindien erweiterten nicht nur das Wissen der Griechen von der Welt, sondern stärkten auch ihr Vertrauen in die grundsätzlich unbegrenzten Fähigkeiten des Menschen, soweit er nur mutig genug und vor allem bereit war, seiner

---

[5] Vgl. Johannes Hirschberger: Geschichte der Philosophie, 13. Aufl., Bd 1, Freiburg 1991, 31.
[6] Ebenda 72 f.

Vernunft zu folgen: Die Gestalt des heroisch-genialen Herakles wurde zur Leitfigur der Epoche. Dem makedonischen Heer folgten Scharen von Gelehrten, die ganz im Geiste Herodots – aber umfassender und systematischer – die unbekannte Weite des Ostens erforschten. Ihre Ergebnisse wanderten in die Bibliotheken der neue Großstädte – allen voran Alexandria – und regten dort geographische, naturwissenschaftliche und historische Forschungen für Jahrhunderte an.

Sie waren jedoch nicht die einzigen Vertreter des Hellenismus, die die Weltkenntnis ihrer Zeitgenossen erweiterten. Durch Zufall oder in planmäßige Operationen drangen griechische Kapitäne in bislang unbekannte Weltteile vor. So jener Pytheas aus Marseille[7], der um 300 v. Chr. durch die Meerenge von Gibraltar in das mythenverhangene Nordmeer vorstieß. Oder jener draufgängerische Eudoxos aus Kyzikos[8] am Marmarameer, der auf mehreren Expeditionen um 120 v. Chr. das Geheimnis der Monsunfahrt entschlüsselte und damit griechischen und später römischen Kapitänen den Seeweg nach Indien wies. Da Bild von der Welt weitete sich ähnlich schnell wie vielleicht nur noch einmal zwischen dem 15. und 17. Jahrhundert nach Christus. Gleichzeitig drangen griechische Sprache, Kultur und Gelehrsamkeit in den eroberten Osten ein mischten sich mit mannigfachen einheimischen Elementen und formten sich zu einer Weltkultur, die – zumindest bei den städtischen Oberschichten – zwischen Afghanistan und Sizilien zur gemeinsamen Verständigungs- und Identifikationsebene wurde.

Zwischen dem 3. und dem 1. Jahrhundert vor Christus gewann Rom als Folge einer Reihe von siegreichen Kriegen die Herrschaft über das Mittelmeer. Zum ersten und zugleich zum letzten Mal in seiner Geschichte bildeten die angrenzenden Länder Westeuropas, Nordafrikas und des Nahen Ostens eine politische, wirtschaftliche und kulturelle Einheit. Gesichert gegen äußere und innere Feinde erlebte das Imperium in den ersten beiden Jahrhunderten nach Christus einen beispiellosen wirtschaftlichen Aufschwung, dem wiederum eine beispiellose Zunahme des Verkehrs entsprach. Er wurde erleichtert durch ein dichtes und wohldurchdachtes Netz guter Straßen, durch regelmäßigen Schiffsverkehr, durch die Rasthäuser und Pferdewechselstationen der kaiserlichen Post (»cursus publicus«) und durch ein gut ausgebautes Hotel- und Gaststättengewerbe. Straßenpolizei und kaiserliche Patrouillenschiffe sorgten für die Sicherheit unterwegs. Ein einheitliches Währungs- und Münzsystem sowie relativ einheitliche Maße und Gewichte erleichterten Austausch und Verkehr. Und im übrigen

---

[7] Casson: Reisen in der Alten Welt 131 f, sowie derselbe: Die Seefahrer der Antike, München 1979, 208-212.

[8] Casson: Reisen in der Alten Welt 132 ff. Vgl. auch William Tarn: Die Kultur der hellenistischen Welt, 3. Aufl., Darmstadt 1972, 288-291.

genügte die Kenntnis zweier Sprachen – des Griechischen und des Lateins –, um von Schottland bis nach Mesopotamien zur reisen[9].

Wohlstand, Sicherheit und die gut ausgebaute touristische Infrastruktur brachten es mit sich, dass neben Kaufleuten, Beamten und Soldaten immer mehr Menschen verreisten – des Vergnügens wegen: Altes Patriziat und neuer Geldadel zogen im Wechsel der Saisonen zu ihren Villen auf den Albaner Bergen oder zu ihren Prunkpalästen, die die Küste zwischen Port'Ercole und Neapel wie eine marmorne Girlande säumten. Mittelständler reisten zu den Hotels und Pensionen in Puteoli oder im mondänverrufenen Baiae am Golf von Neapel. Erholungssuchende aller Stände versammelten sich an den heilkräftigen Quellen bekannter Kurorte. Das römische Imperium hatte seinen Bürgern eine neuartige Errungenschaft beschert: Ferien[10].

In dieser auflodernden Reisefreude entfaltete sich erstmals in der Geschichte ein Bildungstourismus, der als gesellschaftliche Erscheinung bis in viele Einzelheiten hinein dem heutigen Bildungstourismus entsprach. Er erfasste vor allem Angehörige der Ober- und Mittelschichten, wobei freilich deren Bildungsqualität – wie der oft unkritische Konsum von Besichtigungsangeboten zeigt – durchaus ihr Gefälle aufwies. Welche Interessen bewegten die römischen Bildungsreisenden, nach welchen Zielen waren sie unterwegs?

Als der römische Feldherr Aemilius Paulus im Jahre 167 v. Chr. im Anschluss an seinen Sieg über Makedonien eine Reise durch Griechenland unternahm, um – wie Livius berichtet – »Dinge zu besichtigen, die wegen ihres Ruhmes als größer geschildert werden als sie sich bei näherem Zusehen erweisen«[11], da besuchte er Delphi, den Zeustempel von Lebadia, Chalkis, Aulis (von wo die homerischen Helden nach Troja aufgebrochen waren), Athen, Korinth, Argos, Epidauros, Sparta und schließlich Olympia. Die Route könnte der Reiseausschreibung eines modernen Veranstalters entnommen sein. Mit dieser teilt sie das Interesse an der Vergangenheit, an jenen Orten also, wo die Geschichte (oder ihr Stiefkind, die Legende) ihre Gehäuse hinterlassen hat. Die jeweilige Gegenwart hingegen, Land und Leute, ihre Sitten und Religionen, eben das, was in der Klassik den Bildungstouristen und Forschungsreisenden Herodot fasziniert hatte, interessierte 300 Jahre später den Aemilius Paulus kaum, mehr hingegen die Monumente eben dieser Klassik, die ihm seine griechische Bildung als bedeutend und ehrwürdig vorgestellt hatte.

Aemilius Paulus war kein Einzelfall, sondern ist ein typischer Vertreter jener unzähligen Bildungsreisenden der römischen Welt bis zum Ende des

---

[9] Vgl. zum römischen Verkehrswesen Ludwig Friedländer: Sittengeschichte Roms, 10. Aufl., Bd 1, Leipzig 1922 [Nachdruck 1980], 318-359 (grundlegend), sowie Walter Heinz: Straßen und Brücken im römischen Reich, Mainz 1988.

[10] Vgl. Casson: Reisen in der Alten Welt 161-172.

[11] Ab urbe condita XLV 27.

dritten nachchristlichen Jahrhunderts. Wie Aemilius Paulus interessierten
sie sich vorzugsweise für Geschichte[12] (wobei griechische Geschichte vor
der römischen rangierte) mit gleitenden Übergängen zu Legende und
Mythos: für berühmte Schlachtfelder, wie jene von Marathon oder Chero-
näa, für Wohn- und Grabstätten bekannter Persönlichkeiten oder auf sie
verweisende Reliquien (wobei der Alexanderkult einen deutlichen Vorrang genoss), schließlich für Erinnerungen an die Heroenzeit oder an die
Mythologie, wie Geburtsstätten von Göttern, Schauplätze von Helden
oder Orte, die mit der Ilias, der Odyssee oder der Äneade verbunden waren.

Daneben interessierten sie sich für Kunst[13], wie sie vor allem Griechenland und Kleinasien als Ergebnis von Klassik und Hellenismus in
reicher Fülle vorzuweisen hatten. Die zumeist in Tempeln, den Museen
der Antike, als Geschenke oder Beute aufgestellten Statuen, Reliefs und
Bilder zogen – je nach der Berühmtheit ihrer Künstler – Scharen von Be-
suchern an. So unternahmen beispielsweise viele die beschwerliche See-
reise zu dem kleinasiatischen Knidos nur deshalb, um die dort aufgestellte
Aphrodite des Praxiteles zu sehen[14].

Neben Geschichte und Kunst fesselte den römischen Bildungsreisenden die Natur[15], oder genauer gesagt: Naturphänomene, die wegen ihrer
Schönheit oder Seltenheit in der antiken Literatur gerühmt wurden; so
etwa das wegen seiner »amoenitas« – dem klassischen Landschaftsideal –
sprichwörtliche Tempe-Tal in Nordgriechenland, oder der ob seiner rät-
selhaft starken und schnell wechselnden Strömungen bestaunte Euripos,
jener bei Chalkis gelegenen Meerenge zwischen dem griechischen Fest-
land und der Insel Euböa.

Schließlich zog den antiken Bildungsreisenden auch das Fremdartig-
Exotische in Natur und Kultur an[16], wie er es besonders in Ägypten erleben konnte, dem geheimnisvollen, uralten Kulturland mit seltsamen Bau-
denkmälern und einer ganz andersgearteten Pflanzen- und Tierwelt. In
dieser Faszination für Ägypten, die sich in der Literatur und noch mehr im
»ägyptisierenden« Kunststil der frühen Kaiserzeit äußerte, mischte sich
die spontane Neugierde für das Fremde mit dem stillen Unbehagen an den
Lebensbedingungen der eigenen verfeinerten, aber artifiziell empfundenen
Stadtkultur.

Diese verschiedenen, aber für viele Reisenden gemeinsamen Interessen
führten zu feststehenden Besuchszielen und damit zu festen Routen. Es

---

[12] Vgl. hierzu umfassend Friedländer: Sittengeschichte, Bd 1, 447-459.

[13] Vgl. Friedländer: Ebenda 459 ff, sowie Casson: Reisen in der Alten Welt 277-295
      (besonders zu den Tempelsammlungen).

[14] Vgl. Plinius: Naturalis historia XXXVI 20.

[15] Vgl. Friedländer: Sittengeschichte, Bd 1, 461-490.

[16] Vgl. hierzu Götz Pochat: Der Exotismus während des Mittelalters und der Renais-
      sance, Uppsala 1970, 41 ff.

versteht sich von selbst, dass Rom[17] unter den antiken Touristenzielen eine gewisse Vorrangstellung genoss: nicht nur als Zentrum von Verwaltung und Macht, nicht nur wegen seines Großstadtflairs, sondern vor allem durch den Umstand, dass hierher seit der späten Republik zahlreiche griechische Kunstwerke verbracht worden waren. Zusammen mit den marmornen Pracht- und Monumentalbauten der Kaiserzeit machten sie Rom zum damaligen Weltzentrum der Kunst.

Wer freilich aus Rom stammte oder es kannte, der zog als Bildungsreisender vorzugsweise nach Griechenland[18], dem Ursprung der antiken Kultur. Zehntausende folgten jährlich der »Klassischen Griechenlandtour«, die von Athen über Korinth, Epidauros, Sparta, Olympia nach Delphi und von dort zurück nach Athen führte. Entlang dieser Route sorgten Hotels und Feinschmeckerlokale, Andenken- und Spezialitätenhändler, aber auch Fremdenführer und »Erklärer« (Exegetai) für die Besucher und bildeten als zusammenhängende touristische Infrastruktur einen wichtigen Sektor der regionalen Wirtschaft. Wer indessen ohne Fremdenführer – deren aufdringlich-lärmendes Gebaren sogar den Spott der antiken Komödie herausgefordert hatte – die Sehenswürdigkeiten besichtigen wollte, dem stand ein vorzügliches Hilfsmittel zur Verfügung: Pausanias[19] hatte im 2. Jahrhundert n.Chr. auf älteren Vorbildern aufbauend, aber bahnbrechend für die Zukunft dieser Literaturgattung, einen Reiseführer über Griechenland verfasst. In zehn Bänden führt er den Leser zu den denkwürdigen Stätten Griechenlands und erschließt deren mythologische, historische und volkskundliche Hintergründe. Wegen seiner geschickten Disposition (vom Ganzen zum Detail), seinem weiten Bildungshorizont und seiner gepflegten Sprache wurde er rasch zum Begleiter anspruchsvoller Reisender.

Touristen mit mehr Zeit und Geld leisteten sich in der Regel einen Abstecher auf die Inseln der Ägäis, unter denen Delos mit seinem Apolloheiligtum und das an Kunstschätzen reiche Rhodos an der Spitze der Publikumsgunst standen. Die Inseln bildeten auch die Brücke nach Kleinasien[20], das römische Bildungsreisende schon deshalb aufsuchten, weil dort Troja lag, der Schauplatz der homerischen Ilias und die Heimat von Aeneas, der nach der Legende einst dem brennenden Troja entronnen war und in dem die Römer ihren Stammvater verehrten. Auch Ephesus mit seinem Artemistempel, das elegante Milet oder die altehrwürdigen Orakelstätten Apollos in Kolophon und Didyma zogen die Besucher an.

---

[17] Vgl. Casson: Reisen in der Alten Welt 296 ff.

[18] Friedländer: Sittengeschichte, Bd 1, 411-416.

[19] Zu Biographie und Charakteristik des Werks vgl. Christian Habicht: Pausanias und seine »Beschreibung Griechenlands«, München 1995. Zu antiken Reiseführern vgl. die Textausgabe von Kai Brodersen (Hg.): Reiseführer zu den Sieben Weltwundern, Frankfurt 1992.

[20] Vgl. Friedländer: Sittengeschichte, Bd 1, 416-422.

Neben Griechenland und Kleinasien wurde Ägypten[21] zum drittwichtigsten Touristenland der Antike. Von Italien konnte man es bequem mit den geräumigen Schiffen der Getreideflotte erreichen, die bis zu 600 Passagiere aufnehmen konnten und bei gutem Wind Alexandria bereits nach 10 Tagen anliefen[22]. Alexandria war die wichtigste Handelsstadt des östlichen Mittelmeers[23]. Ihre Kunstschätze und Denkmäler (vor allem das Grab Alexanders des Großen), ihre Bibliothek, ihr Kulturleben (vor allem Konzerte), die Mischung von Orient und Hellenismus lohnten je für sich einen Besuch. Darüber hinaus war Alexandria Ausgangspunkt für die klassische Studienreise zu den ägyptischen Altertümern längs der Verkehrsachse des Nils[24]. Durch den Kanopischen Deltaarm führte die Route über Heliopolis und Memphis zu den Pyramiden von Sakkara und Gizeh und weiter zum eigentlichen Höhepunkt der Reise, nach Theben. Theben war damals nicht wegen der Felsengräber im Tal der Könige oder wegen des Tempels von Karnak berühmt, sondern wegen der »klagenden Memnon-Statue«, einem Kolossalstandbild des Pharaos Amenophis III., aus dem bei Sonnenaufgang als Folge thermodynamischer Prozesse helle Töne klangen, die die Griechen wiederum als den Begrüßungsruf des mythoogischen Memnon für seine Mutter, die Morgenröte, deuteten. Unentwegte konnten von Theben aus noch den langen Weg flussaufwärts bis zum 1. Katarakt nach Assuan reisen und die Tempel auf der Insel Philae besuchen. Südlich von Assuan begann dann die Wildnis; die Studienfahrt wäre in eine Expedition übergangen.

Nachdem die Konstantinischen Wende das Christentum zur Religion des Imperiums gemacht hatte, kam zu diesen drei Zielgebieten noch Palästina hinzu, das Land der Bibel, das – wie Hieronymus einmal meinte – ein gebildeter Christ ebenso gesehen haben müsse wie ein gebildeter Heide Griechenland[25]. Nachdem die kostbaren Sakralbauten Konstantins die heiligen Stätten geschmückt und überhaupt erst zugänglich gemacht hatten[26], seitdem Pilgerheime (Hospize) billige Unterkunft boten[27] und spezielle Pilgerbriefe ihren Trägern zusätzliche Privilegien sicherten[28], ergoss sich ein Strom religiöser Touristen ins Heilige Land und wenig später auch zu den Stätten des frühchristlichen Mönchtums in Ägypten

---

[21] Vgl. ebenda 423-446, sowie Casson: Reisen in der Alten Welt 301-305, 316-345.

[22] Vgl. Casson: Ebenda 181, 183 f, 176.

[23] Vgl. Friedländer: Sittengeschichte, Bd 1, 431-440.

[24] Zur Route vgl. Friedländer: Ebenda 440-446, sowie zur Memnon-Statue ausführlich Casson: Reisen in der Alten Welt 316-340.

[25] Casson: Ebenda 365.

[26] Vgl. den Überblick bei Friedrich Heyer: 2000 Jahre Kirchengeschichte des Heiligen Landes, Hamburg 2000, 24-30.

[27] Vgl. Denys Gorce: Les voyages, l'hospitalité et le port des lettres dans le monde chrétien des IVe et Ve siècles, Paris 1925, 146-189.

[28] Ebenda 172 ff.

und Syrien[29]. Zwar nahm in der Spätantike die Sicherheit der Wege ab, sank der allgemeine Wohlstand und damit die materielle Voraussetzung des Reisens. Aber trotzdem nahm der Pilgertourismus zu und überflügelte bald alle anderen touristische Unternehmungen. Erst der Vorstoß der muslimischen Araber nach Syrien, Palästina und Ägypten (636-642) setzte ihm dann ein vorläufiges Ende.

III. Reisen und Bildungsinteressen im Mittelalter

Die Völkerwanderung, der Zusammenbruch des Imperiums im Westen und seine Schwächung im Osten durch Araber und Awaren, die Teilung des Mittelmeers in christliches Abendland und islamischen Orient, die politische Regionalisierung des Lebens im Westen und schließlich der Zerfall der materiellen Kultur beendeten den antiken Tourismus und verminderten das Reisen überhaupt: Verbindungen brachen ab, Straßen zerfielen, Reisen wurde beschwerlich und gefährlich, bedeutete nicht nur jähen Wechsel zwischen unterschiedlichen Sprachen, Völkern und Herrschaftsräumen, sondern auch Preisgabe von Sicherheit und Bequemlichkeit[30]. Die Grundherrschaft mit der Schollenbindung der Bauern (die nur für bestimmte Zwecke – wie Kreuzzüge oder Pilgerfahrten – gelockert wurde) sorgte im übrigen dafür, dass im Mittelalter mehr als vier Fünftel aller Menschen auch dann nicht hätten reisen können, wenn sie dazu den Mut und die finanziellen Mittel gehabt hätten.

Wenn überhaupt, reisten im Mittelalter zunächst nur Personen, die von Berufs wegen reisen mussten, wie Kaufleute und Gesandte, Pilger, Handwerker und Studenten. Daneben befanden sich Kleriker und Mönche – geschützt durch die Immunität ihres Standes und durch die überall gegenwärtige klösterliche Gastfreundschaft – unterwegs, sei es als Boten im Rahmen des noch immer intakten kirchlichen Kommunikationssystems oder etwa auf der Suche nach seltenen Manuskripten in fernen Klosterbibliotheken[31]. Erst im Hochmittelalter nahm dann das Reisen innerhalb Europas wieder spürbar zu[32].

---

[29] Grundlegend zur Wallfahrt in der Spätantike: Bernhard Kötting: Peregrinatio Religiosa. Wallfahrten in der Antike und das Pilgerwesen in der alten Kirche, Regensburg 1950 [Nachdruck: 1980], bes. 80-286; Richard Klein: Die Entwicklung der christlichen Palästinawallfahrt in konstantinischer Zeit, in: Römische Quartalsschrift 85 (1990) 145-181; Sandra A. Fortner: Auf den Spuren der Kaiserin Helena. Römische Aristokratinnen pilgern ins Heilige Land, Erfurt 2000. Vgl. auch Herbert Donner: Pilgerfahrt ins Heilige Land. Die ältesten Berichte christlicher Palästina-Pilger, Stuttgart 1979.

[30] Vgl. hierzu Albert C. Leighton: Transport and Communication in Early Medieval Europe A.D. 500-1100, Newton Abbot 1972.

[31] Vgl. Arno Borst: Lebensformen im Mittelalter, Frankfurt 1973, 146-150.

[32] Zum mittelalterlichen Reisen vgl. Norbert Ohler: Reisen im Mittelalter, 3. Aufl.,

Wenn sich während des Mittelalters überhaupt so etwas wie ein Bildungstourismus entwickelte, dann im Gefolge anderer Formen des Reisens. Einmal bot die Kreuzzugsbewegung – von der Kirche vielfältig privilegiert – die Chance, Fernweh und Neugierde im Rahmen eines gottgefälligen Werkes zu befriedigen. Wilhelm von Tyros, der Chronist des 1. Kreuzzuges, wusste von den recht unterschiedlichen Motiven jener Massen zu berichten, die vom Kreuzzugsaufruf Papst Urbans II. getroffen die verlockende Reise nach Osten antraten: »Nicht alle hatte die Liebe zu Gott zu ihrem Entschluss bewogen... . Viele schlossen sich nur an, um ihre Freunde nicht zu verlassen oder um nicht als träge zu gelten; andere zogen mit aus Abenteuerlust oder um ihren Gläubigern oder Herren zu entrinnen«[33]. Die große Zahl der Pilgerhandbücher, die neben den Heiligtümern Palästinas auch die Zufahrtswege in der Art (aber nicht mit der Qualität) des Pausanias beschreiben und darüber hinaus in legendärer Übersteigerung die orientalische Umwelt des Heiligen Landes in Szene setzten, zeigt, dass die Motive vieler Pilger weit über die Heiligen Stätten hinausgingen und vor allem Elemente des Exotischen einschlossen[34].

Nach dem Ende der Kreuzzüge setzte die adelige Jugend Europas deren Traditionen bis tief in die Neuzeit hinein fort: Alljährlich fanden sich bei den Johannitern auf Rhodos (später auf Malta), beim Deutschen Orden in Preußen[35], später auch bei den Venezianern auf Kreta Scharen junger Ritter ein, um sich ein oder zwei Jahre im Kampf gegen die Ungläubigen zu bewähren und dabei ritterliche Ehre zu gewinnen. Hinter diesen Vorgaben adeliger Standesideologie stand freilich häufig der Wunsch, die Welt und bedeutende Standesgenossen kennen zu lernen und damit den eigenen Gesichtskreis zu erweitern.

Ähnlich wie die Kreuzzüge boten auch die Pilgerfahrten[36] gesellschaftliche Anerkennung und jenen institutionellen Schutz, der gegen Unbill und Gefahren des mittelalterlichen Reisens absicherte: so vor allem Unterkunft in Pilgerhospizen, verbilligte Passagen auf Schiffen, den Schutz durch das Kirchenrecht und durch kirchliche Behörden. Hauptziel der europäischen Pilger während des ganzen Mittelalters war Rom, die Stadt der Apostelgräber, das Zentrum der Kirche[37]. Die Päpste hatten aus

---

Düsseldorf/Zürich 1999.

[33] Geschichte in Quellen, Bd 2: Mittelalter, München 1975, 367.

[34] Als besonders farbigen Vertreter dieser Gattung vgl. Theo Stemmler (Hg.): Die Reisen des Ritters John Manderville durch das Gelobte Land, Indien und China, Stuttgart 1966. Zum Hintergrund vgl. Götz Pochat: Das Fremde im Mittelalter. Darstellung in Kunst und Literatur, Würzburg 1997.

[35] Vgl. Werner Paravicini: Die Preussenreisen des europäischen Adels, Sigmaringen 1982 (mit Literatur zu den anderen Zielen ritterlicher Kriegsfahrt).

[36] Vgl. zum mittelalterlichen Pilgerwesen den guten Überblick von Pierre André Sigal: Les marcheurs de Dieu, Paris 1974, sowie Norbert Ohler: Pilgerleben im Mittelalter. Zwischen Andacht und Abenteuer, Freiburg 1994.

[37] Vgl. zu den unterschiedlichen Motiven der mittelalterlichen Romfahrt Hubert Jedin:

politischen Gründen die Verbindung des Kirchenvolkes mit Rom im Spätmittelalter in dem Maße gefördert, wie die politische Welt in Nationalstaaten und divergierende Einzelinteressen auseinanderbrach; so besonders durch die Institution des »Heiligen Jahres«, das von 1450 an alle 25 Jahre Zehntausende von Pilgern nach Rom zog. Außer nach Rom und zum mittelitalienischen Loreto mit seinem wundertätigen Marienheiligtum zog es die Pilger auf dem »Camino« nach Santiago de Compostela zum Grab des Apostels Jakobus in Nordwestspanien[38]. Traumziel eines jeden Pilgers war jedoch das unter muslimischer Herrschaft verbliebene Jerusalem. Freilich konnten sich nur wenige diesen Wunsch erfüllen: Die Schiffspassage zwischen Venedig und Jaffa war teuer; zudem schreckten viele die ungewohnte Hitze, die horrenden Preise, mit denen die Einheimischen am Pilgergeschäft verdienten, und die häufigen Schikanen durch muslimische Behörden ab[39].

Die Pilgerfahrt zog nicht nur demütige Bitter und Büßer zu den heiligen Stätten der Christenheit. Chaucer schildert in den Canterbury Tales (1387) anschaulich jene wohlhabende Witwe aus Bath, eine lebenslustige Dame in den besten Jahren, die ihre Zeit hauptsächlich auf Wallfahrten zwischen Jerusalem und Santiago zubrachte, aber nicht, um sich zu kasteien, sondern um sich zu unterhalten, um »fremde Länder, fremde Menschen und ihre oft merkwürdigen Schicksale kennen zu lernen«[40]. Die Witwe von Bath war sicher kein Einzelfall.

In Kreuzzug und Pilgerfahrt – zu denen noch die »peregrinatio academica« der Studenten und die Walz der Handwerker kamen – hatte das Mittelalter Reiseformen entwickelt, die über ihre proklamierten Ziele hinaus immer wieder tiefergründende Motive wie Fernweh, Neugierde oder die Faszination des Exotischen offenbarten. Diese Fahrten dienten damit offenbar als Vehikel unterschiedlicher, und häufig auch auf Bildung hinzielender Interessen, ohne dass das Mittelalter eine Bildungsreise im eigentlichen Sinne hervorgebracht hätte. Die Ursachen hierfür sind vielfältig. Sie lagen nicht nur in der fehlenden Sicherheit und Bequemlichkeit des Reisens, in der allgemeinen Armut der mittelalterlichen Mangelgesellschaft oder in der kollektiven Unfreiheit der Feudalordnung. Sie beruhten auch auf den gesellschaftlich sanktionierten Lebensidealen des Zeitalters,

---

Die deutsche Romfahrt von Bonifatius bis Winckelmann, Krefeld 1952 (Bonner Akademische Reden 5), dort auch Näheres zum »Heiligen Jahr« 32-41.

[38] Vgl. Yves Bottineau: Der Weg der Jakobspilger. Geschichte, Kunst und Kultur der Wallfahrt nach Santiago de Compostela, 3. Aufl., Bergisch Gladbach 1989.

[39] Vgl. Aryeh Graboïs: Le pèlerin occidental en Terre Sainte au Moyen Age, Paris/Brüssel 1998.

[40] Tales: Prolog, hrsg. von Fred Robinson, in: The Works of Geoffrey Chaucer, 2. Aufl., Cambridge/Mass. 1957, 24 f. Vgl. dazu Christian K. Zacher: Curiosity and Pilgrimage. The Literature of Discovery in Fourteenth Century England, Baltimore 1976, 87-129.

in seiner Vorliebe für die »stabilitas loci«[41], im Verdikt über die »vana curiositas«[42] und schließlich in einem Weltbild, das vorwiegend von den Traditionen der Heilsgeschichte gespeist worden ist.

IV. Die Grand Tour der frühen Neuzeit

Im Spätmittelalter nahm das Reisen innerhalb Europas beträchtlich zu[43]. Die wachsende Bedeutung der Städte als Zentren von Herrschaft, Wirtschaft und Kultur, der Übergang von der Natural- zur Geldwirtschaft und schließlich die Zunahme des Fernhandels schufen die Voraussetzungen hierfür. Ihnen entsprachen fortlaufende Verbesserungen der Infrastruktur: Der sich entwickelnde Territorialstaat sorgte für bessere Straßen und mehr Sicherheit unterwegs; es entstand eine professionelle Gastronomie und Hotellerie[44]; der gefederte Reisewagen wurde erfunden[45]; regelmäßiger Postverkehr begann die wichtigsten Städte Europas miteinander zu verbinden[46].

Wenn sich auf diesen Grundlagen allmählich ein eigenständiger Bildungstourismus entwickelte, dann vor allem als Reflex auf eine geistesgeschichtliche Entwicklung von nachhaltiger Relevanz. Gemeint ist das Entstehen de Renaissance, die die Antike zur verpflichtenden Norm aller Lebensbereiche proklamierte und einen neuen, am Altertum orientierten Stil in Kunst, Literatur und Wissenschaft hervorbrachte.

Diese Bewegung war von Italien ausgegangen und hatte bald ganz Europa erfasst. Gleichwohl blieb Italien bis tief ins 17. Jahrhundert hinein in Europa kulturell führend. Hier befanden sich die bedeutendsten Zeugen der antike Kunst, zum Teil vereint in so hervorragenden Sammlungen wie dem Kapitolinischen oder Vatikanischen Museum. Hier standen die diesen Vorbildern abgeleiteten Meisterwerke der Renaissance und des Früh-

---

[41] Vgl. Gerhart B. Ladner: Homo viator: Mediaeval Ideas on Alienation and Order, in: Speculum 42 (1967), 233-259.

[42] Vgl. z.B. (im Anschluss an Augustinus) Thomas von Aquin: Summa theologica, 1/11, quaestio 167 (De curiositate). Vgl. auch Hans Blumenberg: Der Prozess der theoretischen Neugierde, Frankfurt 1973 (Suhrkamp Taschenbuch Wissenschaft 24), 103-121.

[43] Vgl. Peter Moraw (Hg.): Unterwegssein im Spätmittelalter, Berlin 1985 (Zeitschrift für historische Forschung: Beiheft 1); Antoni Maczak: Travel in Early Modern Europe, Cambridge 1995, sowie Folker Reichert: Erfahrung der Welt. Reisen und Kulturbegegnung im späten Mittelalter, Stuttgart 2001 (grundlegend).

[44] Vgl. Hans Conrad Peyer: Von der Gastfreundschaft zum Gasthaus. Studien zur Gastlichkeit im Mittelalter, Hannover 1987 (MGH Schriften 31), 220-276.

[45] Vgl. Wilhelm Treue: Achse, Rad und Wagen. 5000 Jahre Kultur- und Technikgeschichte, München 1965, 212-224.

[46] Vgl. John B. Allen: Post and Courier Service in the Diplomacy of Early Modern Europe, Den Haag 1972, 3-21.

barock, an denen ganz Europa Maß nahm. Hier wirkten Dichter und Gelehrte von Weltrang. Die allgemeine Italienbegeisterung übertrug sich
auch auf andere Aspekte des Landes: Seine politische Kultur, die Verfas-
sungs- und Verwaltungsstruktur seiner vielen Einzelstaaten erschienen als
Inbegriff politischer Weisheit und staatsmännischer Erfahrung. Die reich-
gegliederte und fruchtbare Landschaft unter südlicher Sonne schien dem
antiken Ideal der »amoenitas« zu entsprechen. Die Kultur seiner aristo-
kratischen Eliten gab Europa das Vorbild für Lebensart und guten Geschmack[47].

Der italienische Schriftsteller Castiglione († 1529) hatte im Anschluss
an die florentinische Renaissance das Ideal des »uomo universale« entworfen, eines Menschen, der durch die Begegnung mit der Antike umfassend gebildet ist, dadurch mit sich in Harmonie lebt und alles vermag, was
er nur will. Das neue Menschenideal drängte in der Folge das vom Mittelalter überkommene Ideal des »miles Christianus« zurück und veränderte
den französischen »Gentilhomme«, den englischen »Gentleman« und den
deutschen »Kavalier«. Für die adelige Jugend Europas lag nunmehr vor
der Selbstverwirklichung der steile Weg zur Bildung[48].

Aus beidem wird verständlich, weshalb es ab der Mitte des 16. Jahrhunderts zur Kavaliersreise gekommen ist: Sie vollendete die humanistische Bildung und gab den jungen Herren – als willkommener Nebeneffekt
oder als uneingestandener Hauptzweck – Gelegenheit, ihren gesellschaftlichen Schliff im Umgang mit ausländischen Standesgenossen zu vollenden oder Beziehungen anzuknüpfen, die sich später im Staatsdienst als
nützlich erweisen konnten[49]. Seit dem 18. Jahrhundert löste sich die Kavaliersreise unter dem Einfluss der Aufklärung allmählich vom humanistischen Bildungsideal. Neben Italien traten nunmehr auch andere Länder in
den Blick, so vor allem Frankreich, die Niederlande und England, während Spanien seiner schlechten Verkehrsverhältnisse wegen eher gemie-
den wurde und Deutschland in der Regel nur als Transitland eine Rolle
spielte. Das Interesse weitete sich unter dem Einfluss der aufstrebenden
Staats- und Wirtschaftswissenschaften von der Kulturgeschichte auf Poli-

---

[47] Zum Ganzen vgl. Ludwig Schudt: Italienreisen im 17. und 18. Jahrhundert,
Wien/München 1959 (Römische Forschungen der Bibliotheca Hertziana 15), sowie Attilio Brilli: Reisen in Italien. Die Kulturgeschichte der klassischen Italienreise vom 16.
bis zum 19. Jahrhundert, Köln 1989.

[48] Vgl. auch Werner Paravicini: Von der Heidenfahrt zur Kavalierstour. Über Motive
und Formen adeligen Reisens im späten Mittelalter, in: Horst Brunner/Norbert Richard
Wolf (Hg.): Wissensliteratur im Mittelalter und in der frühen Neuzeit, Wiesbaden
1993, 91-130.

[49] Vgl. Wilhelm Treue: Europareisen und Europabewusstsein in der Neuzeit, in: Europa-
Archiv 9 (1954) 6295-6302. Vgl. als instruktiven Detailüberblick über Teilnehmerkreis
und Motive der Kavalierstour Friedrich Noack: Pfälzische Romfahrer, in: Zeitschrift
für die Geschichte des Oberrheins 78 (1926) 391-420; 79 (1927) 114-159, sowie derselbe: Oberrheinische Kavaliersreisen nach Italien, ebenda 79 (1927) 564-589.

tik, Verwaltung und Wirtschaft aus. Neben dem Adel unternahmen jetzt
vermehrt auch wohlhabende Bürgersöhne die »Grand Tour«, wie man sie
immer häufiger nach englischem Vorbild nannte[50].

Bald bemächtigten sich Gelehrte mit der für das Zeitalter typischen rationalen Akribie des Themas »Bildungsreise«. Der Humanist Justus Lipsi-
us verfasste 1569 die kurze Schrift »De ratione cum fructu peregrinandi«.
1574 folgte die ausführlichere »De peregrinatione et agro Neapolitano«
des Hieronymus Turler. Mit ihnen begann die Reisetheorie als eigenstän-
digem Gegenstand gelehrten Bemühens. Mit Reverenz auf die humanistische Bildung ihrer Autoren bezeichnete man sie alsbald als »Apodemik«
(vom griechischen ἀποδημεῖν = reisen). Ihre Ergebnisse schlugen sich in
zahlreichen Veröffentlichungen – häufig als Vorspann zu Reiseführern –
nieder[51] und fand sogar Eingang in die Hörsäle der Universitäten[52].

Nach einhelliger Überzeugung der Apodemiker ist das Reisen nicht
Vergnügen, sondern hartes Bemühen, ist Studium. Denn es erweitert den
Gesichtskreis, vollendet die Allgemeinbildung und bildet die seelischen
und intellektuellen Kräfte des Menschen zur Reife aus. Ausschlaggebend
für den Reiseerfolg ist freilich eine intensive Vorbereitung zu Hause:
»Man muss die zu sehende Sache schon vollständig aus der Beschreibung
kennen, ehe man sie sieht ... dann sieht man mehr, und mit weit mehr
Vergnügen.«[53] Zur Erleichterung der jungen Reisenden instruieren ihn die
Reisetheoretiker, worauf unterwegs besonders zu achten sei, etwa auf die
geographischen Eigentümlichkeiten eines Landes, auf Klima und Wirtschaftsformen, auf Merkmale seiner politischen Verfassung, auf Entfal-
tungen von Kunst und Kultur, besonders aber seine sich in all diesen Elementen äußernde Geschichte. Didaktische Ratschläge ergänzen die Anleitungen, beispielsweise dass man sich erst einen Überblick über eine
Stadt verschaffen solle, ehe man sich ihren einzelnen Bauwerken zuwen-
det, oder mit welchen Methoden man am vorteilhaftesten Architektur,
Plastik oder Malerei interpretiert[54].

---

[50] Als Überblick vgl. Winfried Löschburg: Von Reiselust und Reiseleid. Eine Kulturge-
      schichte, Frankfurt 1977, 59-109; Jeremy Black: The British and the Grand Tour,
      London 1985, sowie Attilio Brilli: Als Reisen eine Kunst war. Vom Beginn des mo-
      dernen Tourismus, die »Grand Tour«, Berlin 1997.

[51] Vgl. dazu Schudt: Italienreisen 136-143.

[52] Vgl. etwa: Vorlesungen über Land- und Seereisen gehalten von Herrn Professor
      Schlözer. Nach dem Kollegheft des stud. jur. E. F. Haupt (Wintersemester 1795/96),
      hrsg. von Wilhelm Ebel, 2. Aufl., Göttingen 1964.

[53] August Ludwig Schlözer: Entwurf zu einem Reise-Collegio, Göttingen 1777, 13 f.

[54] Vgl. den Überblick über die apodemische Literatur bei Justin Stagl (Hg.): Apodemi-
      ken. Eine räsonnierte Bibliographie der reisetheoretischen Literatur des 16., 17. und
      18. Jahrhunderts, Paderborn 1983 (Quellen und Abhandlungen zur Geschichte der
      Staatsbeschreibung und Statistik 2), sowie derselbe: Eine Geschichte der Neugier. Die
      Kunst des Reisens 1550-1800, Köln/Wien/Weimar 2002. Vgl. auch Wolfgang Günter:
      Ars Apodemica. Reiseerfahrung als geplantes Lebenslaufelement, in: Rudolf

Das mit soviel Elan und Systematik betriebene Studium unterwegs wäre unvollständig geblieben, hätte man Ergebnisse und Eindrücke nicht alsbald im Reisetagebuch festgehalten. Aus den Reisetagebücher entwickelte sich die literarische Gattung der Reisebeschreibung, deren mehr oder minder gelungene Vertreter alsbald den Büchermarkt zu überschwemmen begannen[55]. In ihrem Wechsel von distanziertem Erlebnisbericht, rationaler Erfahrungsanalyse und Bekenntnis kultivierter Empfindsamkeit spiegeln sie die geistesgeschichtliche Entwicklung der Neuzeit wider und sind damit Zeugnisse für die sich verändernde sozialpsychologische Einstellung zum Reisen.

Wer eine Reise ins Auge fasste, hatte zunächst zu Hause Zeit und Mühe aufzuwenden. Sprachen waren zu lernen, so vor allem Italienisch und Französisch; Literatur war zu studieren – neben Reisebeschreibungen vor allem die präziseren Reiseführer, wie etwa das 1600 erschienene »Itinerarium Italiae« des Antwerpener Senators Franz Schott, das ebenso Epoche machte wie der 1691 erstmals gedruckte »Nouveau voyage d'Italie« des Franzosen Maximilian Misson[56].

Daneben gab es Handfesteres zu erledigen: Empfehlungsschreiben an wichtige Persönlichkeiten des Gastlandes, an Diplomaten und Kirchenfürsten waren zu besorgen, ebenso Wechselbriefe, um nicht größere Bargeldmengen mitführen zu müssen. Gelegentlich halfen bei der Finanzierung auch Reisestipendien, die manche Höfe an erfolgversprechende Nachwuchsdiplomaten oder Jungoffiziere vergaben.

Fürstlichkeiten und wohlhabender Adel reisten mit eigenen Kutschen und stattlichem Gefolge, zu dem in der Regel auch ein gelehrter Mentor, der Vorläufer des Reiseleiters, gehörte; weniger Begüterte und Bürgerliche bedienten sich der öffentlichen Post, wobei man bemüht war, sich noch vor Reisebeginn mit Gleichgesinnten zu einer Reisegesellschaft zusammenzuschließen. Je nach Zeit und Geldmittel veranschlagte man für die Reise zwischen einem halben und drei Jahren. Die Route stand im allgemeinen fest, folgte den Verkehrsverbindungen und den als maßgeblich betrachteten Sehenswürdigkeiten. Auch wenn man mehrere Länder zu bereisen gedachte, war Italien das wichtigste und in der Regel zuerst besuchte Land.

Auftakt und erster Höhepunkt einer Italienfahrt war Venedig, Weltstadt, Handelsmetropole und Museum in einem. Von dort führte der Weg

---

Keck/Erhard Wiersing (Hg.): Vormoderne Lebensläufe erziehungshistorisch betrachtet, Köln/Wien/Weimar 1994, 345-356.

[55] Vgl. die umfangreiche Zusammenstellung der Autoren bei Schudt: Italienreisen 40. Vgl. ferner William Edward Steward: Die Reisebeschreibung und ihre Theorie im Deutschland des 18. Jahrhunderts, Diss. Köln 1978, und Peter J. Brenner (Hg.): Der Reisebericht. Die Entwicklung einer Gattung in der deutschen Literatur, Frankfurt 1989.

[56] Vgl. Schudt: Italienreisen 18-40.

weiter über Loreto und entlang der alten Via Flaminia nach Rom, dem Hauptziel der Reise. Hier nahm man sich in der Regel mehrere Monate Zeit. Man studierte die antiken Ruinen, aber auch die moderne Stadtanlage Sixtus' V. mit ihren strahlenförmigen Straßen und geräumigen Plätzen, besuchte die prachtvollen Kirchen der Renaissance und des Barock, verweilte in den Kunstsammlungen der Borghese, der Barbarini und Ludovisi. Je nach Konfession beteiligte man sich am religiösen Leben der Hauptstadt der Christenheit oder befasste sich zumindest mit dem päpstlichen Regierungssystem und mit der weltumspannenden Verwaltung der Kirche. Vor allem nahm man am gesellschaftlichen Leben der Stadt teil, das von den Mitgliedern des päpstlichen Hofes, vom Stadtadel und von den Botschaftsresidenzen getragen wurde und zu dem im Wechsel der Saison immer neue interessante, galante oder auch gelehrte Persönlichkeiten aus ganz Europa stießen[57]. Zur Orientierung in der Stadt kaufte man entweder eines der zahlreichen religiösen oder kunsthistorischen Handbücher[58], oder man vertraute sich einem der vielen Fremdenführer an, unter denen sich Scharlatane tummelten aber auch Kenner von Format, wie zum Beispiel der Schweizergardist Hans Hoch, der nach Ausweis seines Stammbuches zwischen 1606 und 1659 mehr als 1300 Fremde, häufig mit klingendem Namen, durch Rom geführt hat[59].

Von Rom zog der Bildungsreisende in aller Regel nach Neapel, dessen Landschaft Weltruhm genoss und besuchte hier die Phlegräischen Felder mit ihren Vulkanerscheinungen und den in der Nähe liegenden Ruinen des aus der antiken Literatur geläufigen Baiae. Wer hier noch Geld und Muße genug besaß, reiste per Schiff nach Sizilien weiter und besuchte von dort den Ordensstaat von Malta, Vorposten der Christenheit und zugleich altehrwürdiger Treffpunkt de europäischen Adels.

Der Rückweg führte dann über Rom, Sutri und Siena nach Florenz, wo nicht nur die Monumentalbauten und Kunstsammlungen den Besucher interessierten, sondern vor allem die wegen ihrer kostbaren Ausstattung vielgerühmte neue Grabkapelle der toskanischen Großherzöge[60]. Von Florenz reiste man nach Genua weiter, wo die ob ihrer städtebaulichen Konzeption berühmte »Strada nuova« mit ihren Palästen zu den unverzichtbaren Sehenswürdigkeiten gehörte. Von Genua aus fuhr man entweder über See nach Marseille oder auf dem Landweg über Turin und den Mont Cenis in das Rhône-Tal. Wer indessen Frankreich nicht besuchen wollte oder es bereits vom Hinweg kannte, zog über Mailand und die Al-

---

[57] Vgl. Schudt: Italienreisen 163-171. Vgl. ferner Reinhard Elze/Heinrich Schmidinger/Hendrik Schulte-Nordholt (Hg.): Rom in der Neuzeit. Politische, kirchliche und kulturelle Aspekte, Wien 1976.

[58] Vgl. die Zusammenstellung von Ludwig Schudt: Le guide di Roma, Wien/Augsburg 1930.

[59] Schudt: Italienreisen 163.

[60] Schudt: Ebenda 152.

penpässe nach Deutschland. Seit dem 18. Jahrhundert ließ jedoch kaum noch jemand das in Europa kulturell führend gewordene Frankreich aus[61]. Er reiste dann durch das Rhône-Tal nach Norden, besichtigte die römischen Monumente in Nîmes, Orange und Vienne und machte in Lyon, der zweitgrößten und wirtschaftlich führenden Stadt Frankreichs, erste längere Station[62]. Dann führte die Reise schnell nach Paris weiter, wo die jungen Herren nach Möglichkeit mehrere Monate verweilten. Während das humanistische Bildungsideal dem Reisenden in Rom ein festes Programm vorgegeben hatte, tauchte er in Paris gleichsam in de Atmosphäre der Stadt unter. Nicht dass Paris keine Attraktionen besessen hätte – der Louvre, die Sorbonne, das Palais Royal, die wundervollen Parks oder die zahllosen Windmühlen auf dem Montmartre gehörten ebenso dazu wie die höfische Welt von Versailles. Aber das Hauptaugenmerk galt etwas anderem, galt Paris als der Hauptstadt des guten Geschmacks und der Aufklärung, galt allem, was elegant, charmant und geistvoll war, was den »Geist der Zeit« ausmachte. Modegeschäfte und Buchhandlungen, Theater oder die angeregte Unterhaltung in einem der Cafés spielten dabei ebenso eine Rolle, wie der Umgang in den Salons der Enzyklopädisten oder gar eine Reise zu Voltaire nach Ferney[63].

V. Die romantische Bildungsreise

Gegen Ende des 18. Jahrhunderts nahm die Bildungsreise neben Kunst und Kultur einen weiteren Aspekt auf: die Natur, oder besser: die wildromantische Natur. 1761 hatte Jean Jacques Rousseau seinen Roman »La nouvelle Héloïse« veröffentlicht und darin enthusiastisch die Naturlandschaft der Schweiz, ihre Berge und Seen, ihr jähes Nebeneinander von lieblicher Idylle und wilder Dramatik beschrieben. Damit hatte Rousseau ein Landschaftsideal entworfen, das dem überlieferten »Amoenitas«-Ideal durch die Forderung nach Mannigfaltigkeit widersprach und ein neues Verhältnis zur Natur begründete. Sein Ruf »Retournons à la nature!«, verstanden als Rückkehr zum Einfachen, Natürlichen und Ursprünglichen, verwies den Menschen aus der engen und künstlichen Welt der Städte und aus den Zwängen der überfeinerten Rokoko-Kultur in die herbe Ursprünglichkeit der Naturlandschaft und versprach ihm dort innere Stärkung und Genesung[64].

---

[61] Vgl. hierzu Thomas Grosser: Reiseziel Frankreich. Deutsche Reiseliteratur vom Barock bis zur Französischen Revolution, Opladen 1989.
[62] William E. Mead: The Grand Tour in the Eighteenth Century, London 1914, 238-245.
[63] Löschburg: Reiselust und Reiseleid 94 ff.
[64] Ebenda 110-114.

Die Romantik führte Rousseaus Ideal der Naturverbundenheit weiter: Indem sie die Begegnung des Menschen mit der Natur dem Gefühl, der Empfindsamkeit, der Innerlichkeit zuwies, postulierte sie den Vorrang des Erlebens vor dem Erkennen, des Genießens vor dem Studieren. Ähnlich wie die Natur erschien dem Romantiker die Geschichte als Fundus ursprünglicher Echtheit und Reinheit, deren Gehalt im einfühlenden Verstehen ihrer Überreste erschlossen werden konnte[65]. Dies hatte zwei wichtige Folgen: Zum einen wandte sich das Interesse nunmehr auch Monumenten zu, die keine Kunstwerke waren, wie etwa Burgen und Stadtanlagen; zum anderen wurden auch jene Epochen der Geschichte bedeutsam, die nicht vom humanistischen Bildungskanon umgriffen waren, so das Mittelalter oder die frühen Hochkulturen des Orients.

Naturgefühl und Naturgenuss, das empfindsame Erahnen der Geschichte an den Schauplätzen ihrer versunkenen Größe, das Erlebnis ursprünglicher Lebensformen und abgeschiedener Landschaften setzte der Bildungsreise des 19. Jahrhunderts neue Akzente. Die »Grand Tour« bestand zwar fort, löste sich aber aus der strikten Routenbindung und führte die Reisenden (auch in den klassischen Zielländern) zu Gebieten, die bislang nicht besucht worden waren, wie etwa Apulien und Kalabrien. Dann aber schuf sie sich unter dem Vorrang des Naturerlebens neue Ziele – so vor allem die Alpen, aber auch den Schwarzwald und die Riviera – und entwickelte gleichzeitig neuartige Aktivitäten wie das Wandern und das Bergsteigen[66].

Diese weitgehend von der englischen »Upper-Class« getragene Entwicklung hatte freilich ihren Umkehreffekt: Je mehr Menschen auf der Suche nach ursprünglicher Landschaft in entlegene Gebiete kamen, umso mehr veränderten sie diese. In der bislang abgeschlossenen Welt von Bergbauern und Küstenfischern entstanden Hotels und Casinos, bildete sich eine touristische Infrastruktur heraus, die immer stärker die örtliche Wirtschaft beherrschte, die die Landschaft veränderte, aber auch den Lebenszuschnitt und die Mentalität der darin lebenden Menschen. Das 19. Jahrhundert schuf hiermit die Grundlagen für die ausgebildeten Urlaubslandschaften des bald darauf einsetzenden Massentourismus.

VI. Der Bildungstourismus im Industriezeitalter

Die Wende zum romantischen Natur- und Geschichtserlebnis erscheint im nachhinein als dialektischer Vorläufer jener Entwicklung, die kurz darauf

---

[65] Vgl. zum Gesamtzusammenhang »Romantisches Reisen« Horst-Johs Tümmers: Rheinromantik. Romantik und Reisen am Rhein, Köln 1968.

[66] Zu der in der »Wandervogelbewegung« fortlebenden romantischen Reiseidee vgl. Hermann Röhrs: Die Reformpädagogik, 6. Aufl., Weinheim/Basel 2001 (UTB 8215), 184 ff.

Europa erfassen sollte: die industrielle Revolution. Sie unterwarf die Menschen dem Diktat eines mechanischen Arbeitsablaufs, ließ Großstädte und ausgedehnte Industriezonen entstehen und führte die Menschen aus den Jahrtausende alten Bindungen und Traditionen des Agrarzeitalters in eine anonyme, zweckhafte und doch sinnarme Sachlichkeit, die sich alsbald allen Lebensbereichen mitteilen sollte. Sie sprengte die alte Ständeordnung verhalf einer mobilen Klassengesellschaft zum Sieg, in der zunächst das höhere Bürgertum den Ton angab, bis schließlich in wachsend egalitärer Tendenz immer mehr Schichten an dessen Statusmerkmalen Anteil gewannen[67]. Für den entstehenden Massentourismus heben sich aus diesem Prozess zwei Markierungen hervor: Zwischen den beiden Weltkriegen wurde der geregelte Jahresurlaub für die Arbeitnehmer zur Regel[68]. Nach dem Zweiten Weltkrieg überstiegen die Einkommen der meisten Arbeitnehmer den Lebensbedarf soweit, dass zusätzliche Massenkaufkraft entstand, die zunehmend für Freizeit, Erholung und Urlaub aufgewendet wurde. Aber bereits zwischen den Weltkriegen war zumindest der höhere und gehobene Mittelstand im Besitz solcher Statusmerkmale.

Die industrielle Revolution veränderte nicht nur Struktur und Verhalten der Gesellschaft, sondern schuf auch die technischen Voraussetzungen für den Massentourismus. Sie brachte neue Verkehrsmittel, vor allem die Eisenbahn, deren immer dichteres Streckennetz gegen Ende des 19. Jahrhunderts alle wichtigen Punkte des Kontinents miteinander verband. Ebenso liefen die neuen Dampfschiffe jeden bedeutenderen Hafen der Welt an. Als billige Massentransportmittel gaben sie immer mehr Menschen Gelegenheit, immer größere Räume mit immer größerer Geschwindigkeit zu durchmessen. Damit veränderte sich die Struktur des Reisens überhaupt: Raum und Zeit, die bisher das Reisen bestimmt und behindert hatten, wurden durch die technischen Neuerungen unwichtig. »Reisen« verlor seinen alten Sinn als »unterwegs sein«, bedeutete ab jetzt »schnelles Überbrücken von Zwischenraum«, meinte »ans Ziel kommen« und büßte damit seine Rolle als Erlebnis und Leistung eigener Dignität ein[69].

Die Verkehrsrevolution ermöglichte das schnelle und bequeme Reisen großer Menschenmengen. Damit schuf sie die Voraussetzungen für ein neues Gewerbe: das Reisebüro. Sein Entstehen ist untrennbar mit dem Namen des englischen Tischlers und Baptistenpredigers Thomas Cook

---

[67] Vgl. hierzu auch Hasso Spode: Zur Geschichte des Tourismus. Eine Skizze der Entwicklung der touristischen Reisen in der Moderne, Starnberg 1987.

[68] Zur Geschichte von »Freizeit« und »Urlaub« vgl. die Untersuchung von Wolfgang Nahrstedt: Die Entstehung der Freizeit dargestellt am Beispiel Hamburgs, Göttingen 1972.

[69] Zum Verhältnis von technischer Innovation und Mentalitätsveränderung vgl. die Untersuchung von Wolfgang Schivelbusch: Geschichte der Eisenbahnreise. Zur Industrialisierung von Raum und Zeit im 19. Jahrhundert, Frankfurt 1993 (Fischer Tb 4414), besonders 35-45, 51-66.

(1808-1892) verbunden, der nicht nur das erste moderne Reisebüro eröffnet, sondern bereits alle gängigen Leistungen und Organisationsformen eines Reiseveranstalters entwickelt hat[70].

Begonnen hatte alles durch Zufall: 1841 veranstaltete Cook für 540 Gäste eine Eisenbahn-Sonderfahrt zu einer Temperenzler-Kundgebung in Mittelengland. Sein Organisationstalent muss die Beamten der Midland-Railways so beeindruckt haben, dass sie ihn ermunterten, weitere Sonderfahrten zu unternehmen. In den folgenden Jahren veranstaltete Cook deshalb mit wachsendem Erfolg Ausflugs- und Vergnügungsfahrten in verschiedene Gegenden Englands und Schottlands, organisierte den gesamten Bahntransport zur Londoner Weltausstellung von 1851 und erfand auf der Suche nach neuen Zielgruppen das »Reisesparen« für einkommensschwache Arbeiter. Als dann die englischen Eisenbahnen das lukrative Vergnügungsgeschäft Mitte der 50er Jahre in eigene Regie übernahmen, wich Cook auf den Kontinent aus, und damit begann sein eigentlicher Aufstieg: 1856 startete seine erste Bahn-Rundreise durch Belgien, das Rheinland und Nordfrankreich, wobei Cook als Hilfe für seine meist reiseunkundigen Teilnehmer ein Pauschalarrangement ausgearbeitet hatte, das Unterkunft, Verpflegung, Eintritte, Bankdienste, Visabeschaffungen sowie sach- und sprachkundige Reiseleitung umfasste.

Die weiteren Geschäftsaktivitäten Cooks galten der Verbesserung und Erweiterung dieser Leistungskombination. 1865 eröffnete er in London sein erstes rasch expandierendes Reisebüro und erweiterte unter wachsendem Zuspruch des Publikums sein Repertoire um regelmäßige Rundreisen durch Frankreich, Italien und die Schweiz – in Gebiete also, die bislang exklusive Ziele der Oberschicht gewesen waren. Seit 1870 bot er Rundreisen durch Palästina und Ägypten an. Die Gründung einer eigenen Verkehrsbank, der Bau einer Ausflugsflotte auf dem Nil sowie die Errichtung eines Agenturnetzes in allen Teilen des Britischen Empires vollendeten schließlich das Lebenswerk Thomas Cooks, dessen Grabstein die Worte trägt: »He made world travel easier.«

Seine bahnbrechende Leistung bestand darin, dass er die Chance von Eisenbahn und Dampfschiff als Massentransportmittel genutzt und mit einem umfassenden Bündel zusätzlicher Leistungen zu einem Gesamtangebot verbunden hat. Durch externe Organisation ersetzte Cook damit jene Eigenschaften, die früher die Mitglieder der Upper-Class als Ergebnis von Bildung und Milieu für Auslandsreise mitbrachten: Sprachkenntnisse, kunsthistorisches und landeskundliches Wissen, geschliffene Umgangsformen und Anpassungsvermögen. Das Reisen wurde damit gleichsam demokratisiert. Zugleich wurde eine Fahrt zur standardisierten Ware, de-

---

[70] Zur Biographie und zum Unternehmen Cooks vgl. Karl Fuss: Geschichte des Reisebüros, Darmstadt 1960, 29-42, sowie John Pudney: Alles inbegriffen. Die Geschichte des Hauses Cook, Stuttgart 1955.

ren Qualität welt- und sachkundige Experten garantierten, die damit dem Reisenden die Mühen und Risiken des Reisens weitgehend ersparten und eben dadurch Reisegenuss garantierten.

Die Leistungsangebote und Organisationsformen von Cook wurden zum Vorbild der Branche, die sich nunmehr in allen Kulturländern kräftig entwickelte. So hatte in Deutschland der Berliner Karl Riesel bereits 1854 »Unter den Linden« ein Reisebüro eröffnet, das neben Bäder- und Erholungsreisen auch Rundfahrten durch Europa und den Vorderen Orient offerierte[71]. Erfolgreicher war jedoch das 1863 gegründete Reisebüro der Gebrüder Stangen, das sich mit seinem weiten und qualitätsvollen Angebot zur ersten Adresse für das gehobene Publikum des Wilhelminischen Deutschland entwickelte[72].

Die neuartige Veranstaltungsform nahm schon in ihren Anfängen Ziele Merkmale der Bildungsreise auf, die das 19. Jahrhundert als Verbindung humanistischer Bildungsinteressen und romantischen Naturerlebens geschaffen hatte. Bereits Thomas Cook, mehr noch Carl Stangen folgten mit ihren Gesellschaftsfahrten den Spuren der »Grand Tour« durch Frankreich und Italien, verbanden sie aber meist mit einem Abstecher in die Schweiz. Mit Hilfe der modernen Verkehrsmittel erschlossen sie sodann die uralten Kulturländer des Mittelmeerraumes: 1864 veranstaltete das Reisebüro Stangen seine erste Rundfahrt über Kairo, Jerusalem, Smyrna nach Istanbul; wenig später folgte Griechenland[73]. Und 1878 führte Stangen erstmals seine als sensationell empfundene Reise um die Welt durch und eröffnete damit das Zeitalter der organisierten Fernreise[74].

Die Bildungsreise neuen Stils unterschied sich freilich von der »Grand Tour« der frühen Neuzeit durch wichtige Merkmale: Sie dauerte nicht mehr Monate oder Jahre, sondern nur mehr die kurze Spanne eines Urlaubs. Sie diente nicht mehr dem Abschluss der Bildung, der Vorbereitung auf den Beruf oder der Bewährung in der Fremde, sondern dem Reisevergnügen, dem Genuss von Milieu, Natur und Bildungsgütern. Sie beschränkte sich nicht länger auf die exklusiven Kreise des Adels und des höheren Bürgertums, sondern dehnte sich auf Angehörige mittelständischer Bildungsberufe wie Anwälte, Studienräte, höhere Beamte und Ärzte aus, geriet zum Zeitvertreib wohlhabender Rentiers. Die lange Vorbereitung zu Hause, das aktive Studium unterwegs wurden ersetzt durch die belehrende Unterweisung des Reiseleiters und durch die Perfektion eines Programms, das keine bedeutende Sehenswürdigkeit ausließ. Damit waren

---

[71] Fuss: Geschichte des Reisebüros 55 f, sowie Horst E. Scholz: Tausend Türen in die weite Welt. Beiträge zur Geschichte der deutschen Reisebüros, Frankfurt 1984.
[72] Fuss: Geschichte des Reisebüros 56 ff.
[73] Vgl. Löschburg: Von Reiselust und Reiseleid 144-161.
[74] Carl Stangen: Eine Reise um die Erde 1878/79, Leipzig 1880.

die Grundlagen für den ausgreifenden Tourismus des 20. Jahrhunderts
bereitet[75].

Der Umstand, dass immer mehr Menschen mit wachsenden Interessen,
aber niedrigerem Bildungsniveau verreisten, schuf ein neuartiges Hilfsmittel: den »Baedeker«. 1828 publizierte der Koblenzer Buchhändler Karl
Baedeker erstmals die »Rheinreise von Mainz bis Cöln«, die den Unterti-
tel »Handbuch für Schnellreisende« trug. Nach dessen durchschla-
gendem Erfolg erschienen dann in schneller Folge Bände zu allen anderen
europäischen und nahöstlichen Länder sowie Übersetzungen in alle wichtigen Sprachen[76]. Sie machten den Namen »Baedeker« zu einem weltweiten Sach- und Qualitätsbegriff. Alle »Baedeker« vereinen detaillierte und
zuverlässige Informationen über Hotels, Verkehrsmittel, Ausflugsmög-
lichkeiten und Preise mit der in einfacher Sprache gehaltenen Beschreibung von Sehenswürdigkeiten, deren Bedeutung durch die berühmten
»Baedeker-Sterne« gewichtet wurde. Damit war ein viel nachgeahmtes
Instrument entstanden, das Reisen sowohl technisch als auch inhaltlich für
jedermann überschaubar und planbar machte. Der »Baedeker« eignete
sich als Begleitlektüre für fest organisierte Gesellschaftsreisen ebenso wie
für Einzelreisende, die mit seiner Hilfe mühelos ihre Route festlegen und
auch als weniger Gebildete die beruhigende Gewissheit haben konnten,
keine wichtige Sehenswürdigkeit zu versäumen.

VII. Ergebnisse und Folgerungen

Überblickt man die drei Jahrtausende Bildungsreise, dann zeichnen sich
im historischen Befund strukturelle Gemeinsamkeiten ab, die bei einer
anthropologischen Analyse des Reisens nicht unberücksichtigt bleiben
dürfen.

Zunächst zeigt sich eine bemerkenswerte Konstanz des Reisens aus
Bildungsmotiven: Besonders dann, wenn relativer Massenwohlstand erreicht, eine hinlängliche Infrastruktur (Straßen, Verkehrsmittel und Gastronomie) entwickelt waren, wenn politische Stabilität herrschte und das
Reisen gesellschaftlich sanktioniert war, dann entstand – wie im Imperium
Romanum oder in der Neuzeit – ein Bildungstourismus. Ebenso zeigt sich
über die Jahrtausende hinweg eine hohe Konstanz der Inhalte: Religion,
Geschichte, Kunst, Natur, Exotik sowie Aspekte der Gegenwart gehören
dazu, wobei Religion, Geschichte und Kunst in dem Maße zurücktraten,
wie eine Gesellschaft ihr Selbstverständnis nicht mehr historisch, sondern

---

[75] Dazu Christine Keitz: Reisen als Leitbild. Die Entstehung des modernen Massentourismus in Deutschland, München 1997 (dtv 30626).
[76] Vgl. den Überblick bei Alex Hinrichsen: Baedeker's Reisehandbücher 1832-1990.
Vollständiges Verzeichnis der deutschen, englischen und französischen Ausgaben,
2. Aufl., Bevern 1991.

ideologisch oder pragmatisch definierte. Eine größere Varianz zeigt sich allein in den Organisations- und Sozialformen des Reisens, wobei die wichtigsten Änderungen durch technische Neuerungen und wachsenden Massenwohlstand als unmittelbare oder mittelbare Folgen der Industrialisierung entstanden sind. Die historische Analyse erweist damit die Brüchigkeit jener gesellschaftskritischen Tourismustheorien, die das Reisen als eine unvollkommene Flucht aus der Industriegesellschaft und damit als ein soziokulturelles Phänomen deuten[77]. Das Bedürfnis zu reisen ist keine erworbene Reaktion, sondern ein elementares und ursprüngliches Bedürfnis, das über seine Triebfedern – Fernweh und Neugierde – unmittelbar im Menschsein wurzelt und sich geschichtlich immer dann seine Bahn gebrochen hat, wenn vorrangigere Bedürfnisse nach Sicherheit, Bequemlichkeit und soziale Anerkennung dadurch nicht gefährdet worden sind.

VIII. Literaturhinweise

Brilli, Attilio: Als Reisen eine Kunst war. Vom Beginn des modernen Tourismus, die »Grand Tour«, Berlin 1997.

Casson, Lionel: Reisen in der alten Welt, München 1976.

Günter, Wolfgang: Kulturgeschichte der Reiseleitung, Bensberg 1989 (Bensberger Manuskripte 37).

Leed, Eric J.: Die Erfahrung der Ferne. Reisen von Gilgamesch bis zum Tourismus unserer Tage, Frankfurt/New York 1993

Ohler, Norbert: Reisen im Mittelalter, 3. Aufl., Düsseldorf/Zürich 1999.

Reichert, Folker: Erfahrung der Welt. Reisen und Kulturbegegnung im späten Mittelalter, Stuttgart 2001.

Ludwig Schudt: Italienreisen im 17. und 18. Jahrhundert, Wien/München 1959 (Römische Forschungen der Bibliotheca Hertziana 15).

Stagl, Justin: Eine Geschichte der Neugier. Die Kunst des Reisens 1550-1800, Köln/Wien/Weimar 2002.

---

[77] So Hans Magnus Enzensberger: Eine Theorie des Tourismus, in desselben: Einzelheiten 1, Frankfurt 1962, 147-168. Vgl. auch Gerhard Armanski: Die kostbarsten Tage des Jahres. Massentourismus-Ursachen-Formen-Folgen, Berlin 1978 (Rotbuch 181). Zur Herkunft der Tourismuskritik vgl. James Buzard: The Beaten Track. European Tourism, Literature and the Way to Culture. 1800-1918, Oxford 1993.

Wolfgang Günter

Der moderne Bildungstourismus.
Formen, Merkmale und Beteiligte

I. Der moderne Tourismus: Skizze eines »Megaphänomens«

Der moderne Tourismus steht für eine Massenmobilität ohne Beispiel in der Geschichte. Für das Jahr 2000 verzeichnete die Welttourismusorganisation (WTO) über 680 Millionen touristische Ankünfte[1], die wiederum zu 85% von den modernen Industriestaaten (EU, USA, Ostasien) ausgegangen sind[2]. Die Deutschen (deren Reiseverhalten die jährliche Reiseanalyse besonders gut dokumentiert) erreichen derzeit gar eine Spitzenmarke (76%), die deutlich über dem europäischen Durchschnitt (54%) liegt[3]: Von den 63,8 Millionen Einwohner der Bundesrepublik im Alter über 14 Jahre unternahmen im Jahre 2000 etwa 48,4 Millionen eine Urlaubsreise von mehr als fünf Tagen Dauer; 13,8 Millionen davon leisteten sich zusätzlich noch eine oder gar mehrere weitere Ferienfahrten; hinzu kamen im gleichen Jahr noch mindestens 51,5 Millionen zusätzliche Kurz- und Wochenendreisen[4]. Mit Fug und Recht kann man deshalb sagen, dass jeder reist, es sei denn, er wird durch besondere Umstände seiner Lebenssituation, durch Beruf, Familie, Armut, Krankheit oder Alter daran gehindert.

Das Reisen – über Jahrhunderte hinweg Privileg gesellschaftlicher Eliten - wurde damit im umfassenden Wortsinne »grenzenlos«. Es durchbrach die Grenzen sozialer Hierarchien ebenso wie den Kontext von Raum und Zeit[5]. Und es scheint zur unumkehrbaren Signatur moderner

---

[1] WTO (Hg.): Yearbook of Tourism Statistics, 53. Aufl., Madrid 2001, 2.

[2] Walter Freyer: Tourismus. Einführung in die Fremdenverkehrsökonomie, 7. Aufl., München/Wien 2001, 318.

[3] European Commission (Ed.): The Europeans on Holiday, Brüssel 1998, 2.

[4] Forschungsgemeinschaft Urlaub und Reisen e.V. (F.U.R.): Reiseanalyse 2000, Hamburg 2001. Vgl. hierzu auch Rainer Wohlmann: Entwicklung des Tourismus 1954-1991, in: Heinz Hahn/Jürgen Kagelmann: Tourismuspsychologie und Tourismussoziologie. Ein Handbuch zur Tourismuswissenschaft, München 1993, 10-16.

[5] Vgl. dazu die Beiträge in Reinhard Bachleitner/Peter Schimany (Hg.): Grenzenlose Gesellschaft – grenzenloser Tourismus, München/Wien 1999 (Tourismuswissenschaft-

Industriegesellschaften geworden zu sein: Jedenfalls waren die Deutschen in den Konjunkturschwächen der Nachkriegsgeschichte eher bereit, den Konsum in anderen Bereichen zu drosseln als auf die jährliche Urlaubsreise zu verzichten[6].

Um den Tourismus rankt sich ganze Netzwerke wirtschaftlicher Beziehungen und Interessen: Reiseveranstalter und Reisevermittler erwirtschaften jährliche Umsätze in Milliardenhöhe. Die von der touristischen Gesamtnachfrage induzierte Nettowertschöpfung beläuft sich auf 70 Milliarden DM, was wiederum 1,2 Millionen Arbeitsplätzen in Deutschland und weiteren 370.000 in den Empfängerländern entspricht[7]. Der Tourismus sorgt für einen jährlichen Devisentransfer aus der Bundesrepublik von derzeit etwa 30 Milliarden Euro[8] und bildet damit einen unverzichtbaren Teil des Nationaleinkommens in den Empfängerländern[9]. Er trägt entscheidend dazu bei, deren Leistungsbilanzen mit den Entsendeländern auszugleichen[10].

Der moderne Tourismus verdankt seinen Aufschwung im wesentlichen drei Ursachen. Sie haben in ihrer Wechselwirkung das traditionelle »Verhältnis von Arbeit und Leben« gleichsam »umgebrochen«[11] und damit in einer relativ kurzen Zeitspanne den Lebenszuschnitt der Menschen qualitativ verändert[12]. Es handelt sich um:

Steigenden Massenwohlstand: Seit 1950 haben sich die frei verfügbaren Einkommen privater Haushalte in der Bundesrepublik um das 25fache vermehrt[13]. Der damit entstandene gewaltige Kaufkraftüberschuss kam zunehmend den genussgeneigten Lebensbereichen und damit auch Freizeit und Urlaub zugute.

Wachsendes Zeitbudget: Im vorerwähnten Zeitraum hat sich die Wochen- und die – für den Tourismus besonders wichtige – Jahresfreizeit zunehmend erweitert. Während den Arbeitnehmern 1950 im Durchschnitt

---

liche Manuskripte 5).

[6]   Jörn W. Mundt: Einführung in den Tourismus, 2. Aufl., München/Wien 2001, 49 f.

[7]   Deutsches Wirtschaftswissenschaftliches Institut für Fremdenverkehr an der Universität München (DWIT) (Hg.): Wirtschaftsfaktor Tourismus. Eine Grundlagenstudie der Reisebranche, München 1989, 15 f, 33. Zur Methode und Problematik dieser Studie vgl. Mundt: Einführung 396 ff.

[8]   Freyer: Tourismus 353.

[9]   DWIT (Hg.): Wirtschaftsfaktor Tourismus 18.

[10]   Ebenda 32.

[11]   Ulrich Beck: Risikogesellschaft. Auf dem Weg in eine andere Moderne, Frankfurt 1986, 124.

[12]   Zum Folgenden vgl. Wolfgang König: Geschichte der Konsumgesellschaft, Stuttgart 2000, 306-332, sowie Karl-Wilhelm Grümer: Gesellschaftliche Rahmenbedingungen für Mobilität/Tourismus/Reisen, in: Heinz Hahn/Jürgen Kagelmann: Tourismuspsychologie und Tourismussoziologie. Ein Handbuch zur Tourismuswissenschaft, München 1993, 17-24.

[13]   Freyer: Tourismus 15.

ein jährlicher Urlaubsanspruch von 12 Tagen zukam, verfügen sie inzwischen über 32 Tage, was wiederum einen Zeitraum von sechs Wochen abdeckt[14].

Zunehmende touristische Mobilität[15]: Im gleichen Zeitraum entstanden durch Motorisierung, Ausbau der Verkehrswege und internationale Vernetzung der Kommunikations- und Verkehrssysteme (besonders im Luftverkehr) die Grundlagen für eine Massenmobilität früher undenkbaren Ausmaßes. Ihr entsprachen der Ausbau komplexer Urlaubslandschaften und einer immer leistungsfähigeren Tourismuswirtschaft, die das Reisen in einer Weise vereinfacht und verbilligt hat, die noch vor kurzem unvorstellbar gewesen wäre.

Untersucht man im Hinblick auf die vorgenannten Ursachen die Zukunftsperspektiven des Tourismus[16], so lässt sich mit einiger Zuversicht voraussagen, dass sich Wohlstand und Jahresfreizeit mittelfristig nicht verringern, sondern eher vergrößern werden. Was freilich die touristische Infrastruktur anbelangt, so mehren sich seit einigen Jahren Anzeichen dafür, dass hier Grenzen des Wachstums zumindest partiell und regional erreicht sind[17]. Verkehrsstaus, überfüllte Flugplätze, zur Regel gewordene Verspätungen, zu betonierte Küsten, unsaubere Strände und schmutziges Wasser lassen häufig die Massenmobilität in massenhaftem Frust erstarren. Und immer mehr Urlauber nehmen an derartigen Mängeln Anstoß und quittieren mit Buchungsverweigerungen für jene Regionen, in denen sich solche Mängel häufen. Alarmiert hat sich die Tourismuswirtschaft selbst zum Anwalt eines umweltschonenden Reisens gemacht[18] und damit einen Weg beschritten, den ihr die wohlwollenden unter ihren Kritikern schon seit langem anempfohlen haben, nämlich ihre Produkte qualitativ zu verbessern statt auf unbegrenztes Wachstum zu setzen.

II. Der Bildungstourismus: Konzepte seiner Veranstaltungsarten

1,83 Millionen und damit 3,8% der insgesamt 48,4 Millionen Reisenden des Jahres 2000 bezeichneten ihre Urlaubsfahrt selbst als »Studienreise«. Bei der Frage nach ihren Motiven legten sie sich markant häufiger als der Durchschnitt aller übrigen Reisenden auf folgende Statements fest: »Den

---

[14] Mundt: Einführung 41.

[15] Zum Folgenden: Freyer: Tourismus 19-23.

[16] Vgl. hierzu auch Walter Freyer/Knut Scherhag (Hg.): Zukunft des Tourismus, Dresden 1996.

[17] Vgl Martin Weichbold: Belastungsgrenzen – Grenzbelastungen? Die „natürlichen" Grenzen des Tourismus, in: Bachleitner/Schimany (Hg.): Grenzenloser Tourismus 84-100.

[18] So zuerst auf der DRV-Tagung 1989 in Istanbul, vgl. Beilage zur FVW 25/1989, 10 ff; vgl. auch FVW 1/92, 26.

Horizont erweitern, etwas für Kultur und Bildung tun« (79% gegenüber 46%), »Andere Länder erleben, viel von der Welt sehen« (85% gegenüber 59%) und »Ganz neue Eindrücke gewinnen, etwas anderes kennen lernen« (91% gegenüber 71%)[19]. Was immer sich auch im einzelnen an Motiven und Wünschen hinter diesen Aussagen verbergen mag, unverkennbar ist jedenfalls der aus Neugierde gespeiste und auf Bildung hinzielende Bogen einer besonderen Bedürfnisstruktur, der gemeinhin der Grund dafür ist, bei den touristischen Angeboten dieses Marktsegments von »Bildungstourismus« zu sprechen. Seit dem Beginn der 90er Jahre ist es üblich geworden, den Bildungstourismus als Teilbereich eines umfassender konzipierten »Kulturtourismus« zu verstehen[20].

Seine beiden vorerwähnten Veranstaltungsformen, die Studien- und die Bildungsreise, haben eine lange Tradition und eine dementsprechend komplexe Begriffsgeschichte. Es lohnt sich, etwas dabei zu verweilen, denn die mit beiden Begriffen im Alltagsgebrauch mitschwingenden Bedeutungsnuancen prägen und verwirren bis heute unsere Vorstellungen.

Die »Bildungsreise« entstand im 19. Jahrhundert als touristische Veranstaltung des höheren Bürgertums. Wie vordem die adelige Kavalierstour[21] diente sie zunächst dem Abschluss der Erziehung, dann aber – begünstigt durch die modernen Verkehrsmittel – auch der willkommenen Unterbrechung des Arbeitsalltages und wurde damit eine Urlaubsveranstaltung im modernen Wortsinn[22]. Ihre prägenden Impulse (womit sich ein weiterer Unterschied zur Kavalierstour andeutet) empfing sie von der deutschen Klassik, insbesondere von Goethe. Die Idee, dass die Begegnung mit Gutem, Wahrem und Schönem analoge Kräfte der Seele wecke, gleichsam »ausbilde«, war durch dessen Lebenswerk zum Gemeinplatz bürgerlicher Kultur geworden. Sie bildete wiederum den Rahmen für die »Wilhelm Meister« entnommene Sentenz, dass »ein gescheiter Mensch seine beste Bildung auf Reisen findet«[23], die ihre konkrete und damit zum Nachvollzug einladende Paraphrase in der »Italienischen Reise« fand. Auf deren Spuren ist deshalb auch die Bildungsreise entstanden.

Von ihrem Vorbild übernahm sie Ziel (Italien und dann auch Griechenland) und Inhalt (Denkmäler der Kunst und Kultur) und gewann damit ihre bis heute charakteristische Orientierung an den alten Kulturen des Mittelmeerraumes – freilich mit der impliziten Tendenz, all dies souverän

---

[19] Forschungsgemeinschaft Urlaub und Reisen e.V. (F.U.R.): Reiseanalyse 2000, Hamburg 2001.

[20] Zum Begriff vgl. Thomas Heinze (Hg.): Kulturtourismus. Grundlagen, Trends, Fallstudien, München/Wien 1999, 1-7. Vgl. auch Axel Dreyer (Hg.): Kulturtourismus, 2. Aufl., München/Wien 2000, 71-99.

[21] Vgl. in diesem Handbuch Wolfgang Günter: Geschichte der Bildungsreise 13 f.

[22] Eine historisch befriedigende Untersuchung über die bürgerliche Bildungsreise des 19. Jahrhunderts liegt bislang nicht vor.

[23] Lehrjahre V 2.

zu missachten, was die jeweilige Gegenwart der bereisten Länder ausmacht. Von Jugendbewegung und Reformpädagogik ausgestaltet und von
den sozialen Nivellierungsprozessen des 20. Jahrhunderts gleichsam demokratisiert, war die Bildungsreise bis in unsere unmittelbare Gegenwart
hinein Inbegriff eines besonders niveauvollen und deshalb elitären Reisens[24]. Der Begriff tauchte bis in die 60er Jahre in Veranstalterkatalogen
auf, um dann – beinahe jäh und unvermittelt – einem anderen Begriff zu
weichen, dem der »Studienreise«.

Unter »Studienreise« verstand man seit der ersten Hälfte des 18. Jahrhunderts eine wissenschaftliche Forschungsreise[25]. Sie bewegte sich räumlich oder zumindest thematisch im Unbekannten und war – als Teil der
neuzeitlichen Wende zur Empirie – Instrument akademischer Forschung
und Lehre. Warum dieser Begriff seit Beginn der 60er Jahre auf die traditionsreiche Bildungsreise und damit auf eine touristische Veranstaltung
übertragen worden ist, die ihrem Ursprung nach keinen Zusammenhang
mit einer akademischen Forschungs- und Ausbildungsfahrt kannte, hat
einen komplexen Hintergrund. Zwei Gründe seien beispielhaft für andere
genannt: Zum einen der rasante Ausgriff des Bildungstourismus auf Gebiete und Bereiche, die keinen räumlichen oder thematischen Zusammenhang mehr mit dem humanistischen Bildungskanon besaßen (nach Neuseeland beispielsweise lassen sich zwar interessante Studienreisen aber
keine Bildungsreisen unternehmen); zum anderen der allgemeine gesellschaftliche Bewusstseinswandel mit seiner Demontage des als antiquiert
empfundenen Bildungsbegriffs und seinem Ersatz durch pragmatischere
Größen wie »Können« oder »Wissen«.

Allerdings: Inhaltlich änderte sich zunächst wenig. Auch die Studienreise blieb zunächst überwiegend historisch orientiert, interessierte sich
vor allem für Kunst und Kultur und zielte in der Mehrzahl ihrer Fahrten in
den Mittelmeerraum. Aber der Rahmen hatte sich gewandelt: Nach der
psychologischen Leitstudie zur Reiseanalyse von 1972 (die sich mit Hilfe
aufwendiger statistischer Korrelations- und Extrapolationstechniken um
diesen Begriff im damaligen Selbstverständnis der Reisenden bemüht hat)
soll die Studienreise »dem Erwerb und der Erweiterung von Kenntnissen«
dienen, der Reiseleiter hat die »Funktion eines Lehrers«[26]. Diese Vorzeichen rückten den Bildungstourismus in die Nähe primärer Bildungsinsti-
tutionen wie Schule oder Universität. Sein Leitbild wurde deshalb das
»rollende Seminar«, wie es damals auch häufig in Katalogausschreibun-

---

[24] Zum kulturgeschichtlichen Kontext eines seiner Pioniere vgl. Reinhold Tigges: Rei-
      sen ist Leben. Dr. Hubert Tigges und seine Welt, Wuppertal 2001.
[25] Vgl. Justin Stagl: Das Reisen als Kunst und Wissenschaft (16.-18. Jahrhundert), in:
      Zeitschrift für Ethnologie 108 (1983) 30 f.
[26] Vgl. Klaus Dieter Hartmann: Der moderne Bildungstourismus: Formen, Merkmale
      und Teilnehmerkreise, in: Wolfgang Günter (Hg.): Handbuch für Studienreiseleiter,
      Starnberg 1982, 36.

gen benannt wurde. Die Veranstalter reklamierten für ihr Angebot »wissenschaftliche« oder »akademische« Reiseleitung und gingen vielfach dazu über, neben den Namen ihrer Reiseleiter auch deren Fächer und akademische Titel zu veröffentlichen (oder sich in Ermangelung derselben mit rechtlich unverbindlichen Bezeichnungen wie »Völkerkundler« oder »Sprachwissenschaftler« zu behelfen).

Dem teilweise üppig wuchernden Wildwuchs schob 1980 ein viel beachtetes Urteil des Berliner Kammergerichts einen Riegel vor. Es erkannte für Recht, dass ein »wissenschaftlicher« Reiseleiter entweder über ein einschlägiges wissenschaftliches Studium oder – ausnahmsweise als Autodidakt – über »hervorragende Kenntnisse« des bereisten Landes verfügen müsse[27], eben um die Reise auf »gehobenem, wissenschaftlichen Niveau« durchführen zu können[28]. Das Gericht verzichtete zwar darauf, den Begriff »gehobenes, wissenschaftliches Niveau« zu erläutern. Doch wird man in der Annahme nicht fehlgehen, dass die Führungen wenigstens grundsätzlich dem Forschungsstand zu entsprechen haben.

Das Urteil des Berliner Kammergerichts hatte scharfsichtig den Finger auf den Unterschied zwischen einer wissenschaftlichen Studienreise im akademischen Sinne und einer touristischen Veranstaltung gleichen Namens gelegt, dem letztere im Durchschnitt ihrer Angebote weder entsprechen konnte noch entsprechen wollte. Das Urteil gab der Branche in der Folge den Anstoß, ihr Selbstverständnis freiwillig und eigenverantwortlich selbst zu definieren. Die 1974 gegründete »Arbeitsgemeinschaft Studienreisen«, der sieben traditionsreiche Veranstalter traditioneller Studienreisen angehörten, beschrieb 1983 ihr Qualitätsverständnis wie folgt[29]: »Eine Studienreise ist eine Gruppenreise mit begrenzter Teilnehmerzahl, festgelegtem Reiseverlauf sowie deutschsprachiger, fachlich qualifizierter Reiseleitung.« Ihre Konturen gewinnt diese durch schlichte Aufzählung gewonnene Definition erst durch die »Erläuterungen«, die – echt akademisch – als Fußnoten formuliert sind. Demnach soll sich die Teilnehmerzahl zwischen 10 und 30 bewegen, die Reisethematik kann »schwerpunktmäßig historisch, kunstgeschichtlich, archäologisch, geographisch-landeskundlich, völkerkundlich, zoologisch oder naturwissenschaftlich sein«. Und schließlich: »Fachliche Qualifikation der Reiseleitung setzt voraus: fachbezogenes Studium oder auf das Reisethema bezogener Wissensstand, sowie Landeskenntnis.« Unschwer erkennt man hinter letzterem die drohende Handschrift des Berliner Kammergerichts: Der Ausdruck »wissenschaftlich« wird geflissentlich vermieden und durch den

---

[27] Kammergericht Berlin: Aktenzeichen 16 U 3823/79 (14.7.1980) 5 f. Vgl. dazu auch: test 1/1983, 64.

[28] Kammergericht Berlin 12.

[29] Pressemitteilung 9/1983. Vgl. hierzu die Paraphrase von Horst van Hees: Wissenschaftliche Reiseleitung. Anspruch-Umfang-Abgrenzung, in: Informationen Akademische Studienreisen Heidelberg 6/1981.

deutlich nivellierenden Begriff »fachlich qualifiziert« ersetzt, der in seiner unbestimmten Weitläufigkeit weniger Gefahr läuft, in einem Rechtsstreit festgenagelt zu werden[30].

Im gleichen Jahr 1983 veröffentlichte der 1982 gegründete Beirat der »Gütegemeinschaft Buskomfort e.V.«, der am unteren Ende des Bildungsreisespektrums die Interessen von Bus- und Rundreiseveranstaltern vertritt, deutlich anspruchslosere, dafür aber konkretere Produktstandards[31]: Denen zufolge muss eine Studienreise unter einem bestimmten Thema stehen, sich in eine ausgewogene Etappenplanung gliedern und auch Sehenswürdigkeiten außerhalb der »allgemeinen touristischen Ziele« einschließen. Zudem: Das Besichtigungsprogramm soll ausreichend Zeit für gründliche Information bieten. Die Reiseleitung nehmen ein »ständiger Reiseleiter« und »örtlich eingesetzte Führer oder Reiseleiter« wahr, wobei dem »ständigen Reiseleiter« folgende Qualifikationen abverlangt werden: »gute Allgemeinbildung; Sprachkenntnisse, evtl. sogar Beherrschung der Landessprache« sowie landeskundliche Kenntnisse. »Er muss während der Fahrt die notwendigen Erklärungen und Erläuterungen zu den durchfahrenen Gebieten geben sowie Zusammenhänge geographischer und geschichtlicher Art aufzeigen können«. Demgegenüber ist der »örtlich eingesetzte Führer oder Reiseleiter« für die Besichtigungen vor Ort zuständig. Er soll »auf die wesentlichen Merkmale hinweisen, genaue Erklärungen abgeben und bei Detailfragen Rede und Antwort stehen können.«

Ob und inwieweit die genannten Qualitätsstandards beider Verbände auch die Produktgestaltung von Nichtmitgliedern und damit die Branche insgesamt beeinflusst haben, sei dahingestellt. Tatsache ist jedenfalls, dass sich die Angebotsstruktur in der Folge aus anderen Gründen rasch veränderte und der Studienreise neue und vor allem jüngere Interessenten zuführte. Diese Veränderung wurde getragen von dem seit den 80er Jahren hervortretenden gesellschaftlich-kulturellen Wandel[32], als dessen Folge die Geschichte und die auf sie verweisenden Denkmäler von Kunst und Kultur allmählich zurücktraten zugunsten eines neuartigen Interesses an der Gegenwart, am Alltagsleben und an den verschiedenen darin begriffenen Aktualitäten[33]. Dieser Trend »entrümpelte« nicht nur die »Trümmertouren«[34] zugunsten einer je unterschiedlich aufgefassten »Landeskun-

---

[30] Vgl. hierzu auch die kritische Glosse von Friedrich A. Wagner: »Fachlich qualifiziert«, in: FAZ vom 13.10.1983.

[31] Gütegemeinschaft Buskomfort (Hg.): Reisearten im Überblick, Filderstadt o.J., 7-10.

[32] Vgl. Gerhard Schulze: Die Erlebnisgesellschaft. Kultursoziologie der Gegenwart, 5. Aufl., Frankfurt/New York 1995, bes. 541-549.

[33] Der erste öffentliche Reflex dieser Entwicklung ist der Bericht über ein Expertengespräch in München, in: touristik aktuell 44/1984, 18 f. Zum Folgenden vgl. Robert Datzer: Studienreisen – eine bewährte Reiseform im Wandel, in: FVW 1/1986, 12-18.

[34] Vgl. Armin Ganser: Studienreisen leicht entrümpelt, in: Süddeutsche Zeitung vom 28.2.1989; derselbe: Studienreise '89: Kein Interesse an Trümmertouren, in: Süddeut-

de«[35]. Er führte auch zu neuartigen Themenstudienreisen, die sich beispielsweise mit Umwelt, Natur, Frauenfragen, Dritter Welt oder Sozialem befassten[36].

Parallel hierzu kristallisierte sich ein verwandter Trend zur Aktivität heraus und zwar in intellektueller wie in physischer Hinsicht. Ersterer führte – besonders im Jugendtourismus – zu neuartigen und auf Eigeninitiative hinzielenden didaktischen Modellen (wie Nahraumerkundung und Spurensuche[37]), letzterer zur Konjunktur von Wander- und Fahrradstudienreisen – aber auch von Erlebnis- und Abenteuerreisen, die besondere Anforderungen an die körperliche Robustheit stellen, wie Hochgebirgs-Trekking, Wildwasser-Rafting oder Dschungeltraversen.

Diese Trends nach Aktualität und Aktivität verraten eine neuentdeckte Freude am Erlebnis als Maßstab des Reisegenusses, das durchaus ambivalent zwischen Abwechslung, Zerstreuung und einer eher hintergründigen Suche nach Selbsterfahrung und Sinnfindung schwingen kann, auf jeden Fall aber »Gefühle besonderer positiver Bedeutung mit bleibendem Erinnerungswert« anstrebt[38]. Jedenfalls: Die traditionelle Studienreise mit ihrer eher asketischen Suche nach Bildung und Wissen war zur »bildenden Erlebnisreise«[39] geworden, dem Reiseleiter war die eher schwierige Rolle eines »Animateurs mit Hochschulbildung«[40] zugewachsen.

Den vorgenannten Tendenzen ordnen sich weitere zu, die in ihrer Gesamtheit einen Wandel des Reiseverhaltens als solches andeuten[41]. Der bis in die 70er Jahre übliche Typ der globalen Studienreise, die ein ganzes Land in oft strapaziöser Hast erkundete, findet sich zwar noch im Programmangebot für Fernreisen, ist aber ansonsten der Tendenz zur regionalen Kammerung (statt der »Großen Frankreichfahrt« also »Burgund« oder »Bretagne«) gewichen, die es erlaubt, die jeweilige Kultur und Lebensart intensiver und – dank des großzügigeren Zeitrahmens – auch mit mehr Muße zu erkunden. Diese Tendenz zur regionalen Kammerung will

---

[35] sche Zeitung vom 19.9.1989.
So erstmals entwickelt von Horst Martin Müllenmeister/Egbert Waschulewski: Animationsmodell Länderkunde, in: Studienkreis für Tourismus (Hg.): Mehr Ferienqualität, Bd 2, Starnberg 1978, 225-253. Zum Problem vgl. Wolfgang Isenberg: Geographie ohne Geographen. Laienwissenschaftliche Erkundungen, Interpretationen und Analysen der räumlichen Umwelt in Jugendarbeit, Erwachsenenwelt und Tourismus, Osnabrück 1987 (Osnabrücker Studien zur Geographie 9) 148-215.

[36] Vgl. FVW 1/2002, 32.

[37] Vgl. in diesem Handbuch den Artikel von Wolfgang Isenberg unten 180-192.

[38] Heinze (Hg.): Kulturtourismus 2.

[39] Werner Kubsch: Ein Lob der Studienreise, in: Studienkreis für Tourismus (Hg.): Festschrift zum 60. Geburtstag von Paul Rieger, Starnberg 1988, 28.

[40] Brigitte Scherer: Ideal für unterwegs: Animateur mit Hochschulbildung, in: FAZ vom 20.2.1986.

[41] Zum Folgenden vgl. auch Horst W. Opaschowski: Tourismusforschung, Opladen 1989, 152-180.

damit nicht nur einem immer reiseerfahreneren Publikum unbekannte Nischen im bereits Bekannten anbieten, sondern auch das oben beschriebene Bedürfnis nach Reisegenuss befriedigen[42]: Nicht umsonst erfreuen sich die besonders bequemen Aufenthalts- oder Kreuzfahrtstudienreisen wachsender Beliebtheit[43]. Und nicht ohne Grund sind die meisten Veranstalter dazu übergegangen, ihre Gästen per Flug in das Zielgebiet zu befördern, um ihnen langwierige Busanfahrten zu ersparen.

Diese Tendenz zur regionalen Spezialisierung wird getragen durch den Trend zu kürzeren Reisen bei gleichzeitiger Zunahme der Reisehäufigkeit[44]. Es steht zu erwarten, dass dieser Trend anhält, den Kontrast zwischen (sommerlicher) Reisezeit und Arbeitszeit verwischt und das Reisen gleichmäßiger über das Jahr verteilt. Er brachte den neuen Typ von (meist einwöchiger) Kurzstudienreise hervor und führte vor allem zur massenhaften Zunahme von (mehrtägigen) Städtereisen.

Auffällig ist weiterhin ein Trend zu einer immer engmaschigeren Differenzierung nach Zielgruppen. Spezielle Angebote wenden sich an Jugendliche, Yuppies, Senioren oder Alleinstehende, offerieren Preiswert-Reisen für Sparsame oder verwöhnen Wohlhabende mit Komfort-Reisen in kleinen oder kleinsten Gruppen. Leitbild dieser Differenzierung ist das Reisen nach je eigenen Wünschen und Bedürfnissen, die Steigerung der Wahlfreiheit also und damit eine immer größere Individualisierung des Reisens – unter Ausschaltung von Unlust und Risiken, was wiederum die immer perfektere Organisation der Veranstalter zu garantieren hat. Das Bedürfnis nach Individualisierung zeigt sich nicht nur in der wachsenden Beliebtheit von Studienreisen mit einem zusätzlichen Freizeitrahmen für selbstbestimmte Unternehmungen, sondern auch im Trend zur Baukastenreise, die nicht nur die Wahl zwischen unterschiedlichen Programmsegmenten erlaubt, sondern auch die Kombination unterschiedlicher Reisearten (z.B. Studienreise mit Badeurlaub) gestattet. Waren die Grenzen zwischen den einzelnen Reisearten bis in die 80er Jahre hinein klar und eindeutig, so beginnen sie nunmehr an der Ziellinie eines ganzheitlichen Reiseerlebnisses zu verschwimmen und in postmoderne Gleichförmigkeit zu verschmelzen. Ähnliche Beobachtungen lassen sich im übrigen auch an den Marketing-Strategien der Veranstalter machen: Unter den Stichworten »Erlebnis« oder »Genuss«[45] werden traditionelle Rund- oder auch Aufenthaltsreisenreisen vielfach in die Nähe von Studienreisen gerückt, um an deren Marktpotential zu profitieren[46].

---

[42] Vgl. bereits touristik report 2/1984, 16 f.
[43] Vgl. FVW 1/1992, 25 f.
[44] Vgl. touristik aktuell 44/1988, 41, sowie die in FVW 10/1989, 22 f., wiedergegebene Expertenbefragung.
[45] Vgl. das Konzept des Premium-Segments von Öger-Tours: »Komfort- und Genießerreisen mit viel Kultur«, FVW 1/2001, 22.
[46] FVW 1/2001, 26 f.

III. Formale Kriterien einer Studienreise

Die inhaltlichen Konzeption von Studienreisen unterliegt im Spannungsgefüge von Angebot und Nachfrage einem ständigen Wandel. Sie spiegelt jeweils gesellschaftliche Trends wider, denen das touristische Angebot mit immer neuen Nischen und Spezialitäten zu entsprechen sucht. Die Vielfalt des touristischen Angebots macht es im Einzelfall auch dem Fachmann nicht leicht, Studienreisen von Verwandtem zu unterscheiden. Umso mehr stellt sich die Frage, welche Merkmale eigentlich Studienreisen auszeichnen und welche Kriterien sich benennen lassen, die Studienreisen treffsicher von anderen Reisearten abgrenzen. Das nachfolgende Repertoire stellt den begründeten Versuch dar, all jene Kriterien aufzuführen, die in ihrer Gesamtheit zusammenkommen müssen, damit aus einem beliebigen touristischen Unterfangen eine Studienfahrt wird[47].

a) Studienfahrten sind Veranstalterreisen

Studienfahrten sind Teil des touristischen Gesamtangebots: Sie werden von kommerziellen oder gemeinnützigen Veranstaltern konzipiert, angeboten und durchgeführt. In aller Regel handelt es sich dabei um darauf spezialisierte Unternehmen: Das komplexe Produkt »Studienreise« mit seinen differenzierten organisatorischen und didaktischen Strukturen erfordert »Maßarbeit« die sich wiederum schlecht mit der strikt durchrationalisierten Produktgestaltung der großen Massenveranstalter verträgt. Die mit diesem Kriterium getroffene Einschränkung schließt aus dem Folgenden die große Zahl der (privat organisierten und durchgeführten) Individual-Studienreisen aus.

b) Studienfahrten haben ein festes Programm

Das Programm beschreibt den Reiseverlauf, gliedert ihn in Tagesetappen, nennt die jeweiligen Zielobjekte und erläutert durch geeignete Hinweise (etwa: »Rundfahrt«, »Führung«, »Gelegenheit zum Besuch von ... «, »Zeit zur freien Verfügung«) die dort vorgesehenen Aktivitäten. Das Programm ist stets vor Antritt der Reise bekannt, wird in einem Katalog[48] oder Vergleichbarem veröffentlicht, ist Teil des Reisevertrages und begründet damit einen einklagbaren Anspruch auf Erfüllung.

Das Programm kann unter einem bestimmten Thema stehen (etwa: »Burgundische Romanik«, »Wildvögel der Camargue«) oder landeskundlich orientiert sein und damit die charakteristischen Strukturen eines Landes oder einer Landschaft in ihrer Gesamtheit erschließen wollen. Es

---

[47] Vgl. Hartmann: Der moderne Bildungstourismus 30 ff.
[48] Zu Qualitätskriterien vgl. FVW 1/1994.

sollte aber stets aus der breiten Fülle möglicher Besichtigungsobjekte jene auswählen, denen ein besonders hoher exemplarischer Wert an Einsicht und Erlebnis zukommt. Die Qualität des Programms und damit die Frage, ob es Wesentliches erfasst oder nur Sehenswertes aneinander reiht, entscheidet letztlich über das Niveau eines Studienreiseveranstalters. Ein engagierte Veranstalter verwendet deshalb einen Gutteil seiner Energien auf die laufende Verbesserung seiner Programme.

c) Studienreisen werden organisatorisch und didaktisch von Reiseleitern geführt

Der Reiseleiter begleitet die Reisegruppe während der Dauer der Fahrt. Er ist für deren Organisation, ihre didaktische Interpretation und ihre methodische Durchführung zuständig. Wenn ihn auch gelegentlich Hilfskräfte (etwa: Technische Reiseleiter, Local Guides, Handling Agents) unterstützen, so unterliegt es doch keinem Zweifel, dass er die vorrangige Verantwortung für das Gelingen der Fahrt trägt.

Der Studienreiseleiter benötigt für seine Tätigkeit – gleichgültig ob er diese haupt- oder nebenberuflich ausübt – eine Reihe von Kenntnissen und Fertigkeiten (insbesondere: fachwissenschaftliche Kenntnisse, Landeskenntnisse, Kenntnis der Landessprache oder zumindest der jeweils üblichen touristischen Verkehrssprache, Kenntnis des Reiserechtes und der touristischen Organisationsabläufe, psychologische und reisepädagogische Kenntnisse und Fähigkeiten), die seinem Beruf eine spezifische Professionalität verleihen – unangesehen der Frage nach dem Status ihrer nationalen oder internationalen Anerkennung.

d) Studienreisen sind Gruppenreisen

Die Gruppengröße bemisst sich grundsätzlich nach der vorhandenen Kapazität von Verkehrsmitteln (insbesondere des Autobusses) und Unterkünften. Häufig setzen Veranstalter jedoch freiwillig niedrigere Teilnehmerzahlen fest (und veröffentlichen diese in ihren Katalogen). Auf die Zusammensetzung der Studienreisegruppen nehmen die Veranstalter höchstens marginalen Einfluss (etwa durch Kataloghinweise auf besondere Zielgruppenmerkmale oder Eigenschaften, beispielsweise körperliche Verfassung). Umgekehrt sehen viele Teilnehmer im geglückten Gruppenerlebnis in aller Regel das besondere Highlight ihrer Fahrt.

e) Studienreisen sind Pauschalreisen

Die schnelle Bewegung im Raum und der fast tägliche Wechsel der Unterkunft bedingen eine präzise touristische Planung. Eine Studienreise besteht deshalb in aller Regel aus einem Leistungsbündel, das Verkehrsmittel (zumeist Linienflug und Bus), Unterkunft und Verpflegung (zumeist als Halbpension), Reiseleitung und Eintritte umfasst. Das allgemeine touristische Angebot orientiert sich im Hinblick auf die zahlungskräftige Klientel zumeist am gehobenen Standard der Hotels und Verkehrsmittel. Im Vergleich zum touristischen Gesamtmarkt sind deshalb Studienreisen qualitativ hochwertige Produkte, deren Wert häufig noch dadurch gesteigert wird, dass sie maßgerecht Kundenwünschen angepasst werden.

f) *Studienreisen sind Urlaubsveranstaltungen*

Sie gehören als solche der Freizeit- und nicht der Arbeitssphäre an, dienen also – anders als die berufsorientierten »Fachstudienreisen« – nicht der beruflichen Aus- und Fortbildung.

Erst das Zusammentreffen dieser sechs Merkmale macht eine Studienfahrt in der touristischen Bedeutung des Wortes aus. Hinzu kommen zwei weitere Merkmale, die sich zwar überwiegend bei Studienfahrten finden, die aber offensichtlich nicht notwendig dazugehören:

g) *Studienreisen sind Rundreisen*

Als solche wechseln sie täglich oder doch regelmäßig Ort und Unterkunft. Allerdings werden solche Studienreisen immer mehr beliebter, die mit möglichst wenig Wechsel der Unterkunft auskommen, wie die Aufenthaltsstudienreisen (die von einem festen Standquartier aus die Umgebung erschließen) oder Städtereisen.

h) *Studienreisen sind Busreisen*

Der Bus erlaubt einen bedarfsgerechten Reisefahrplan und bietet – zumal in seinen modernen Typen – einen hohen Reisekomfort. Er ist deshalb das ideale Verkehrsmittel für Studienreisen, sofern sie als großflächige Rundreisen konzipiert sind. Allerdings geht derzeit ein beachtlicher Trend zu solchen Veranstaltungsformen wie Wander- oder Fahrradstudienreisen, deren jeweilige Fortbewegungsart hervorstechendes Merkmal ihres Angebotes ist.

IV. Der Markt der Veranstalter

Unter »Reiseveranstalter« versteht man ein selbständiges Unternehmen, das die Leistungen Dritter (beispielsweise von Fluggesellschaften, Busunternehmen, Reiseleiter oder Hotels) in eigenem Namen und auf eigenes

Risiko zu einem eigenständigen Produkt, der »Pauschalreise«, verbindet[49].
Vom Veranstalter, dem »Produzenten« also, ist der Reisevermittler, das
»Reisebüro«, zu unterscheiden, das Pauschalreisen und andere touristische
Leistungen gegen Provision an den Endverbraucher vermittelt[50]. Häufig
übt ein Unternehmen beide Funktionen zugleich aus, veranstaltet ein Reisebüro auch Fahrten, dennoch lassen sich beide Geschäftsbereiche – zumindest formal – klar voneinander trennen.

Bereits seit längerem zeichnet sich auf dem deutschen Veranstalter-
markt eine deutliche Konzentration ab. Gegenwärtig beherrschen vier
Großveranstalter (TUI, Thomas Cook, Rewe-Touristik, FTI) etwa Drei-
viertel des Marktes[51]. Den Rest teilen sich in immer schärferer Konkurrenz 50 mittlere und über 1.400 kleine Unternehmen unter sich auf[52].

In Anbetracht von Buchungsaufkommen und Umsätzen der Großveranstalter spielt der Bildungstourismus die eher bescheidene Rolle eines
Spezialmarktes. Unter den jährlich von der Fachzeitschrift »Fremdenver-
kehrswirtschaft« (FVW) veröffentlichten 50 größten Veranstaltern tauchen regelmäßig nur zwei Studienreiseveranstalter auf, der Marktführer
Studiosus-Reisen, München – zuletzt an 8. Stelle, sowie Gebeco/Dr.Tig-
ges, Kiel – zuletzt an 13. Stelle[53].

Auch in diesem mittelständisch geprägten Spezialmarkt zeichnen sich
Konzentrationsbewegungen ab, wenngleich weniger dramatisch und
raumgreifend als unter den Großen der Branche. Zum einen kam es hier
zu unterschiedlichen Formen von Kooperation, am ausgeprägtesten bei
der Management- und Vertriebsgesellschaft »Klingenstein & Partner«, zu
der sich Anfang der 90er Jahre sechs renommierte Veranstalter zusammengeschlossen hatten, ohne dass diesem Unterfangen allerdings ein dau-
erhafter Erfolg beschieden worden wäre. Zum anderen kam es auch in
diesem Marktsegment zu Übernahmen. So hat der Marktführer Studiosus
erst Klinger-Reisen, Würzburg, dann Marco Polo, Kronberg, und schließlich Klingenstein, München, aufgekauft.

Eine aktuelle Erhebung über die Zahl der deutschen Studienreiseveranstalter liegt nicht vor. Sie dürfte recht schwierig werden, denn die Abgrenzung nach unten, gegenüber den veranstaltenden Busunternehmen
und Reisebüros ist häufig problematisch. Die folgenden Angaben beruhen
deshalb auf (manchmal recht groben!) Schätzungen. Außer etwa 30 über-
regionalen Veranstaltern von Studienreisen bieten derzeit noch etwa 120
Veranstalter Pauschalreisen an, die den im vorigen Abschnitt angeführten
Kriterien für Studienreisen entweder entsprechen oder ihnen zumindest

---

[49] Vgl. Freyer: Tourismus 150.
[50] Ebenda 167 ff.
[51] Vgl. das jährliche Ranking in der FVW; zur Entwicklung vgl. Freyer: Tourismus
     153-162.
[52] Ebenda 153.
[53] FVW 31/2002.

nahe kommen, wie beispielsweise Rundreisen von Busunternehmen. Allerdings sind die meisten dieser Veranstalter nur regional tätig und häufig auch nur auf einzelne Zielregionen spezialisiert. Zusätzlich gibt es eine wachsende Zahl meist noch kleiner Unternehmen (aber durchaus mit überregionalem Anspruch), die Studienreisen besonderer Art und für spezielle Zielgruppen anbieten: so Spezialisten für alternatives Reisen (etwa 10), für Erlebnis- und Abenteuerreisen (etwa 50), für Naturreisen (etwa 15), für Jugendreisen (etwa 30) und für Festival-, Musik- und Theaterreisen (etwa 25). Mit ihnen dürfte es gegenwärtig in der Bundesrepublik etwa 260 kommerzielle Veranstalter geben, die – wenn auch oft nur in geringem Umfang und in enger regionaler Begrenzung – Studienreisen anbieten.

Daneben gibt es ein schier unübersehbares Angebot gemeinnütziger Veranstalter: Allein etwa 150 Jugendorganisationen bieten neben Austausch-, Begegnungs- und Sprachreisen auch Studienfahrten an. Hinzu kommen kirchliche Einrichtungen, politische Institutionen, Bildungsorganisationen, Berufsverbände, Vereine und Kommunen. Und schließlich bieten auch die meisten der etwa 850 Volkshochschulen und Volksbildungswerke Studienreisen an[54]. Die genannten Institutionen bedienen sich dabei häufig der Hilfe eines örtlichen Reisebüros oder eines auf derartige Gruppenreisen spezialisierten Veranstalters, während sie selbst den Reiseleiter stellen. Über die jeweiligen Marktanteile von kommerziellen und gemeinnützigen Veranstaltern gibt es keine zuverlässigen Erkenntnisse. Schätzungen, die freilich wenig fundiert und zudem veraltet sind, sprechen von einem Verhältnis von eineinhalb zu zwei[55].

V. Der Markt der Studienreisenden

Die wichtigste Quelle zum Reiseverhalten der Deutschen ist die jährlich im Auftrag der »Forschungsgruppe Urlaub und Reisen e.V.« durchgeführte »Reiseanalyse«[56]. Sie ist eine Repräsentativuntersuchung, die auf etwa 7.600 Einzelinterviews beruht und ihre Aussagen durch die statistische Projektion der ermittelten Fallzahlen in Summen und Prozente ge-

---

[54] 2000 veranstaltete diese Gruppe 2.615 Studienfahrten mit zusammen 68.692 Teilnehmern, vgl. Statistische Mitteilungen des deutschen Volkshochschulverbandes: Arbeitsjahr 2000, 48 f. Vgl. dazu Karl Heinz Schäfer: Reisen um zu lernen. Zur Funktion von Studienreisen in der Erwachsenenbildung, dargestellt an Beispielen der Volkshochschulen, Paderborn 1995 (Paderborner geographische Studien 9).

[55] Datzer: Studienreisen, in: FVW 1/1986.

[56] Die Reiseanalyse setzt modifiziert ein Instrument gleichen Namens fort, das der 1993 untergegangene »Studienkreis für Tourismus«, Starnberg, seit 1970 mit einem ebenfalls gleichbleibenden Fragenrepertoire und mit jährlich wechselnden Schwerpunkten durchgeführt hat. Zu Eigenart und Problematik dieser Repräsentativuntersuchungen vgl. Mundt: Einführung 19-28.

winnt. Im Bereich des Bildungstourismus ergeben sich dabei zwei Probleme: Zum einen sind hier die Fallzahlen gelegentlich zu niedrig, um methodisch noch sinnvoll ausgewertet zu werden. Zum anderen beruhen die Angaben der Reiseanalyse auf Auskünften von Interviewpartnern und damit auf subjektiven Selbsteinschätzungen, die nicht mit den objektiven touristischen Merkmalen einer Reise überein zu stimmen brauchen. Ob beispielsweise eine Wanderstudienreise im Urteil eines interviewten Teilnehmers als »Sporturlaub«, »Erholungsurlaub«, »Gesundheitsurlaub«, »Hobbyurlaub« oder als »Studienreise« erscheint und dann schließlich unter der entsprechenden statistischen Kategorie der Reiseanalyse auftaucht, hängt letztlich von sehr persönlichen Vorverständnissen und Erfahrungen ab[57]. Diese subjektive Unschärfe ist stets mitzudenken, wenn im Folgenden von »Studienreisenden« die Rede ist.

a) Umfang und Marktpotential des Bildungstourismus

Nach Auskunft der Reiseanalyse unternahmen im Jahr 2000 etwa 1,83 Millionen Deutsche und damit 3,8% aller Reisenden eine Fahrt als Haupturlaubsreise, die sie selbst als »Studienreise« bezeichnet haben. Dieser Anteil fügt sich einem bereits schon länger anhaltenden Trend ein: Im Durchschnitt der 90er Jahre gaben etwa 4% aller Reisenden an, dass ihre jeweilige Haupturlaubsreise eine Studienfahrt gewesen sei. 38% dieser 1,83 Millionen erklärten außerdem, dass diese Fahrt eine Pauschalreise gewesen sei, so dass wiederum 62% ihre Fahrt überwiegend privat organisiert und durchgeführt haben (vgl. Tabelle 1 im Anhang). Immerhin 23% dieser Einzelreisenden nahm hierfür die zusätzliche Hilfe eines Reisebüros in Anspruch (zumeist zum Zubuchen von Flügen). Die vorerwähnten 38% Pauschalreisenden haben ihre Pauschalreise allerdings nur zum kleineren Teil bei einem kommerziellen Studienreiseunternehmen gebucht. Marktbeobachtungen zufolge beläuft sich deren Klientel auf eine Quote zwischen 250.000 und 300.000 Teilnehmern[58] und damit auf 36,5% beziehungsweise 43,8% aller Pauschalstudienreisenden. Die erhebliche Differenz zwischen Reiseanalyse und Marktbeobachtungen erklärt sich aus zwei bereits genannten Gründen: Zum einen liegt der Bezeichnung »Studienreise« die Selbsteinschätzung der Reisenden zugrunde. Zum anderen existiert ein unübersehbares Angebot gemeinnütziger Veranstalter, die – häufig subventioniert – preisgünstigere Studienreisen anbieten als kommerzielle Veranstalter. Für letztere liegt hierin die Chance, dieses Potential mit einfacheren und damit preisgünstigeren Angeboten für sich zu

---

[57] Vgl. hierzu auch FVW 1/1993, 25.

[58] FVW 1/2001, 26. Studiosus-Reisen (Hg.): Jahresbericht 2001, München 2002, 4, nennt dagegen eine geringere Quote zwischen 250.00 und 200.000.

gewinnen – eine Chance, die beispielsweise der Marktführer Studiosus mit einem seiner Angebotssegmente bereits nutzt.

Das Marktpotential, d.h. die Anzahl jener Reisenden, die innerhalb der nächsten drei Jahre bestimmt oder wahrscheinlich eine Studienreise planen, liegt bei allen Reisenden über 10% (vgl. Tabelle 2) und damit beim 2,5-fachen der tatsächlich durchgeführten Studienreisen. An diesem Verhältnis hat sich im vergangenen Jahrzehnt nichts geändert. Ganz anders sieht es im Bereich der Studienreisenden aus. Hier beläuft sich das Marktpotential – auch bei den Pauschalreisenden – auf deutlich mehr als 50%. Dies zeigt, dass Studienreisende mit ausgeprägter Treue an ihrer Reiseart festhalten. Dies wird durch zwei weitere Beobachtung gestützt: 43,6% aller Studienreisenden des Jahres 2000 haben in den vergangenen drei Jahren bereits eine Studienfahrt unternommen (vgl. Tabelle 3), und annähernd 55% planen für die nächsten drei Jahre bestimmt oder wahrscheinlich eine Studienreise (vgl. Tabelle 4). Betrachtet man zudem jene Reisearten, die die Studienreisenden des Jahres 2000 in den vergangenen drei Jahren entweder bevorzugt haben (Tabelle 3) oder für die kommenden drei Jahre planen (Tabelle 4), dann ergibt sich folgendes Bild: Studienreisende interessieren sich – sieht man einmal von dem auf ihrer gehobenen finanziellen Position beruhenden Privileg des Winterurlaubs ab – besonders für solche Reisearten, die wiederum der Studienreise ähnlich sind.

b) Soziographische Merkmale der Studienreisenden

Die Frage, ob es einen besonderen Typus »Studienreisender« gebe, ist wiederholt gestellt und verschieden beantwortet worden[59]. Die im vorigen Abschnitt beobachtete Gleichförmigkeit im Reiseverhalten dieser Gruppe scheint eine positive Antwort nahe zu legen. Deshalb sollen im Folgenden jene soziographischen Merkmale erfasst werden, die bei Studienreisenden vermehrt auftreten oder entfallen.

Tabelle 5 zeigt ein deutliches Übergewicht der Frauen unter den Studienreisenden, besonders unter den Pauschalreisenden. Offenkundig suchen also mehr Frauen die organisatorische und soziale Geborgenheit einer Gruppenreise, während Männer stärker zur Selbstorganisation ihrer Studienreise neigen.

Während die Verheirateten – entsprechend ihrem Anteil an der Gesamtbevölkerung – bei den Reisenden insgesamt deutlich überwiegen (Tabelle

---

[59] Zum Begriff vgl. Axel Schrand: Urlaubertypologien, in: Heinz Hahn/Jürgen Kagelmann (Hg.): Tourismuspsychologie und Tourismussoziologie. Ein Handbuch zur Tourismuswissenschaft, München 1993, 547-553, mit weiterführender Literatur. Vgl. ferner Albrecht Steinecke: Urlaubserwartungen und Urlaubertypen. Möglichkeiten und Probleme der soziologischen und psychologischen Zielgruppenbestimmung und Marktsegmentierung, in: Dietrich Storbeck (Hg.): Moderner Tourismus. Tendenzen und Aussichten, Trier 1988 (Materialien zur Fremdenverkehrsgeographie 17), 333-341.

5), ist bei Studienreisen ihr Verhältnis zu den Nichtverheirateten (Ledige, Geschiedene, Verwitwete) annähernd ausgeglichen: Nichtverheiratete bevorzugen also diese Reiseart.

Von Interesse ist auch die Altersstruktur (Tabelle 6): Studienreisen sind für Jugendliche in der Ausbildung und für Pensionäre besonders attraktiv (vgl. auch Tabelle 11). Während die Jüngeren zur individuellen Gestaltung ihrer Studienfahrt neigen (der trotzdem relativ hohe Anteil pauschalreisender Teenies und Twens erklärt sich aus den bereits erwähnten preiswerten Angeboten gemeinnütziger Jugendreiseveranstalter), ziehen die Älteren Pauschalreisen vor. Die Gründe hierfür liegen auf der Hand: Zum einen können sich Ältere die teureren Pauschalreisen besser leisten als Jüngere. Zum anderen bieten Gruppenreisen organisatorische Sicherheit bei gleichzeitig hohem Komfort.

Erwartungsgemäß finden sich unter den Studienreisenden überdurchschnittlich viele Höher- und Hochgebildete (Tabelle 7). Umfang und Qualität der Bildung scheinen ohnehin die wichtigste Triebfeder für diese Reiseart zu sein. Mit wachsender Bildung steigt weiterhin die Vorliebe für eine individuell gestaltete Studienreise – nachvollziehbar, wenn man bedenkt, dass eine höhere Bildung nicht nur Sprachkenntnisse vermittelt, sondern auch insgesamt kundiger und weltläufiger macht. Durchschnittlich Gebildete bevorzugen deshalb tendenziell Pauschalreisen.

Innerhalb der Studienreisenden sind die selbständigen und freien Berufe sowie die höheren Angestellten und Beamten – jene Berufsgruppen also, die ein hohes Bildungsniveau voraussetzen – überrepräsentiert; ebenso deutlich sind Arbeiter unterrepräsentiert (Tabelle 8). Der hohe Anteil von Nicht-Berufstätigen unter den Studienreisenden erklärt sich aus ihrem hohen Anteil an Rentnern/Pensionären und Jugendlichen in Ausbildung (vgl. hierzu die Tabellen 6 und 8).

Annähernd die Hälfte aller Reisenden stehen ganz oder teilweise im Berufsleben (Tabelle 8). Die Studienreisenden fallen dagegen zurück, gewinnen aber ihr wiederholt erwähntes Übergewicht in der Gruppe der Rentner/Pensionäre und Nicht-Berufstätigen (wozu auch Hausfrauen zählen) sowie in der Gruppe der Jugendlichen. Interessant ist auch hier die Aufschlüsselung nach Organisationsarten: Berufstätige und Ruheständler bevorzugen Pauschalreisen, während die übrigen dazu neigen, ihre Studienfahrt selbst zu organisieren.

Tabelle 10 gliedert die Studienreisende in Einkommensgruppen auf. Mit deutlicher Progression bevorzugen Besserverdienende Studienreisen. Und in der obersten hier angeführten Einkommensgruppe sind sie überproportional vertreten. Mit dem Einkommen steigt tendenziell auch die Vorliebe für Pauschalreisen. Der relativ hohe Anteil von Pauschalreisenden in den mittleren Einkommensgruppen lässt dagegen vermuten, dass hier vielfach Teilnehmer einfacher Bus- und Rundreisen mitgezählt worden sind.

c) Das Reiseverhalten der Studienreisenden

Offenkundig versammeln sich bei den Studienreisenden besonders viele reiselustige und mobile Zeitgenossen (vgl. Tabelle 11): Während sich knapp 80% aller Reisenden mit einer Urlaubsfahrt pro Jahr begnügen, leisten sich etwa 35% der Studienreisenden zusätzlich noch zwei oder gar mehrere Urlaubsreisen von mehr als fünf Tagen Dauer. Hinzu kommt bei ihnen ein überdurchschnittlich hoher Anteil an Kurzreisen (2-4 Tage Dauer). Noch reisefreudiger sind die Pauschalreisenden. Ihre überdurchschnittliche Reiselust wird begünstigt durch demographische Merkmale, die sich gerade bei ihnen häufen: größeres Zeitbudget (Selbständige, höhere Beamte, Rentner/Pensionäre), gehobenes Bildungsniveau und höheres Einkommen.

Tabelle 12 unterrichtet über die wichtigsten Reiseländer. Sie zeigt, dass Studienreisende die Empfängerländer des Massentourismus eher meiden (oder dort sicher ihre eigenen Ziele aufsuchen). Dafür neigen Studienreisende dazu, sich in vielen unterschiedlichen Ländern auszubreiten. Studienreisende waren und sind zumeist die Vorhut des Tourismus überhaupt. Allerdings macht dies den Bildungstourismus auch anfälliger für politische Störungen als den Massentourismus, der auf seine politisch zumeist relativ stabilen Empfängerländer verweisen kann. Pauschalstudienreisen nehmen verständlicherweise in dem Maße zu, wie das Zielland entfernt und strukturschwach ist.

Tabelle 13 schlüsselt das Reiseverhalten nach den Monaten des Jahreskreises auf. Über 70% aller Reisenden unternehmen ihre Urlaubsfahrt in dem schmalen Zeitband zwischen Juni und September, der traditionellen Feriensaison. Die touristischen, wirtschaftlichen und ökologischen Nachteile dieser Massenwanderung in einem engen Zeitrahmen werden von Jahr zu Jahr augenfälliger. Demgegenüber tendiert der Bildungstourismus dazu, das Reisen gleichmäßiger über das Jahr zu verteilen, die Verkehrsmittel und touristische Infrastruktur damit ausgewogener zu nutzen und längerfristig zu schonen.

Wichtigstes Verkehrsmittel (vgl. Tabelle 14) aller Reisenden und – zusammen mit dem Wohnwagen/Wohnmobil – auch der Individualstudienreisenden ist der private PKW. Er ermöglicht höchstmögliche Mobilität, soweit nur Straßen reichen. Im Unterschied dazu überwiegt bei Studienreisen das Flugzeug, gefolgt vom Autobus. Im Veranstalterangebot überwiegt wiederum die Kombination von Flugzeug und Bus.

Die in der Regel gutsituierten Studienreisenden wenden durchschnittlich mehr Geld für ihre Haupturlaubsreise auf als die übrigen Reisenden (Tabelle 15). Interessant ist hier wiederum die höhere Ausgabenbereitschaft der Pauschalreisenden. Sie wenden annähernd 22% mehr für ihren Urlaub auf als der Durchschnitt aller Studienreisenden.

VI. Literaturhinweise

Dietsch, Klaus A.: Studienreisen, in: Axel Dreyer (Hg.): Kulturtourismus,
2. Aufl., München/Wien 2001, 71-99.

Günter, Wolfgang: Bildungsreise, Studienreise, in: Heinz Hahn/Jürgen Kagelmann (Hg.): Tourismuspsychologie und Tourismussoziologie. Ein Handbuch
zur Tourismuswissenschaft, München 1993, 355-362.

Hahn, Heidi: Die Studienreisenden sind anders, als Sie denken..., in:
FVW 1/1989, 16-19.

Klingenstein, Max A.: Studienreisen, in: Jörn Mundt (Hg.): Reiseveranstaltung.
Lehr- und Handbuch, München/Wien 1993

Roth, Peter: Die Studienreise der 90er Jahre, München 1992.

VII. Statistischer Anhang

Tabelle 1: Organisationsformen

	Studienreise 1999	Studienreise 2000
In Mio.	1,35	1,83
in %		
Pauschalreise	34	38
sonstige Leistungen im Reisebüro gebucht	25	23
beim Vermieter direkt ge-bucht	10	7
nichts davon	31	32

Quelle: Forschungsgemeinschaft Urlaub und Reisen e. V. (F.U.R.) Reiseanalyse 1999/2000.

Tabelle 2: Marktpotentiale

Eine Studienreise planen für die kommenden drei Jahre:

Angaben in %	ziemlich sicher	wahrscheinlich
Alle Reisende	3,8	6,7
Alle Studienreisende	30,4	26,7
- pauschal	36,0	27,7

Quelle: Forschungsgemeinschaft Urlaub und Reisen e. V. (F.U.R.) Reiseanalyse 2000.

Tabelle 3: Reiseerfahrung

Angaben in %	Studienrei-sen	Städtereisen	Winterurlaub Sonne	Winterurlaub Schnee	Kreuzfahrt en
Alle Reisenden	4,9	11,2	5,4	8,6	1,2
Alle Studienrei-sende	43,6	30,3	10,9	10,8	2,9
- pauschal	45,5	29,7	12,9	10,9	3,1

Quelle : Forschungsgemeinschaft Urlaub und Reisen e. V. (F.U.R.) : Reiseanalyse 2000.

Tabelle 4: Marktpotentiale konkurrierender Reisearten

Für die kommenden drei Jahre planen:

Angaben in %	Städtereisen		Winterurlaub Sonne		Winterurlaub Schnee		Wohnmobil - Reisen		Kreuzfahrten	
	best.	wsch.	best.	wsch.	best.	wsch.	best.	wsch.	best.	wsch.
Alle Reisende	8,8	15,6	8,0	11,2	8,3	11,8	2,0	4,4	1,4	6,4
Alle Studienreisende	26,6	27,7	15,6	10,3	11,3	13,7	3,3	4,1	1,7	11,0
-pauschal	29,1	27,5	16,8	11,8	12,2	17,6	1,6	5,3	1,7	14,5

Quelle: Forschungsgemeinschaft Urlaub und Reisen e. V. (F.U.R.) : Reiseanalyse 2000.

Tabelle 5: Geschlecht und Familienstand

Angaben in %	alle Reisende		alle Studienreisende		- pauschal	
Geschlecht:	M	W	M	W	M	W
	47,8	52,2	42,7	57,3	42,3	57,7
Familienstand:	Nv	V	Nv	V	Nv	V
	40,0	60,0	50,5	49,5	51,6	48,4

Quelle: Forschungsgemeinschaft Urlaub und Reisen e.V. (F.U.R.): Reiseanalyse 2000.

Tabelle 6: Altersstruktur

Angaben in %							
Altersgruppe	14–19	20–29	30–39	40–49	50–59	60–69	70 und älter
Alle Reisende	7,9	13,3	19,5	17,3	16,8	14,3	11,0
Alle Studienreisende	12,2	14,3	10,2	12,0	13,4	19,5	18,4
- pauschal	7,0	13,6	12,7	13,2	14,6	19,6	19,4

Quelle: Forschungsgemeinschaft Urlaub und Reisen e.V. (F.U.R.): Reiseanalyse 2000.

Tabelle 7: Bildungsniveau

Angaben in %	Hauptschule	Mittelschule	Abitur	Hochschul-abschluss
Alle Reisende	44,9	38,4	11,6	8,7
Alle Studien-reisende	26,8	38,7	14,6	9,9
- pauschal	30,3	39,3	9,0	21,4

Quelle: Forschungsgemeinschaft Urlaub und Reisen e.V. (F.U.R.): Reiseanalyse 2000.

Tabelle 8: Berufsgruppen

Angaben in %	Freie/Selb-ständige	Leit. Ang. Beamte	Einf./mittlere Ang./ Beamte	Arbeiter	Landwirte	Nichtbe-rufstätige
Alle Reisende	7,7	9,2	42,7	25,4	0,4	14,6
Alle Studien-reisende	8,1	14,1	42,5	12,2		23,1
- pauschal	8,2	19,2	44,1	12,6		15,9

Quelle: Forschungsgemeinschaft Urlaub und Reisen e.V. (F.U.R.): Reiseanalyse 2000.

Tabelle 9: Berufstätigkeit

Angaben in %	Berufstätig	im Ruhestand	in Ausbildung	nicht berufstätig
Alle Reisende	56,9	23,1	10,8	9,1
Alle Studien-reisende	38,5	34,5	20,0	7,0
- pauschal	47,6	34,5	13,4	4,5

Quelle: Forschungsgemeinschaft Urlaub und Reisen e.V. (F.U.R.): Reiseanalyse 2000.

Tabelle 10: Haushaltsnettoeinkommen im Monat

Angaben in %	bis 499 €	500 – 999 €	1000 – 1499 €	1500 – 1999 €	2000 – 2499 €	2500 – 2999 €	3000 € u. mehr
Alle Reisende	1,0	6,9	18,8	23,4	22,4	13,7	13,8
Alle Studien-reisende	2,5	10,8	16,5	17,1	21,3	13,3	18,5
- pauschal	2,4	9,2	19,0	17,5	19,4	9,7	22,8

Quelle: Forschungsgemeinschaft Urlaub und Reisen e.V. (F.U.R.): Reiseanalyse 2000.

Tabelle 11: Reisehäufigkeit

Angaben in %	Anzahl der Reisen			Anzahl der Kurzreisen		
	Eine	Zwei	Drei	Eine	Zwei	Drei
Alle Reisende	77,5	17,9	4,6	17,2	8,2	10,6
Alle Studien-reisende	65,3	25,7	9,0	21,3	9,6	14,1
- pauschal	62,5	26,7	10,7	21,5	8,4	8,3

Quelle: Forschungsgemeinschaft Urlaub und Reisen e.V. (F.U.R.): Reiseanalyse 2000.

Tabelle 12: Wichtige Reiseländer

Angaben in %	Alle Reisende	Alle Studienreisende	- pauschal
Ägypten	1,0	2,8	4,6
Bundesrepublik			
- *Alte Bundesländer*	20,1	8,9	6,5
- *Neue Bundesländer*	7,3	8,2	3,7
China	0,1	1,9	3,1
Frankreich	3,9	7,8	4,9
Griechenland	3,7	2,0	2,7
Großbritannien	0,9	4,1	3,2
Indien, Pakistan, Sri Lanka, Malediven	0,8	3,6	6,0
Israel	0,1	1,4	1,2
Italien	9,2	10,9	9,1
Nordafrika	2,8	3,4	5,7
Nordamerika	2,7	12,1	14,9
Österreich	5,0	3,2	2,2
Osteuropa	5,9	6,2	5,9
Skandinavien (ohne Dk)	1,6	2,5	2,1
Spanien	15,3	5,5	6,3
Süd- /Mittelamerika	0,7	2,0	0,8
Türkei	5,3	3,3	4,9

Quelle: Forschungsgemeinschaft Urlaub und Reisen e.V. (F.U.R.): Reiseanalyse 2000.

Tabelle 13: Reisemonate

Angaben in %	Alle Reisende	Alle Studienreisende	- pauschal
Januar	1,6	0,6	1,0
Februar	1,7	2,1	2,5
März	2,7	5,8	7,4
April	4,5	10,7	9,4
Mai	9,9	5,5	4,9
Juni	12,9	8,6	9,7
Juli	22,3	15,5	14,2
August	22,8	15,1	12,9
September	12,9	20,9	21,7
Oktober	4,8	9,5	11,1
November	1,9	2,2	2,1
Dezember	1,9	2,5	3,2

Quelle: Forschungsgemeinschaft Urlaub und Reisen e.V. (F.U.R.): Reiseanalyse 2000.

Tabelle 14: Verkehrsmittel

Angaben in %	PKW	Wohnwagen Wohnmobil	Bahn	Bus	Flugzeug
Alle Reisende	43,0	4,0	5,6	8,2	38,1
Alle Studien-reisende	15,5	2,5	8,9	26,1	46,8
- pauschal	2,8	-	8,7	29,2	58,9

Quelle: Forschungsgemeinschaft Urlaub und Reisen e.V. (F.U.R.): Reiseanalyse 2000.

Tabelle 15: Reiseausgaben pro Person

	Durchschnittsausgabe in DM	Ausgaben bis 1499 in %	Ausgaben über 1500 in %
Alle Reisende	1.666	53,4	46,6
Alle Studien-reisende	2.480	40,3	59,7
- pauschal	2.837	28,8	71,3

Quelle: Forschungsgemeinschaft Urlaub und Reisen e.V. (F.U.R.): Reiseanalyse 2000.

Klaus Dieter Hartmann

Die Wirkungen des Bildungstourismus auf Länderkenntnis und Völkerverständigung

I. Einleitung II. Vorurteile und Einstellungsänderungen III. Auslandserfahrung und Einstellungsänderung IV. Der Typ des Bildungsreisenden: Bedingungen und Faktoren der Erlebnisverarbeitung V. Ergebnisse und Folgerungen VI. Literaturhinweise

I. Einleitung

Die Frage, ob der Tourismus dazu beitrage, das Verständnis für anderer Völker zu fördern, ist im öffentlichen Diskurs seit jeher unterschiedlich beantwortet worden. Einerseits betonen Vertreter von Regierung und Tourismuswirtschaft gerne die völkerverbindende Rolle eines freien Besucherverkehrs über die Grenzen hinweg[1]. Anderseits taucht immer wieder und mit unterschiedlicher Begründung die These auf, dass der kommerzialisierte Massentourismus bestehende Vorurteile zwischen Völkern verstärke, insbesondere dann, wenn zwischen ihnen größere kulturelle und ökonomische Distanzen liegen[2]. Beide Ansichten können sich kaum auf wissenschaftliche Beweise stützen. Alle bisherigen Untersuchungen zeigen nämlich, dass die Wahrnehmung der Reisenden und damit ihre Eindrücke von den besuchten Ländern von einer Vielfalt von Faktoren abhängen, die eine pauschale Antwort verbieten. Im Folgenden soll der Blick auf den Bildungstourismus konzentriert und gezeigt werden, inwieweit Studienreisende unter dem Eindruck von Reiseerfahrungen ihre Wahrnehmung fremder Völkern ändern, wie sie Vorurteile abbauen und damit ein realistisches Verständnis für andere Völker gewinnen. Man wird von vornherein dazu neigen, hierbei dem Bildungstourismus eine höhere Wirksamkeit zuzusprechen als dem Erholungstourismus. Denn man wird von der Vermutung ausgeht, dass diejenigen, die sich für eine Studienreise entscheiden, auch am gewählten Land und seiner Kultur interessiert sind. Diese Annahme ist – wie sich noch zeigen wird – berechtigt. Allerdings darf man sie nicht ohne weiteres voraussetzen. Bekanntlich gibt es auch noch andere Motive für die Teilnahme an Studienreisen, beispielsweise die Suche nach Geselligkeit oder nach Prestige.

---

[1] So besonders die KSZE-Schlußakte von Helsinki (1976), vgl. Norbert Ropers: Der KSZE-Prozeß, in: Egon Bahr/Gert Krell/Klaus von Schubert (Hg.): Friedensgutachten 1989, Hamburg 1989, 77-97.

[2] Vgl z.B. Jost Krippendorf: Die Ferienmenschen. Für ein neues Verständnis von Freizeit und Reisen, 2. Aufl, München 1986, 108; Brigitte Scherer: Tourismus, Reinbek 1995 (rororo special), 80.

II. Vorurteile und Einstellungsänderungen

Auf einer Studienreise werden die Kenntnisse über andere Völker und
Kulturen nicht nur durch Belehrung oder Erfahrung vermittelt. Dies träfe
dann zu, wenn die Besucher noch keinerlei Vorverständnisse über ein
Land und seine Bewohner besäßen, was in der Realität nicht zutrifft. Stets
verfügen sie bereits über irgendwelche mehr oder minder deutliche Vorstellungen, die aber meist keinen objektiven Quellen (falls es solche überhaupt gibt) entstammen, sondern die Qualität von subjektiven Ansichten
und damit von Vorurteilen besitzen[3]. Häufig handelt es sich dabei um
abwertende Urteile, durch die ein Gastland ungünstiger beurteilt wird als
das eigene Herkunftsland. Selbstverständlich gibt es auch das Gegenteil,
positive Vorurteile, mit denen ein Land oder Volk über Gebühr idealisiert
oder romantisch verklärt wird.

Vorurteile sind Einstellungen, die nicht nur unser Verhalten beeinflussen, sondern auch unsere Wahrnehmung fremder Länder wesentlich mitbestimmen. Sie machen unsere Wahrnehmung »selektiv«, das heißt, wir
nehmen nur noch das wahr, was dem Vorurteil entspricht, und »projek-
tiv«, das heißt, wir sehen in sie jene Dinge hinein, die dem Vorurteil entsprechen (selbstverständlich nicht vorsätzlich!). Auf diese Weise immuni-
siert sich das Vorurteil gegen Informationen, die es widerlegen könnten.
Deshalb scheinen also auf den ersten Blick jene Tourismuskritiker Recht
zu behalten, die den Auslandsreisen pauschal die Schuld zuschieben, Vorurteile zu verfestigen oder gar zu verstärken.

Diese Ansicht wäre allerdings grundfalsch. Wie wissenschaftliche
Untersuchungen gezeigt haben, können Vorurteile beispielsweise durch
zahlreiche kleine und in die gleiche Richtung zielende Informationen aufgebrochen werden. Dies ist freilich ein langwieriger Prozess, der vermutlich nicht im Verlauf einer einzigen – meist kurzen – Studienreise zum
Abschluss kommen kann. Zahlreiche sozialwissenschaftliche Untersuchungen zum Thema »Einstellungsänderung« haben indessen gezeigt,
dass sich Vorurteile auch noch durch etwas anderes ändern oder ändern
lassen[4]. Demnach haben Einstellungsänderungen stets dann eine Chance,
wenn das aktuell Wahrgenommene vom bestehenden Auffassungsschema
eklatant abweicht und damit unverständlich wird. Da die Menschen in der

---

[3] Howard Ehrlich: Das Vorurteil, München 1979 (Psychologie und Person 23), sowie
Peter Güttler: Sozialpsychologie. Soziale Einstellungen, Vorurteile, Einstellungsänderungen, 3. Aufl., München/Wien 2000.

[4] Harry Charalambos Triandis: Einstellungen und Einstellungsänderungen, Weinheim
1975; Volker Sorembe/Karl Westhoff: Änderungen von Einstellungen durch Reisen,
in: Reinhard Schmitz-Scherzer (Hg.): Reisen und Tourismus, Darmstadt 1975 (Praxis
der Sozialpsychologie 4) 59-82; Yehuda Amir/Rachel Ben-Ari: International Tourism,
Ethnic Contact and Attitude Change, in: Journal of Social Issues 41 (1985) 105-115;
Alexander Thomas: Grundriss der Sozialpsychologie, Göttingen 1992, 131-162.

Regel nach einer möglichst einfachen Erklärung für die ihnen begegnenden Erscheinungen suchen, neigen sie in solchen Fällen dazu, ihre bisherigen Sinngebungen zu überprüfen. Deshalb bestehen auf Reisen durchaus gute Chancen, Vorurteile zu überwinden, insbesondere dann, wenn die Eindrücke vom Erwarteten deutlich abweichen und wenn – zum Beispiel vom Reiseleiter – einleuchtendere alternative Deutungsmuster angeboten werden.

III. Auslandserfahrungen und Einstellungsänderungen

Um genauer jene Bedingungen zu ermitteln, von denen die Vorstellungen und Einstellungen des Reisenden abhängen, hat der ehemalige Studienkreis für Tourismus, Starnberg, im Jahre 1973 eine Untersuchung in Auftrag gegeben, deren wichtigste Ergebnisse im Folgenden dargestellt werden[5]. Die Untersuchung ist zwar heute in vielen Details überholt, hat aber trotz des längeren Zeitabstandes ihre grundsätzliche Bedeutung nicht eingebüßt. Die Untersuchung bediente sich der Methode psychologischer Exploration, das heißt freier Gespräche mit Urlaubsreisenden, die von erfahrenen Psychologen so gelenkt wurden, dass sich möglichst spontane Antworten ergaben.

Die meisten Auslandsreisende haben ihre ersten Auslandserfahrungen bereits während der Kindheit gewonnen. Deshalb wurde die Untersuchung so eingerichtet, dass das Bild anderer Völker auch bei unterschiedlich langen Auslandserfahrungen zu untersuchen war. Die Untersuchung erfasste also die kumulierende Wirkung mehrerer Reisen, die in der Regel auch in unterschiedliche Länder gingen. Wie wir aus der jährlichen Reiseanalyse wissen, gehören die meisten Studienreisende zur Gruppe der Mehrfachreisenden, so dass diese in aller Regel ebenfalls die Merkmale kumulierender Reiserfahrung aufweisen.

Die qualitative Eigenart häufiger Auslandsbesuche ist im Vergleich zu einmaligen oder nur gelegentlichen Auslandsreisen vor allem durch zwei Merkmale bestimmt: Zum einen mischen sich darin Wahrnehmungen und Erlebnisse in verschiedenen Ländern. Auslandserfahrungen, die ganz unterschiedliche nationale Vorurteile berühren, beeinflussen wiederum eine übergeordnete Ebene von Einstellungen, von der die einzelnen nationalen Vorurteile mehr oder weniger abhängen. Eine solche allgemeine Einstellung kann zum Beispiel die Neigung sein, Formen der Lebensführung, die nicht dem eigenen Lebensstil entsprechen, entweder zu tolerieren oder abzulehnen. Es kann aber auch die Bereitschaft sein, eher das Gemeinsame oder das Trennende in den Alltagsproblemen der Menschen zu se-

---

[5] Klaus Dieter Hartmann: Auslandsreisen. Dienen Urlaubsreisen der Völkerverständigung?, Starnberg 1974.

hen. Weiterhin begünstigt wachsende Auslandserfahrung routinemäßige Verhaltensweisen. Die erste Reise ins Ausland ist in der Regel ein besonderes Erlebnis, denn man stößt überall auf Ungewohntes. Schnell lernt man aber, sich in einer fremden Umgebung zurechtzufinden, wofür jeder einzelne seine persönliche Techniken entwickelt, die verständlicherweise wiederum von seinen Sprachkenntnissen abhängen. Damit verringert sich die soziale Distanz, aus der man die Ausländer wahrnimmt. Wer regelmäßig seinen Urlaub im Ausland zubringt, neigt deshalb dazu, die Ausländer gleichsam nicht mehr zur Kenntnis zu nehmen. Hinzu kommt, dass das Auslandserlebnis unter einem bestimmten Vorzeichen steht, das man als »Urlaubsstimmung« kennt. Diese verleitet nicht unbedingt dazu, sich mit Problemen zu belasten oder viel nachzudenken. In der allgemeinen Heiterkeit und Gelöstheit verschwimmen deshalb leicht die harten Konturen der Realität.

Die Untersuchung zeigte, dass unter den Reisenden eine grundsätzliche Bereitschaft vorherrschte, Kontakte zu Einheimischen zu knüpfen. Dies scheiterte jedoch häufig an der Sprachbarriere oder an einer gewissen introvertierten Mentalität, die die Deutschen – im Unterschied zu anderen Völkern – auszuzeichnen scheint. Reisende hingegen, die vom persönlichen Temperament her gern eine aktive Rolle im Umgang mit anderen Menschen spielen und die auch in der Heimat schnell Bekanntschaften schließen, waren darin zumeist auch im Ausland erfolgreich.

Die mediterranen Länder beispielsweise, die die Reisenden bevorzugt aufsuchten, gehören zu den Gebieten, die wenig industrialisiert sind und deren Bevölkerung – soweit sie nicht saisonal im Fremdenverkehrssektor arbeitet – weitgehend von der Landwirtschaft, von der Fischerei oder ähnlichem lebt. Die Touristen gewannen deshalb häufig den Eindruck, dass sich hier Gegenbilder zur Bundesrepublik abzeichnen, von der man das Eigenimage von überragender Wirtschaftsmacht, von hohem Lebensstandard und großer Arbeitsintensität in sich trägt. Obwohl sich kaum einer der deutschen Touristen vorstellen konnte, auf die zivilisatorischen Vorteile seiner Industriekultur zu verzichten – auch nicht am ausländischen Urlaubsort –, zeigte sich doch eine emotionale Zuneigung zu dieser vorindustriellen Welt. Die Sehnsucht nach dem »einfachen Leben«, zum Teil deutlich unterstützt von kritischen Einstellungen gegenüber ökologischen Malaisen zuhause und gegenüber dem Stress der Leistungsgesellschaft, schuf – wie die Untersuchung zeigte – leichte Zugänge zur Lebenswelt der Bewohner.

Zwar verkannte man nicht die Armut, Härte und Enge dieses Lebens, das kaum andere Chancen kennt – wenngleich man zumeist auch keine Gelegenheiten fand, in seine konkreten und relativierenden Sachzwänge hinabzusteigen. Deshalb neigte man häufig zur illusionären Überzeugung, dass es in dieser Umwelt menschlicher zugehe als in unserem durchorganisierten und technisierten Alltag, ja dass dieses Leben dadurch einen qualitativ höheren Stellenwert besitze als das eigene.

Hinzu kam, dass – zumal jüngere Auslandsreisende – in den Verhaltensweisen mediterraner Völker den eigenen Trend zu ungebundeneren, toleranteren, genussfreudigeren Lebensformen wiederzuentdecken glaubten, die sich bei uns unter den Stichworten »Erlebnis- oder Spaßgesellschaft« ausgebreitet haben und zwar unabhängig von zunehmenden Auslandskontakten. Wenn auch diese Analogie nicht recht zutrifft – man denke nur an das andersartige Verhältnis der Südländer zu Familie und Sexualität –, diente sie doch häufig als Legitimation für einen sich sonst weniger reflektiert vollziehenden Wertewandel.

Zu den quantitativ gut fassbaren Ergebnissen der Studie gehörte das direkt proportionale Verhältnis zwischen der Anzahl von Auslandsreisen und der Sympathie gegenüber den Besuchsländern sowie deren Einschätzung als fremd oder vertraut. Generell kann man sagen, dass derjenige, der schon sieben oder mehr Reisen ins fremdsprachige Ausland unternommen hat, den besuchten Völkern im Durchschnitt höhere Sympathiewerte zuteilte als derjenige, der weniger im Ausland war. Ebenso hängt die Fremdheit-Vertrautheit-Einschätzung anderer Länder von der Besuchshäufigkeit ab: Diejenigen, die ein Land schon zehnmal oder mehr besucht haben, neigten deutlich häufiger dazu, deren Bewohner als vertraut einzustufen.

Die Reisenden wurden im Verlauf der Untersuchung gebeten, 26 Eigenschaften von Ausländern anhand einer »Thermometerskala« zu beurteilen. Dabei zeigte sich, dass Personen mit geringer Auslandserfahrung häufiger zu positiven Urteilen neigten. Dahinter steht die Faszination des »ersten Eindrucks«, der die Besonderheiten eines fremden Landes intensiver empfinden lässt als spätere Reisen. Dagegen urteilten Reisende, die zwischen vier und neun Reisen ins Ausland unternommen haben, relativ ungünstiger. Darin äußert sich ein Prozess progressiver Auseinandersetzung und Annäherung an die Realität. Bei weiterer Zunahme der Reisehäufigkeit neigten die Reisenden deshalb auch zu realitätsnahen Differenzierungen. Denn sie machten im Verlauf ihrer Reisekarriere zunehmend die Erfahrung, dass es in anderen Reiseländer Verhaltensweisen und Mentalitäten gibt, die sich nicht ohne weiteres mit den zuerst gewonnenen Bildern vertragen.

Die Reisenden waren abschließend selbst der Überzeugung, dass sich als Ergebnis der Auslandsreisen ihr Bild von anderen Völkern generell verbessert habe. Sie gaben insbesondere an, dass sie gegenüber andersartigen Wertvorstellungen toleranter geworden seien. Sie begannen, mehr auf Gemeinsames als auf Trennendes zu achten, insbesondere auch in Bezug auf das, was sie als Europäer mit anderen europäischen Völkern verbindet. Aufgrund dieser Untersuchung kann man also mit großer Bestimmtheit sagen, dass Urlaubsreisen ins Ausland zum Verständnis für und zur Verständigung mit anderen Völkern beitragen[6].

IV. Der Typ des Bildungsreisenden:
Bedingungen und Faktoren der Erlebnisverarbeitung

Innerhalb der Untersuchung ließen sich drei verschiedene Arten unterscheiden, mit denen die Reisenden ihr Auslandserlebnis verarbeitet haben, die sich wiederum idealtypisch wie folgt beschreiben lassen:

Erlebnisbestimmter Typ

Er steht für eine überwiegend emotionale Weise der Erlebnisverarbeitung. Die Person zeigt sich beeindruckt, wird von den Eindrücken angeregt, betroffen, begeistert, fasziniert. Die Person steht den Reiseeindrücken also vorwiegend pathisch-passiv gegenüber.

Interessebestimmter Typ

Er steht für eine überwiegend rational-intellektuelle Haltung, bei der sich die Person an bestimmten Interessengebieten orientiert und sich während des Auslandsbesuchs damit gezielt beschäftigt (z.B. Geschichte, Kultur, Verhaltensweisen der Menschen usw).

Uninteressierter Typ

Er steht für ein grundsätzliches Desinteresse am Land und seinen Bewohnern. Dafür überwiegt das Interesse an sekundären Eigenschaften des Gastlandes (z.B. niedrige Preise, gutes Wetter usw), derentwegen der Besucher den Urlaub im Ausland und nicht in Deutschland durchgeführt hat.

Die Grundhaltungen hängen also von den Motiven für die Urlaubsreise ab. Der Uninteressierte ist überwiegend mit seiner Erholung im Sinne von Baden, Sonnen, Faulenzen usw. befasst. Der Interessebestimmte vervollständigt seine Bildung. Beim pathisch-erlebnisbestimmten Typ sind die Motive in aller Regel allgemeiner und diffuser.

Zum interessebestimmten Typ, der bei Studienreisen überwiegt, gehörten besonders Personen mit Hochschulbildung, wenngleich nicht durchgängig. Sie neigen zu einem bewussten, reflektierten Verhalten, das die Tendenz hat, gefühlsbetonte Erlebnisweisen zu rationalisieren und zu objektivieren. Damit ist einerseits das distanzierende Bemühen verbunden, persönliche Betroffenheiten zu vermeiden oder abzuwehren. Ande-

---

[6] Umgekehrt zeigte eine neuere Untersuchung , dass Personen mit zunehmender Auslandserfahrung zu geringerer Ausländerfeindschaft in Deutschland tendieren, vgl. Dirk Schmücker/Thomas Bausch: Ausländerfeindlichkeit und Tourismus. Eine Grundlagenuntersuchung mit Handlungsempfehlungen, Frankfurt 1993, besonders 54.

rerseits zeigt sich hier zumeist auch ein ausgeprägtes Bemühen um rationale Durchdringung und Verarbeitung des Wahrgenommenen. Das subjektiv aufrichtige Bemühen, die Ausländer und ihre Kultur zu verstehen und ihre Eigenart als gleichwertig zu begreifen, vermag freilich nicht immer die Tiefenebene der spontanen emotionalen Wertungen zu erreichen. Deshalb können auch bei diesem Typ Vorurteile bestehen, wenn auch weniger generalisiert und aufdringlich.

Das Interesse dieses Personenkreises an fremden Menschen und ihrer Mentalität beruhte zum Teil auf einer ausgeprägten Kontaktfreude. Daneben tauchten aber auch zurückhaltendere Personen auf. Sie wollten im Ausland nicht auffallen, waren bemüht, sich den dortigen Sitten und Verhaltensweisen anpassen. Sie neigten eher zum stillen Beobachten als zum forcierten Kontakt mit Einheimischen, nahmen allerdings Kontaktchancen auch gerne wahr. Solche Kontaktchancen, bei denen die Initiative meist ganz oder teilweise auf der anderen Seite liegt, sind – zumal in südlichen Ländern – außerhalb der touristischen Ballungszentren durchaus gegeben. Letztere wurden von der Gruppe der Studienreisenden auch durchweg als Bedingung für das wahre Kennenlernen eines Landes genannt.

Die Wirkungen dieser persönlichen Kontakte hingen ganz entscheidend von zwei Bedingungen ab: von ihrer Häufigkeit und von ihrer Intensität. Beides stand in der Regel in enger Wechselwirkung miteinander: Je häufiger solche Kontakte stattfanden, umso mehr bestand die Möglichkeit, sich auszutauschen und sich damit besser kennen zu lernen. Damit vergrößerte sich auch die Chance zu gegenseitiger Sympathie. Dabei half den Studienreisende ihre höhere Bildung: Sie verfügten als Voraussetzung für solche Begegnungen in der Regel nicht nur über bessere Sprachkenntnisse als andere Reisende, sondern auch über mehr Hintergrundinformationen und Vergleichsmöglichkeiten, Interpretationskompetenzen und Empathie.

Deshalb verwundert nicht, dass offenbar die Reiseart »Studienreise« die Sympathiebeurteilung fremder Völker am meisten fördert[7]. Dieser Einfluss übertrifft sogar noch den oben beschriebenen Effekt zunehmender Auslandserfahrung. Interessant ist ferner, dass bei Personen mit großer Auslandserfahrung ein gleichzeitig hohes Interesse für Kunst und Kultur zu noch besseren Ergebnissen geführt hat. Dies ist wohl damit zu erklären, dass der hierzu vorauszusetzende hohe Bildungsstand an sich schon eine positive Einstellung zu anderen Völkern fördert.

Zu den weiteren Bedingungen für Einstellungsänderungen durch Studienreisen gehörte das Alter der Reisenden. Generationen unterscheiden sich weniger durch ihr biologisches Alter und ihre Positionen im sozialen Lebenszyklus, sondern durch ihre unterschiedlichen Wertwelten und Le-

---

[7] Vgl. dazu auch Ulrike Heß: Die Debatte um die Völkerverständigung durch Tourismus: Entwicklung einer Idee und empirische Befunde, in: Reinhard Bachleitner/Jürgen Kagelmann/Alexander Keul (Hg.): Der durchschaute Tourist. Arbeiten zur Tourismusforschung, München/Wien 1998, 112 f.

bensstile. Junge Menschen werden stärker als Ältere von Reiseeindrücken geformt und nehmen die Reise – meist unbewusst – als eine Chance zur Entwicklung der eigenen Persönlichkeit wahr. Obwohl es bei Reisen Jugendlicher oft so aussehen mag, als ob der »Außenaspekt« dominiere, so ist doch der »Innenaspekt« des Reiseerlebnisses für die Teilnehmer viel wichtiger. Junge Leute neigen zu einer kosmopolitischen Haltung. Sie nehmen unbefangener Kontakte zu Einheimischen auf oder schließen Freundschaften mit ausländischen Jugendlichen[8]. Dem stehen freilich jugendliche Eigenschaften gegenüber, die ein starkes Konfliktpotential in sich bergen, wie der Mangel an Einfühlungsvermögen in anders strukturierte Menschen, Impulsivität, »Alles-oder-Nichts-Reaktionen«, persönliche Empfindlichkeiten und ähnliches. Das Interesse der jungen Reisenden ist zudem kaum auf die spezifischen Inhalte einer Studienreise gerichtet, die sie ohnehin viel zu stark an die Schule erinnern.

Für Menschen mittleren Alters haben Studienreise dagegen oft eine Ausgleichsfunktion gegenüber den Bindungen an Beruf und Familie. Die Bildungsreise vermittelt ihnen Sinnerlebnisse. Dabei spielen Rückgriffe auf Jugendträume und verschüttetes jugendliches Bildungsgut ebenso eine Rolle wie die durch Lebenserfahrung erworbene Fähigkeit, Problemvernetzungen zu analysieren oder menschliche Motive nachzuempfinden. Hinzu kommt die erwachende Neigung, in größeren Zusammenhängen zu denken sowie die sich ausprägende Einsicht in die historische Bedingtheit aller gegenwärtigen Erscheinungen. Spezielle Gefährdungen könnten aus der einseitig »realistischen«, pragmatischen Haltung des mittleren Lebensalters entstehen, die die »Machbarkeit« aller Dinge als selbstverständlich voraussetzt.

Ältere Personen unternehmen ausgesprochen gerne Studienreisen. Und sie haben dazu auch genug Zeit, Muße und Geld. Sie wollen noch etwas erleben, der wachsenden Einengung ihres Lebensraums entgegentreten, geistig fit bleiben, sich vielleicht auch beweisen, dass sie körperlich und geistig noch immer jung geblieben sind. Im Hintergrund steht dabei häufig das Bedürfnis, etwas zu vollenden, was bis dahin nur Sehnsucht oder Fragment geblieben ist. Die Hinwendung zu den Schöpfungen der Kultur weist auf ein inneres Abstandnehmen von den unmittelbaren Forderungen des Tages. Obwohl sich manchmal der Eindruck aufdrängt, dass sich für die älteren Leute dadurch neue Perspektiven zur Welt hin öffnen, muss man doch wohl davon ausgehen, dass die wesentlichen Wirkungen von Studienreisen bei dieser Altersstufe eher nach innen gerichtet sind. Die älteren Teilnehmer schaffen sich ein »abschließendes« Weltbild, in das sich die Vielfalt der Erscheinungen relativ leicht einordnen lässt. Die

---

[8] Vgl. dazu insbesondere die qualifizierende Untersuchung von Rainer Schönhammer: Jugendliche Europa-Touristen. Eine psychologische Studie über das Reisen im europäischen Netz von Bahn und Jugendherbergen, Starnberg 1987.

Kehrseite ist, dass sich alte Menschen schwer von dieser Linie abbringen lassen und dementsprechend vor allem selektiv wahrnehmen. Ihre Wahrnehmungen sind zudem von Erinnerungen an frühere Zustände überformt. Und manchmal leben sie auch in einer eigenen Innenwelt, deren Bezüge zur Realität locker geworden sind.

V. Ergebnisse und Folgerungen

Überblickt man die vorliegenden Forschungsergebnisse, die sich mit dem Einfluss von Studienreisen auf Länderkenntnis und Völkerverständigung befassen, so kann man folgendes grobes Resumee ziehen[9]: Bei allen Unterschieden im einzelnen überwiegen die positiven Auswirkungen, sofern die kulturelle Distanzen zwischen den beteiligten Völkern nicht allzu groß sind. Auch negative Auswirkungen kommen vor. Und es gibt wohl immer eine Minderheit – häufig Personen, die schon mit negativen Vorverständnissen abgereist sind –, deren Meinung über das besuchte Land sich verschlechtert hat. Außerdem können situativ ungünstige Umstände dazu führen, dass gelegentlich auch einmal die Mehrheit einer Reisegruppe zu negativen Urteilen kommt.

Folgende positive Auswirkungen lassen sich dagegen – zumal bei häufigeren Reisen – beobachten:

- Zunahme von Sympathien oder von positiven Urteilen gegenüber anderen Völkern,
- Tendenz zu differenzierteren Urteilen und Abnahme von Vereinfachungen und Pauschalierungen,
- Zunahme von objektivem Wissen über das besuchte Land und damit realitätsnähere (eventuell auch begründet kritischere) Einstellungen,
- Rücknahme übersteigerter Selbstbilder,
- Anstöße für weitergehende Beschäftigungen mit dem besuchten Land.

Die Gefährdung durch Vorurteile ist bei dieser Gruppe schon vor Antritt der Reise geringer, die Bereitschaft zu internationalen Kontakten erheblich größer als beim Durchschnitt der Bevölkerung. Dies hängt unter anderem mit dem durchschnittlich höheren Bildungsniveau dieser Gruppe zusammen. Personen, die von vornherein ausnehmend positiv eingestellt waren, scheinen durch die Auslandserfahrungen eher ernüchtert zu werden. Personen mit gemäßigt negativer Einstellung erfuhren dagegen positive Korrekturen.

---

[9] Vgl. hierzu auch Hartmann: Wirkungen von Auslandsreisen junger Leute 295-300.

Je enger und häufiger der persönliche Kontakt zu Ausländern war, desto größer war auch die Chance zu einer positiven Einstellungsänderung. Ein weiterer wichtiger Einflussfaktor ist die allgemeine Zufriedenheit mit dem Auslandsaufenthalt. Wurde der Aufenthalt insgesamt als angenehm und mit urlaubshafter Leichtigkeit erlebt, dann erschienen auch das Gastland und seine Menschen in einem positiven Licht.

Es bestätigte sich auch, dass Einstellungsänderungen, die durch Auslandsreisen erzielt wurden, unspezifisch sind. Das bedeutet, dass sie nicht auf das Land beschränkt bleiben, das man gerade besucht, sondern dass sich die Grundeinstellung zu fremden Völkern an sich wandelt. Nach längerem zeitlichen Abstand scheinen die Wirkungen allerdings wieder nachzulassen – freilich nicht vollständig.

Eine wichtige Rolle für Außenkontakte spielt die Gruppenführung des Reiseleiters. Nachteilig für die Entwicklung von Weltoffenheit ist eine zu straffe Gruppenführung, erst recht eine strikt reglementierende, autoritäre Beschränkung persönlicher Bewegungsfreiheit der Gruppe und einzelner Teilnehmer. Zwar kann man getrost davon ausgehen, dass heutzutage kaum ein Reiseleiter einen autoritären Führungsstil aus innerer Überzeugung ausüben und den dann zu erwartenden Hagel von Beschwerden unversehrt überstehen würde. Doch können sich beim Reiseleiter aus allgemeiner persönlicher Unsicherheit oder auch aus einer vorübergehenden Hilflosigkeit in Druck- und Konfliktsituationen Verhaltensweisen einschleichen, die autoritär wirken – wie beispielsweise Kritik, Tadel, ein unfreundlich-scharfer Ton und ähnliches. In die gleiche Richtung wirkt ein zu dichtes Programm, das die persönliche Bewegungsfreiheit der Teilnehmer durchgehend einengt. Deshalb muss ein gutes Programm – und damit sind die Reiseveranstalter angesprochen – grundsätzlich genügend Freiräume für private Initiativen der Teilnehmer bieten.

Freilich sind manche Reisende von solchen Möglichkeiten überfordert, verhalten sich deshalb passiv und hilflos. Der Reiseleiter sollte deshalb stets darauf vorbereitet sein, den Teilnehmern Anregungen zu geben, wo sich jeweils Kontakte zu Einheimischen zwanglos knüpfen lassen (z.B. Abendkorso in mediterranen Ländern, Straßencafés und einheimische Gastronomie, Veranstaltungen usw.). Voraussetzung ist jedoch auf jeden Fall, dass der Reiseleiter die spezifischen Benimm-Regeln des Gastlandes, seine Umgangskultur und die dahinter stehende Wertvorstellungen präzise erläutert, um allfälligen und kontraproduktiven Fehlleistungen vorzubeugen. Und selbstverständlich sollte er sich darüber hinaus stets bereit halten, um als »interkultureller Lehrer« Vorurteile aufzudecken, Verständnismöglichkeiten zu eröffnen und damit die Bereitschaft zur besseren gegenseitigen Verständigung zwischen Reisenden und Gastgebern zu fördern.

VI. Literaturhinweise

Ahlheim, Klaus: Vorurteile und Fremdenfeindlichkeit. Handreichungen für die politische Bildung, Schwalbach 1999.

Bergler, Reinhold: Vorurteile erkennen, verstehen, korrigieren, München 1988.

Ehrlich, Howard Jay: Das Vorurteil, München 1979 (Psychologie und Person 23).

Gast-Gampe, Martina: Einstellungsänderung, in: Heinz Hahn/Jürgen Kagelmann (Hg.): Tourismuspsychologie und Tourismussoziologie. Ein Handbuch zur Tourismuswissenschaft, München 1993, 127-136.

Güttler, Peter: Sozialpsychologie. Soziale Einstellungen, Vorurteile, Einstellungsänderungen, 3. Aufl., München/Wien 2000.

Hartmann, Klaus Dieter: Auslandsreisen. Dienen Urlaubsreisen der Völkerverständigung?, Starnberg 1974.

Heß, Ulrike: Die Debatte um die Völkerverständigung durch Tourismus. Entwicklung einer Idee und empirische Befunde, in: Reinhard Bachleitner/Jürgen Kagelmann/Alexander Keul (Hg.): Der durchschaute Tourist, München 1998, 106-115.

Orlovius-Wessely, Anita: Viel gereist und nichts gelernt? Wirkungen von Auslandsreisen bei Jugendlichen, Bensberg 1997 (Bensberger Studien 9).

Schrutka-Rechtenstamm, Adelheid: Begrenzt. Interkulturelle Beziehungen im Tourismus, in: Reinhard Bachleitner/Peter Schimany (Hg.): Grenzenlose Gesellschaft – grenzenloser Tourismus, München 1999, 101-112.

Trautmann, Günter (Hg.): Die hässlichen Deutschen? Deutschland im Spiegel der westlichen und östlichen Nachbarn, Darmstadt 1991.

Astrid Kösterke

Studienreisende und interkulturelle Begegnung

I. Zum Stellenwert interkultureller Begegnungen II. Interesse an persönlicher Begegnung mit Land und Leuten III. Begegnungserfahrungen mit Einheimischen und ihre Bewertung IV. Hinderungsgründe für interkulturelle Begegnungen V. Handlungsmöglichkeiten für Reiseleiter VI. Literaturhinweise

I. Zum Stellenwert interkultureller Begegnungen

Ein zentrales Merkmal von Studienreisen sei die Begegnung mit anderen Kulturen – so liest man es wenigstens in den Katalogen von Studienreiseveranstaltern, die damit Neugierde auf fremde Welten wecken wollen. In welcher Form oder mit welcher Intensität man dann tatsächlich eine fremde Kultur kennen lernt, steht auf einem anderen Blatt.

Das Reiseprogramm des Veranstalters definiert zwar den Reiseablauf. Die Realisierung von Begegnung liegt aber ganz wesentlich in der Hand der Reiseleitung. Sie muss als Vermittler die andere Kultur für die Reisenden erlebbar machen, die wiederum eine ganze Bandbreite unterschiedlicher Erwartungen, Bedürfnisse, Vorstellungen und Reisemotive mitbringen. Diese werden u.a. von früheren Reiseerfahrungen[1] oder persönlichen Interessen beeinflusst und können sich zudem – je nach formaler Bildung, Lebensalter oder auch Geschlecht – voneinander unterscheiden.

Gerade im Zusammenhang mit Studienreisen, die über einen längeren Zeitraum von derselben Reiseleitung begleitet werden, ist es wichtig, die Erwartungen, Bedürfnisse, Wünsche oder Reisemotive der Gäste zu kennen. Generell gilt: Je intensiver und enger eine Reisegruppe an ihre Reiseleitung gebunden ist, desto größer ist der mögliche Einfluss der Reiseleitung auf die Realisierung von interkulturellen Begegnungen[2] und damit auch auf das Gelingen der Urlaubsreise.

---

[1] Die beispielsweise von Studienreisenden auch im Rahmen anderer Reiseformen gewonnen wurden.

[2] Unter interkultureller Begegnung soll hier die intensivere Begegnung zwischen Menschen unterschiedlicher Kulturen im Urlaub verstanden werden. Solche Begegnungen sind eine notwendige, jedoch keine hinreichende Voraussetzung für interkulturelles Lernen im Urlaub. Als weitere Voraussetzungen kommen hinzu: Offenheit, Toleranz und Respekt gegenüber anderen Kulturen, Wissen über die andere und die eigene Kultur, Selbstreflexion, Empathie, bewusst erlebte Erfahrungen mit Fremdartigkeit. Grundlegender Anspruch interkulturellen Lernens ist es, Menschen zu interkultureller Kommunikation zu befähigen, d.h. sie dazu zu qualifizieren, Fremdes ohne sofortige (übertriebene) Bewertungen aufgeschlossen wahrzunehmen und darüber mit Fremden zu kommunizieren.

Mit Hilfe von sozialwissenschaftlichen Untersuchungen wie beispielsweise der Reiseanalyse[3] können Aussagen darüber gemacht werden, welche generelle Bedeutung bestimmte Reisemotive – in diesem Fall für deutsche Studienreise-Erfahrene[4] – haben. Diese allgemeinen Reisemotive geben die subjektive Einschätzung dessen wieder, was im Urlaub mehr oder weniger wichtig ist (unabhängig von einer konkreten Reise). Sie sind Ausdruck von Wünschen und Bedürfnissen, die das Reiseverhalten mitbestimmen.

Studienreise-Erfahrene nennen im Vergleich zum Bevölkerungsdurchschnitt häufiger entdeckungs- und erlebnisverbundene Motive. Dazu gehören: »viel von der Welt sehen«, »etwas für Kultur und Bildung tun«, »unterwegs sein/herumkommen«, »neue Eindrücke gewinnen« sowie »Kontakt zu Einheimischen«. Die genannten Motive werden von 89% bis 69% der Studienreise-Erfahrenen als »besonders wichtig« oder »wichtig« bezeichnet, wobei diese Angaben zwischen 33 und 14 Prozentpunkte über dem Bevölkerungsdurchschnitt liegen. Auch wichtig ist den Studienreise-Erfahrenen »auf Entdeckung gehen/Außergewöhnlichem begegnen« (41% im Vergleich zu 26%). Alle vorgenannten Motive spiegeln sich mehr oder weniger sichtbar im Programm von Studienreisen wider.

Bislang war jedoch (auf bevölkerungsrepräsentativer Basis in Deutschland) wenig darüber bekannt, wie groß das Interesse an persönlichen Begegnungen mit Land und Leuten bei Urlaubsreisen im fremdsprachigen Ausland ist, welche diesbezüglichen Erfahrungen gemacht wurden und wie mögliche Hinderungsgründe für solche persönlichen Begegnungen im Urlaub eingeschätzt werden. Begegnungen von Menschen verschiedener Kulturen finden aber – nicht nur im Urlaub – alljährlich millionenfach statt. Bedingt durch die seit vielen Jahren stetig zunehmenden Aus-

---

[3] Die Reiseanalyse ist eine jährlich von der Forschungsgemeinschaft Urlaub und Reisen (F.U.R) durchgeführte Untersuchung zum Reiseverhalten der Deutschen. Dabei handelt es sich um eine sozial- und wirtschaftswissenschaftliche Grundlagenuntersuchung, die repräsentativ für die deutsche Bevölkerung ab 14 Jahre in Privathaushalten das Urlaubs- und Reiseverhalten erfasst. Die Reiseanalyse wird seit 1971 jährlich zum gleichen Erhebungszeitpunkt (Januar) durchgeführt - mit einer etwa gleichen Anzahl von Interviews (ca. 7.500 Fälle), mit gleicher Untersuchungsmethode (Zufallsstichprobe, persönliche Interviews), mit gleichbleibendem Grundfragenprogramm und jährlich wechselnden Schwerpunktprogrammen. In der Reiseanalyse werden unter Urlaubsreisen diejenigen Reisen verstanden, die nicht beruflichen Zwecken dienen und mindestens fünf Tage dauern.

[4] Als Studienreise-Erfahrene werden hier (und im ganzen nachfolgenden Text) Personen bezeichnet, die *nach eigenen Angaben* im Zeitraum 1996-1998 mindestens eine Studienreise gemacht haben. Die Angaben zu Studienreisen basieren u.a. auch auf dem subjektiven Gefühl, sich während einer Reise intensiver mit einem Land und den dort lebenden Menschen beschäftigt zu haben. Für den genannten Zeitraum geben dies 1,73 Mio. Deutsche ab 14 Jahre an (knapp 3% der Bevölkerung).

landsreisen[5] und die weitere Internationalisierung unseres eigenen Lebensumfeldes (Stichwort »Globalisierung«) werden persönliche Kontakte mit Menschen anderer Kulturen auch in Zukunft zunehmen. Sie sind gute Voraussetzungen für interkulturelles Lernen und damit für offene und tolerante Begegnungen, die im besten Fall[6] dazu führen, eine differenzierte Sichtweise zu gewinnen und Vorurteile abzubauen. Möglicherweise werden bei Urlaubsreisen derartige Chancen für ein wechselseitiges Verständnis der Kulturen noch viel zu wenig genutzt – auch nicht im Rahmen von Studienreisen.

Die oben genannten Fragen und weitere Aspekte wurden 2000 zum ersten Mal im Rahmen einer umfangreichen Studie untersucht[7]. Der folgende Artikel bietet eine spezielle, nicht in dieser Studie veröffentlichte Auswertung des Datenmaterials unter Berücksichtigung soziodemographischer Merkmale der Studienreise-Erfahrenen 1996 bis 1998, sowie von Personen, die sich dafür interessierten, zwischen 1999 und 2001 eine Studienreise zu unternehmen.

II. Interesse an persönlicher Begegnung mit Land und Leuten

Studienreise-Erfahrene sind beim Urlaub im fremdsprachigen Ausland mehrheitlich für interkulturelle Begegnungen ansprechbar[8] (vgl. Tabelle 1): Ihr Interesse an einer persönlichen Begegnung mit Land und Leuten ist vergleichsweise hoch[9].

---

[5] 2001 beispielsweise gingen 73% der Haupturlaubsreisen (= wichtigste Reise einer Person) ins Ausland; dies entspricht 35,9 Mio. Reisenden. 2001 unternahmen die Deutschen insgesamt 44,9 Mio. Urlaubsreisen ins Ausland.

[6] Nicht jede Begegnung zwischen Menschen unterschiedlicher Kulturen hat automatisch positive Effekte - auch nicht im Urlaub. Damit durch solche Begegnungen interkulturelles Lernen stattfinden kann, müssen bestimmte Rahmenbedingungen erfüllt sein, z.B. eine ungezwungene, lockere Atmosphäre, Bereitschaft zum Zuhören, Wissen über die eigene und die fremde Kultur, genügend Zeit zur Reflexion des Erlebten und Austausch mit anderen.

[7] Vgl. Astrid Kösterke: Urlaubsreisen und interkulturelle Begegnung, Ammerland 2000. Bei den analysierten Zielgruppen wurde u.a. das Antwortverhalten von sogenannten »Studienreise-Freunden« untersucht.

[8] Hinweis: Es wird die *grundsätzliche* Ansprechbarkeit untersucht; die Angaben selbst sind also generell und nicht speziell auf eine Studienreise bezogen. Inwieweit eine Ansprechbarkeit (Interesse, Einstellung, Absichtsbekundung) in entsprechendes Verhalten umgesetzt werden kann, ist zudem von äußeren Rahmenbedingungen beeinflusst, aber auch von aktuellen persönlichen Befindlichkeiten.

[9] Den Befragten wurden insgesamt zehn Aussagen vorlegt, die *verschiedene* Interessen beim Urlaub im fremdsprachigen Ausland berücksichtigen, nicht nur Aspekte der interkulturellen Begegnung (die zusätzlichen Aspekte werden hier exemplarisch nur für Studienreise-Erfahrene dargestellt, vgl. Fortsetzung Tabelle 1). Damit wurde es z.B. auch möglich, bei verschiedenen Zielgruppen den Stellenwert des Begegnungsinteresses im Vergleich zum Erholungsinteresse usw. einzuschätzen.

Tabelle 1: Studienreise-Erfahrene - Interesse an Begegnung mit Land und Leuten

Frage: Im Zusammenhang mit Urlaubsreisen gibt es ja durchaus verschiedene Interessen. Bitte sagen Sie mir, inwieweit Sie den nachfolgenden Aussagen zustimmen oder nicht zustimmen: Wenn ich eine Urlaubsreise ins fremdsprachige Ausland mache – z.B. nach Spanien, Italien, in die Türkei oder in fernere außereuropäische Länder –, dann... (5 Abstufungen möglich)

	Bevölkerung 1998	Studienreise-Erfahrene 1996-1998:						
		gesamt	männlich	Weiblich	unter 50 Jahre	ab 50 Jahre	Haupt-/ Mittelschule	Abitur/ Hochschule
In Mio.	65,51	1,73	0,82	0,90	0,91	0,81	0,95	0,77
Mehrfachnennungen	%	%	%	%	%	%	%	%
Dimension: Interesse an persönlicher Begegnung mit Land und Leuten								
...kann ich das Land nur richtig kennen lernen, wenn ich die Möglichkeit habe, mit Einheimischen ins Gespräch zu kommen:								
- *stimme ganz entschieden/eher zu*	44	72	74	69	78	64	69	75
- *bin unentschieden*	32	14	9	19	10	19	16	12
...möchte ich sehr gern mit Einheimischen über Land und Leute plaudern:								
- *stimme ganz entschieden/eher zu*	44	70	73	67	72	68	66	75
- *bin unentschieden*	32	18	14	22	18	19	16	21
...möchte ich die Einheimischen abseits der touristischen Zentren erleben:								
- *stimme ganz entschieden/eher zu*	40	67	73	62	68	66	60	76
- *bin unentschieden*	32	17	10	23	18	15	18	15
...möchte ich das Land auf eigene Faust erkunden/viel sehen und erleben:								
- *stimme ganz entschieden/eher zu*	39	55	65	46	65	44	51	61
- *bin unentschieden*	24	17	16	17	20	14	16	19
...möchte ich auch mal mit Einheimischen zusammenkommen, die einen ähnlichen Beruf oder ähnliche Hobbys haben wie ich:								
- *stimme ganz entschieden/eher zu*	35	55	57	54	65	44	54	58
- *bin unentschieden*	32	27	25	29	23	31	26	28
Dimension: Interesse an Informationen über Land + Leute vor + während der Reise								
...möchte ich schon vor Reiseantritt sehr gut über Land und Leute informiert sein:								
- *stimme ganz entschieden/eher zu*	59	82	82	82	80	85	84	80
- *bin unentschieden*	27	11	10	12	14	8	7	16
...möchte ich auf Ausflügen vom Reiseleiter etwas über Land und Leute erfahren:								
- *stimme ganz entschieden/eher zu*	50	59	56	61	46	74	66	50
- *bin unentschieden*	25	19	16	21	23	14	14	25

Dimension: Interesse an Geselligkeit, Spaß und »Action«								
...möchte ich am liebsten zusammen mit Freunden oder Gleichaltrigen reisen:								
- stimme ganz entschieden/eher zu	57	63	60	65	75	49	65	59
- bin unentschieden	25	18	17	19	15	22	20	16
...möchte ich möglichst viel Spaß/Action haben und dort sein, wo was los ist:								
- stimme ganz entschieden/eher zu	27	34	37	32	53	13	37	31
- bin unentschieden	27	25	23	26	25	25	24	25
Dimension: Interesse an Ruhe und Erholung								
...möchte ich einfach nur Urlaub machen, faulenzen und meine Ruhe haben:								
- stimme ganz entschieden/eher zu	48	22	24	19	23	20	25	18
- bin unentschieden	23	19	18	20	24	14	17	23

Datenbasis: Reiseanalyse 1999, F.U.R.
Quelle: Exklusivfragen des Studienkreises für Tourismus und Entwicklung e.V., Ammerland.
Die Prozentwerte für „stimme eher nicht zu" und „stimme ganz und gar nicht zu" wurden aus Platzgründen nicht dargestellt. Sie ergeben sich rechnerisch aus der verbleibenden Differenz zu 100.

72% von ihnen sind der Meinung, dass sie ein Land nur richtig kennen lernen können, wenn sie Möglichkeit haben, mit Einheimischen ins Gespräch zu kommen, 70% möchten sehr gern mit Einheimischen über Land und Leute plaudern (Durchschnitt der Bevölkerung: jeweils 44%). 67% der Studienreise-Erfahrenen möchten Einheimische auch abseits der touristischen Zentren erleben, 55% das Land vor allem auf eigene Faust erkunden und dabei viel sehen und erleben (Bevölkerung: 40% bzw. 39%). Ebenso viele haben Interesse daran, auch mal mit Einheimischen zusammen zu kommen, die einen ähnlichen Beruf oder ein ähnliches Hobby haben wie sie selbst (Bevölkerung: 35%).

Mehr als vier Fünftel der Studienreise-Erfahrenen möchten schon vor Reiseantritt über Land und Leute informiert sein, knapp drei Fünftel interessieren sich dafür, vom Reiseleiter auf Ausflügen etwas über Land und Leute zu erfahren (Bevölkerung: 59% bzw. 50%).

Männer sind stärker als Frauen auf interkulturelle Begegnung ansprechbar, insbesondere wenn es darum geht, das Land auf eigene Faust zu erkunden. Frauen sind dagegen häufiger daran interessiert, vom Reiseleiter etwas über Land und Leute zu erfahren. Ausgeglichen ist hingegen das Geschlechterverhältnis beim Wunsch, mit Einheimischen in Kontakt zu kommen, die einen ähnlichen Beruf oder ein ähnliches Hobby ausüben, sowie das Interesse an Vorab-Informationen.

Berücksichtigt man das Alter der Studienreise-Erfahrenen, zeigt sich ein teilweise gleiches, teilweise aber auch unterschiedliches Antwortverhalten: Studienreise-Erfahrene unter 50 Jahren teilen im Vergleich zu Älteren sehr viel häufiger die Auffassung, dass man ein Land nur dann richtig kennen lernen könne, wenn man mit Einheimischen ins Gespräch komme. Hoch ist ebenfalls das Interesse der Jüngeren, das Land auf eigene Faust zu erkunden und mit Einheimischen zusammen zu kommen, die einen ähnlichen Beruf oder ein ähnliches Hobby haben. Etwa gleich groß ist der Wunsch, mit Einheimischen zu plaudern und diese abseits der touristischen Zentren zu erleben.

Unterschiedlich ist das Interesse an Reiseleiter-Informationen über Land und Leute: Studienreise-Erfahrene ab 50 Jahre schätzen diese sehr (74%), während sie für die unter 50-jährigen eine wesentlich geringere Bedeutung haben (46%) - entsprechend ihrem höheren Interesse, das Land auf eigene Faust zu erkunden.

Formal höher gebildete (Abitur, Hochschule) Studienreise-Erfahrene zeigen im Vergleich zu Personen mit Mittel- oder Hauptschulbildung meist ein deutlich höheres Interesse an persönlicher Begegnung mit Land und Leuten. Einheimische mit ähnlichem Beruf/Hobby wie man selbst möchten jedoch alle gleichermaßen kennen lernen. Für Personen mit Haupt- oder Mittelschulbildung sind Reiseleiter-Informationen über Land und Leute auf Ausflügen wichtiger.

Ein Vergleich der Studienreise-Erfahrenen mit dem Studienreise-Potenzial[10] (= Studienreise-Interessenten) ergibt meist nur geringfügige Unterschiede (vgl. Tabelle 2). Das harte Studienreise-Potenzial unterscheidet sich vom weichen insbesondere durch seine größere Ansprechbarkeit für persönliche Begegnungen abseits der touristischen Zentren oder mit Einheimischen mit ähnlichem Beruf/Hobby. Studienreise-Freunde[11] sind im Vergleich zum Neu-Potenzial[12] stärker an Gesprächen mit Einheimischen bzw. Begegnungen abseits der touristischen Zentren interessiert. Etwa gleich häufig möchten sie jedoch das Land auf eigene Faust erkunden und Einheimische mit einem ähnlichen Beruf/Hobby kennen lernen. Studienreise-Freunden sind Vorab-Informationen und Reiseleiter-Informationen über Land und Leute vergleichsweise wichtiger.

---

[10] Das Studienreise-Potenzial 1999-2001 setzt sich zusammen aus Personen, die sich vorstellen können, im genannten Zeitraum »ziemlich sicher« (hartes Potenzial) oder »wahrscheinlich« (weiches Potenzial) eine Studienreise zu machen. Knapp ein Drittel von ihnen verfügt über Studienreise-Erfahrung im Zeitraum 1996-1998. Im übrigen gelten hier auch die im Zusammenhang mit den Studienreise-Erfahrenen gemachten Aussagen unter Fußnote 4.

[11] Personen, die im Zeitraum 1996-1998 mindestens eine Studienreise (wie oben definiert) gemacht haben und dies zum Befragungszeitpunkt (Januar 1999) im Zeitraum 1999-2001 beabsichtigen.

[12] Personen ohne Studienreise-Erfahrung, aber mit Studienreise-Interesse, vgl, Anm. 11.

Tabelle 2: Studienreise-Interessenten: Interesse an Begegnung mit Land und Leuten

Frage: Im Zusammenhang mit Urlaubsreisen gibt es ja durchaus verschiedene Interessen. Bitte sagen Sie mir, inwieweit Sie den nachfolgenden Aussagen zustimmen oder nicht zustimmen. Wenn ich eine Urlaubsreise ins fremdsprachige Ausland mache – z.B. nach Spanien, Italien, in die Türkei oder in fernere außereuropäische Länder –, dann...   (5 Abstufungen möglich)

Studienreise-Interessenten 1999-2001:						
	gesamt	ziemlich sicher	wahrscheinlich	auf keinen Fall	mit Erfahr. 1996-98 (Freunde)	ohne Erfahr. 1996-98 (Neupot.)
in Mio.	4,21	1,81	2,40	43,99	1,33	2,88
Mehrfachnennungen	%	%	%	%	%	%
Dimension: Interesse an persönlicher Begegnung mit Land und Leuten						
...kann ich das Land nur richtig kennen lernen, wenn ich die Möglichkeit habe, mit Einheimischen ins Gespräch zu kommen:						
- stimme ganz entschieden/eher zu	68	75	63	42	75	65
- bin unentschieden	18	16	20	34	11	21
...möchte ich sehr gern mit Einheimischen über Land und Leute plaudern:						
- stimme ganz entschieden/eher zu	68	71	66	41	76	65
- bin unentschieden	22	22	22	32	16	25
...möchte ich die Einheimischen abseits der touristischen Zentren erleben:						
- stimme ganz entschieden/eher zu	64	73	58	36	72	61
- bin unentschieden	22	15	27	32	15	25
...möchte ich das Land auf eigene Faust erkunden/viel sehen und erleben:						
- stimme ganz entschieden/eher zu	59	59	57	37	57	58
- bin unentschieden	19	18	19	24	16	20
...möchte ich auch mal mit Einheimischen zusammenkommen, die einen ähnlichen Beruf oder ähnliche Hobbys haben wie ich:						
- stimme ganz entschieden/eher zu	52	60	47	33	55	51
- bin unentschieden	31	29	32	32	28	32
Dimension: Interesse an Informationen über Land + Leute vor + während der Reise						
...möchte ich schon vor Reiseantritt sehr gut über Land und Leute informiert sein:						
- stimme ganz entschieden/eher zu	77	81	74	56	85	73
- bin unentschieden	16	12	19	29	9	19
...möchte ich auf Ausflügen vom Reiseleiter etwas über Land und Leute erfahren:						
- stimme ganz entschieden/eher zu	56	58	54	49	62	53
- bin unentschieden	22	19	24	25	17	24

Datenbasis: Reiseanalyse 1999, F.U.R.
Quelle: Exklusivfragen des Studienkreises für Tourismus und Entwicklung e.V., Ammerland.
Die Prozentwerte für „stimme eher nicht zu" und „stimme ganz und gar nicht zu" wurden aus Platzgründen nicht dargestellt. Sie ergeben sich rechnerisch aus der verbleibenden Differenz zu 100.

III. Begegnungserfahrungen mit Einheimischen und ihre Bewertung

Die meisten Studienreise-Erfahrenen geben an, dass sie intensivere Begegnungserfahrungen mit Einheimischen gemacht hätten, wie z.B. längere Gespräche über Land und Leute, gemeinsame Aktivitäten oder Einladungen in eine Familie (bei Urlaubsreisen ins fremdsprachige Ausland). Insgesamt 85% verfügen über solche Erfahrungen (Bevölkerung: 56%). 59% hatten solche Begegnungen »schon oft«, die übrigen 26% »selten« (vgl. Tabelle 3a). Diejenigen, die intensivere Begegnungserfahrungen haben, bewerten sie zu 86% als überwiegend positiv, 13% als überwiegend negativ, 1% gibt teils positiv/teils negativ an (vgl. Tabelle 3b).

Studienreiseerfahrene Männer verfügen häufiger über intensivere Begegnungserfahrungen als Frauen. Auch bewerten sie diese deutlich besser, denn 20% der Frauen bezeichnen ihre Erfahrungen als überwiegend negativ (Männer: 7%). Unter 50-jährige Studienreise-Erfahrene geben im Vergleich zu den älteren häufiger solche Erfahrungen an, insbesondere Mehrfach-Erfahrungen (ein Bewertungs-Vergleich ist hier aufgrund zu geringer Fallzahlen nicht möglich).

Von Studienreise-Erfahrenen mit hoher formaler Bildung erlebten 94% solche Begegnungen (davon allein 70% Mehrfach-Erfahrungen!). Bei der Vergleichsgruppe mit niedrigerer formaler Bildung sind es 78%. Die Bewertung der Begegnungserfahrungen bei Personen mit geringerer Bildung fällt jedoch positiver aus als bei Personen mit hoher formaler Bildung.

Im Vergleich zu den Studienreise-Erfahrenen verfügt das Potenzial etwa ebenso häufig über Begegnungs-Erfahrungen (aber weniger häufig über Mehrfach-Erfahrungen). Die Bewertung der Erfahrungen ist ähnlich positiv (vgl. Tabelle 4a/b). Das harte Studienreise-Potenzial unterscheidet sich vom weichen durch eine größere Begegnungserfahrung und eine bessere Bewertung derselben. Studienreise-Freunde haben wiederum im Vergleich zum Neu-Potenzial häufigere Begegnungs-Erfahrung mit Einheimischen, insbesondere Mehrfach-Erfahrungen; ihre Bewertung ist nahezu gleich.

Tabelle 3a: Studienreise-Erfahrene - Begegnungserfahrung mit Einheimischen im Urlaub

Frage: Hatten Sie persönlich bei Urlaubsreisen ins fremdsprachige Ausland schon intensivere Begegnungen mit Einheimischen, wie z.B. längere Gespräche über Land und Leute, gemeinsame Aktivitäten oder Einladungen in eine Familie?

	Bevölkerung 1998	Studienreise- Erfahrene 1996-1998:						
		gesamt	männlich	Weiblich	unter 50 Jahre	ab 50 Jahre	Haupt-/ Mittelschule	Abitur/ Hochschule
In Mio.	63,51	1,73	0,82	0,90	0,91	0,81	0,95	0,77
	%	%	%	%	%	%	%	%
- *ja (schon oft/nur sehr selten)*	56	85	89	81	88	82	78	94
- *ja, schon oft*	28	59	62	57	67	51	51	70
- *ja, aber nur sehr selten*	28	26	27	24	21	31	27	24
- *nein, gar nicht*	44	15	11	19	12	18	22	6

Datenbasis: Reiseanalyse 1999, F.U.R.
Quelle: Exklusivfragen des Studienkreises für Tourismus und Entwicklung e.V., Ammerland.

Tabelle 3b: Studienreise-Erfahrene - Bewertung der Begegnungserfahrung mit Einheimischen im Urlaub

Antwort: ja, schon oft und *ja, aber nur selten:*
Haben Sie diese Begegnungen überwiegend positiv oder überwiegend negativ empfunden?

	Bevölkerung 1998	Studienreise- Erfahrene 1996-1998:						
		gesamt	männlich	weiblich	unter 50 Jahre	ab 50 Jahre	Haupt-/ Mittelschule	Abitur/ Hochschule
in Mio.	35,47	1,48	0,74	0,74	0,81	0,67	0,75	0,73
	%	%	%	%	%	%	%	%
- *überwiegend positiv*	81	86	93	79	85	*	91	81
- *teils positiv, teils negativ*	2	1	0	1	0	*	1	0
- *überwiegend negativ*	17	13	7	20	15	*	8	19

Datenbasis: Reiseanalyse 1999, F.U.R.; Quelle: Exklusivfragen des Studienkreises für Tourismus und Entwicklung e.V., Ammerland.   * aufgrund zu geringer Fallzahlen keine Angaben

Tabelle 4a: Studienreise-Interessenten - Begegnungserfahrung mit Einheimischen Im Urlaub

Frage: Hatten Sie persönlich bei Urlaubsreisen ins fremdsprachige Ausland schon intensivere Begegnungen mit Einheimischen, wie z.B. längere Gespräche über Land und Leute, gemeinsame Aktivitäten oder Einladungen in eine Familie?

| | **Studienreise-Interessenten 1999-2001:** | | | | | |
	gesamt	ziemlich sicher	wahrschein-lich	auf keinen Fall	mit Erfahr. 1996-98 (Freunde)	ohne Erfähr. 1996-98 (Neupot.)
in Mio.	4,21	1,81	2,40	43,99	1,33	2,88
	%	%	%	%	%	%
- *ja (schon oft/nur sehr selten)*	83	86	81	53	89	80
- *ja, schon oft*	50	56	45	25	63	44
- *ja, aber nur sehr selten*	33	30	36	28	26	36
- *nein, gar nicht*	17	14	19	47	11	20

Datenbasis: Reiseanalyse 1999, F.U.R.
Quelle: Exklusivfragen des Studienkreises für Tourismus und Entwicklung e.V., Ammerland.

Tabelle 4b: Studienreise-Interessenten - Bewertung der Begegnungserfahrung mit Einheimischen im Urlaub

Antwort: ja, schon oft und ja, aber nur selten:
Haben Sie diese Begegnungen überwiegend positiv oder überwiegend negativ empfunden?

| | **Studienreise-Interessenten 1999-2001:** | | | | | |
	gesamt	ziemlich sicher	wahrschein-lich	auf keinen Fall	mit Erfähr. 1996-98 (Freunde)	ohne Erfähr. 1996-98 (Neupot.)
in Mio.	3,49	1,55	1,94	23,43	1,18	2,31
	%	%	%	%	%	%
- *überwiegend positiv*	86	90	82	79	87	86
- *teils positiv, teils negativ*	3	2	3	2	1	3
- *überwiegend negativ*	11	8	5	19	12	11

Datenbasis: Reiseanalyse 1999, F.U.R.
Quelle: Exklusivfragen des Studienkreises für Tourismus und Entwicklung e.V., Ammerland.

IV. Hinderungsgründe für interkulturelle Begegnungen

Ebenfalls untersucht wurden mögliche Gründe, die intensivere Gespräche mit Einheimischen (z.B. Gedankenaustausch über Land und Leute) be- oder gar verhindern. Unter den sieben vorgegebenen möglichen soge- nannten Hemmfaktoren für Begegnungen (vgl. Tabelle 5) werden die feh-

lenden gemeinsamen Sprachkenntnisse mit deutlichem Abstand am häufigsten genannt, so von 59% der Studienreise-Erfahrenen (Bevölkerung:
66%).

Dass solche Gespräche für Urlauber auch sehr anstrengend sein könnten, meinen 37% der Studienreise-Erfahrenen. Zwischen 26% und 30%
sind der Meinung, dass man mit sozialen Kontakten als Urlauber doch
eher vorsichtig sein sollte oder geben an, dass einem der Mut zu solchen
Kontakten fehle oder aufdringliche Einheimische einem die Lust auf solche Begegnungen verleiden könnten (Bevölkerung zwischen 33% und
31%). Nur jeweils 14% vertreten die Auffassung, dass die Einheimischen
solche Gespräche nicht wollten oder dass man sich als Urlauber vor lästigen Verpflichtungen fürchte (Bevölkerung jeweils 21%).

Frauen unter den Studienreise-Erfahrenen nennen nahezu alle unter-
suchten Hemmfaktoren häufiger als Männer. Die Erfahrenen unter 50
Jahre schätzen die fehlenden gemeinsamen Sprachkenntnisse sehr viel
weniger als möglichen Hemmfaktor ein (51% im Vergleich zu 68% bei
den älteren Erfahrenen). Deutliche Unterschiede ergeben sich zudem bei
drei weiteren Aspekten: Unter 50-jährige sind weniger häufig der Meinung, dass solche Gespräche auch anstrengend sein könnten, dass die Einheimischen solche Gespräche nicht wollten und dass man sich als Urlauber vor lästigen Verpflichtungen fürchte; nur geringfügige Unterschiede
sind dagegen bei den drei übrigen abgefragten Hemmfaktoren zu erkennen.

Differenziert man hier nach Bildungsgruppen, zeigt sich, dass formal
höher Gebildete unter den Studienreise-Erfahrenen einigen Hemmfaktoren
eine deutlich geringere Bedeutung beimessen, besonders fehlenden gemeinsamen Sprachkenntnissen, aber auch, dass Gespräche anstrengend
seien, dass man mit sozialen Kontakten vorsichtig sein solle oder dass einem der Mut zu solchen Kontakten fehle.

Das Studienreise-Potenzial ähnelt in seinen Einschätzungen den Studienreise-Erfahrenen (vgl. Tabelle 6). Auch hartes und weiches Studienreise-Potenzial unterscheiden sich hier nur geringfügig. Die Differenzierung zwischen Studienreise-Freunden und dem Neu-Potenzial ergibt nur
bei zwei Aussagen deutliche Unterschiede: Das Neu-Potenzial gibt
häufiger an, dass Einheimische nicht wollten und man sich vor lästigen
Verpflichtungen fürchte.

Tabelle 5: Studienreise-Erfahrene - Hemmfaktoren für interkulturelle Begegnung

Frage: Es gibt ja Leute, die meinen, dass bei Urlaubsreisen ins fremdsprachige Ausland intensivere Gespräche mit Einheimischen (z.B. Gedankenaustausch über Land und Leute) nur schwer zustande kommen. Bitte sagen Sie mir wieder, inwieweit Sie den nachfolgenden Aussagen zustimmen oder nicht zustimmen. Im fremdsprachigen Ausland kommen intensivere Gespräche mit Einheimischen vor allem deshalb schwer zustande, weil... (5 Abstufungen möglich)

	Bevölkerung 1998	Studienreise-Erfahrene 1996-1998:						
		gesamt	männlich	weiblich	unter 50 Jahre	ab 50 Jahre	Haupt-/ Mittelschule	Abitur/ Hochschule
in Mio.	63,51	1,73	0,82	0,90	0,91	0,81	0,95	0,77
Mehrfachnennungen	%	%	%	%	%	%	%	%
..man sich häufig nicht in einer gemeinsamen Sprache unterhalten kann:								
- *stimme ganz entschieden/eher zu*	66	59	57	61	51	68	68	48
- *bin unentschieden*	22	21	15	26	23	18	20	22
...solche Gespräche für den Urlauber auch sehr anstrengend sein können:								
- *stimme ganz entschieden/eher zu*	42	37	34	41	33	42	42	32
- *bin unentschieden*	30	30	31	29	27	32	32	27
...man als Urlauber mit sozialen Kontakten doch eher vorsichtig sein sollte:								
- *stimme ganz entschieden/eher zu*	33	27	22	31	25	29	32	20
- *bin unentschieden*	35	33	34	32	33	33	34	33
...einem der Mut zu Kontakten mit Einheimischen fehlt:								
- *stimme ganz entschieden/eher zu*	32	30	26	33	30	30	35	24
- *bin unentschieden*	32	25	27	23	23	27	27	22
...aufdringliche Einheimische die Lust auf Begegnungen verleiden können:								
- *stimme ganz entschieden/eher zu*	31	26	26	26	27	25	26	26
- *bin unentschieden*	34	27	24	30	22	32	30	24
...die Einheimischen solche Gespräche mit fremden Urlaubern nicht wollen:								
- *stimme ganz entschieden/eher zu*	21	14	10	18	12	17	16	12
- *bin unentschieden*	35	31	33	29	30	33	32	30
...man sich als Urlauber vor lästigen Verpflichtungen fürchtet:								
- *stimme ganz entschieden/eher zu*	21	14	12	17	12	18	14	15
- *bin unentschieden*	31	25	24	25	26	24	24	27

Datenbasis: Reiseanalyse 1999, F.U.R.
Quelle: Exklusivfragen des Studienkreises für Tourismus und Entwicklung e.V., Ammerland.
Die Prozentwerte für „stimme eher nicht zu" und „stimme ganz und gar nicht zu" wurden aus Platzgründen nicht dargestellt. Sie ergeben sich rechnerisch aus der verbleibenden Differenz zu 100.

Tabelle 6: Studienreise-Interessenten - Hemmfaktoren für interkulturelle Begegnung						
Frage: Es gibt ja Leute, die meinen, dass bei Urlaubsreisen ins fremdsprachige Ausland intensivere Gespräche mit Einheimischen (z.B. Gedankenaustausch über Land und Leute) nur schwer zustande kommen. Bitte sagen Sie mir wieder, inwieweit Sie den nachfolgenden Aussagen zustimmen oder nicht zustimmen. Im fremdsprachigen Ausland kommen intensivere Gespräche mit Einheimischen vor allem deshalb schwer zustande, weil... (5 Abstufungen möglich)						
	Studienreise-Interessenten 1999-2001:					
	gesamt	ziemlich sicher	wahrscheinlich	auf keinen Fall	mit Erfahr. 1996-98 (Freunde)	ohne Erfähr. 1996-98 (Neupot.)
in Mio.	4,21	1,81	2,40	43,99	1,33	2,88
Mehrfachnennungen	%	%	%	%	%	%
...man sich häufig nicht in einer gemeinsamen Sprache unterhalten kann:						
- *stimme ganz entschieden/eher zu*	56	58	55	68	59	55
- *bin unentschieden*	22	21	23	22	17	25
...solche Gespräche für den Urlauber auch sehr anstrengend sein können:						
- *stimme ganz entschieden/eher zu*	37	36	38	43	34	38
- *bin unentschieden*	28	27	28	30	31	26
...man als Urlauber mit sozialen Kontakten doch eher vorsichtig sein sollte:						
- *stimme ganz entschieden/eher zu*	23	22	24	35	23	23
- *bin unentschieden*	34	32	36	35	36	33
...einem der Mut zu Kontakten mit Einheimischen fehlt:						
- *stimme ganz entschieden/eher zu*	28	28	28	33	28	28
- *bin unentschieden*	29	27	30	32	24	31
...aufdringliche Einheimische die Lust auf Begegnungen verleiden können:						
- *stimme ganz entschieden/eher zu*	26	25	27	32	25	27
- *bin unentschieden*	27	25	28	34	23	28
...die Einheimischen solche Gespräche mit fremden Urlaubern nicht wollen:						
- *stimme ganz entschieden/eher zu*	16	15	18	23	13	18
- *bin unentschieden*	29	26	31	35	30	28
...man sich als Urlauber vor lästigen Verpflichtungen fürchtet:						
- *stimme ganz entschieden/eher zu*	17	16	18	22	13	19
- *bin unentschieden*	22	21	23	31	24	21
Datenbasis: Reiseanalyse 1999, F.U.R. Quelle: Exklusivfragen des Studienkreises für Tourismus und Entwicklung e.V., Ammerland. Die Prozentwerte für „stimme eher nicht zu" und „stimme ganz und gar nicht zu" wurden aus Platzgründen nicht dargestellt. Sie ergeben sich rechnerisch aus der verbleibenden Differenz zu 100.						

V. Handlungsmöglichkeiten für Reiseleiter

Angesichts des hohen Interesses von Studienreise-Erfahrenen und Studienreise-Interessenten für interkulturelle Begegnungen und ihrer vergleichsweise hohen Erfahrung damit wird es für die Reiseleitung gerade bei Studienreisen wichtig sein, solche persönlichen Begegnungen auch zu ermöglichen. Die Erfüllung dieses Wunsches kann zudem ganz erheblich zur Reisezufriedenheit beitragen.

Im Rahmen von Studienreisen bestehen vielfältige Möglichkeiten zu interkulturellen Begegnungen, die die Reiseleitung vermitteln oder lenken kann. Ihr fällt die Aufgabe zu, solche Begegnungen zu initiieren und nach Möglichkeit zum festen Bestandteil des Reiseprogramms zu machen. Sie sollte ferner Zufallssituationen, z.B. während eines Stadtrundgangs, als Anknüpfungspunkt für solche Begegnungen nutzen. Die verstärkte Einbeziehung der Alltagskultur eines Landes birgt dabei mehr Ansatzpunkte als die Beschränkung auf klassisch-historische Sehenswürdigkeiten. All dies setzt wiederum voraus, dass das vom Veranstalter vorgegebene Reiseprogramm der Reiseleitung entsprechende Zeit- und Gestaltungsräume lässt.

Eine bisher viel zu wenig genutzte Möglichkeit für spannende Begegnungen böte beispielsweise ein Treffen von Reisenden und Einheimischen mit einem ähnlichen Beruf oder Hobby[13] (z.B. Musiker, Ärzte, Lehrer, Bäcker, Hobbytänzer usw.): Die gemeinsamen Interessen können Anknüpfungspunkt sein, um miteinander ins Gespräch zu kommen (Sprachkenntnisse vorausgesetzt). Die Untersuchung hat ergeben, dass Männer wie Frauen, weniger Gebildete und höher Gebildete an solchen Begegnungen gleichermaßen interessiert sind; auch bei Studienreise-Erfahrenen unter 50 Jahre ist das Interesse daran sehr hoch (65%). Die Reiseleitung könnte hier mit Hilfe ihrer Ortskenntnis – und gegebenenfalls mit Unterstützung einheimischer Freunde, der lokalen Agenten des Veranstalters oder geeigneten Organisationen – solche Begegnungen unkompliziert ermöglichen. Auch könnten – beispielsweise bei einem gemeinsamen Abendessen an einem geeigneten Ort – Begegnungen mit einheimischen Experten (z.B. Journalisten, Lokalpolitiker usw.) arrangiert werden.

Wichtig ist in diesem Zusammenhang zudem, dass solche persönlichen Kontakte auch für die einheimische Bevölkerung in sozialverträglicher Weise und damit »auf gleicher Augenhöhe« stattfinden[14]: In einer offe-

---

[13] Eines der wenigen diesbezüglichen Angebote von Seiten der Reisedestinationen ist z.B. das »Meet-the-People«-Programm der Tourist Boards von Jamaika und den Bahamas.

[14] Bei allen Bemühungen um Sozialverträglichkeit und Begegnungen »auf gleicher Au-

nen, lockeren Atmosphäre sollte ein Dialog zwischen Reisenden und Bereisten möglich sein (gegebenenfalls mit Übersetzungshilfen durch den Reiseleiters). Eine entsprechende Vorbereitung der Reiseteilnehmer auf solche geplanten Begegnungen sollte zu deren Gelingen beitragen.

Erfahrenere Reisende (z.B. jüngere Studienreise-Erfahrene, Studienreise-Freunde) könnten von der Reiseleitung zu selbständigen Unternehmungen ermutigt werden, z.B. durch entsprechende Tipps vor Ort, die auch etwas abseits der üblichen touristisch geprägten Plätze/Orte führen (gegebenenfalls Marktbummel, Handwerkerviertel, Kneipengasse). Eher unsichere Reisende (z.B. Ältere, weniger Gebildete) könnten bei derartigen Aktivitäten zumindest anfänglich vom Reiseleiter begleitet werden. Dies ist insbesondere dann wichtig, wenn zu vermuten ist, dass gewisse Hemmschwellen bestehen, sei es generell (z.B. stärker ausgeprägt bei Frauen im Vergleich zu Männern) oder weil einfach die Sprachkenntnisse nicht ausreichen (z.B. bei älteren Reisenden) und man sich schon deshalb nicht traut – obwohl man eigentlich gern ins Gespräch kommen möchte.

Um dem Reisegast bei der Aufarbeitung der Erlebnisse zu unterstützen, sollte es zudem entsprechenden Raum geben für Gespräche mit den Mitreisenden und der Reiseleitung; dies gilt für positive Erfahrungen und insbesondere auch für negative, die ja keinesfalls auszuschließen sind.

Insgesamt ist zu wünschen, dass sich Reiseleiter/innen wie Reiseveranstalter zunehmend bewusst sind, dass in solchen persönlichen Begegnungen, die – wie oben aufgezeigt wurde – durchaus den Interessen der Studienreise-Erfahrenen wie des Studienreise-Potenzials entgegenkommen, große Chancen liegen:

- sie verschaffen Urlaubern Einblicke nicht nur in die Geschichte des Landes, sondern auch in den jetzigen Alltag der Menschen,
- sie können für Urlauber zu authentischen, unvergesslichen Erlebnissen werden,
- sie tragen dazu bei, dass eine persönliche Bindung an das Land entsteht, das man gern wieder einmal besucht,
- sie fördern Respekt und Toleranz gegenüber anderen Kulturen,
- sie können (bei positiven Rahmenbedingungen) zum Abbau von Vorurteilen beitragen, was sich auch auf die Einstellung gegenüber Ausländern in Deutschland auswirken kann.

---

enhöhe« wird es sich kaum vermeiden lassen, dass sich durch häufigere Besuche von Gästen langfristig das Verhalten der Einheimischen verändert; dessen sollte sich jeder bewusst sein, der sich auf »echte« Begegnungen einlässt. Auch ist darauf zu achten, dass die Belastungsgrenzen der einheimischen Bevölkerung nicht überschritten werden, z.B. indem von den Reisegruppen mehrere Dörfer abwechselnd oder innerhalb eines Dorfes verschiedene Familien besucht werden.

Die Reiseleitung wird als verbindendes Medium zum Kulturvermittler –
und diese Funktion kann in ihrer Bedeutung gar nicht überschätzt werden.
Wünschenswert wäre deshalb die verstärkte Qualifikation von Reiseleiterinnen und Reiseleitern zu »interkulturellen Lehrern«[15] beziehungsweise
zu Kulturvermittlern, die persönliche Begegnungen der Menschen verschiedener Kulturen aktiv fördern und sie im beschriebenen Sinne zu
nutzen wissen.

VI. Literaturhinweise

Kösterke, Astrid: Urlaubsreisen und interkulturelle Begegnung. Untersuchung zur Ansprechbarkeit der Deutschen auf Aspekte von interkultureller Begegnung im Urlaub
unter besonderer Berücksichtigung von Jugendlichen und jungen Erwachsenen, Ammerland 2000.

Niemeyer, Wolfgang: Zur Stellung des Reiseleiters in der Interkulturellen Kommunikation, Basel 1990.

Schäfer, Karl-Heinz: Reisen um zu lernen. Zur Funktion von Studienreisen in
der Erwachsenenbildung, Paderborn 1995.

Thomas, Alexander: Fremdheitskonzepte in der Psychologie, in: Hahn, Heinz und Jürgen
Kagelmann (Hrsg.): Tourismuspsychologie und Tourismussoziologie. Ein Handbuch
zur Tourismuswissenschaft, München 1993.

---

[15] Der Studienkreis für Tourismus und Entwicklung führt seit vielen Jahren (zusammen
mit der Partnerorganisation TourismWatch) sogenannte entwicklungsbezogene Moti-
vations-Seminare durch, die Reiseleiterinnen und Reiseleiter zum »Interkulturellen
Lehrer - basic« qualifizieren. Im Herbst 2002 wurde erstmals ein Aufbauseminar
durchgeführt (»Interkultureller Lehrer - advanced«).

Klaus A. Dietsch

Nachhaltiger Tourismus als Herausforderung

I. Versuch einer Begriffsbestimmung II. Studienreisen als nachhaltige Reisen? III. Kritik als Chance IV. Nachhaltige Reiseleitung als Herausforderung V. Literaturhinweise

I. Versuch einer Begriffsbestimmung

Glücklicherweise sind wir heute weit von den ermüdenden Diskussionen der siebziger und achtziger Jahre entfernt, in denen jede Art von Tourismus, besonders aber Fern- und Flugreisen, im Blick auf Umwelt- und Klimabelastung prinzipiell verdammt wurden. Damals erschien gewissen Kreisen jeder bereits dann als sündig, wenn er ein Flugzeug bestieg. Inzwischen sehen auch die frühen Tourismuskritiker die Lage glücklicherweise sehr viel differenzierter. Zugegeben: Die damaligen kritischen Impulse waren nötig, denn ohne sie hätte sich aller Voraussicht nach gar nichts bewegt, nichts in der Unternehmensphilosophie der Reiseveranstalter, nichts im Bewusstsein der Reisenden.

In jenen Jahren hatte sich die Tourismuswirtschaft rasch und überdurchschnittlich entwickelt und war zu einer viel beachteten Wachstumsbranche aufgestiegen. Während Mitte der fünfziger Jahre nur 11,3 Millionen Bundesbürger im Urlaub verreisten, waren es Ende der achtziger rund 32 und Mitte der neunziger bereits über 60 Millionen[1]. Nicht zuletzt wegen dieser Größenordnungen hatten Kritiker begonnen, ihre Stimme zu erheben.

Der heutige Begriff der »Nachhaltigkeit« im Tourismus ist das Resümee von zwanzig Jahren Tourismuskritik. So forderte der Futurologe Robert Jungk bereits 1980 ein »Sanftes Reisen«[2]. Dieser griffige Terminus bestimmte und prägte fortan das Denken einer ganzen kritischen Generation. 1982 zog der Schweizer Tourismusforscher Jost Krippendorf mit dem Begriff »Sanfter Tourismus« nach. 1987 schlossen sich schließlich verschiedene Initiativgruppen zur »Arbeitsgemeinschaft Tourismus mit Einsicht« zusammen. 1989 erschien in München unter dem Titel »Verträgliche Reisen« erstmals ein Magazin für Reisen und Umwelt. Veranstalter, die seit Jahren »sanfte Reisen« anboten, fanden sich dann 1998 zum »forum anders reisen« zusammen. All diese Begriffe und Synonyme wollen ein Reisen definieren, das stärker als bis dato versucht, im Ein-

---

[1] Studienkreis für Tourismus, Starnberg (Hg.): Reiseanalyse 1988, sowie Forschungsgemeinschaft Urlaub und Reisen e.V. (Hg.): Reiseanalyse 1998.

[2] Robert Jungk: Wie viel Touristen pro Hektar Strand?, in: GEO 1980/5, 154-156.

klang mit der natürlichen und sozialen Umwelt zu stehen. Eine eindeutige Definition des »sanften Tourismus« gibt es jedoch nicht.

Genauso wenig ist eine eindeutige Definition von »Nachhaltigkeit« (»sustainable development«) bekannt[3]. Als Annäherung kann der Bericht der so genannten Brundtland-Kommission dienen, in dem »sustainable development« beschrieben wird als »eine Entwicklung, die den Bedürfnissen der heutigen Generation entspricht, ohne die Möglichkeiten künftiger Generationen zu gefährden, ihre eigenen Bedürfnisse zu befriedigen«[4].

Dies ist ziemlich abstrakt und nennt vor allem nicht drei wichtige Vokabeln, von denen der Rat der Sachverständigen für Umweltfragen ein paar Jahre später wenigstens zwei in seine Definition aufgenommen hat, wenn er feststellt, dass eine dauerhafte Entwicklung eine umweltgerechte, an der Tragfähigkeit der ökologischen Systeme ausgerichtete Koordination der ökonomischen Prozesse einschließt[5].

Wenn wir allerdings auch die Menschen vor Ort, die »Bereisten« also, in die Nachhaltigkeit einbeziehen, kommt als Drittes eine soziale Komponente hinzu. An sie appelliert unter anderem die von der Konferenz der Vereinten Nationen für Umwelt und Entwicklung 1992 in Rio formulierte Agenda 21: »Die Menschheit steht an einem entscheidenden Punkt ihrer Geschichte. Wir erleben eine zunehmende Ungleichheit zwischen Völkern und innerhalb von Völkern, eine immer größere Armut, immer mehr Hunger, Krankheit und Analphabetentum sowie eine fortschreitende Schädigung der Ökosysteme, von denen unser Wohlergehen abhängt. Durch eine Vereinigung von Umwelt- und Entwicklungsinteressen und ihre stärkere Beachtung kann es uns jedoch gelingen, die Deckung der Grundbedürfnisse, die Verbesserung des Lebensstandards aller Menschen, einen größeren Schutz und eine bessere Bewirtschaftung der Ökosysteme und eine gesicherte, gedeihlichere Zukunft zu gewährleisten. Das vermag keine Nation allein zu erreichen, während es uns gemeinsam gelingen kann: in einer globalen Partnerschaft, die auf eine nachhaltige Entwicklung ausgerichtet ist.«[6]

Damit werden seit Rio der Umweltschutz, die soziale Verantwortung und das wirtschaftliche Wachstum als die drei Säulen einer nachhaltigen Entwicklung angesehen. Aus der Agenda 21 leitete dann die »World Conference on Sustainable Tourism« die im April 1995 auf Lanzarote

---

[3] Christoph Reinhardt: Das Konzept "Sustainable development", Frankfurt 1994.

[4] Volker Hauff (Hg.): Unsere gemeinsame Zukunft. Der Brundtland-Bericht der Weltkommission für Umwelt und Entwicklung, Greven 1987, 46.

[5] Rat von Sachverständigen für Umweltfragen: Umweltgutachten 1994, Bonn 1994 (Bundestag-Drucksache Nr. 12/6995).

[6] Konferenz der Vereinten Nationen für Umwelt und Entwicklung (Hg.): Agenda 21: Präambel, Rio de Janeiro 1992.

stattfand, spezielle Ansprüche an einen »nachhaltigen Tourismus«ab. Seither hat der »sanfte Tourismus« seine Schuldigkeit getan. Der »nachhaltige
Tourismus«, den man auch als »zukunftsfähigen Tourismus« bezeichnen
könnte, muss drei Forderungen genügen. Er soll langfristig ökologisch
tragbar, wirtschaftlich machbar sowie ethisch und sozial gerecht für die
Einheimischen sein[7].

Nichts gegen die ökologische und die für Reiseunternehmen wie für Bereiste besonders wichtige ökonomische Komponente. Die Einheimischen
der Zielländer werden allerdings unter nachhaltig und zukunftsfähig vorrangig einfordern, dass die Reisenden vor der fremden Kultur und den
fremden sozialen Strukturen Respekt haben. Wenn der Tourismus neben
dem Respekt vor den Gastgebern dann auch noch wirtschaftliche Vorteile
bringt, indem er einen regionalen Wirtschaftskreislauf anregt und lokale
Arbeitsplätze schafft, aber auch Traditionen in Brauchtum oder im lokalen
Kunsthandwerk fördert, erfüllt er Nachhaltigkeit auf das Beste.

II. Studienreisen als nachhaltige Reisen?

Wenn, wie im ersten Teil angedeutet, es der Massencharakter des Reisens
war, der die Tourismuskritik auf den Plan rief, dann könnten sich die Veranstalter von Studienreisen mit ihren vergleichsweise geringen
Gästezahlen befriedigt zurücklehnen und auf den Pauschaltourismus verweisen. Dies sollten sie jedoch lieber nicht tun. Denn Studienreisende
waren oft die ersten Gäste, die ein Land für sich entdeckten und damit –
gewollt oder ungewollt – die Avantgarde des Massentourismus bildeten.
Ägypten, China, Marokko, Mexiko und sogar Spanien sind hierfür gute
Beispiele. Wurde dort durch Studienreisende erst einmal eine Infrastruktur
ausgebildet, dann folgte deren kleinen Gruppen ziemlich schnell die große
Masse der Pauschal- oder Individualreisenden.

Dieser Ansturm führt zu Konsequenzen, positiven wie negativen.
Letzteres hängt unter anderem auch davon ab, in wieweit die Masse der
Touristen über die Probleme, die sie möglicherweise verursachen, informiert wurden. Die touristischen Konsequenzen können sich ökonomisch,
ökologisch, soziokulturell und manchmal auch politisch auswirken.

a) Ökonomische Auswirkungen

Dass Touristen in den bereisten Ländern Devisen zurücklassen ist in Ordnung. Dass die Einheimischen in vielen Ländern unterschiedliche Preise
für die gleiche Ware oder Dienstleistung verlangen – die höchsten von
Touristen, die zweithöchsten von im Lande lebenden Ausländern, die

---

[7] Horst W. Opaschowski: 8. gesamtdeutsche Tourismusanalyse, Hamburg 1998.

niedrigsten von Einheimischen – ist verständlich: In den Augen der Bereisten muss jemand, der sich die Reise zu ihnen leisten kann und zudem noch eine Kamera besitzt, die mehrere Jahresgehälter eines Bauern aufwiegt, unvorstellbar reich sein. Deshalb kann es ihm in deren Augen auch nicht schwer fallen, höhere Preise zu bezahlen.

Viele Länder der weniger entwickelten Welt beziehen einen großen Teil ihrer Einnahmen aus dem Tourismus. Bleibt aber unter dem Strich tatsächlich genügend Geld im Land und bei den Einheimischen, wenn man bedenkt, dass erhebliche Summen wieder für neue Infrastrukturmaßnahmen, Gehälter ausländischer Manager und für den Import von Lebensmitteln außer Landes gehen – genauso wie die Gewinne der internationalen Hotels und Ressorts? Gerade in Bezug auf die Devisen zeigt sich ein Unterschied bei den Studienreisenden im Vergleich zur Klientel des Massentourismus: Sie verbleiben nicht im Ghetto ihrer Clubs und Ressorts, sondern reisen quer durchs Land. Dadurch lassen sie mehr Menschen an mehr Orten an ihren Devisen teilhaben als der Badetourist.

Der Bildungstourismus kann jedoch auch ökonomische Probleme verursachen. Zwei Beispiele: Damit die Gäste möglichst nahe an ihren Sehenswürdigkeiten wohnen können, werden Hotels oft weit ab der urbanen und ökonomischen Zentren errichtet. Wer sich dort anstellen lässt, scheidet aus den Arbeitsbereichen seines traditionellen Umfeldes aus und geht darüber hinaus das Risiko ein, seinen Arbeitsplatz jeweils dann zu verlieren, wenn das Hotel mangels Gästen dicht macht. Nachteilig kann sich zweitens für die Einheimischen auswirken, dass Hotels den lokalen Markt für ihre Gäste abschöpfen und der ansässigen Bevölkerung die natürlichen Ressourcen – von Lebensmitteln bis hin zum Wasser – wegschnappen oder zumindest die Preise dafür in die Höhe treiben.

b) Ökologische Auswirkungen

Auch im ökologischen Bereich kann der Studienreisende Vorreiter sein. Positiv betrachtet reist er mit einem großen Interesse an Natur und Kultur durch das Zielland. Negativ kann dies als Signal dahingehend verstanden werden, dass hier interessante touristische Möglichkeiten ihrer Entdeckung harrten. Solchen Entdeckungen folgt in der Regel die ökologische Ausbeutung: Sie schöpft die natürlichen Ressourcen aus, ohne dass sich jemand nach der Forstmeister-Regel richtet, dass man nur soviel Holz fällen sollte, wie auch wieder nachwachsen kann. Wasser, dazu bestimmt, die Oasenböden fruchtbar zu machen, gurgelt durch Luxusbadewannen – und zwar vier- bis fünfmal mehr als ein Einheimischer verbrauchen würde[8]. Die Erdscholle, Lebensgrundlage vieler Einheimischer, wird zubetoniert, weil Hotelklötze, Feriendörfer oder Vergnügungsparks schnelleres Geld (und die von den Befürwortern gerne zitierte Arbeitsplätze) versprechen. »Mit einer Expansion des Urlaubstourismus ist immer auch Landschaftsfraß verbunden«, resümierte der Freizeitforscher Opaschowski[9]. Hinzu kommen weitere Umweltsünden, so vor allem die Verschmutzung der Landschaft und des Wassers durch unachtsame Touristen, aber auch durch die Profitgier der lokalen Tourismuswirtschaft, die für ihre Urlaubsghettos nicht immer die erforderlichen Deponien und Kläranlagen einrichtet.

c) Soziokulturelle Auswirkungen

»Als Tourist im Ausland steht man vor der Frage, ob man sich anständig benehmen muss oder ob schon andere Touristen da gewesen sind«, wusste schon Kurt Tucholsky. Die Situation hat sich seither nur unerheblich gebessert. Jeder, der reist, sollte wissen, dass er Einfluss auf das Wert- und Normensystem der bereisten Länder nimmt. Die wenigsten kümmert das, weder den Studienreisenden, der wegen der angeblich unerträglichen Hitze leicht bekleidet auf Motivsuche durch nordafrikanische Bazare mäandert, noch die Herrenvereine, die in bierseliger Laune sexuellen Abenteuern in Thailand entgegendüsen.

Die soziokulturellen Konsequenzen sind um so umfassender, »je größer die Ungleichheit im Verhältnis zwischen Reisenden und Bereisten ist«[10]. Betrachten wir die soziale Ungleichheit: Die Einheimischen empfinden die Belastungen umso intensiver, je größer die Diskrepanz zwischen ihrem Lebensstandard und dem der Reisenden ist. Menschen in weniger entwickelten Ländern verstehen plötzlich ihre relative Armut tatsächlich als Armut. Bettelei kommt auf, Prostitution gedeiht, Begehrlichkeiten werden geweckt, Jugendliche beginnen, andere Wertvorstellungen zu entwickeln, sich anders zu kleiden und sich vielleicht sogar psychisch zu verändern, das soziale Gefüge gerät durcheinander. Über das Schwerwiegende dieses Vorgangs darf in keinem Fall hinwegtrösten, dass die Trittbrettfahrer der Tourismuswirtschaft – sehr oft unbedarfte Eltern oder Verwandte der bettelnden und sich prostituierenden Kinder und Jugendlichen – mit der Situation durchaus zufrieden sind.

Etwas anders sieht es bei der kulturellen Ungleichheit aus. Auch sie wird – wie die soziale – immer bleiben. Und sie ist im positiven Sinne einer von mehreren Gründen, fremde Länder zu besuchen. Durch die rich-

---

[8] Opaschowski: Tourismusanalyse.
[9] Ebenda.
[10] Christian Scherrer: Dritte-Welt-Tourismus. Entwicklungsstrategische und kulturelle Zusammenhänge, Berlin 1986.

tige Information auf beiden Seiten kann die kulturelle Ungleichheit in einen kulturellen Austausch umgeformt werden. Damit es dazu kommen kann, bedarf es viel guten Willens und eines tief sitzenden Interesses am Anderen. Wer nicht die Bereitschaft zum Austausch aufbringt oder sich nicht die Zeit nehmen will, wird immer Sprachschwierigkeiten, zu dichtes Programm vor Ort oder zu wenig Begegnungsmöglichkeiten als Ausflüchte für sein mangelndes Interesse anführen können und von den meisten Mitreisenden Applaus erhalten.

d) Politische Auswirkungen

Es wäre vermessen zu behaupten, dass der Tourismus direkten Einfluss auf Politik nehmen könnte[11]. Aber mit Sicherheit führen Auswirkungen des Tourismus auch zu politischen Reaktionen in den Empfängerländern. Ein Paradebeispiel hierfür ist die Einführung der Ökosteuer auf den Balearen, die für publizistischen Wirbel gesorgt hat. Die einheimischen Politiker hatten sich zu ihrer Einführung entschlossen, weil sie dem touristischen Ausverkauf der Inseln und der dadurch wachsenden Ressourcenbelastung durch ökologische Maßnahmen vorbeugen wollten, die wiederum Geld kosteten. Deutsche Boulevardblätter heizten daraufhin allerdings das Gemüt der Massenurlauber an, indem sie dies gegen besseres Wissen zu einer Abzockerei zu ihren Lasten umdeuteten.

Einen Zusammenhang zwischen Politik und Tourismus sehen auch Menschenrechtsorganisationen. Sie beklagen zum Beispiel, dass Reiseveranstalter ihre Gäste auch in autoritär regierte Staaten schicken würden oder in Länder, in denen Menschenrechte verletzt würden. Das ist nur bedingt richtig. Verantwortungsbewusste Veranstalter werden sich vor einer Geschäftsaufnahme stets sachkundig machen und daher wissen, dass es in Ländern wie Birma beispielsweise neben dem staatlich organisierten Fremdenverkehr auch eine private Tourismuswirtschaft gibt, die ausgesprochen sozial verträglich ist und mit der sich deshalb auch eine Zusammenarbeit lohnt.

III. Kritik als Chance

Die wenigen Beispiele haben verdeutlicht, dass auch die Studienreisenden und nicht nur die Massentouristen ihren Gastländern schaden können.

---

[11] Vgl. Werner Ruf: Tourismus und Unterentwicklung, in: Joachim Dennhardt/Siegfried Pater (Hg.): Entwicklung muß von unten kommen. Perspektiven autonomer Entwicklung und exemplarische Projekte in der Dritten Welt, 2. Aufl., Reinbek 1983 (rororo 7412).

Deshalb ist die Frage wichtig, wie eine zukunftsfähige Studienreise organisiert und geführt werden soll. Auf der Grundlage berechtigter Anliegen der Tourismuskritik und positiver Initiativen wie zum Beispiel seitens des »Studienkreises für Tourismus und Entwicklung« haben in den neunziger Jahren einige kleinere und ein mittelständischer Veranstalter ihre Reiseprogramme auf Umweltverträglichkeit und soziale Verantwortung hin durchleuchtet. Während sich die kleineren – unter anderem im »forum anders reisen« organisiert – alsbald in die Entwicklung von umwelt- und sozialverträglich orientierten Reisen stürzten, ging der Marktführer Studiosus grundsätzlicher vor, indem er sein Verständnis von Studienreise grundsätzlich neu definierte. Seit längerem, verstärkt seit 1995, seitdem das Unternehmen daran dachte, sich als erster (und bisher einziger) europäischer Veranstalter dem Umwelt-TÜV zu stellen und sich damit nach dem EU-Öko-Audit sowie der Umweltnorm DIN EN ISO 14001 zertifizieren zu lassen, arbeitete Studiosus an Lösungen, die über die älteren Konzepte eines »sanften Tourismus« hinausgehen.

Dabei geht es dem Unternehmen vorrangig darum, die Reiseteilnehmer für das Besuchsland zu sensibilisieren und ihnen zu vermitteln, dass sie dieses als Gäste besuchen und sich entsprechend zurückhaltend, aber auch aufgeschlossen verhalten mögen. Der Gast solle nicht nur Verständnis für möglicherweise schwierigere und ungewohnte Situationen aufbringen (im Sinne des üblichen Appells an eine »sportlichen Einstellung« der Teilnehmer), sondern sich ganz allgemein umsichtig verhalten, Rücksicht auf die Interessen der einheimischen Bevölkerung und auf deren Eigenständigkeit nehmen; er solle die Regeln, Sitten und Bräuche sowie die kulturelle Eigenart des Gastlandes respektieren. Das gilt für die Länder der so genannten Dritten Welt ganz besonders, aber auch für alle anderen Länder, deren westlicher Standard oft vergessen macht, dass man sich als Gast im Ausland befindet.

IV. Nachhaltige Reiseleitung als Herausforderung

Studienreisen besitzen das Image von Seriosität – ein Ergebnis der langen bürgerlichen Tradition, auf die diese Reiseart zurückblicken kann. Studienreisen scheinen deshalb Reisen ohne Probleme zu sein. Das trifft aber nicht zu, wie wir bereits oben gesehen haben. Eine Studienreise kann die Umwelt, das kulturelle Erbe und die sozialen Strukturen in den Gastgeberländern stören, zum Beispiel durch Besucherkonzentrationen an bestimmten Besichtigungspunkten, durch Vorurteile, die die Reisegäste mitbringen oder durch das ungebremste Fotografieren von Einheimischen, um nur einige Möglichkeiten zu nennen. Andererseits besitzen gerade Studienreisen ein großes Potential für nachhaltigen Tourismus und für das Verständnis des »Anderen«. Denn sie werden von Reiseleitern und damit von qualifizierten Experten begleitet. Und die Reiseleitung kann in besonderem Maße dazu beitragen, beim Reisenden das Bewusstsein für umweltverträgliches und sozial verantwortliches Verhalten zu begründen und zu schärfen. Wie lassen sich nun diese Chancen praktisch umsetzen? Allgemein gilt:

-   Die Reiseleitung muss sich intensiv auf die Reise vorbereiten,
-   überlegen, wo und wie sie die Themen Ökologie, Ökonomie und soziale Verträglichkeit während der Reise anspricht.

Im Bereich Umweltverträglichkeit sollte sie

-   Reisegäste zur Müllvermeidung oder zur eigenverantwortlichen Entsorgung ihres selbst produzierten Mülls anregen,
-   die in vielen Ländern nur begrenzte Verfügbarkeit von Ressourcen wie Wasser, Energie usw. thematisieren,
-   die Busfahrer bitten, den Motor nicht unnötig laufen zu lassen, wenn sie auf Parkplätzen auf die Gruppe warten,
-   den Tagesablauf so planen, dass Besucherkonzentrationen an wichtigen Besichtigungspunkten vermieden werden können.

Wenn es um die Anregung des regionalen Wirtschaftskreislaufs geht,

-   muss sie den Einkauf auf lokalen Märkten und Handwerksbetrieben planen, um den Einheimischen eine Verdienstmöglichkeit zu verschaffen und um gleichzeitig die Reisegäste zu ermuntern, mit Einheimischen in Kontakt zu treten,
-   unterwegs wenn möglich nur solche Restaurants ansteuern, die lokalen Service und lokale Produkte anbieten,
-   anregen, dass die Gäste in der programmfreien Zeit einheimische Einrichtungen wie Cafés, Restaurants usw. nutzen,
-   die Gäste verantwortungsbewusst und uneigennützig beim Souvenirkauf beraten.

Zum Thema soziale Verantwortung sollte sie

-   die Gäste um Respekt vor allem Fremden im Gastgeberland bitten, den Reiseteilnehmern Hinweise geben, welche Kleidung wo und wann angemessen ist,
-   die Gäste über die angemessene Höhe der Trinkgelder beraten und diese am allgemeinen Einkommensniveau des Landes orientieren,
-   den Drang mancher Gäste nach ungebremster Fotoausbeute kanalisieren,
-   die Teilnehmer für die sozialen Unterschiede sensibilisieren,

- erkunden, wo und wie es ungezwungene Begegnungsmöglichkeiten zwischen Reisegästen und Einheimischen gibt,

- sich für die Gäste um Gespräche mit Einheimischen bemühen, die über die Kontakte zu Kellnern und Zimmermädchen hinausgehen, und die Reiseteilnehmer zum Nachdenken über die eigene touristische Rolle anregen.

Die Entwicklung eines nachhaltigen Tourismus kann nur durch das Hand-in-Hand-Arbeiten verschiedener Beteiligter vorankommen. Hier ist eine transparente Kommunikation zwischen dem Unternehmen und seinen Reiseleitern mehr als wünschenswert. Die Reiseleitung sollte den Reiseveranstalter z.B. stetig informieren darüber,

- wo sich landestypische Übernachtungsmöglichkeiten auftun,

- wo die Gruppe mit öffentlichen Verkehrsmitteln statt mit dem Reisebus fahren kann,

- wie an besucherreichen Besichtigungspunkten das Programm zu entflechten ist,

- wo es Probleme mit dem Kulturerhalt gibt oder

- wo sich eine erholsame Wanderung durch schöne Natur in das Tagesprogramm einbauen ließe.

V. Literaturhinweise

Aderhold, Peter u.a. (Hg.): Tourismus in Entwicklungsländern., Ammerland 2000.

Adler, Christian.: Achtung Touristen! Anmerkungen eines Verhaltensforschers zum Thema Ferntourismus nebst Anregungen zum besseren Verhalten im Ausland, 3.Aufl., Bielefeld 1988.

Bundesamt für Naturschutz (Hg.): Biodiversität und Tourismus, Berlin 1997.

Burghoff, Christel/Edith Kresta: Schöne Ferien. Tourismus zwischen Biotop und künstlichen Paradiesen, München 1995.

Hauff, Volker (Hg.): Unsere gemeinsame Zukunft. Der Brundtland-Bericht der Weltkommission für Umwelt und Entwicklung, Greven 1987

Hennig, Christoph: Reiselust. Touristen, Tourismus und Urlaubskultur, Frankfurt 1999.

Krippendorf, Jost: Die Landschaftsfresser. Tourismus und Erholungslandschaft, Verderben oder Segen?, 4. Aufl., Bern 1986.

Maurer, Mechthild (Hg.): Tourismus und Dritte Welt. Ein kritisches Lehrbuch mit Denkanstössen, Bern 1992.

Opaschowski, Horst W.: Umwelt, Mobilität und Tourismus, Hamburg 1998.

Renschler, Regula/Lea Ackermann: Ware Liebe. Sextourismus, Prostitution, Frauenhandel, 3. Aufl., Wuppertal 1991.

Teil II

PSYCHOLOGISCHE ASPEKTE
DER GRUPPENREISE

Burkhard Schmidt

Auf dem Weg zu einer Psychologie der Studienreisegruppe

I. Aufgabe und Schwierigkeiten II. Strukturelemente der Gruppensituation einer Studienreisegruppe III. Studienreisegruppe als Prozess IV. Literaturhinweise

I. Aufgabe und Schwierigkeiten

Veranstalter werben für Gruppen-Studienreisen: »Mehr erleben – schöner erleben – zusammen erleben!« Herr Meyer kommt gerade von einer Studienreise aus Sizilien zurück. Seine Frau empfängt ihn am Bus und fragt ihn, wie es gewesen sei. Begeistert antwortet er: »Das war eine ganz tolle Gruppe!« Ein Reiseleiter, hochgebildet, reich an Erfahrungen und bestens auf die Reise vorbereitet, besteigt kurz vor der Abfahrt den Bus. Nach außen zeigt er sich forsch und gelassen, doch inwendig empfindet er Angst und Unsicherheit: Wie wird wohl diese Gruppe sein? Wird es wieder jene berühmten Nörgler und die ewigen Besserwisser geben, mit denen er sich immer so schwer tut und welche so leicht die Gruppenatmosphäre zerstören, so dass sich keiner mehr recht wohl fühlt?

Beispiele wie diese ließen sich beliebig fortsetzen. Sie zeigen, wie wichtig das Gruppenerlebnis für die Reisezufriedenheit der einzelnen Teilnehmer ist. Der Studienreiseleiter alten Stils ist für diese Aufgabe wenig vorbereitet. Längst ist zwar die Forderung nach einer Ausbildung der Studienreiseleiter in praktischer Gruppendynamik erhoben worden[1]. Aber hierzu fehlten bislang Grundlagen theoretischer oder praktischer Art. Denn die Studienreisegruppe ist bisher kaum Gegenstand der gruppenpsychologischen Forschung gewesen.

II. Strukturelemente der Gruppensituation einer Studienreisegruppe

Im Folgenden gilt es, jene Grundgegebenheiten ins Auge zu fassen, durch die psychologisch die Gruppensituation einer Studienreise bestimmt wird. Dies sind der Einzelne, die Gesamtgruppe und das Thema. Das heißt, die Studienreise-Gruppensituation ist zunächst gekennzeichnet durch das per-

---

[1] Vgl. Klaus Dieter Hartmann: Erwartungen und Verhalten der Teilnehmer an Studienreisen, in: Studienkreis für Tourismus (Hg.): Studienreisen zwischen Bildungsanspruch und Vermarktung, Bericht über ein Expertengespräch der Evangelischen Akademie Tutzing und des Studienkreises für Tourismus e. V. vom 30. 9.-2. 10. 1977 in Nürnberg, Starnberg 1978, 39.

sönliche Erleben (Motivation, Aktualisierung eigener Gefühle, körperlich-seelische Verfassung u.a.) aller Beteiligten. Insofern ist die Situation ich-bezogen. Zum zweiten ist die Situation gekennzeichnet durch die gegen-seitige Wahrnehmung der Mitreisenden, durch Kontaktaufnahme und Kommunikation; sie ist also auch wir-bezogen. Ein drittes Merkmal bildet schließlich die Tatsache, dass sich die Studienreisegruppe von Anfang ihres Bestehens an auf die Wirklichkeit der sie umgebenden Welt bezieht und von ihr mannigfaltige Impulse erhält. Das bedeutet, dass sich die Gruppe in permanenter Auseinandersetzung mit vorgegebenen Themen, Inhalten und Aufgaben befindet. Demnach ist die Studienreise-Gruppen-situation umwelt- und themenbezogen.

Ein Modell, das der Wirklichkeit der Studienreise-Gruppensituation ei-nigermaßen gerecht wird, muss diesen drei Aspekten Rechnung tragen. Der bisher skizzierte Denkansatz deckt sich im Grundsätzlichen mit Er-gebnissen der anthropologischen Kommunikationsforschung von Dieter Wyss[2] und im Einzelnen weitgehend mit der »Themenzentrierten Interak-tion« von Ruth Cohn[3]. Es handelt sich hierbei ursprünglich um das Modell einer modifizierten, auf Lehr- und Lernsituationen abgestimmten Grup-pendynamik, die das Ziel verfolgt, sach- und themenbezogene Lernvor-gänge mit der Beachtung persönlicher Gefühle und gruppendynamischer Kommunikationsabläufe zu verbinden. Auch wenn sich auf unseren Zu-sammenhang die konkret-didaktische Ausformung der Cohnschen Metho-de nicht anwenden lässt, so lassen sich doch wesentliche Grundannahmen ihres Modells auf die Studienreisegruppe übertragen, wodurch diese in ei-nem ganzheitlicheren Licht erscheint, als dies durch eine Reduktion auf rein gruppendynamische Kategorien möglich wäre. Dem Studienreise-leiter mag diese Betrachtungsweise zu der Einsicht verhelfen, dass es im Umgang mit seinen Gruppen nicht darum geht, mit gruppendynamischen Manipulationen – für die ihm die Psychologie die richtigen Rezepte und Tricks bereitzustellen hätte – Schwierigkeiten zu überwinden. Vielmehr sollte dem Reiseleiter bewusst werden, dass er letztlich einem humanen Anspruch verpflichtet ist, nämlich den Gruppenmitgliedern soviel wie möglich Freiheit zu gewähren, damit sie ihre eigenen Ziele bestimmen und gemäß ihrer eigenen Motivation handeln und selbst über ihre Wege zum Lernen, zur Produktivität und Kreativität entscheiden können.

Im folgenden sollen – in Anlehnung an Cohn – die genannten drei, jede Gruppensituation von Studienreisen bestimmenden Faktoren und ihre ge-genseitige Beziehung noch weiter ausgeführt werden. Die Reisegruppe wird also aufgefasst als eine thematisch-interaktionelle Gruppe, die sich

---

[2] Dieter Wyss: Mitteilung und Antwort. Untersuchungen zur Biologie, Psychologie und
     Psychopathologie von Kommunikation, Göttingen 1976.
[3] Ruth C. Cohn: Von der Psychoanalyse zur themenzentrierten Interaktion, 14. Aufl.,
     Stuttgart 2000.

auf die Dreiheit Ich-Wir-Thema zentriert, das heißt auf das Ich (die Persönlichkeit) des einzelnen Angehörigen der Reisegruppe, das Wir, das heißt die Gruppe aller an der Reise unmittelbar Beteiligten und das Thema, mit dem sich der Einzelne und die Gruppe auseinandersetzt.

Das I c h ist die jeweils einmalige Existenz eines jeden Reisegruppenmitglieds, des Reiseleiters, des Busfahrers oder anderer Personen, die über einen längeren Zeitraum am Gruppenleben teilhaben. Seine individuelle Eigenart kommt besonders zum Tragen durch seine Erfahrungen, Werthaltungen, Einstellungen, Motive, Bereitschaften, Wahrnehmungen und so weiter.

Das W i r der Gruppe ergibt sich aus dem verknüpfenden Band eines gemeinsamen Themas, zunächst einmal des Reisevorhabens, dem sich jeder Einzelne – aus welchen Motiven auch immer – angeschlossen hat. Damit umfasst es selbstverständlich auch die Verschiedenheit aller Einzelnen voneinander.

Das T h e m a ist der gemeinsame Bezugspunkt der Gruppe. Besteht das Thema aus der Durchführung der Reise an sich, so werden sich im Laufe der Reise in Abhängigkeit von konkreten Situationen speziellere Themen ausdifferenzieren, die sich dann untereinander ablösen oder überschneiden können. Die Beschäftigung mit dem jeweiligen Thema stellt das Medium dar für die Beziehung der Teilnehmer untereinander. Die kommunikativen Prozesse in der Reisegruppe setzen einerseits also ein Thema voraus, zum anderen aber entstehen durch die kommunikativen Prozesse auch neue Themen.

Die Ich-Wir-Thema-Einheit besteht nicht losgelöst von der konkreten Umwelt. Sie ist stets eingebettet in die räumliche Umwelt (einschließlich des Beförderungsmittels), in die zeitlichen und historischen Gegebenheiten, sowie in das nähere und weitere soziale Umfeld (einschließlich der Institution des Reiseveranstalters). In allen Gruppensituationen müssen diese von außen auf das Gruppengeschehen einwirkenden Kräfte berücksichtigt werden. Die drei Elemente Ich, Wir, Thema sind in jeder Studienreise-Gruppensituation präsent: Immer werden Ansprüche und Bedürfnisse eines jeden Einzelnen, der Gesamtgruppe und der Aufgabe das Geschehen bestimmen. Doch stehen die Faktoren in einem wechselnden Verhältnis zueinander. Denn durch die Aktualität der Ereignisse variiert die Stärke des einzelnen Faktors, das heißt, Gleichgewichtszustände werden immer wieder von Ungleichgewichten abgelöst. Jede einzelne konkrete Gruppensituation lässt sich so durch das Verhältnis der drei sie konstituierenden Faktoren beschreiben. Dies lässt sich an Extrembeispielen verdeutlichen: Wenn man einmal – rein gedanklich – jeden der drei Aspekte auf Kosten der jeweiligen anderen verabsolutiert, erhält man völlig verschiedene Typen von Gruppensituationen, wie sie im realen Verlauf von Studienreisen nur in Ausnahmefällen anzutreffen sind. So wäre die Ausschließlichkeit des individuellen Aspekts charakteristisch für eine therapeutische Selbsterfahrungsgruppe, jene des kommunikativen Aspekts dagegen eher für eine gruppendynamische Trainingsgruppe und die ausschließliche Beschäftigung mit einem Thema das Merkmal einer akademischen Lerngruppe. Diese Grenzlagen zeigen wiederum, dass sich die Studienreise-Gruppensituation erst aus dem Zusammenspiel aller drei Elemente ergibt.

Die Aufgabe des Reiseleiters ist es, in der Reisegruppe immer wieder die dynamische Balance zwischen diesen Strukturelementen herzustellen, indem er das jeweils am meisten vernachlässigte Strukturelement im Gruppenprozess betont. Nur die Balance – eine immer neu zu erfüllende Aufgabe – hindert die Reisegruppe an Auseinanderstreben und Zerfall. Zu den Voraussetzungen für gezielte Initiativen des Reiseleiters gehört eine gute Wahrnehmungsfähigkeit im Hinblick auf die Interaktionen in der Gruppe, das Erkennen eigener und fremder Befindlichkeiten und die Befähigung zur Vermittlung von Wissensinhalten. Nur dadurch kann er seiner Aufgabe gerecht werden und auf mehreren Ebenen kommunizieren, um damit zur Einhaltung des Gleichgewichts zwischen Ich-, Wir- und thematischen Ansprüchen beizutragen.

III. Die Studienreisegruppe als Prozess

Wurden im vorigen Kapitel die strukturellen Merkmale der Gruppensituation beschrieben, so soll jetzt der zeitliche Rhythmus solcher Situationen zum Gegenstand der Betrachtung gemacht werden. Das sich über einen bestimmten Zeitraum hin wandelnde Muster von Beziehungen zwischen den Elementen einer Gruppensituation bezeichnet man gewöhnlich als Gruppenprozess[4]. Der Wandel im Gesamtbild ergibt sich seinerseits aus einer Vielzahl von Einzelprozessen, von denen im folgenden nur eine Auswahl angesprochen werden kann. Da mangels vorliegender Forschungsergebnisse keine verbindliche Übereinkunft darüber besteht, welche der in Studienreisegruppen ablaufenden psychologischen Vorgänge die wichtigsten sind, ist die hier getroffene Auswahl natürlich subjektiv. Der Verfasser begründet sie zum einen mit seinen persönlichen Erfahrungen als Leiter zahlreicher Studienreisen und durch seinen Umgang mit Therapie- und Lerngruppen, zum anderen mit allgemeinen Kenntnissen über Gruppenverhalten. Im Rahmen der vorliegenden Ausführungen werden wir uns auf die Gruppe im Zeitraum ihrer Entstehung beschränken.

---

[4] Paul F. Secord/Carl W. Backman: Sozialpsychologie, 5. Aufl., Frankfurt 1997.

1. Die Fragestellungen und die Methode

Wir betrachten die verschiedenen, relevanten Entwicklungsphasen in der Studienreisegruppe unter drei Gesichtspunkten:

a) Psychologische Darstellung der jeweils aktuellen Gruppensituation

Hierbei geht es um die Antwort auf die Frage »Wie stellt sich die Gruppe momentan dar?« Es wird ein Bild vom »Zustand« der Gruppe, das heißt von der gerade herrschenden Struktur der Einheit Ich-Wir-Thema kurz vor einem bevorstehenden Änderungsprozess, aufgezeigt.

b) Tendenzen und Prozesse in der Gruppe

Unter diesem Aspekt wird erörtert, welche Kräfte – Erwartungen, Bedürfnisse, Ziele und ähnliches – in der beschriebenen Gruppensituation vorherrschen und – indem diese »als psychologische Manifestationen auftreten«[5] und sich in Interaktionen ausdrücken – auf eine Veränderung dieser Situation hinwirken. Das vorläufige Resultat der so in Gang kommenden Gruppenprozesse stellt sich dar in einer neuen Situation mit einer veränderten Beziehungsstruktur ihrer Elemente. Wenn hier von Situationen die Rede ist, meinen wir in Wirklichkeit natürlich nicht etwas statisch in sich Ruhendes, sondern etwas in ständiger Bewegung Befindliches. Eine solche Vereinfachung lässt sich aus methodischen Gründen nicht umgehen.

c) Möglichkeiten der Einflussnahme des Reiseleiters auf diese Tendenzen und Prozesse in der Gruppe

Hierbei sollen Möglichkeiten des Reiseleiters erörtert werden, durch Interventionen die Gruppenprozesse in spezifischer Weise auszulösen beziehungsweise zu steuern. Als Richtlinie für sein Verhalten dient das Modell der Aufrechterhaltung eines dynamischen Gleichgewichts zwischen den Strukturelementen der Situation. Anhand hypothetischer Beispiele von Überbetonungen einzelner dieser Elemente durch den Reiseleiter wird auf Gefahren verwiesen, die zu Fehlentwicklungen in der Studienreisegruppe führen können.

Zum besseren Verständnis der uns interessierenden Gruppenvorgänge gehen wir von beispielhaften, typischen Szenen aus, die anschließend der Beschreibung und Analyse unterzogen werden. Die betont knapp gehaltene Darstellung dieser Situation soll dem Reiseleiter bei der Lektüre die

---

[5] Wilfred R. Bion: Erfahrungen in Gruppen und andere Schriften, 2. Aufl., Stuttgart 1974, 74.

Möglichkeit bieten, seine eigenen persönlichen Erinnerungen einzubringen und sich zukünftig zu erwartende Ereignisse gedanklich vor Augen zu führen. Es geht hier also nicht um die Analyse einer bestimmten individuellen Szene, sondern es sollen anhand konkreter Anschauungsbilder typische Entwicklungsphasen aufgezeigt werden. So sind etwa die Orts- und Zeitangaben in den Beispielen nicht bindend. Der eigentliche Sinngehalt lässt sich auf vergleichbare andere Situationen übertragen: Zum Beispiel wird sich die Unsicherheit der Teilnehmer bei Beginn der Reise – psychologisch gesehen – vor einem Reisebus ähnlich darstellen wie in der Abflughalle eines Flughafens. Oder es können sich Untergruppen bereits am ersten Abend, aber auch erst nach einigen Tagen bilden. Das hierbei verfolgte Ziel ist, dass der Reiseleiter die folgenden, allgemein gehaltenen Ausführungen auf seine persönliche Erfahrungs- und Vorstellungswelt übertragen kann.

2. Phase der Unsicherheit

Betrachten wir zunächst das Vorstadium der Gruppenbildung, die Phase der Unsicherheit also. Als Denkhilfe bietet sich etwa folgende Ausgangsszene an: Reisebeginn, Eintreffen der Reiseteilnehmer, gegenseitiges Inaugenscheinnehmen, einschließlich des Reiseleiters. Die Teilnehmer »harren der Dinge, die da kommen sollen«.

a) Psychologische Darstellung der aktuellen Gruppensituation

Existentiell gesehen stellt sich die Situation folgendermaßen dar: Der Einzelne (Reisegast, Reiseleiter) tritt aus seinem vertrauten Lebensraum mit gewohnten Ordnungs- und Orientierungsbezügen heraus, bereit, diese für bestimmte Zeit hinter sich zu lassen. Er ist auf etwas Neues gerichtet. Aus der bloßen Antizipation dieses Ereignisses wird nunmehr erfahrbare Wirklichkeit. So gelangt zum Beispiel der Einzelne von der meist nur vagen Vorstellung seiner künftigen Mitreisenden zu ersten konkreten Eindrücken.

Diese Situation wird vom Reisegast gewöhnlich nicht reflektiert, sondern mehr gefühlsmäßig wahrgenommen. Das Verlassen der bisherigen Vertrautheit und das Eintreten in die Fremdheit der neuen Situation – Bedingungen, denen sich der Reisegast freiwillig ausgesetzt hat –, kann bei diesem Unsicherheit, Ratlosigkeit, Befangenheit, Orientierungslosigkeit einerseits und andererseits gespannte Erwartung, den Wunsch dazu zu gehören und akzeptiert zu werden auslösen. Je nach seinem persönlichen Hintergrund kann dies Formen von ängstlicher Zurückhaltung, aber auch ambivalente Reaktionen bis hin zu übersteigerter Affektiertheit annehmen.

Betrachtet man die Situation unter dem Gesichtspunkt der oben genannten Strukturelemente, so wird deutlich, dass sie fast ausschließlich von den individuellen Regungen des Ichs der Einzelnen geprägt wird. Die

Anwesenheit der anderen bedingt diese Reaktion (»sozialer Effekt«[6]), schafft aber noch kein Wir. Das allen gemeinsame Thema, das Reiseziel, hat zwar die Teilnehmer zusammengeführt, doch besteht keine konkrete, verbindliche Aufgabenstellung, die als Bezugspunkt für gemeinsames Handeln (im Sinne einer Interaktion) wirksam werden könnte.

b) Tendenzen und Prozesse in der Gruppe

Die durch die Offenheit der Situation bedingte Verunsicherung und das anwachsende Unbehagen lässt bei den Reiseteilnehmern zunehmend den Wunsch nach Veränderung der Situation aufkommen. Diesbezügliche Erwartungen richten sich auf die für die Durchführung der Reise verantwortlichen Personen, von denen sie sich Anweisungen für ihr Handeln erhoffen. Bis diese tatsächlich ergehen, kommt es bei verschiedenen Teilnehmern zu Verhaltensweisen, die einerseits Ausdruck der bestehenden Unsicherheit und Spannung sind, andererseits aber auch diese vermindern und eine erste Orientierung ermöglichen sollen: Bei einigen Teilnehmern findet sich der Versuch erster Kontaktaufnahme zu anderen Mitreisenden (Paarbildungen), was aber noch weitgehend wahllos und unverbindlich, oftmals höflich-fassadenhaft geschieht (»phantasierte Bekanntheit«[7]). Trotzdem scheint diese kurzfristige Befriedigung des drängenden Bedürfnisses, an den anderen Halt und Orientierung zu gewinnen, oft erstaunlich schnell zu gelingen, wenngleich solche Kontakterlebnisse im Blick auf längerfristige Beziehungen meist nicht bedeutsam werden: Zu sehr bleibt die Selbstdarstellung ritualisiert aus Angst, zuviel von sich zu zeigen, zu sehr ist die Wahrnehmungsfähigkeit in Beschlag genommen von der augenblicklichen Stimmungslage, als dass ein hinreichendes Bild des Gegenübers entstehen könnte. Andere Teilnehmer versuchen ihre Unsicherheit dadurch zu vermindern, dass sie in die Offensive gehen und die Reiseverantwortlichen, vor allem den Reiseleiter, bedrängen, zum Beispiel ihn wiederholt um Informationen angehen oder ihm gegenüber Unzufriedenheit bekunden. Im Gegensatz zu diesen Personen stehen jene Teilnehmer, die abseits in der Defensive bleiben und sich zum Beispiel im Kreise von begleitenden Personen (die nicht an der Reise teilnehmen) aufhalten, womöglich in räumlicher Distanz. Die restlichen Mitreisenden verhalten sich abwartend, aber wachsam andere beobachtend. Auf diese Weise können sie ihre Unsicherheit durch Identifikation mit beobachteten Verhaltenstypen ableiten.

---

[6] Philipp Lersch: Der Mensch als soziales Wesen, 2. Aufl., München 1965.

[7] Max Day: Die Bildung und Entwicklung von Studiengruppen, in: Günter Ammon (Hg.): Analytische Gruppendynamik, Hamburg 1976, 85-94.

c) Möglichkeiten der Einflussnahme des Reiseleiters

Es ist Aufgabe des Reiseleiters, eine Klärung der Situation herbeizuführen. Seine Aufforderungen und Hinweise, was Boarding, Gepäckfragen, Abflugs- oder Abfahrtszeiten usw. anbelangt, müssen kurz und klar sein, um dem Reisegast jenes sichere Handeln zu ermöglichen, das seinen Erwartungen entspricht. Während dieser Handlungsabläufe wird ein hohes Maß an verbaler und nicht-verbaler Kommunikation zwischen allen Beteiligten erreicht. Im gemeinsamen Bemühen, zum Aufbruch fertig zu werden, nimmt somit die Entwicklung des Wir seinen Anfang. Durch die eben beschriebene Initiative des Reiseleiters wird die übermäßige Betonung des Ich aufgehoben zugunsten einer Hinlenkung auf das Wir und das Thema. Somit ist ein erstes Gleichgewicht hergestellt, welches das Unbehagen der Teilnehmer mindert oder gar beendet.

Dieses Ziel kann der Reiseleiter jedoch nur erreichen, wenn er nicht das Ich einiger weniger unterstützt, wie zum Beispiel solcher Teilnehmer, die ihn vorschnell mit Fragen in Beschlag nehmen oder einzelner Personen, die ihm besonders sympathisch erscheinen. Das Vertrautwerden mit Teilgruppen wäre dem Reiseleiter möglicherweise entgegengekommen – etwa zur Beschwichtigung seiner eigenen Unsicherheit. Doch hätten sich dann andere Mitreisende zurückgesetzt gefühlt, was Unmut erzeugt und damit in dieser Situation die Bildung eines Wir in der Gesamtgruppe eher verhindert hätte. Der Reiseleiter darf also seine Zuwendung in dieser für alle Beteiligten schwierigen Anfangsphase nicht einer Auswahl von Teilnehmern schenken, sondern er muss für alle offen und erreichbar bleiben. Nur dann mildert sich die bestehende Unsicherheit und Angst in der Gesamtgruppe. Dies ist wiederum Voraussetzung für Vertrauensbildung und Kohäsion in der Gruppe und bewirkt zugleich ihre Ausrichtung auf den Reiseleiter; der damit ihre Entwicklung weitgehend in der Hand behält.

3. Die Phase der Abhängigkeit vom Reiseleiter

Der nächste markante Abschnitt in der Entwicklung der Studienreisegruppe ist die Phase der Abhängigkeit vom Reiseleiter. Folgende Grundsituation mag als Ausgangspunkt dienen: Die Reise hat begonnen. Der Bus ist unterwegs auf Fahrt. Die Teilnehmer haben sich auf ihren Plätzen eingerichtet und erkunden ihre nähere und weitere Umgebung: die unmittelbaren Nachbarn und die weiter entfernt sitzenden Mitreisenden, den Busfahrer, den Reiseleiter, den Innenraum des Busses und alles, was sich außerhalb des Busses abspielt.

a) Psychologische Darstellung der aktuellen Gruppensituation

Der Verlust seines persönlichen Ordnungsgefüges, mittels dessen sich der einzelne Reisegast bisher im Alltag orientieren konnte, wird durch eine im

Bus gegebene neue Ordnung zu einem Teil wieder ausgeglichen. Ordnungsstrukturen werden hier für den Reisegast etwa in folgender Hinsicht erfahrbar: räumlich – durch die Inbesitznahme eines eigenen Sitzplatzes, durch die Möglichkeit, den gesamten Busraum zu überblicken, durch die Erfahrung einer störungsfreien Eingliederung dieses sich fortbewegenden Gehäuses in einen von immer neuen, ungewissen Bedingungen bestimmten Außenraum (Straßen, Verkehr, Herausforderungen durch die Umwelt); sozial – durch die Anwesenheit anderer Mitreisender, von ihrer grundsätzlichen Erreichbarkeit, aber auch von der durch die räumlichen Gegebenheiten bedingten schutzgewährenden Distanz zu ihnen, zudem spielen die Rangunterschiede des Alltags im Augenblick keine Rolle – alle sind jetzt nur einer Autorität, nämlich dem Reiseleiter unterstellt; zeitlich – durch das Wissen von der Existenz eines verbindlichen Programms und der Zuständigkeit des Reiseleiters für die Durchführung desselben. Diese verschiedenen Momente vermitteln dem Reisegast – trotz der in jeder Hinsicht bestehenden Einengung – im großen und ganzen ein Gefühl von Sicherheit, Aufgehobensein, Geborgenheit und Zuversicht. Im Mittelpunkt der Situation steht auch hier das Ich, welches dem Wir und dem Thema erwartungsvoll entgegensieht.

b) Tendenzen und Prozesse in der Gruppe

Die Erwartungen richten sich in dieser Phase vor allem auf den Reiseleiter. Von ihm erhoffen sich die Gäste zunächst einmal, dass er persönlichen Kontakt zu ihnen aufnimmt und ihnen das Gefühl des Angenommenseins vermittelt, wodurch die unter a) genannten Kriterien des Sicherheitsgefühls erst voll zum Tragen kommen (Ich-Aspekt). Je mehr es dem einzelnen Reisegast gelingt, sich mit der Situation abzufinden und sich wohl zu fühlen, desto eher wird er für Erfahrungen mit der Außenwelt bereit sein. Im Hinblick darauf erwartet er vom Reiseleiter, dass er Informationen, Erklärungen und Ratschläge anbietet (thematischer Aspekt) und das Zusammenfinden, die Aktivitäten der Gruppe steuert (Wir-Aspekt).

Diese Erwartungen werden vom Reisegast jedoch eher latent, nicht aktuell bedrängend erlebt. Man nimmt es hin, wenn der Reiseleiter nicht sofort aktiv wird (wie z.B. bei Phase 1). Doch man weiß, dass er es überhaupt wird - zu einem Zeitpunkt und in einer Art, von der man sich gern (positiv) überraschen lässt. Die Teilnehmer können in dieser Erwartung lose Kontakte zu ihren unmittelbaren Busnachbarn knüpfen oder sie beschäftigen sich in entspannender Weise mit sich selbst.

c) Möglichkeiten der Einflussnahme des Reisleiters

Der Reiseleiter sieht sich also in dieser Phase nicht konfrontiert mit aktuell-drängenden Bedürfnissen, sondern er hat nun die Freiheit (und Aufgabe zugleich), die Gestaltung der Dinge nach eigenem Ermessen zu realisieren. Er muss hierbei Ansprüche aus allen drei Bereichen, des Ich, des Wir und des Themas zu erfühlen und erfüllen: Das Ich bedarf seiner persönlichen Zuwendung, damit es sich noch mehr angenommen, anerkannt und zugehörig empfindet. Das Wir bedarf weiterer Kommunikationsmöglichkeiten, damit es sich entwickeln kann. Und das Thema bedarf von seiner Seite einer ausreichenden Darstellung, damit der Teilnehmer über die wichtigsten Informationen verfügt. Die gleichmäßige Betrachtung aller drei Gesichtspunkte erfordert in dieser Phase vom Reiseleiter in besonders hohem Maße Wahrnehmungsfähigkeit, Einfühlungsgabe und Gestaltungskraft. Von Anfang an wirkt erschwerend, dass er zur Förderung des Wir, das sich aus der Interaktion der Einzelnen im Hinblick auf ein Thema weiter entwickeln soll, nur wenige Hilfsangebote beisteuern kann: Die Sitzanordnung der Reiseteilnehmer im Bus erlaubt kaum längerfristige Interaktionen zwischen allen. Der Reiseleiter kann von seiner Sitzposition aus nur schwer alle jene unmittelbaren Reaktionen beobachten, die seine Mitteilungen an die Gruppe auslösen. Wesentlich mehr Möglichkeiten besitzt der Reiseleiter zur Betonung des thematischen Aspekts (z.B. durch Vorträge über das Mikrophon) und des Ich-Aspekts (z.B. durch Gespräche mit einzelnen Gästen), wobei aber jede einseitige Überbetonung des einen oder anderen dieser Aspekte zu vermeiden ist, damit der ohnehin schwache Wir-Aspekt nicht noch mehr zu kurz kommt.

Eine Überbetonung des Themas wäre zum Beispiel dann gegeben, wenn der Reiseleiter während seiner Ausführungen Zeichen der Ermüdung und damit eines veränderten Bewusstseins der Gruppe übersieht. Dies kann dazu führen, dass viele Teilnehmer das Interesse verlieren, sich langweilen und abschalten. Manche sind frustriert, weil sie ihre sonstigen Aktivitäten (z.B. Schauen, Lesen, Entspannen) unangemessen eingeschränkt sehen. Andere werden aggressiv, weil sie sich nicht mit ihren Nachbarn unterhalten können. Wieder andere versuchen, sich weiterhin zu konzentrieren, aber ihre akute Überforderung lässt eine lebendige Teilnahme an den thematischen Inhalten nicht mehr zu.

Eine einseitige Betonung des Ich wäre dann gegeben, wenn sich der Reiseleiter darauf beschränkte, jeden Reiseteilnehmer alleine anzusprechen. So wichtig die persönliche Hinwendung zum einzelnen Reisegast auch ist, um diesem ein Gefühl der Zugehörigkeit zu vermitteln, so sehr besteht auch die Gefahr, dass sich die Beziehung zum Reiseleiter zu einer engen Abhängigkeit weiterentwickelt. Der Reiseleiter sähe sich dann bald vielfältigen Ansprüchen auf Zuwendung ausgesetzt. Mancher Reiseleiter mag hierin eine willkommene – unbewusst vielleicht sogar angestrebte – Befriedigung seiner Wünsche nach Selbstbestätigung oder Macht erleben.

Die Reiseteilnehmer würden aber im Laufe der Zeit jede Verantwortung für sich selbst verlieren, würden zurückhaltend, anpassungswillig, inaktiv, entscheidungslos, durchsetzungsunfähig. Da der Reiseleiter letztlich auch kaum in der Lage wäre, die an ihn von jedem Einzelnen gestellten Erwartungen zu erfüllen, würden sich naturgemäß Enttäuschungen und Konflikte ergeben, was wiederum einer positiven Wir-Entwicklung abermals im Wege stünde.

Die äußeren Bedingungen, zusammen mit einer einseitigen Betonungen der individuellen beziehungsweise thematischen Anliegen, behindern also eine positive Entwicklung des Gruppenprozesses. Das Unbehagen darüber mag manchen Reiseleiter dazu verleiten, den Gruppenprozess schon zu Beginn bewusst zu aktivieren. Da aber in diesem Stadium Interaktionen der Gruppe nur in beschränktem Rahmen möglich sind, bleibt diesem Reiseleiter fast keine andere Möglichkeit, als das noch gar nicht konkret ausgebildete Wir der Gesamtgruppe immer wieder verbal anzusprechen (z.B. durch übertriebene Betonung und Bewertung der wenigen bisher gemeinsamen Aktionen, der – vermeintlich – gemeinsamen Einstellungen usw.). Ein solches überstürztes Einbeziehen der Einzelnen in eine weitgehend erst fiktive Gruppe löst bei vielen Teilnehmern jedoch eher peinliche Gefühle aus. Sie brauchen in dieser Phase noch eine gewisse soziale Distanz, die es ihnen gestattet, ihre Eigenständigkeit zu wahren. Die vom Reiseleiter – vielleicht aus seiner eigenen Angst heraus – forcierte Unterstützung des Wir kann so eher zu Misstrauen führen, wodurch sich die erwünschte Entwicklung eher verzögert. Wechselseitige Begegnung darf nur allmählich erfolgen, wenn sie zu einer für den Reiseleiter wünschenswerten Gruppenkohäsion führen soll.

4. Phase der Ausdifferenzierung

Einer der wichtigsten nachfolgenden Entwicklungsschritte der Studienreisegruppe kann als Phase der Ausdifferenzierung bezeichnet werden. Sie soll anhand folgender Situation verdeutlicht werden: Am Abend des ersten Reisetages erreicht man den Übernachtungsort. Es folgen Zimmerverteilung, Gepäckverteilung; später – nach dem gemeinsamen Abendessen – ist der »offizielle« Programmteil des Tages abgeschlossen.

a) Psychologische Darstellung der aktuellen Gruppensituation

Die äußeren Bedingungen, welche die Gruppensituation bis zur Ankunft prägten, hatten thematische und individuelle Aspekte in den Vordergrund gerückt. In beiderlei Hinsicht bestand eine starke Bezogenheit auf den Reiseleiter, der als Repräsentant des Veranstalters die Reise vermittelt (thematischer Aspekt), der aber auch als Kommunikationspartner persönliches Erleben beim einzelnen Mitreisenden auslöst (individueller Aspekt). Nachdem sich aber der Reiseleiter zurückgezogen hat, wird die bisherige Art der Vermittlung des Themas beendet. Ebenso geht die Ich-Entwicklung des Einzelnen im bisherigen Sinne nicht weiter, aber auch nicht die Gruppenentwicklung, da bisher ein offener Gruppenprozess kaum stattgefunden hat, also kein Gruppenklima vorliegt, durch das der Einzelne sich ermutigt fühlen würde, Gefühle bei sich wahrzunehmen und auszudrücken.

b) Tendenzen und Prozesse in der Gruppe

Das Defizit an Gruppenprozessen und das Stagnieren der Ich-Ausweitung drängt nach einem Ausgleich, wobei die Teilnehmer selbst eine Art Regulierungsprozess vorantreiben. Denn jetzt suchen die Reisegäste aktiv nach Möglichkeiten, um die Situation nach ihren Bedürfnissen zu gestalten: Auf der Basis individueller Sympathien, gemeinsamer privater Wünsche, Ansprüche und Interessen bilden sich persönliche Zusammenschlüsse zwischen einzelnen Gruppenmitgliedern heraus (so verabredet man sich beispielsweise zu einem Spaziergang, zum Besuch eines Weinlokals oder zu anderen Vorhaben). Die Aufspaltung in kleinere Untergruppen entspringt dem Bedürfnis der Teilnehmer nach einem Wir, nach mehr Kontakt, Nähe und Verbundenheit, zum Teil auch nach Orientierung, Geborgenheit und Sicherheit, wodurch es für das einzelne Ich leichter wird, seine privaten Gedanken, Meinungen und Gefühlserlebnisse auszutauschen.

Indem sich die Untergruppen in der geschilderten Weise auf dem Boden subjektiver Unlustempfindungen bilden, richten sie sich tendenziell gegen jene Instanz, die als Ursache für die augenblickliche Gesamtsituation empfunden wird. Eigentlich liegt diese Instanz im einzelnen Teilnehmer selbst, der sich aus freien Stücken mit seiner Anmeldung zur Reise den geltenden Bedingungen unterworfen hat, freilich ohne dass er zu jener Zeit die erlebnismäßigen Konsequenzen unbedingt hätte voraussehen können. Um die Richtigkeit seiner Wahl jedoch nicht anzweifeln zu müssen, verlagert er in der jetzigen kommunikativ-expansiven Phase diese Instanz von sich weg nach außen auf den Reiseleiter. Dieser repräsentiert somit das sich den Reiseteilnehmern entgegenstellende, das heißt ihren Entwicklungsspielraum einschränkende Prinzip.

Sobald innerhalb der einzelnen Untergruppen die latent-oppositionellen Kräfte manifest werden, kann dies zu verschiedenen Entwicklungen führen: Im Extremfall kann gerade diese dem Reiseleiter und damit auch dem Gruppenganzen und seinen Ordnungen entgegengerichtete Emotion zum affektiven Bindemittel der gesamten Untergruppe werden (wobei es durchaus denkbar ist, dass der gegenseitige Zusammenschluss von Mitgliedern zu einer Untergruppe bereits durch die bestehende Gemeinsamkeit derartiger Stimmungen zustande kam). Die von gemeinsamen Emotionen getragene Interaktion innerhalb der Untergruppe führt zu einer Intensivierung des Kontakts und der Sympathie zwischen den Teilnehmern. Es kommt zu einer immer stärkeren gegenseitigen Identifizierung und damit Angleichung der Ansichten und Urteile (»Meinungskonvergenz«[8]). In ihrer gegenseitigen Identifikation rücken die Teilnehmer dieser Untergruppe deutlich vom Reiseleiter ab, werden also »gegenabhängig«; gleichzeitig empfinden sie ein gesteigertes Selbstbewusstsein und eine erhöhte Risikobereitschaft.

In einer weiteren Untergruppe kann sich aber auch eine Tendenz breit machen, die für das Gruppenganze und die vorgegebenen Ordnungen, wie sie der Reiseleiter vertritt, plädiert. Die Betreffenden scheuen sich vor einer Identifikation mit der beschriebenen Teilgruppe, weil sie sich dieser sonst zu sehr ausgeliefert fühlten. Sie sehen ihre Stütze im Reiseleiter. Wenn aber dieser an Autorität verlöre, müssten sie den Zusammenbruch der Gesamtgruppe befürchten oder sähen gar die ordnungsgemäße Durchführung der Reise in Frage gestellt. Diese Teilgruppe identifiziert sich einseitig mit dem Reiseleiter, stützt ihn und erwartet von ihm weiterhin die Abnahme der Verantwortung für ihre Belange. In diesem Fall bleibt eine Abhängigkeit vom Reiseleiter bestehen.

Zwischen diesen beiden Teilgruppen, die sich um die Pole Distanzierung und Abhängigkeit sammeln, kann sich noch eine dritte Gruppe von Teilnehmern bilden, nämlich von solchen, die sich bewusst zurückhalten und eine vorschnelle Identifikation mit einer der genannten Teilgruppen vermeiden. Dies erfolgt aus der Einsicht heraus, dass durch die beschriebene Identifikation die Gefahr besteht, die partielle Eigenständigkeit und Verantwortung nicht nur für sich, sondern für alle Beteiligten zu vermindern. Solche »Wächterinstanzen«[9] sind am ehesten geeignet, Cliquenbildung, Klüngeleien und Aufspaltungen abzuwehren und so die Gruppe zusammenzuhalten.

Die geschilderte Selbstgliederung der Reisegruppe geht Hand in Hand mit einer Rollendifferenzierung je nach den persönlichen Strebungen des Einzelnen. Beispielsweise ließen sich hier die Rollen des Anführers, des Wortführers, des Mitläufers, des Kritikers, des Bewahrers, des Mittlers und andere unterscheiden.

---

[8] Peter R. Hofstätter: Gruppendynamik, 3 Aufl., Reinbek 1993 (rwe 430), 83.
[9] Raymond Battegay: Der Mensch in der Gruppe, Bd 3, 3. Aufl., Bern/Stuttgart/Wien 1979, 32.

c) Möglichkeiten der Einflussnahme des Reiseleiters

In der hier beschriebenen Gruppensituation bleiben die Einflussmöglich-keiten des Reiseleiters auf jene Zeit beschränkt, in der er die Reisegruppe in ihrer Gesamtheit noch erreichen kann. In dieser Zeit sollte sein Inter-esse noch einmal deutlich dem Wir der Gruppe und dem Schicksal des Einzelnen gelten, um extremer Distanz aber auch enger Abhängigkeit vom Reiseleiter entgegenzuwirken. Sein Zugegensein, das die Möglichkeit zur Kontaktaufnahme bietet, hat bei den einzelnen Teilnehmern – entspre-chend der in der Gesamtgruppe latent bestehenden Tendenzen – verschie-dene Auswirkungen.

Seine persönliche Zuwendung ist besonders für solche Teilnehmer wichtig, die unter dem Verlust der räumlichen, zeitlichen und sozialen Sicherheit, die ihnen der zurückliegende Fahrtag noch gewährt hatte (vgl. Phase 2 a), nunmehr unmittelbar leiden. Die hierdurch ausgelösten Ängste des Verlassenwerdens, der mangelnden Geborgenheit, der Isolation und des Ausgeliefertseins an eine fremde Umwelt kann der Reiseleiter durch Vermittlung von Orientierungen und positiven Zukunftsperspektiven auf-zufangen versuchen: thematisch zum Beispiel durch Hinweise auf das morgige Programm; wir-bezogen durch Integration der betroffenen Reise-gäste in Kleingruppen; ich-bezogen durch persönliche Gespräche, das heißt notfalls auch durch eine vorläufige Intensivierung persönlicher Ab-hängigkeit.

Aber auch jenen Teilnehmern, deren Affekte eher oppositionellen Cha-rakter gegen die bisherige Einengung und Abhängigkeit tragen, kann in dieser Phase die Nähe des Reiseleiters eine wichtige Erfahrung bedeuten. Denn der Reiseleiter dokumentiert damit, dass er nicht etwa nur – wie manche vielleicht meinen – die thematischen und individuellen Aspekte (und allenfalls noch jenen Aspekt eines erzwungenen Kontaktverhaltens, vgl. Phase 3 c) vertreten will, sondern einer freien Gruppenbildung positiv gegenüber steht. Er kann hier die Entwicklung isolierter Gruppierungen entscheidend hindern, die sonst später vielleicht einmal als Cliquen ver-sucht hätten, die von ihm aufrechtzuerhaltende Ordnung zu zerstören.

Auch der nach innen und außen unabhängige Reisegast wird sich über ein persönliches Wort des Reiseleiters freuen, bezeugt es ihm doch, dass die Chance für eine offene, von gegenseitiger Wertschätzung getragene Partnerschaft zum Reiseleiter besteht.

5. Die Phase des »Strebens nach der Mitte«

Der letzte Abschnitt der Entstehung der Studienreisegruppe kann man als Phase des Strebens nach einer Mitte bezeichnen. Die folgende Situation mag hierfür zur Anschauung dienen: Am Morgen des zweiten Tages tref-fen sich alle Beteiligten wieder. Es kommt zu einer Vielzahl kürzerer und längerer Begegnungen – sei es in den Hotelgängen, im Fahrstuhl, während des Frühstückens, Gepäckverladens oder schließlich im Bus selbst.

a) Psychologische Darstellung der aktuellen Gruppensituation

Die Situation der Gesamtgruppe ist uneinheitlich. Intensive unerwartet schnelle Gefühlsreaktionen in unterschiedliche Richtungen prägten das Erleben des vorigen Tages. Durch die Kleingruppenbildung kam es zu einer den Einzelnen nicht immer bewussten Abkapselung von der Gesamtgruppe. Die nächtliche Unterbrechung unterstützte dieses Trennungsgefühl. Mit ihrem Erscheinen geben sich die Teilnehmer teilweise erstmals persönlicher, zugänglicher, teils aber auch ambivalenter gegenüber vorschnell geschlossenen Beziehungen am Abend zuvor.

b) Tendenzen und Prozesse in der Gruppe

Das Ergebnis des Regulationsprozesses vom Vortage, der die Gesamtgruppe in die drei Richtungen Geltungsbedürfnis, Hilflosigkeit und Unabhängigkeitsgefühl geführt hatte, erweist sich als nicht stabil. In der Einsicht, dass sich das Reisevorhaben, wie immer es auch individuell motiviert sein mag, nur gemeinsam verwirklichen lässt, setzt eine auf die Gesamtgruppe zentrierte Aktivität ein. Die Bedingungen hierfür – sie liegen einerseits in der Eigendynamik der maßgebenden Teilgruppen (Wir), andererseits in den Erfordernissen des Reiseablaufs (Thema) begründet – lassen sich wie folgt skizzieren:

Jene Teilnehmer, die sich mehr im Protest gegen Einschränkungen ihres Bewegungsspielraums durch den Reiseleiter zusammengefunden hatten, können weder ihre Meinung von ihrer »besseren« neuen Gruppe noch vom Reiseleiter als der Ursache allen Übels lange aufrechterhalten. Denn nach dem ersten euphorischen Zusammenschluss wächst jetzt bei vielen Mitgliedern die Angst vor einer zu starken Identifikation mit dieser Gruppe, deren Umschlingung sie in die Isolation von den übrigen Teilnehmern bringt. Außerdem kommt Angst vor Machtkämpfen in den eigenen Reihen auf, da das Ziel ihrer Bemühungen ja erreicht ist und die Gruppe sich jetzt mit sich selbst beschäftigen und strukturieren müsste. Gleichzeitig mit diesen Ängsten geht eine neue Beurteilung des Reiseleiters einher: Er wird jetzt immer weniger als jemand erlebt, der die Bewegungsfreiheit einengt, sondern man beginnt zunehmendes Verständnis für seine Handlungsweisen zu gewinnen. Damit werden Zwänge und Beschränkungen nicht mehr als böse Absicht des Reiseleiters verstanden. Trotzdem bleibt bei diesen Teilnehmern das Bewusstsein haften, dass sie ihr Ziel erreicht haben und sie in künftigen Situationen fähig wären, sich gegebenenfalls für Änderungen einzusetzen.

Die Gruppe der Abhängigen ist von den Oppositionellen sowohl fasziniert als auch verunsichert. In ihrer Faszination drücken sich möglicherweise Anteile ihrer eigenen oppositionellen Haltungen aus, die sie bisher
nicht gewagt hatten, sich einzugestehen. Insofern wären sie den Mutigen,
die sich da mehr zutrauen als sie selbst, innerlich nahe. Aber auch in ihrer
Verunsicherung und Angst, diese anderen könnten eine Bedrohung für die
Reise werden, sind sie auf jene bezogen: Man unternimmt Anstrengungen,
sie zurückzuholen, um Störungen im Reiseablauf zu vermeiden. Die neu-
tralen, unabhängigen Reiseteilnehmer werden in den genannten Prozess
nicht unmittelbar einbezogen und können jetzt eine Mittlerfunktion übernehmen.

Diese Tendenzen, Haltungen und Bereitschaften treffen in der oben
aufgezeigten Situation zusammen und setzen ihr ihre Akzente auf. Es besteht ein reges Interesse nach Austausch von Informationen (Fragen und
Mitteilungen über Erlebnisse vom vorausgegangenen Abend, über das
jetzige Befinden, über zukünftige Unternehmungen). Dieser Austausch
verhilft dem Einzelnen zu einem Einblick in andersartige Aktivitäten seines Gegenübers und dessen besonderer Motive und Vorstellungen. Der
Einzelne erlebt sich in dieser Situation als einer, der angehört wird und
der auch selbst bereit ist zuzuhören. Auf diese Weise entsteht eine neue
Ordnung in der Gruppe, eine neue Beziehungsstruktur, in der der Wunsch
nach Nähe einerseits und die Flucht vor Abhängigkeit andererseits nicht
mehr zur Aufsplitterung führen, sondern sich zu einem dynamischen Ganzen zusammenfinden, in dem eine ich-angemessene Nähe und Distanz
zugleich möglich sind. So gelingt es der Gruppe, einerseits die Bedürfnisse nach Kontakt, Geborgenheit und Sicherheit, auf der anderen Seite
die nach Eigenaktivität zu befriedigen.

Eine stabile gruppenzentrierte Hinwendung auf eine Mitte hin wird
dann letztlich bewirkt durch die Erwartung angenehmer und erfüllender
Erlebnisse während der bevorstehenden gemeinsamen Fahrt. Das heißt,
erst die Gruppe ermöglicht die künftige Verwirklichung all jener gemeinsamen Ziele und individuellen Vorhaben, deren Erlebnisdichte und Zen-
tripetalkraft wiederum die Gruppe zusammenhält. Dieser dialektische
Prozess ist zugleich eine am Thema orientierte Interaktion, welche die
Gruppenmitglieder zu einem Wir verbindet. Seine Intensität steigert sich
umso mehr, als es den Einzelnen gelingt, ein Bewusstsein von sich selbst
und ihrem Bezug zu Gruppe und Thema zu entwickeln.

c) Möglichkeiten der Einflussnahme des Reiseleiters

Ob die Gruppenentwicklung tatsächlich in der beschriebenen Struktur
verläuft, hängt nicht unwesentlich von der Einstellung und dem Verhalten
des Reiseleiters ab. Im positiven Falle würde er die Selbstregulierungsten-
denzen der Gruppe tolerieren und unterstützen, indem er ihnen hinreichend Zeit zu ihrer Entfaltung gibt. Im negativen Fall – wenn der Rei-

seleiter seine eigenen Autoritätsbedürfnisse über die kommunikativen Bedürfnisse der Gruppe stellt – würden diese verzögert oder in den Untergrund verdrängt. Die Gefahr für ein derartiges gruppenfeindliches Verhalten des Reiseleiters ist besonders groß, wenn er sich seiner eigenen Machtansprüche nicht genügend bewusst ist und zu ihrer Befriedigung unbesehen die ihm zuerteilten Leiterfunktionen missbraucht. Dann kann es geschehen, dass ein in einem anderen Zusammenhang als vorbildlich erachtetes Verhalten des Reiseleiters – sei es in Bezug auf das Thema oder auf das Ich eines einzelnen Reisegasts – nunmehr zur Waffe gegen ein zu stark empfundenes Wir wird. Die Unterhaltung zwischen den Gästen im Bus wird dann durch lautstarke Erklärungen oder durch »wichtige« Durchsagen zum Verstummen gebracht. Oder die Aktivität der Gruppe wird durch ein Überangebot an Vorschlägen zur Gestaltung freier Zeit geradezu gelähmt (thematisches Vorgehen). In einem anderen Fall mag den Reiseleiter die Kränkung darüber, dass sich zwischen Reiseteilnehmern, denen er am Vortag in Anbetracht ihrer Zaghaftigkeit und Unbeholfenheit noch Beistand leisten musste, inzwischen ein reger Kontakt eingestellt hat, so dass er selbst als Kommunikationspartner im Augenblick weniger wichtig ist, dazu veranlassen, andere Reisegäste an sich zu binden, sie von sich abhängig zu machen, um so zu erneuter Selbstbestätigung zu gelangen (individuelles Vorgehen). Ohne sich seine Motive für sein Handeln – sie betreffen nämlich seine Beziehung zur Gruppe – klar zu machen, ja vielleicht sogar in der Überzeugung, seine Aufgaben als Reiseleiter besonders gut zu lösen, verhindert er über derartige Gewichtungen die Weiterentwicklung der Gruppe, was die Gefahr einer Unzufriedenheit bei den einzelnen Reisegästen nach sich zieht: Denn der Reiseleiter verhindert nicht nur den Gruppenbildungsprozess und damit die Entwicklung eines Zugehörigkeitsgefühls beim Reisegast, sondern er bietet diesem selbst auch keine Angriffsfläche, keine Möglichkeit, sich mit ihm auseinander zu setzen. Beim Reisegast entsteht so ein diffuses Unbehagen, mit welchem er sich alleine gelassen sieht.

Ebenso wie die Funktion des Reiseleiters missbraucht würde, wenn sie nur dem Ausdruck persönlicher Machtbedürfnisse diente, wäre sie zweckentfremdet, sollte sie nur dazu herhalten, Reiseteilnehmern Gruppenerfahrungen zu ermöglichen. Auch der Reiseleiter muss – ganz besonders in der hier beschriebenen Phase – auf eine Mitte zusteuern. Um diese Mitte zu erreichen, sollte der Reiseleiter wissen, wie wichtig es ist, immer wieder neue Möglichkeiten anzubieten, damit sich die Teilnehmer in zwangloser Weise in Untergruppen zusammenfinden können, deren Zusammensetzung je nach den vorherrschenden Zielsetzungen variieren kann. Die in diesen Kleingruppen entwickelte Vertrautheit und Kooperationsbereitschaft überträgt sich dann auch leicht auf die Gesamtgruppe, ohne dass diese in feste Untergruppen aufgespalten wäre.

Mit dieser vierten Phase ist das Anfangsstadium bei der Entwicklung einer Studienreisegruppe abgeschlossen. Die Gruppe ist in ihrem dynamischen Bestand gesichert. Erst jetzt, wo sie zu einer gewissen Festigkeit gefunden hat, kann sie sich auch dem Fremden, Neuen gegenüber öffnen. So kann sie zum Beispie kurzfristig die Person eines Stadtführers oder Local Guides bei sich aufnehmen und sich intensiv mit den Problemen des Gastlandes auseinander zu setzen. Eine Gruppe, die hingegen noch unter grundsätzlichen Integrationsproblemen leidet, bleibt mit sich selbst beschäftigt und wird das Fremde meiden. Aber auch nach positiv verlaufenem Eingangsstadium wird die Gruppe während ihres weiteren Bestehens noch unterschiedliche Entwicklungen, oft auch kritischer Art, durchmachen, bevor sie wieder auseinandergeht.

IV. Literaturhinweise

Battegay, Raymond: Der Mensch in der Gruppe, Bd 3, 3. Aufl., Bern/Stuttgart/Wien 1979.

Beuchelt, Eno: Zur Gruppendynamik in Studienreisegruppen, in: Studienkreis für Tourismus (Hg.): Festschrift zum 60. Geburtstag von Paul Rieger, Starnberg 1988, 32-43 [unveränderter Nachdruck in: Albrecht Steinecke (Hg.): Lernen. Auf Reisen? Bildungs- und Lernchancen im Tourismus der 90er Jahre, Bielefeld 1990, 65-76].

Bion, Wilfred R.: Erfahrungen in Gruppen und andere Schriften, 3. Aufl., Stuttgart 2001.

Cohn, Ruth: Von der Psychoanalyse zur themenzentrierten Interaktion, 14. Aufl., Stuttgart 2000.

Pearce, P.L.: Tourist Guide Interaction, in: Annals of Tourism Research 11 (1984) 129-146.

Schmidt, Burkhard: Studienreisegruppen, in: Heinz Hahn/Jürgen Kagelmann (Hg.): Tourismuspsychologie und Tourismussoziologie. Ein Handbuch zur Tourismuswissenschaft, München 1993, 402-406.

Wyss, Dieter: Mitteilung und Antwort. Untersuchungen zur Biologie, Psychologie und Psychopathologie von Kommunikation, Göttingen 1976.

Dominik Petersen

Konfliktregelung in der Reisegruppe

Wenn wir in der psychologischen Fachliteratur eine Antwort auf praktische Probleme suchen, dann finden wir dort zwar häufig die entsprechenden Themen. Aber die Art der Darstellung erweist sich als überaus abstrakt und die Folgerungen für unser Verhalten bleiben unklar. Andererseits gibt es wiederum »praktische Ratgeber«, die uns zwar Handlungsanweisungen anbieten, die aber häufig so banal sind, dass sie uns
Schwarz auf Weiß nur das bestätigen, was wir ohnehin schon wussten.
Inkompetenz der Ratgeber? Praxisblindheit der Wissenschaftler? Zumindest die Häufigkeit solcher Erfahrungen sollte uns stutzig machen: Liegt
das beschriebene Problem vielleicht in der Logik der Sache selbst begründet? Dies wäre immerhin denkbar, denn das psychologische Feld weist
einige Besonderheiten auf. Wir sind alle höchstpersönlich ausgemachte
»Spezialisten«, wenn es um menschliches Verhalten, um Einstellungen,
Gefühle oder Konflikte geht. Denn wir alle kennen diese Phänomene aus
eigener Erfahrung. Wir müssen täglich mit ihnen umgehen. Und irgendwie kommen wir damit zu Rande, finden uns zurecht, können es also gar
nicht so falsch machen. Dies scheint ein zentraler Punkt zu sein, wenn es
um den praktischen Umgang mit Menschen geht: Denn hierbei geraten
nur alltägliche Phänomene ins Blickfeld, werden Abläufe untersucht, die
man nahezu automatisch beherrscht. Jeder hat schon einmal Streit gehabt.
Und wer von uns hat eine solche Situation in der Regel nicht bereinigen
können? Eine Antwort erübrigt sich: Jeder kann also mitreden!

Wir wollen es das Problem der »Selbstanwendung« nennen, dem sich
Leser wie Autor in Sachen »Sozialtechnologie« beziehungsweise Konfliktregulierung stellen müssen: Uns trennt nichts von unserem Erkennt-
nisgegenstand, denn unser Handlungsobjekt sind wir selbst. Konflikt-
handhabung und Konfliktvorbeugung bedeuten ja soziales Handeln, mit
anderen Worten: Interaktion. Wir sind dabei immer zugleich auch Betroff-
fene. Dies muss beim Lesen hinzugedacht werden, während es beim
Handeln erfahren wird.

I. Soziale Interaktion in der Reisegruppe

Wir müssen das, was ein Reiseleiter zu tun hat, in erster Linie als Interaktion zwischen ihm und der Reisegruppe verstehen. Wir wollen diesen Aspekt hervorheben, weil er einen Weg darstellt, auf dem generell bewussteres, reflektierteres und sozial kompetenteres Verhalten möglich wird.

Interaktion meint wechselseitige Beeinflussung. Diese Beeinflussung findet in einem sozialen Kontext permanent statt: Überall da, wo Menschen zusammen sind, entsteht ein interdependentes System von Verhaltensweisen, von Aktionen (a) und Reaktionen (b)[1]:

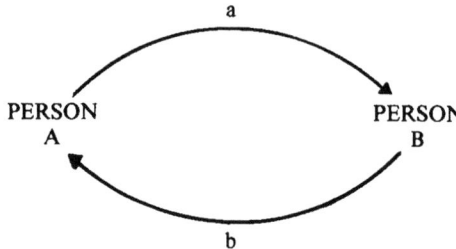

Kaum etwas von dem, was ein Reiseleiter in einer Gruppe tut, wie er sich verhält, was er unbeabsichtigt sagt, wird verborgen bleiben können.

Seine exponierte Stellung als Informationsvermittler, Koordinator und Repräsentant des Unternehmens in einem rückt das Interaktionsgeschehen besonders in den Vordergrund. Denn vieles von dem, was »bemerkt« wird, »merkt« man sich auch, das heißt, man verarbeitet es, bewertet es und speichert es. Diese informationstheoretische Konzeption birgt allerdings die Gefahr, die immense Vielfalt von Signalen, die eine Person wie der Reiseleiter permanent sendet, zu unterschätzen. Denn dieser Informationsfluss überschreitet bei weitem die bewussten, kognitiven Verarbeitungskapazitäten des Empfängers. Trotzdem werden auch die unterschwelligen Signale aufgefangen und wie die bewussten verhaltens-wirksam. Diese Informationseinheiten, die sich beim Empfänger leichter als die bewussten der rationalen Entschlüsselung entziehen, sind es, die uns interessieren. Sie bieten ein Potential, das bei spontanem oder ungeschultem Verhalten ungenutzt bleibt und sich unter Umständen auch negativ auswirken kann.

Mit diesen Signalen ist aber nichts Geheimnisvolles gemeint, auch nicht ausschließlich Unbewusstes im psychoanalytischen Sinne. Vielmehr genügt es, an das zu denken, was wir umgangssprachlich als »Eindruck«,

---

[1] Vgl. Helmut Crott: Soziales Lernen, Interaktion und Gruppenprozesse, 2. Aufl., Bern/Stuttgart 2000.

als »Bild« (vom anderen) oder als »Ausstrahlung« bezeichnen, also an alles das, was in einer Beziehung zum anderen Menschen »mitschwingt«, was uns irgendwie »anmutet«, was uns »berührt«, was sich aber oft einer exakten und folgerichtigen Beschreibung entzieht und uns deshalb zu Bildern und Vergleichen greifen lässt. Gerade die Schwierigkeiten, die beim Versuch auftreten, Beziehungen sprachlich adäquat zu fassen oder Personen zu charakterisieren, machen uns den ganzen Umfang von Einwirkungen eines Interaktionspartners auf uns lebendig erfahrbar.

Je nachdem, welcher Art die Erfahrungen sind, die wir im Umgang mit anderen Menschen machen, werden wir uns auch im Verhalten danach richten, wir können gar nicht anders. Wir wirken also immer auf den anderen zurück. So wenig wir aufgrund des Zwanges, uns verhalten und damit auch »äußern« zu müssen, verborgen halten können, so wenig können wir uns der Eindrücke anderer erwehren. Gerade dieses Wort macht auch den Änderungs- und Einwirkungsprozess deutlich, dem wir permanent ausgesetzt sind: Von einem zum anderen Augenblick entwickeln wir uns weiter, kognitiv wie gefühlsmäßig: Eindrücke hinterlassen Spuren. Diesen Veränderungsprozess durch Rückkoppelung können wir uns graphisch durch Erweiterung des Grundmodells veranschaulichen:

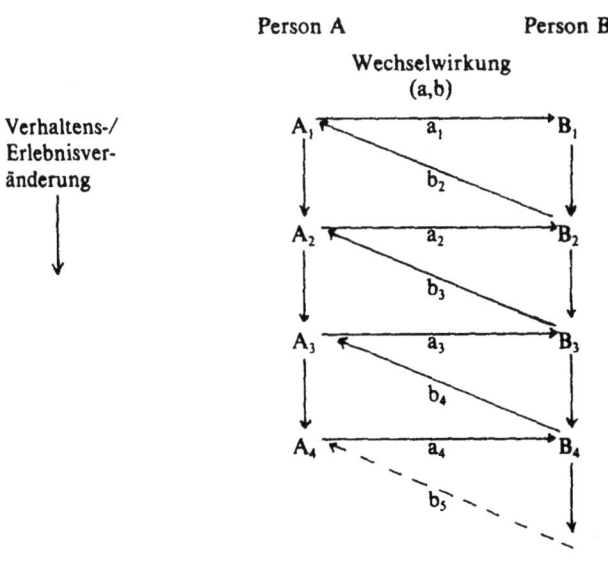

II. Soziale Interaktion als Kommunikation

Die von uns als unterschwellig bezeichneten Signale können wir ebenso wie verbalisierte Inhalte als Botschaften auffassen. Denn die Art, wie sich jemand verhält, wie er einem Sachverhalt Ausdruck verleiht, die Weise, in der er einen Inhalt äußert, hat für uns Bedeutung, deutet uns also etwas an, Mit anderen Worten: Es wird uns etwas indirekt gesagt, wir werden auf der Gefühlsebene angesprochen. Beispiel:

> *»Würden Sie vielleicht bitte das Fenster zumachen?«* (Betonung auf *»Fenster«*, abfallende Tonhöhe bei *»machen«*).

> *»Würden Sie bitte das Fenster zumachen?«* (Betonung auf *»Fenster«*, ansteigende Tonhöhe bei *»machen«*).

Allein durch geringe Veränderungen in der Wortwahl und der Betonung gewinnt der nahezu identische Inhalt vollkommen unterschiedliche Bedeutungen. Unterschiede auf der Mikroebene des Verhaltens zeitigen durchschlagende Wirkung: Einmal wird die Beziehung zwischen zwei Personen als Dominanz-Submission und damit als ein »Stark-Schwach-Verhältnis«, das andere Mal als ein symmetrisches Verhältnis[2] definiert. Keinem der Beteiligten ist im Augenblick der Interaktion klar, dass die Intonation des Wörtchens »machen« dafür verantwortlich ist. Die indirekte Botschaft des Sprechers heißt im ersten Fall: »Machen Sie sofort das Fenster zu!« Im zweiten Fall unterscheidet sie sich kaum vom direkten Inhalt und kann als kongruent (Übereinstimmung der direkten und indirekten Ebene) bezeichnet werden.

Unsere Konfliktregelungs-Strategien sollen im folgenden hauptsächlich im bewussten Gebrauch indirekter Botschaften bestehen. Spontanunreflektierter Umgang mit dieser Art von Mitteilungen kann im negativen Fall so aussehen:

> *»Meine Damen und Herren, da wir gerade diesen Dom sehen: Wer kann mir kurz wiederholen, was ich gestern zu dieser Stilepoche erzählt habe?«*

Eine der hier enthaltenen indirekten Botschaften:

> *»Ich bin der Lehrer und Ihr seid die Schüler.«*

Diese Art der Beziehungsdefinition zwischen Reiseleiter und Reisegruppe schafft Konfliktpotential: Wer will sich schon gern in eine subalterne Position verweisen lassen?

---

[2] Vgl. Paul Watzlawick/Janet Beavin/Don Jackson: Menschliche Kommunikation, Bern 1969.

Zusammenfassung:

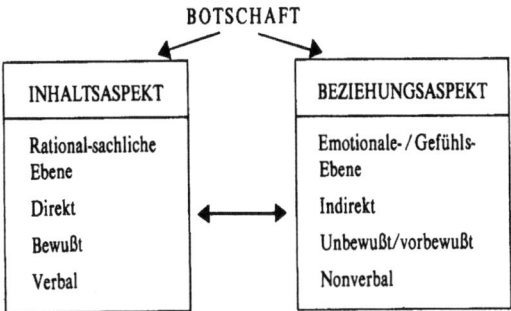

III. Die Rolle des Reiseleiters - Konflikttypen

1. Aktionsebenen des Reiseleiters

Nicht nur Kommunikationsabläufe allgemein sondern auch die Rolle des Reiseleiters im besonderen muss zweidimensional gesehen werden: Entsprechend dem Beziehungsaspekt jeder Botschaft und ihrem Inhaltsaspekt sieht sich der Reiseleiter Anforderungen auf zwei Ebenen gegenüber:

a) Die Sachebene

Hier ist er hauptsächlich mit zwei Aufgaben konfrontiert: Einmal soll er fachlich kompetent sein. Er muss genügend Informationen geben können, die sowohl kulturelle wie länderkundliche als auch naturkundliche Inhalte betreffen. Wir können dies als den inhaltlichen Bereich bezeichnen.

Zum anderen muss der Reiseleiter auch eine Manager-Rolle ausfüllen: Er wird von der Reisegruppe weitgehend für die technische Abwicklung verantwortlich gemacht. Er muss dafür sorgen, dass während der Reise Transfers, Unterkunft, Verpflegung und ähnliche Probleme möglichst reibungslos bewältigt werden. Auch diesen formal-organisatorischen Bereich müssen wir zur Sachebene rechnen.

b) Die sozioemotionale Ebene

Mit diesem Bereich ist alles das gemeint, was man mit der reinen Logik oder Ratio nicht mehr erfassen kann: Es geht hier um die zwischenmenschlichen Beziehungen, um Einstellungen, Werte und Überzeugungen und um die Gefühle. In diesem Bereich, der vom inhaltlichen nicht zu trennen ist, der daher eher als zweite Dimension aufgefasst werden sollte, geht es weniger um gewisse Ergebnisse als vielmehr um den Prozess[3]. Hier ist der Wirkungsbereich der indirekten Botschaften mit ihren teilweise unbewussten Motiven. Hier müssen wir die Faktoren suchen, die aus einer Studienreise ein eindrückliches und schönes Erlebnis machen. Zusammenfassung:

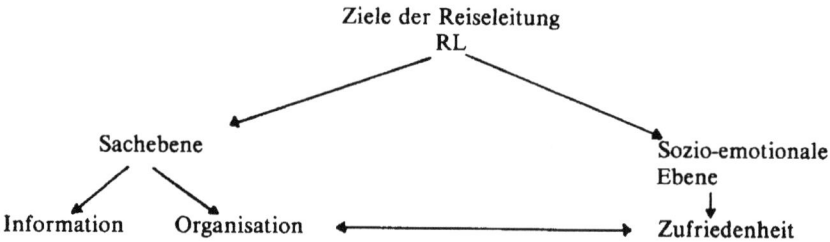

Wir wollen die sozioemotionale Ebene aus zwei Gründen hervorheben: Einmal ist eine Studienreisegruppe trotz des Bildungsziels, dessentwegen sie zustande gekommen ist, keine aufgabenorientierte Gruppe. Sie dient vor allem dem Ziel, angenehme Erlebnisse, einen schönen Urlaub zu ermöglichen. Schon aus diesem Grunde ist den emotionalen Bedürfnissen besondere Aufmerksamkeit zu widmen.

Zum anderen muss man destruktive Konflikte, die in solchen Gruppen immer wieder drohen, von der emotionalen Seite her anpacken: Sie ist zwar von der rationalen Dimension nie zu trennen, ist aber auf der anderen Seite für eskalierende Abläufe verantwortlich, für die Tatsache insbesondere, dass uns Konflikte außer Kontrolle zu geraten drohen. Abgesehen davon, dass wir auch bei Konflikten die schon mehrmals besprochene zweidimensionale Struktur wiedererkennen – die rationale und die sozioemotionale –, sollten wir den Ansätzen zur Vorbeugung und Bewältigung eine Untersuchung der für uns relevanten Konflikttypen voranstellen.

2. Konflikttypen

Wir können die in einer Reisegruppe auftretenden Konflikte auf zwei Achsen anordnen[4]: Einmal auf einer vertikalen Achse und dann auf einer horizontalen. Vertikale Konflikte sollen solche genannt werden, die zwischen Reiseleiter und Gruppe oder mehreren oder nur einem Gruppenmitgliedern auftreten. Horizontale Konflikte sind dann diejenigen, die

---

[3] Wolfgang Grunwald/Hans-Georg Lilge (Hg.): Partizipative Führung. Betriebswirtschaftliche und sozialpsychologische Aspekte, Bern/Stuttgart 1980 (Uni-Taschenbücher 983).

[4] Wilfried Krüger: Konfliktsteuerung als Führungsaufgabe, München 1973.

zwischen Mitreisenden auftreten. Es können dies Konflikte sein zwischen Einzelnen oder Untergruppen von Reisenden. Wir wollen sie zwischenmenschliche Konflikte nennen. Persönliche Konflikte, die potentiell jeder Mensch mit sich selber austragen muss (»intrapersonale Konflikte«), wollen wir hier genauso außer Acht lassen wie eigentliche Gruppenkonflikte (zwischen verschiedenen Reisegruppen etwa oder einer Reisegruppe und der Bevölkerung).
Zusammenfassung:

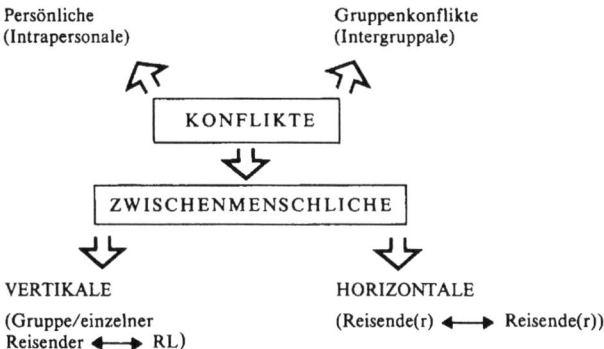

IV. Vertikale Konflikte

Wir haben schon weiter oben auf die zentrale Funktion des Reiseleiters aufmerksam gemacht. Aber nicht nur von der Theorie her ist dies zu begründen, auch nicht allein von der Vielfalt und der Art der Anforderungen, denen er gerecht werden sollte, sondern auch die praktische Erfahrung gibt hierfür eindeutige Hinweise: Sei es anhand der Kritik, die Reisende nach dem Urlaub äußern, sei es bei direkter Befragung nach den für sie wichtigsten Faktoren einer Studienreise oder sei es nur durch die Häufigkeit der spontanen Erwähnungen in Reiseberichten – überall rückt die Person des Reiseleiters in den Vordergrund.

1. Die Führungsaufgabe des Reiseleiters

Eine markante Rolle bietet natürlich auch mehr Reibungsflächen als eine weniger wichtige. Die Führungsrolle des Reiseleiters birgt großes Konfliktpotential in sich: Er soll die Reisegruppe auf gewisse Ziele hin beeinflussen, er soll sie auf einen gewissen Informationsstand bringen und für allgemeine Zufriedenheit sorgen.

Diese Aufgabe ist nicht nur deshalb schwierig, weil jeder Reisende ganz subjektive Erwartungen an eine Reise heranträgt. Zwar kann man mit ziemlich großer Sicherheit sagen, dass wohl immer Bedürfnisse nach Abwechslung, Information, Erholung und ähnlichem vorhanden sein werden. Was jeder Einzelne darunter versteht, ist damit aber längst nicht geklärt. Effektive Reiseleitung ist besonders deswegen nicht einfach, weil eben die Zielvorstellungen der Reisenden oft in sich widersprüchlich sind. Ein typischer Zielkonflikt, mit dem ein Reiseleiter häufig konfrontiert wird, ist zum Beispiel der allgemeine Wunsch, möglichst viel mitzubekommen und kennen zu lernen, auf der anderen Seite die verständliche Abwehrhaltung vor größeren Anstrengungen, die dann oft unausweichlich sind.

2. Konfliktentstehung

Frustrationen sind aufgrund dieser Sachlage zwangsläufig: Eine »Gruppenleistung« ist nur durch Kompromiss erreichbar. Ein für alle optimales Ergebnis wird nur möglich, wenn individuelle Bedürfnisse in einem gewissen Ausmaß hintangestellt werden können. Dies ist gerade ein Punkt, den wohl sehr viele Reisende vor Antritt des Urlaubs unterschätzen. Der Faktor Gruppe wird oft zu wenig ins Kalkül miteinbezogen, die unverhofften Frustrationen lassen Spannungen aufkommen und lassen das entstehen, was wir unter »vertikalem Aspekt«, das heißt im Verhältnis zum Reiseleiter als »Widerstand«, bezeichnen können.

Um in einer Reisegruppe destruktiven Konflikten vorzubeugen oder um solche zu lösen, ist es nützlich, diese als Folge von Frustrationen aufzufassen: Der eigenen Handlungstendenz stehen andere Tendenzen gegenüber. Viele dieser Barrieren werden durch den Reiseleiter repräsentiert und sei es nur, weil er das Pech hat, nun mal die »personifizierte Veranstaltung« zu sein. Als Folge solcher Frustrationen muss man als Reiseleiter mit Aggressionen, die verdeckt oder auch offen auftreten können, oder mit resignativem Rückzugsverhalten rechnen. Auf dieser Basis ist dann das nötige kooperative Gruppenverhalten nicht mehr möglich. Destruktive Konflikte sind notwendigerweise die Folge.

Oft muss in solchen Situationen mit verschobenen Konflikten gerechnet werden: Das eigentliche Problem stimmt dann mit dem gegenwärtig besprochenen nicht überein. Es geht beispielsweise gar nicht um das ruhigere Hotelzimmer, sondern um das dominante Verhalten eines der Beteiligten[5].

---

[5] Morton Deutsch: Konfliktregelung, München 1976.

Zusammenfassung:

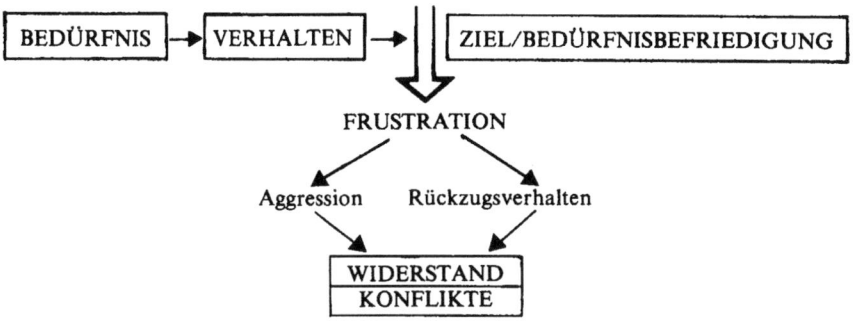

3. Konfliktvorbeugung durch Antizipation

Handlungsbarrieren werden besonders dann zu Frustrationen, wenn sie nicht vorhersehbar waren. Offen aggressive Reaktionen müssen beispielsweise dann erwartet werden, wenn den Reisenden erstklassige Unterbringung versprochen worden war, vor Ort sich aber herausstellt, dass zu wenig Einzelzimmer vorhanden sind. Die Enttäuschung ist der psychische Faktor, der Reisende in solchen Situationen sogar ausfällig werden lässt. Die Erwartung eines gewissen Standards stellt sich als Täuschung heraus. Die entstehenden Aggressionen werden am Reiseleiter ausgelebt.

a) Vorgehen

Eine mögliche Strategie, solchen Reaktionen vorzubeugen, ist die gezielte Einwirkung auf die Erwartungen der Reisenden. Durch Antizipation möglicher Frustrationen soll verhindert werden, dass sich jemand getäuscht fühlt und daher enttäuscht ist. Der Reiseleiter sollte sich daher nicht die Gelegenheit entgehen lassen, vor Beginn der ersten Etappen kurze Einführungen zu geben. Hier kann er dann wohldosiert die Antizipationsstrategie anwenden. Beispiel:

»Meine Damen und Herren, wir alle wissen, dass wir uns hier in einem exotischen Land befinden. Wir haben ja nicht zuletzt deswegen die Reise hierher gebucht. Ich muss Ihnen aber ganz klar sagen, dass die Unterbringung nicht immer unserem Standard entspricht, obwohl der Veranstalter sein Möglichstes tut. Meine Damen und Herren: Wir wollen das Land kennen lernen, dazu gehört, dass wir auch ab und zu auf etwas schlechteren Service und weniger gute Unterkunft gefasst sind! Auf der anderen Seite bin ich überzeugt, dass uns das mit ein bisschen Humor genauso wenig ausmacht wie den vielen anderen Gruppen vor uns auch.«

b) Die Psychodynamik

Die indirekten Botschaften, die in diesen paar Sätzen enthalten sind, bringen Folgendes zum Ausdruck:

> *»Ich mache mir Gedanken um Euer Wohlergehen.« »Ich bin ehrlich zu Euch.«*
> *»Wir sitzen alle in einem Boot, wir sind eine Gruppe.«* (Wir-Formulierungen, Hinweis auf andere Reisegruppen).
> *»Wir werden eine schöne Zeit haben.«* (*»... bin überzeugt, dass ... uns das ... wenig ausmacht«*).

Auf diese indirekten Botschaften müssen wir bei Anwendung kommunikativer Strategien achten: Sie haben Aus-Wirkungen. Die Wirkkraft, die in ihnen steckt und sich negativ, nämlich frustrierend, auswirken kann wie in unserem obigen Beispiel (S. 106), dieselbe Kraft können wir ins Positive wenden. Wir können sie zur Befriedigung von Bedürfnissen einsetzen.

In unserem letzten Beispiel werden Sicherheitsbedürfnisse befriedigt: Der Reisende kann das Gefühl haben, dass er immer weiß, woran er ist. Trotzdem muss er nicht die Angst haben, dass die Reise zu einem Reinfall wird. Soziale Bedürfnisse werden berücksichtigt: Die Reisenden können sich g e r e c h t behandelt fühlen durch den Hinweis auf andere Gruppen und darauf, dass mit der Reise auch gewisse Nachteile exotischer Erfahrungen gekauft wurden. Es ist auch kaum mehr möglich, dass sich jemand etwa in seinem Status oder Prestige dadurch verletzt fühlt, dass der Service manchmal nicht einwandfrei ist. Als wichtiger Effekt ist auch zu werten, dass sich keiner mehr stark in seinem Bedürfnis nach Eigenbestimmung verletzt fühlen kann: Würde die Gruppe plötzlich einfach vor Tatsachen gestellt werden, entstünde viel massiver der Eindruck, ausgeliefert zu sein und nichts beeinflussen zu können.

Diese Strategie der Antizipation kann auch eingesetzt werden, um Spannungen in der Gruppe vorzubeugen: Es kann darauf hingewiesen werden, dass Konflikte auftreten werden, dass dies eine natürliche Folge der Gruppensituation ist (siehe unter: Entlastungsstrategie) und dass diese am besten dadurch gelöst werden können, dass man möglichst schnell darüber offen spricht (siehe unter: Das kooperative Konfliktlösungsgespräch).

Diese Vorbereitung auf potentielle Frustrationen muss sparsam und gezielt eingesetzt werden. Demotivierende Schwarzmalerei kann verhindert werden, indem systematisch ein positiver Ausblick hinzugefügt wird. Daher in unserem Beispiel die indirekte Botschaft: »Wir werden eine schöne Zeit haben!«

4. Konfliktvorbeugung durch Information

Handlungsleitende Schemata müssen einfach sein. Sie müssen so klar sein, dass Strategien ableitbar werden. Die Strategien müssen in der Praxis anwendbar sein. In unserem Modell gehen wir davon aus, dass Konflikte Folgen von Frustrationen oder Bedürfnisverletzungen sind. Diese äußern sich in Spannungen, passivem und desinteressiertem Verhalten oder in offenen Angriffen und werden für den Reiseleiter zu Widerständen gegen seine Leiter-Aufgabe. Sensibilität für vorhandene Bedürfnisse und Eingehen auf sie – das meint der bewusste Gebrauch indirekter Botschaften – kann Widerständen vorbeugen oder sie ausräumen.

a) Bedürfnis nach Sicherheit

Wir können davon ausgehen, dass besonders in der Anfangsphase einer Reise Sicherheitsbedürfnisse eine wichtige Rolle spielen[6]. Schon der Buchung einer Studienreise über einen Veranstalter dürften solche Motive zugrunde liegen: Durch die Vorgabe eines Rahmens werden Eventualitäten und Risiken weitgehend ausgeschaltet. Unkenntnis in bezug auf Sprache und Kultur sind keine Hindernisse mehr, hieraus leitet sich vielmehr die Funktion des Reiseleiters ab. Risiken, die man als Alleinreisender zu gewärtigen hat, werden durch die Gruppensituation aufgefangen. Das Alleinsein als Problem eigener Art ist damit gelöst.

Trotzdem: Die Situation am Anfang einer Reise ist für die meisten der Teilnehmer etwas ganz Neues, vieles ist unklar: Wie ist der Reiseleiter? Was für Leute werde ich dort treffen? Werde ich akzeptiert werden? Werden sie mir gefallen? Hoffentlich klappt die Organisation! Hoffentlich lohnt sich die Investition! Eine gezielte Informationsstrategie kann helfen, Unsicherheiten auszuräumen und Belastungen abzubauen.

Die erste Möglichkeit, die sich dem Reiseleiter bietet, sollte er dazu verwenden, den formal-organisatorischen Rahmen zu klären. Die Gelegenheit dazu ergibt sich häufig beim »Begrüßungscocktail« oder bei der ersten Ansprache an die Gruppe. Hier sollten (abgesehen von der Antizipation) kurz Termine, Zeiten (Abfahrt, Ankunft u.ä.), Gepäckunterbringung und so weiter besprochen werden. Diese Informationen sollten einen überschaubaren Zeitraum betreffen. Die Angaben sollten kurz und präzise sein. Weitere wichtige Informationen betreffen Verhaltensregeln im Ausland: Kurze Hinweise über die Landeswährung und über Posttarife, über Trinkgeld-Erwartungen, über Umgang mit Bettlern etwa oder über wichtige Sitten und Gebräuche können gut zur Verhaltenssicherheit der Ein-

---

[6] Vgl. dazu in diesem Handbuch Burkhard Schmidt: Auf dem Weg zu einer Psychologie der Studienreisegruppe 90-95.

zelnen beitragen. Auf das Wesentliche beschränkte schriftliche Unterlagen über den Reiseverlauf, die Verkehrsmittel und Ähnliches können besonders anfangs gute Hilfe leisten.

b) Das Bedürfnis nach Eigenbestimmung

Eine gezielte Informationsstrategie sollte aber auch noch unter einem anderen Aspekt eingesetzt werden: Im Laufe einer Reise nehmen die anfänglich vorhandenen Unsicherheiten mehr und mehr ab. Was zu Beginn entlastend gewirkt hat, kann sich im Laufe der Zeit mehr und mehr als Belastung auswirken: Der vorgegebene organisatorische Rahmen, das vorgegebene Programm, die ganzen Faktoren also, die in der Praxis oft zu einem straffen Ablauf führen, kommen dann nicht mehr Sicherheitsbedürfnissen entgegen, sondern frustrieren wachsende Bedürfnisse nach Eigenbestimmung. Auf größeren Reisen nach einiger Zeit zu hörende Redensarten wie: »Wir sind doch keine kleinen Kinder«, »Ich komme mir vor wie in der Schule«, »Mein Mann feiert heute mal krank«, »Können wir morgen nicht mal eine halbe Stunde später abfahren«, sind Äußerungen eines Konfliktes. Es geht um die Vorschriften des Programms beziehungsweise des Reiseleiters auf der einen Seite und um das Bedürfnis, selber zu bestimmen, auf der anderen Seite. Die enthaltene indirekte Botschaft: »Wir möchten mehr Freiheit!«

Auch der Reiseleiter ist in den Programmablauf eingebunden. Hier kann er nur in relativ geringem Ausmaß variieren. Er sollte aber Spielräume lassen, wo es nur irgendwie möglich ist: Durch genaue Angaben der Abfahrtszeiten bei Besichtigungen wird es für die Reisenden zum Beispiel möglich, sich abseits von der Gruppe auf eigene Faust umzusehen. Wenn keine Informationen über die absehbare Dauer gegeben werden, ist die Gruppe gezwungen, vollzählig beim Reiseleiter zu bleiben, um die Abfahrt nicht zu versäumen. Auch bei nur kurzen freien Zeiten ist es gut, über die nächste Umgebung zu informieren: über Möglichkeiten, selbständig mit öffentlichen Verkehrsmitteln noch schnell etwas zu unternehmen, über die Möglichkeiten außerhalb des Hotels im Ort etwa das Abendessen einzunehmen, kurz Eindrücke von den nicht-touristischen Seiten des Landes zu gewinnen oder kurzen Einblick in das normale Alltagsleben (und nicht nur in die Kulturgüter) zu bekommen. Diese Beispiele sollten der Erläuterung dienen, was unter Information als Konfliktregelungsstrategie verstanden wird: Information als Anreiz, Information zur Reduktion von Abhängigkeit (vorn Programm und vom Reiseleiter).

5. *Konfliktvorbeugung durch Interaktionsförderung: Der Dialog mit der Gruppe*

Eine mehr formale Beziehung zwischen Reiseleiter und Reisegruppe hat Nachteile, die durch persönlicheren Kontakt zwischen beiden Seiten sehr gut aufgehoben werden können.

a) Auswirkungen formaler Beziehungsstrukturen

Eine Gefahr größerer Distanz besteht darin, dass die Person des Reiseleiters eine größere »Projektionsfläche« bietet. Die Tatsache, dass er sich in der Hauptsache inhaltlichen und organisatorischen Fragen widmet – der Sachebene also –, kann ihn nämlich nie außerhalb des Interaktionsgeschehens stellen, wie wir schon weiter oben gesehen haben. Er kann nie ein neutraler Vermittler oder Agent des Veranstalters sein und kann sich seines steuernden Einflusses auf der sozioemotionalen Ebene nicht entziehen. Er wirkt auf die Reiseteilnehmer, ob er nun will oder nicht, immer als individuelle Persönlichkeit.

Bei größerer Distanziertheit sind aber die Reisenden gezwungen, mit immer weniger eindeutigen Signalen auszukommen. Die Bewertungen, Einschätzungen und Hypothesen, die auf dieser Informationsbasis gegründet werden, können der Person des Reiseleiters nur wenig gerecht werden. Auf der anderen Seite besteht noch zusätzlich die Gefahr einer frühzeitigen Verfestigung des zu wenig geprüften Urteiles: Der Reiseleiter gibt zu wenig Informationen über sich selber, um den anderen eine Revision ihres Urteiles zu erlauben. Das, was man in negativem Sinne Vorurteil nennt, ist die Folge. Nach unserem erweiterten Interaktionsmodell ist eine Vergrößerung der Distanz zu erwarten. Potentielle Konflikte können nur schwer erkannt werden, ihre Handhabung wird schwieriger.

Eine zweite Gefahr größerer Distanz besteht in der Modellwirkung, welche vom Verhalten des Reiseleiters ausgeht: Seine Art, mit der Gruppe oder mit den einzelnen Personen umzugehen (bzw. eben kaum bewusst umzugehen), gewinnt Vorbildwirkung für das kommunikative Verhalten aller Beteiligten. Die Persönlichkeit des Reiseleiters hat prägende Wirkung auf die Gruppenkultur.

Mehr formale Beziehungen verhindern offene Kommunikation; die Wahrnehmung von Ähnlichkeiten und gemeinsamen Interessen tritt zurück. Unterschiede zwischen den Einzelnen werden bedeutender: vertrauensvolle und freundschaftliche Einstellungen können weniger leicht entwickelt werden, kurz: Das Konfliktpotential steigt.

b) Verringerung räumlicher Distanz

Eine erste Möglichkeit, der Entstehung von Barrieren vorzubeugen, ist die
Herstellung einer legeren Atmosphäre: Wo immer möglich, das heißt: wo
es von der Sache her nicht anders erforderlich ist, kann dazu die Verringerung der räumlichen Distanz beitragen. Die Konstellation Referent–Zuhörer kann dadurch aufgehoben werden, dass sich der Reiseleiter möglichst
oft unter die Gruppe mischt. Dies ist zum Beispiel gut möglich, wenn
Strecken zu Fuß zurückgelegt werden müssen; oder wenn der Reiseleiter
sich bei größeren Besichtigungen auf Schwerpunkte beschränkt, im übrigen aber der Gruppe die Freiheit lässt, sich selbständig umzusehen, um
sich dann verschiedenen Untergruppen zuzugesellen. Weiterhin muss er
darauf achten, bei den Mahlzeiten mit wechselnden Tischnachbarn zusammen zu kommen.

c) Aktivierung

Aber nicht nur durch Verringerung der räumlichen Distanz kann der Dialog (und damit auch die Diagnosemöglichkeit für den Reiseleiter) intensi-
viert werden. Auch bei ungünstigerer räumlicher Konstellation ist das
Miteinander-Sprechen möglich: Die Reisenden müssen dazu aktiviert
werden. Der Reiseleiter kann beispielsweise die Gruppe bei aktuellen
ökonomischen oder politischen Themen fragen:

> *»Wie ist das eigentlich in Deutschland geregelt?«*
>
> *»Hat jemand von Ihnen nähere Informationen dazu?«*

Auf indirekter Ebene definiert er damit seine Beziehung zur Gruppe als
eine symmetrische:

> *»Ich weiß nicht immer und überall mehr als Ihr.«*

d) Ich-Botschaften

Weiterhin kann er bei Besichtigungen die objektive, wissenschaftliche
und rein informative Basis verlassen und eigene Eindrücke, Gefühle und
Meinungen äußern und auf dieser subjektiven Ebene zu Stellungnahmen
auffordern. So wird die Diskussion in der Gruppe gefördert und damit
auch das persönliche Engagement. Durch Hervorheben der informellen
Ebene, der persönlichen Betroffenheit durch die fremden Eindrücke, tritt
der Wissensvorsprung in den Hintergrund, und der Reiseleiter wird Grup-
penmitglied. Beispiele:

> *»Mich erinnert das an ... «.*
>
> *»Ich denke dabei immer daran, dass ... «.*
>
> *»Das ist ganz großartig, aber ich persönlich fühle mich ...«.*
>
> *»Was meinen Sie dazu?«*

e) Persönlicher Dialog

Ein weiteres wichtiges Mittel, den Dialog mit der Gruppe zu fördern, wurde schon einige Male angedeutet: Situationen, in denen Untergruppen entstehen, können gut dazu benützt werden, sich als Reiseleiter auch von anderen Seiten zu zeigen und damit seine Steuerungsmöglichkeiten zu erweitern. Hier besteht am ehesten die Möglichkeit, persönliche Eindrücke und Erfahrungen auszutauschen, nach Beurteilungen des bisherigen Reiseverlaufs zu fragen und gegebenenfalls durch Antizipationen möglichen Frustrationen vorzubeugen. Besonders wichtig ist, dass der Reiseleiter sich baldmöglichst die Namen der Teilnehmer einprägt. Das Gefühl der Aufwertung, das jeder bei namentlicher Anrede erlebt, wirkt sich stets positiv auf das Gruppenklima aus.

Geeignete Situationen für einen derartigen Dialog ergeben sich etwa nach Programmschluss am Abend, wenn man sich noch kurz zu einem Glas Wein zusammensetzt, ebenso bei den verschiedenen Mahlzeiten. Auch wenn Wartezeiten anfallen, bietet sich die Gelegenheit, ins Gespräch zu kommen. Hier geht es also nicht nur aus den genannten Gründen um Distanzverringerung, sondern auch darum, »Konfliktlücken«[7] zu schließen, das heißt, mehr oder weniger latent vorhandene Konflikte zu erkennen, also die Lücke zwischen Entstehung und Wahrnehmung zu verkleinern.

f) Psychodynamik

Diese Strategien der Konfliktregulierung üben ihre Wirkung in erster Linie auf der sozioemotionalen Ebene aus. Die indirekten Botschaften, die unter anderem durch die beschriebenen Verhaltensweisen übermittelt werden, geben dem Reiseleiter die Möglichkeit, Bedürfnisse bei den Reisenden zu befriedigen, die er beim Umgang mit der Gesamtgruppe nicht berücksichtigen kann.

Die Notwendigkeit, sich beim Führungsvortrag vor der Gesamtgruppe auf das Wesentlichste zu beschränken, den Stoff in kleine und verteilte Informationsblöcke aufzuteilen und sich klar und allgemeinverständlich auszudrücken, kann bei den beflissenen Kennern in der Gruppe zu Frustrationen des Selbstwertgefühls ausarten. Diese könnten die Einfachheit der Darstellung als Unterschätzung auffassen und die Botschaft »tiefergehende Erläuterungen kapiert Ihr ja sowieso nicht« heraushören. Ein paar Bemerkungen über die außer Acht gelassenen Dimensionen etwa kunsthistorischer Erläuterungen im persönlichen Gespräch können zur gewichtigen Aufwertung des Gesprächspartners werden: »Ich weiß Dich als

---

[7] Wilfried Krüger: Konfliktsteuerung als Führungsaufgabe, München 1973.

Kenner der Materie zu schätzen.« Dies mag durch solches Verhalten ausgedrückt werden. So können Frustrationen, die beinahe zwangsläufig durch die Gruppensituation entstehen, kompensiert werden. Widerständen durch einzelne Reisende kann vorgebeugt werden.

Auch im entgegengesetzten Fall der Übersättigung durch »Kultur« kann im persönlichen Kontakt Frustrationsreaktionen gegengesteuert werden: Durch geschicktes Kontaktverhalten, durch eine gewisse Selbstironie und Einstreuen von Witzen kann die Identifikation von Veranstaltung (und ihrer Schattenseiten) mit dem Reiseleiter revidiert und dem Reisenden die Erkenntnis ermöglicht werden, dass er einen Konflikt verschiebt (nämlich auf seine Beziehung zum Reiseleiter).

Dies seien nur einige Einsatz- und Wirkungsmöglichkeiten der Strategie der Interaktions-Förderung. Dass es noch eine Unzahl weiterer Steuerungsmöglichkeiten gibt, kann auch aus unseren Erläuterungen über soziale Interaktion und Kommunikation geschlossen werden. Die Vermittlung des ganzen möglichen Spektrums des hier grob umrissenen Instrumentariums kann aber kein Buch, sondern nur intensives Sozialtraining leisten.

V. Horizontale Konflikte

Unsere Einteilung der Konflikte in zwei Hauptachsen darf nicht darüber hinwegtäuschen, dass zwischen beiden meist ein sehr enger Zusammenhang besteht. Wir haben zum Beispiel schon davon gesprochen, dass der Reiseleiter die Gruppenkultur entscheidend prägt. Kommen von seiner Seite Frustrationen auf die Reisenden zu und eventuell noch durch den Programmablauf (zu anstrengend, zu viele Transfers, zu wenig Freizeit, einseitige Ausrichtung des Programms auf »Kultur« usw.), dann steigt auch das Konfliktpotential auf horizontaler Ebene. Angestaute Spannungen und Aggressionen bedürfen oft nur noch eines kleinen Konflikts zwischen zwei Reiseteilnehmern, um sich zu entladen und zu einer in dieser Situation inadäquaten Reaktion zu führen. Auch wenn sich der Konflikt zwischen Gruppenmitgliedern manifestiert, ist oft genug der Reiseleiter in die Spannungen einbezogen.

Wir können davon ausgehen, dass effektive Gruppenführung durch den Reiseleiter eines der wirksamsten Mittel ist, auch horizontalen Konflikten vorzubeugen. Wir wollen uns daher jetzt mit Strategien der Konfliktlösung beschäftigen. Sie sind je nach Sachlage auch einsetzbar in der Beziehung des Reiseleiters zur Reisegruppe.

1. Das kooperative Konfliktlösungsgespräch

a) Aufwertung der Konfliktpartner

Diejenigen Konflikte, die uns die größten Schwierigkeiten bereiten, sind die destruktiven, mit negativen Emotionen aufgeladenen Auseinandersetzungen: Hier geht es nicht mehr um eine kooperative Lösung des zugrundeliegenden Problems, vielmehr strebt jeder Beteiligte danach, die Oberhand zu behalten. Es entsteht ein »Sieger-Verlierer-Spiel«. In solchen Situationen wirkt jeder auch sachlich noch so richtige Einwand auf der indirekten Ebene als Frustration. Der Betroffene hört nur noch: »Du hast nicht Recht!«

Die Aufgabe des Konfliktmanagers muss es deshalb sein, positive Emotionen ins Spiel zu bringen. Beispiel:

> *»Sie waren immer eine sehr kooperative Gruppe! Wir hatten nie Schwierigkeiten, wenn es um die Sitzplatzverteilung, die Zimmerverteilung und so weiter ging ... «*

> *»Auch wenn es jetzt ein paar Schwierigkeiten gibt, sollten wir daran denken, dass wir bisher alle Probleme reibungslos lösen konnten ... «*

Diese Aufwertungen sind keine sachlichen Beiträge zur Problemlösung. Aber auf der Beziehungs- oder Gefühlsebene kann ein Defizit an positiven Emotionen aufgefüllt werden. Die indirekten Botschaften lauten:

> *»Ich will Dich in diesem Konflikt nicht abwerten.«*

> *»Ich will Dich in diesem Konflikt nicht zum Verlierer machen.«*

Dies sind erste Schritte, die Betroffenen wieder füreinander zu öffnen; denn die Angst vor einem Selbstwertverlust kann auf diese Weise abgebaut werden.

b) Bestätigung

Einwände können in spannungsgeladenen Situationen als starke Frustrationen wirken: Statt sich zu öffnen, wird man mit Gegenaggressionen antworten. Diesem Aufschaukelungsprozess sich zu entziehen wird möglich durch Bestätigung der Bedürfnisse, die sich in den indirekten Botschaften des Gesprächspartners ausdrücken. Beispiel:

> *A: »Ich sehe überhaupt nicht ein, warum gerade ich mit jemandem das Zimmer teilen soll! Schließlich habe ich für ein Einzelzimmer bezahlt!«*

Indirekte Botschaft:

> *»Ich fühle mich ungerecht behandelt. Ich möchte aber gerecht behandelt werden!«*

Bestätigung:

> B: *»Herr/Frau A, ich kann Ihren Standpunkt gut verstehen. Sie vertreten Ihr gutes Recht, aber ... .«*

c) Entlastung

Ein wichtiges emotionales Hindernis in vielen Konfliktsituationen ist die Angst, durch Nachgeben sein Gesicht zu verlieren. Inhaltliche Argumente allein können dieses Beziehungsproblem nicht lösen. Entlastung bedeutet in diesem Zusammenhang, dem Konfliktpartner das Gefühl zu geben, dass sich andere mit seinem Verhalten teilweise identifizieren können, dass es auch den anderen Anwesenden manchmal ähnlich geht. Beispiele:

> *»Uns allen geht es ja so, dass, wenn wir uns angestrengt fühlen, dass wir uns dann leicht über etwas ärgern, dass wir keine Lust mehr haben, irgendwo noch zurückzustecken ... .«*
>
> *»Auch ich kenne das, dass man auf Reisen einfach mal die Lust verliert. Ich merke dann, dass ich leicht aggressiv werde. Aber ... .«*

d) Gemeinsame Basis

In einem Konfliktfall ist es für uns wichtig, die entstandene negative Haltung der Beteiligten in eine konstruktive umzuwandeln. Die Aufgabe liegt darin, wieder ein »Ja« zustande zu bringen, eine Zukunftsperspektive aufzubauen und herauszuschälen, wofür man auf beiden Seiten ist. Beispiele:

> *»Wir alle sind doch an einer guten Atmosphäre in der Gruppe interessiert!«*
>
> *»Wollen wir nicht einfach sobald wie möglich zu einer für alle akzeptablen Lösung kommen?«*
>
> *»Ich glaube, es nützt uns wenig, wenn wir uns weiter streiten! Wir sollten besser daran denken, wie wir unser Problem lösen und das Programm in einer für alle akzeptablen Weise durchführen!«*

Dies sind einige der wichtigsten Strategien, mit denen man in einem Konfliktfall den Boden für eine sachliche Lösung bereiten kann. Der Ansatzpunkt liegt auf der sozioemotionalen Ebene, und deswegen sprechen wir auch von Strategien: Es sind Handlungsanweisungen, die ihrem Prinzip nach generell anwendbar sind und an die einzelnen Situationen nur angepasst werden müssen. Die inhaltlichen Lösungen sind spezifisch und müssen jeweils erarbeitet werden.

2. Direktives Vorgehen

Es gibt Situationen, in denen man nicht mehr davon ausgehen kann, dass die an einem Konflikt Beteiligten grundsätzlich an kooperativem Verhalten interessiert sind. Es sind dies Fälle, in denen einer Lösung nicht nur eine emotionale Schranke entgegensteht. Hier ist vielmehr das »Sieger-

Verlierer-Spiel« Absicht. Deshalb wird dann ein einfühlsames Vorgehen leicht zum Misserfolg verurteilt sein.

Bei systematischer Nörglerei etwa werden wir anders vorgehen müssen, auch in Fällen, in denen Reisende meinen, sie könnten ihr vermeintliches Recht dadurch erkämpfen, dass sie ausfällig werden. Aber auch solche, die durch distanzlose Kontaktsuche zum Reiseleiter Konflikte vorprogrammieren, müssen anders behandelt werden.

a) Löschen

Besonders im letzteren Fall, aber auch bei Nörgeleien ist ein Vorgehen angebracht, das auf dem Papier trivial aussieht: Die Nichtbeachtung von Äußerungen des Anderen beziehungsweise seiner Person. Dies in Verhalten umzusetzen, vom Abwenden des Blickes, des Kopfes, des Körpers bis zum Übergehen auf ein anderes Thema ist in der Praxis oft sehr schwer; denn bei diesem Vorgehen ist absolute Konsequenz erforderlich, und die Regeln der Höflichkeit verbieten uns ja im allgemeinen solches Verhalten.

b) Anweisungen, das Prinzip der Wiederholung

Es kommen Problemsituationen vor, in denen das Erzielen einer Lösung ohne gewissen Zwang unmöglich ist. Hierzu das Beispiel: Eine Reisegruppe trifft spätabends im Hotel ein. Der Reiseleiter verhandelt mit der Rezeption. Nachdem die Gruppe schon einige Zeit gewartet hat, muss er ihr eröffnen, dass zu wenig Zimmer frei sind. Wenn man überhaupt noch zum Schlafen kommen will, muss man sich zu mehreren zusammenfinden. Die Reaktion der Gruppe: Heftige oder betretene Reaktionen, lautes Schimpfen, heftige Diskussionen, Zögern, Warten. Dem Reiseleiter bleibt in solchen Situationen nichts anderes übrig als in Körperhaltung, Lautstärke und in der Knappheit seiner Äußerungen strikt und resolut aufzutreten. Dies kann er dadurch erreichen, dass er – ohne sich in Argumentationen verwickeln zu lassen (Löschen!) – Anweisungen gibt: »Bitte tun Sie sich zusammen!« und dies wiederholt: »Bitte tun Sie sich zusammen!«, ohne irgendwelche Einwände zu beachten. Wenn kooperative Versuche der Regelung gescheitert sind, muss zu diesen Mitteln gegriffen werden. Das beschriebene Verhalten muss gesteigert werden können: Bei weiterhin heftigen Reaktionen von Reisenden kann das Wiederholungsprinzip nur durchgehalten werden, indem die Sprechenden unterbrochen werden. Dies Vorgehen muss oftmals noch ergänzt werden durch plastische Darstellung der Alternativen beziehungsweise der Konsequenzen des augenblicklichen Gruppenverhaltens:

»Meine Damen und Herren, so wie die Lage aussieht, muss ich Ihnen klipp und klar sagen: Wenn wir uns nicht in der nächsten halben Stunde einigen, verbringen wir die Nacht in der Hotelhalle!«

c) Konsequenzen

Besonders beim Lesen der zuletzt genannten Strategien wird deutlich, was wir eingangs das Problem der »Selbstanwendung« genannt haben: Erst im konkreten Verhalten wird die Schwierigkeit dieser einfachen Regeln erfahrbar. Diese Schwierigkeit ist die unmittelbare Folge der Informationsvielfalt, der mit solchen Verhaltensweisen Ausdruck verliehen wird, Informationen, die großenteils als indirekte Botschaften ihre Wirkungen auf den Interaktionspartner ausüben. Die Folgerungen, die wir im Bereich der Reiseleitung ziehen müssen und die in anderen Bereichen, in denen Menschenführung und Konfliktregelung ebenso relevant sind (wie etwa in Industrieunternehmen), zum Teil schon gezogen wurden, sind:

- Aneignung von Wissen und Kenntnissen ist eine erste notwendige Stufe.
- Aneignung von Fertigkeiten ist aber die eigentliche Garantie für Lernerfolge überall da, wo wir mit Menschen zu tun haben.

Hierzu ist allerdings das Erfahrungslernen im Verhaltenstraining Voraussetzung.

VI. Literaturhinweise

Deutsch, Morton: Konfliktregelung, München 1976.

Fittkau, Bernd/Heide Fittkau-Garthe: Kommunikations- und Konfliktregelungstraining mit Arbeitsgruppen, in: Rainer Neubauer/ Lutz von Rosenstiel, (Hg.): Handbuch der angewandten Psychologie, Bd 1, München 1980, 531-549.

Krüger, Wilfried: Konfliktsteuerung als Führungsaufgabe, München 1973.

Lumma, Klaus: Strategien der Konfliktlösung, Hamburg 1988.

Meininger, Jut: Transaktionsanalyse. Die neue Methode erfolgreicher Menschenführung, 3. Aufl., Landsberg 1990.

Rüttinger, Bruno: Konflikt und Konfliktlösen, München 1977 (Psychologie im Betrieb 5).

Schulz von Thun, Friedemann: Miteinander reden. Kommunikationspsychologie für Führungskräfte, 3. Aufl., Reinbek 2001 (rororo 60687).

Watzlawick, Paul/Janet H.Beavin/Don Jackson: Menschliche Kommunikation, Bern/Stuttgart 1969.

Burkhard Peter

Psychohygiene des Reiseleiters

I. Einleitung

Die Aufgaben des Reiseleiters beziehen sich auf den Umgang mit Menschen. Dass dieser Umgang zudem noch in einer Situation stattfindet, die für die meisten Menschen eher ungewöhnlich ist, macht diese Aufgabe nicht selten auch zu einem Problem. In der Reiseleiter-Schulung wird üblicherweise viel Zeit und Sorgfalt auf organisatorische, rechtliche, länderkundliche und ähnliche Schwerpunkte verwendet. Erst in letzter Zeit haben auch bestimmte Inhalte sozialer Führungstechniken Eingang in die Schulungskurse gefunden – zu Recht, denn interindividuelle, also zwischenmenschliche Fertigkeiten, sind lehr- und lernbar. Dennoch bleibt immer noch der intraindividuelle Bereich unberücksichtigt, das heißt all jene Probleme, die innerhalb eines Menschen selbst geschehen und gelegentlich ein nicht geringes Problem für den Reiseleiter darstellen.

Als Menschen reagieren wir auf andere Menschen vor allem mit unseren Gefühlen. Solange soziale Situationen für uns vertraut und überschaubar sind, haben wir ein »gutes Gefühl« und damit auch keinen Anlass, unsere Gefühle besonders zu beachten. Wir sind dann gleichsam in »Normallage«, fühlen uns also nicht gehindert, situationsgerecht zu reagieren. Weiterhin wird wohl kaum jemand Schwierigkeiten damit haben, auf Anerkennung, Lob und Zuwendung normal oder positiv zu antworten. Kritisch wird es aber in aller Regel dann, wenn andere Menschen negative Gefühle in uns auslösen, wie Angst, Ärger, Aggression oder Frustration. Häufig haben wir zu wenig Übung im Umgang mit solchen Gefühlen. Zudem wird vom Reiseleiter – wie auch von Vertretern anderer Dienstleistungsberufe – in besonderem Maße verlangt, solche negativen Gefühle überhaupt nicht zu zeigen, auch wenn viele Anlässe es als geradezu normal und menschlich erscheinen lassen würden, darauf mit Wut, Tränen, offener Aggression oder Hilflosigkeit zu reagieren.

II. Die emotionale Situation des Reiseleiters

Der Reiseleiter übt einen Dienstleistungsberuf aus. Seine Tätigkeit erfordert eine gleichmäßige, standardisierte Form von Freundlichkeit im Umgang mit den Gästen. Seine persönliche Gelassenheit ist besonders dann gefordert, wenn es zu Störungen in der Organisation oder im Ablauf der Reise durch einzelne Gäste oder durch Gegebenheiten vor Ort kommt. Müdigkeit, Langeweile, Überdruss oder physische Belastung darf sich der Reiseleiter nicht anmerken lassen. Seine persönliche Ansicht über einzelne Gäste oder über seine Tätigkeit muss er für sich behalten. Der ideale Reiseleiter sollte keine negativen Gedanken, Empfindungen und Gefühle haben. Er sollte vielmehr auf gleichmäßig freundliches, geschicktes und intelligentes Verhalten programmiert sein.

Dass dies nicht der Alltagsrealität entspricht, muss man nicht besonders betonen. Der Reiseleiter befindet sich in mehrfacher Hinsicht in einer emotionsfeindlichen Lage: Mit seinen persönlichen Gefühlen, Konflikten und Schwierigkeiten muss er in irgendeiner Weise selber fertig zu werden. Die soziale Isolation, in der er sich trotz ständigen Kontaktes mit anderen Menschen befindet, trägt dazu bei, die inneren Spannungen aufrechtzuerhalten. Alkohol oder andere inadäquate Mittel schaffen oft den Ersatz für jenes ganz normale Entlastungsgespräch, das ein Angestellter zu Hause mit seiner Partnerin oder seinen Freunden beinahe jeden Abend führen kann. Dagegen dürfte es sich ein Reiseleiter nicht oft erlauben können, mit Mitgliedern seiner Reisegruppe über seine persönlichen Gefühle oder Sorgen zu sprechen.

Die Mitglieder der Reisegruppen sind häufig urlaubsreife Menschen, die gerade erst den Belastungen ihrer eigenen Lebens- und Berufssituation für kurze Zeit entronnen sind und verständlicherweise dazu neigen, den bevorstehenden Urlaub mit überzogenen Erwartungen zu besetzen (»die wertvollsten Wochen des Jahres«). Entsprechend empfindlich reagieren sie deshalb auf Störungen und Frustrationen, für die dann der Reiseleiter – ob zu Recht oder Unrecht – ihr Ansprechpartner und Sündenbock wird.

Hinzu kommt, dass ein Reiseleiter seine Gruppe über Zeiträume zu begleiten hat, die zwar lang genug sind, um mit Gruppenmitgliedern in einen intensiveren Reibungskontakt zu geraten, aber zu kurz, um mit diesen Modalitäten eines auskömmlichen Modus vivendi zu entwickeln, wie dies in anderen Berufsalltagen die Regel ist. Häufig übernimmt er nach dem Ende einer Fahrt sofort die nächste Gruppe, ohne dass er Zeit und Muße gefunden hätte, seelische Belastungen aus der vorausgegangenen Fahrt zu klären und zu verarbeiten.

Aus den Erfahrungen der Klinischen Psychologie und Psychotherapie wissen wir, welche Konsequenzen es hat, wenn man starke negative Affekte und Gefühle für längere Zeit unterdrücken muss. Sie können sich in Symptomen wie Depression, Ängsten, Vereinsamung, Menschenverachtung, Schrulligkeit oder ähnlichem äußern. Die innere Situation wird allerdings nach außen hin oft kaschiert durch ein Verhalten, das dem inneren Empfinden geradewegs entgegengesetzt ist: durch forciertes Drauf-

gängertum, übertriebene Heiterkeit, Anbiederungsstrategien, Possenreiße-
reien, »noble Distanz« oder ähnliches.

Das Unterdrücken negativer Gefühle kann dann in der Folge zu
schwerwiegenden psychosomatischen Störungen führen. Normalerweise
verursachen Angst oder Aggression körperliche Spannungszustände, die
zur Entladung drängen, vorzugsweise gegenüber dem, der sie verursacht
hat. Wird diese Entladung jedoch blockiert, so bleibt der Spannungszu-
stand im Körper erhalten und führt dort mit der Zeit zu krankhaften Veränderungen, die dann chronisch werden können. Bluthochdruck, Kopfschmerzen, Verspannungen, Bandscheibenprobleme, Störungen der Ver-
dauungsfunktionen, Magengeschwüre und Infarkte sind davon nur eine
Auswahl. Psychosomatische Störungen sind vor allem deshalb so tü-
ckisch, weil ihr Beginn unbemerkt und ihr Verlauf zunächst schleichend
ist und man ihre seelische Verursachung gern übersieht und schon gar
nicht im Berufsumfeld sucht[1].

Dauern die vorgenannten Störungen aber für längere Zeit an – wie dies
insbesondere bei Reiseleitern der Fall ist, die ihre Tätigkeit zum Lebens-
beruf gemacht haben –, dann kann sich hieraus das neuerdings viel disku-
tierte »Burnout-Syndrom« entwickeln, ein Dauerzustand von Erschöpfung
und Antriebsschwäche mit ausgeprägt depressiver Symptomatik[2].

III. Möglichkeiten der Einstellungsänderung und der Entspannung

Es gibt mehrere Möglichkeiten, solche Schäden zu vermeiden: Jeder
Mensch hat seine bevorzugte Strategie, negative Gefühle zu verarbeiten.
Idealtypisch kann man zwei Gruppen unterscheiden: Die erste Gruppe
trägt Frustration, Aggression oder das Verletztsein offen nach außen,
schlägt also zurück. Die zweite – und erheblich größere – Gruppe umfasst
all jene, die gelernt haben, solche Gefühlsreaktionen nach innen zu wenden und äußerlich zu unterdrücken – zu ihrem eigenen Schaden!

Der Reiseleiter kann sich nur in Ausnahmesituationen erlauben, seine
negativen Gefühle unmittelbar nach außen, das heißt gegen Mitglieder
seiner Reisegruppe zu richten. Das »Hinunterschlucken« aber erhöht mit
Sicherheit die vorerwähnten Risiken. Psychohygiene des Reiseleiters
meint also, jenen ganz persönlichen Weg zwischen Skylla und Charybdis

---

[1] Vgl. Burkhard Peter/Wilhelm Gerl: Entspannung, München 1991, 13-76, sowie Frederic Vester: Phänomen Streß, 17. Aufl., München 2000 (dtv 33044), 77-148, und
Reinhart Stalmann: Psychosomatik, Frankfurt 1993 (Fischer-Taschenbuch 3332).

[2] Vgl Matthias Burisch: Das Burnout-Syndrom. Theorie der inneren Erschöpfung,
2. Aufl., Berlin/Heidelberg 1994; Wolfgang Schmidbauer: Helfersyndrom und Burn-
out-Gefahr, München/Jena 2002.

zu finden, der einerseits jene Angepasstheit erbringt, die der Beruf erfordert, der andererseits aber die psychischen und/oder psychosomatischen Nebenwirkungen eines derartigen »Funktionierens« vermeidet. Aus psychologischer und psychotherapeutischer Sicht gibt es mehrere Möglichkeiten, dieses Problem anzugehen.

1. Die klassische Analyse

Die klassische Analyse zielt darauf ab, die in Kindheit und Jugend erlernten Reaktionsschemata bewusst zu machen. Unzählige Untersuchungen zur Entwicklungspsychologie belegen konkret den Einfluss des elterlichen Erziehungsstils auf die Charakterformung der Kinder. Die Psychoanalyse Freuds leistete Pionierarbeit bei der Aufdeckung der Zusammenhänge zwischen den sozial ungünstigen, ja sogar schädlichen gefühlsmäßigen Reaktionen eines Menschen und dessen Erfahrungen in Kindheit und Jugend mit der Einstellung und den Verhaltensweisen seiner unmittelbaren Bezugspersonen[3].

Ob ein Erwachsener auf Aggressionen, Zurückweisungen oder Frustrationen aus der Umwelt mit offener Gegen-Aggression, hochmütiger Verachtung, plumpem Trotz, beißender Ironie, stumpfer Depression, Verbissenheit, Duldertum, Migräne oder ähnlichem reagiert, hängt – verhaltensanalytisch ausgedrückt – davon ab, welche Reaktionen ihm früher ermöglicht worden sind, welche belohnt und welche bestraft wurden. Da solche erworbenen Reaktionsweisen zum Bestandteil der Persönlichkeit geworden sind, werden sie weder bewusst erlebt noch als wesensfremd empfunden. Gründe und Hintergründe solcher Verhaltensweisen liegen im Dunkeln so wie die Lernphase, in der diese Verhaltensweisen gelernt worden sind. Wie sollte man sich auch beispielsweise ausgerechnet daran erinnern, dass man schon in früher Kindheit Aggressionen der anderen »schluckte«, was wiederum den Anfang heutiger psychosomatischer Beschwerden im Magen-Darm-Bereich bildet. Oder wie sollte sich jemand dessen bewusst sein, dass bereits früher massiver Trotz seine wirksamste Waffe gegen den Entzug von Zuwendung war?

Das Erkennen der Zusammenhänge durch Analyse der heutigen Verhaltens-, Gefühls- und Denkschemata, wie sie im Verlauf früher Lebens- und Lernbedingungen erworben wurden, und zwar unter fachkundiger Begleitung stellt sicherlich ein wichtiger Beitrag zur Selbsterkenntnis dar, führt aber nicht immer auch zur angestrebten Änderung des Verhaltens. Als Ersatz für die geld- und zeitaufwendige Psychoanalyse bietet sich

---

[3] Vgl. Fritz Riemann: Grundformen der Angst. Eine tiefenpsychologische Studie, München/Basel 1991, sowie Wilhelm Reich: Charakteranalyse, Köln 1989.

heute die sogenannte Transaktionsanalyse an, die inzwischen in vielen Führungstrainings gelehrt wird[4].

2. Die Methode des Ausagierens

Die Möglichkeit des Ausagierens geht in ihren Anfängen auf den Freud-Schüler Reich zurück und findet in den heutigen Verfahren der Humanistischen Psychologie, beispielweise in der Gestalttherapie, ihre wirkungsvolle Fortsetzung und Weiterentwicklung[5]. Diese Verfahren begnügen sich nicht mit dem bloßen Erkennen von Zusammenhängen und dem Wiedererkennen früherer Lebens- und Lernsituationen, sondern streben das unmittelbare Durcharbeiten oder Ausagieren der vergangenen problematischen Situationen an und zwar in einer abgeschirmten und damit in der Regel therapeutischen Situation. Blieb einem Kind oder Jugendlichen keine andere Möglichkeit, als auf die Ablehnung seitens der Eltern oder Lehrer mit depressivem Rückzug zu reagieren, dann soll hier durch unmittelbares emotionales Wiedererleben mehrerer Situationen des gleichen Typus erfahren werden, wie erfolglos diese eingefahrene Reaktionsweise ist. Vorsichtig geführt wird der Betreffende dann alternative Verhaltensmöglichkeiten einüben. Die durch unterdrückte Gefühle blockierten Energien werden durch Ausagieren freigesetzt, Gefühle im Kontext der verursachenden Erlebnisse neu und sinnvoll definiert. Wenn ein Mensch Zusammenhänge erkennt und sich beim Durcharbeiten früherer kritischer Situationen emotionale Blockaden lösen, gewinnt er die Chance, diese im Hier und Jetzt freier und flexibler zu handhaben.

3. Die Technik des Verbalisierens

Die Technik des Verbalisierens verzichtet zunächst auf kognitives wie emotionales Erkennen von Zusammenhängen in der vergangenen Lerngeschichte und im gegenwärtigen Verhalten. Notwendig ist hier das genaue Wissen um den jeweiligen gefühlsmäßigen Zustand, wie er sich beispielsweise aus einer erfahrenen Beleidigung ergibt. Statt reflexhaft zurückzuschießen, die Beleidigung stumm hinunterzuschlucken oder anderswie ungünstig zu reagieren, wird hier einfach gefordert, das eigene innere Empfinden klar und einfach auszudrücken, beispielsweise in einem Satz, der lauten könnte: »Ich fühle mich durch Ihre Äußerung beleidigt.«

---

[4] Vgl. Rüdiger Rogoll: Nimm Dich, wie Du bist, 32. Aufl., Freiburg 1999 (Herder-Bücherei 593).

[5] Dirk Revenstorf: Gestalttherapie, in: Christoph Kraiger (Hg.): Psychotherapieführer. Wege zur seelischen Gesundheit, 5. Aufl., München 1998.

Der kommunikationstheoretische Vorteil einer derartigen Mitteilung liegt in ihrer metakommunikativen Signalwirkung. Metakommunikation (es gibt leider keine sinnvolle und sprachlich gute Eindeutschung) meint, dass man aus dem unmittelbar Gesagten heraustritt und über das Gesagte redet. Verbalisieren des eigenen Erlebens – also dessen, was ein Wort oder Satz eines anderen gefühlsmäßig bei mir auslöst –, ist nur eine metakommunikative Möglichkeit von vielen und führt in der Regel dazu, dass eine Eskalation im Gesprächsverlauf gestoppt wird. Verbalisieren des eigenen Erlebens ist vor allem denjenigen zu empfehlen, die stark an psychosomatischen Beschwerden leiden. An hat nachgewiesen, dass gerade Psychosomatiker in der Regel unfähig sind, ihre Gefühle wirklich zu empfinden, zu erkennen oder gar zu benennen; sie leiden an »Alexithymie«, der Unfähigkeit, Gefühle und Empfindungen zu »lesen«[6].

Die Technik des Verbalisierens, die hier nur in Bezug auf die Psychohygiene des Einzelnen dargestellt wurde, eignet sich darüber hinaus auch gut zum Führen von Konfliktgesprächen im zwischenmenschlichen Bereich. Ihre Beherrschung ist für Psychologen, Pädagogen und andere Berufsgruppen im psychosozialen Bereich inzwischen zur Selbstverständlichkeit geworden, sie hat Eingang in Führungstrainings gefunden, und es wäre wünschenswert, wenn auch Reiseleiter darüber verfügten[7].

4. Einstellungsänderung

Einstellungsänderungen sind zumeist das Ergebnis jahrelanger Berufserfahrung. Illusorische oder idealistische Vorstellungen über Sinn und Aufgabe der eigenen Rolle und Person haben einer nüchternen Einschätzung der Möglichkeiten als Reiseleiter Platz gemacht.

»Alte Hasen« wissen einfach, welche Konflikte in den jeweils bunt zusammengewürfelten Reisegruppen entstehen können, in die jeder Teilnehmer seine eigenen Wünsche und Bedürfnisse einbringt, die sich oft in einem Missverhältnis zur Realität befinden. Jeder erfahrene Reiseleiter weiß, dass er unter Umständen die Rolle eines Sündenbocks übernehmen muss, auch wenn er sich unschuldig fühlt an den tatsächlichen oder vermeintlichen Pannen, Enttäuschungen und Unzufriedenheiten der Einzelnen. Es scheint ein uraltes menschliches Bedürfnis zu sein, sich Sündenböcke zu halten beziehungsweise nach ihnen auf die Jagd zu gehen. Psychologisch ausgedrückt heißt dies, dass Menschen in der Regel geeignete Projektionsflächen brauchen, um ihren Ärger, ihre Enttäuschung, ihre Forderungen, ihre Schuldzuschreibungen und so weiter zu

---

[6] Vgl. Burkhard Peter/Wilhelm Gerl: Entspannung, München 1991, 24, sowie Lutz Schwäbisch/Martin Siems: Anleitung zum sozialen Lernen für Paare, Gruppen und Erzieher, 28. Aufl., Reinbek 2001, 47-64.

[7] Vgl. Wilhelm Gerl: Gesprächspsychotherapie, in: Kraiker (Hg.): Psychotherapieführer, ebenda.

ihrer eigenen Entlastung irgendwo abladen zu können. In seiner Mittler-
stellung zwischen Reiseveranstalter und Reisegruppe ist der Reiseleiter
das natürliche Objekt solcher Projektionen. Dies zu wissen kann schon ein
kleiner Beitrag sein, die eigene Betroffenheit gegenüber persönlichen Angriffen abzuschwächen. Gleichgültig, ob ein Angriff nun persönlich gemeint ist oder nicht, Projektionen sind irrational und unterbewusst. Sie
sind nicht logisch, sondern nur »psycho-logisch« verstehbar. Wenn man
gerade in schwierigen Situationen Angriffe als persönliche Verletzung
empfindet und entsprechend darauf reagiert, dann ist dies nicht nur fatal
im Bezug auf die Situation. Es ist vor allem unangemessen in Bezug auf
die übernommene Aufgabe und zeugte von naivem Unwissen, was simple
psychologische Mechanismen anbelangt.

So sehr manche Reiseleiter in ihrer Tätigkeit das Ziel mancher ihrer
Wünsche sehen mögen – zur Führung einer Gruppe sind eine Reihe von
Fähigkeiten und Fertigkeiten vonnöten. Die wichtigste ist wohl die Fähigkeiten zur Nähe und Distanz, angepasst an die jeweilige Situation. Distanz
in kritischen Situationen bedeutet, sich nicht involvieren zu lassen und
damit hilflos und ineffektiv zu werden. Distanz herstellen heißt auch,
seine ganz persönliche Betroffenheit durch Erwerb einer gewissen »Dick-
felligkeit« auszuschalten. In letzter Konsequenz bedeutet dies für manchen sicher eine Einstellungsänderung der eigenen Rolle gegenüber.

5. Die Entspannung

Ein unabdingbares Hilfsmittel, um Distanz und damit ruhigen Überblick
zu gewinnen und zu bewahren, ist die Fähigkeit zur Entspannung. Wie
bereits erwähnt, verursachen Angriffe von anderen Spannungszustände.
Starke Anspannung bedingt automatisch eine Einengung der Wahrnehmungsfähigkeit und einen Verlust an Verhaltensflexibilität. Sogenannte
Kurzschlussreaktionen entstehen beispielsweise ausschließlich bei extremer Anspannung. Gerade in kritischen Situationen ist Entspannungsver-
mögen nützlich, um körperliche Spannungszustände abzubauen und
geistig-seelisch wieder jene Lockerheit und Freiheit zu gewinnen, die ef-
fektives Handeln ermöglichen.

Entspannungsverfahren haben vor allem den Vorteil, dass man sie in
eigener Regie gut lernen kann: Schriftliche und gesprochene Anleitungen
dazu erscheinen beinahe ununterbrochen neu auf dem Büchermarkt. Alle
anderen der hier genannten Möglichkeiten zur Psychohygiene des Reiseleiters bedürfen der Anleitung und Betreuung durch einen qualifizierten
Trainer. Sie können aber gut in die Reiseleiter-Schulung eingebracht werden.

Es muss nicht besonders betont werden, dass es zur Psychohygiene des Reiseleiters keine detaillierten Rezepte gibt, die man nach schriftlicher oder mündlicher Anleitung lernt und danach auch sofort erfolgreich anwenden kann. Die moderne Psychotherapie und Klinische Psychologie haben jedoch eine Reihe von Verfahren entwickelt, die gerade für Veränderungen im emotionalen Erleben und in der geistigen Einstellung effektiv angewandt werden können. Ihre Auswahl und individuelle Anwendung müssen jedoch dem Fachpsychologen vorbehalten bleiben, der ihre Vor- und Nachteile kennt und ihre Nützlichkeit für den Einzelnen am besten einzuschätzen weiß.

Damit sollen jedoch nicht die persönlichen Erfahrungen übergangen werden, die langjährige Reiseleiter für sich selbst zur Entspannung und Konfliktlösung gefunden haben, sie reichen von fröhlicher Geselligkeit mit den Reisegästen bis hin zu sportlicher Betätigung. Es liegt in der Hand des einzelnen Reiseleiters selbst, diese persönlichen Techniken seiner Psychohygiene dahingehend zu überprüfen, inwieweit sie dazu beitragen, ihr Ziel ohne schädigende Nebenwirkung zu erreichen.

IV. Literaturhinweise

Burisch, Matthias: Das Burnout-Syndrom. Theorie der inneren Erschöpfung, 2. Aufl., Berlin/Heidelberg 1994

Perls, Frederick: Grundlagen der Gestalttherapie. Einführung und Sitzungsprotokolle, 11. Aufl., München 2002 (Leben lernen 20).

Peter, Burkhard/Wilhelm Gerl: Entspannung, München 1991.

Riemann, Fritz: Grundformen der Angst, Vollst. Neuauflage, München/Basel 1991.

Rogoll, Rüdiger: Nimm Dich, wie Du bist, 22. Aufl., Freiburg 1999 (Herder-Bücherei 593).

Stalmann, Reinhart: Geheimnis Psychosomatik: Wenn die Seele leidet, wird der Körper krank, Frankfurt 1993 (Fischer Taschenbuch 3332).

Vester, Frederic: Phänomen Streß, 17. Aufl., München 2000 (dtv 33044).

Teil III

DIDAKTIK UND METHODIK
DER STUDIENREISE

Klaus A. Dietsch

Die Studienreise im Wandel.
Konzepte einer klassischen Reiseform

I. Einführung

Das Bonmot »Die Studienreise ist tot, es lebe die Studienreise«, mag ein beliebter Gag sein. Aber er stimmt nicht. Die Studienreise war nie tot und wird auch in Zukunft nicht sterben. Der Wandel der Studienreise gleicht nicht Tod und Wiedergeburt, sondern Häutungen. Die moderne Studienreise – ein »Gesamtkunstwerk« aus intensivem Erleben, neugierigem Kennenlernen, bereicherndem Urlaub, aktiver Gestaltung und erfrischendem Spaß –, die ein mitreißender Reiseleiter moderiert und vermittelt, ist das Ergebnis langer historischer Abfolgen.

Diese Häutungen und Varianten sind nicht zufällig: In der Entwicklung des Reisens zählten die Bildungs- und später die Studienreise nicht nur zu den Trendsettern. Sie galten bis in die Zeit des unkontrollierten Massentourismus hinein als das touristische Reisen schlechthin. Damit die Studienreise auch weiterhin auf der vordersten Welle der touristischen Entwicklung schwimmt und deren Richtung mitbestimmt, wird von den Veranstaltern ein hohes Maß an Innovationskompetenz sowie am sensiblen Erspüren und Umsetzen des Zeitgeistes verlangt. Von den Reiseleitern wird erwartet, dass sie mit frischen Ideen an diesen Innovationen mitwirken und die innovativen Ideen ihrer Veranstalter mittragen und unterwegs flexibel umsetzen.

Der Begriff »Häutung« verweist noch auf etwas anderes, auf die »Gleichzeitigkeit des Ungleichzeitigen«, auf die gemeinsame Gegenwart teils traditioneller, teils moderner Konzepte von Studienreise im Verständnis des Publikums und im Angebot der Veranstalter. Der Studienreiseleiter wird sich deshalb immer wieder unterschiedlichen Erwartungen an die Grundkonzeptionen seines Tuns ausgesetzt sehen. Der folgende Artikel will ihm unter anderem helfen, hier einen orientierenden Überblick zu gewinnen.

II. Die Studienreise im Wandel

1. Begriffsbestimmungen

Die Veranstalter haben es über lange Jahrzehnte hinaus nicht für notwendig gefunden, Studienreisen genauer zu bestimmen, weil sie sicher waren, ohne eine klare Definition dessen auszukommen, was eine Studienreise zur Studienreise macht. Sie konnten sicher sein, dass dieser Begriff vom Reisepublikum verstanden wurde als »klassische Studienreise« zu den Ursprüngen europäischer Kultur im Mittelmeerraum, deren Hinterlassenschaften wiederum ein gelehrter Cicerone mit professoraler Würde erschloss.

Erstmals in den achtziger Jahren sahen sich Veranstalter zu einer Begriffsbestimmung veranlasst. Sie reagierten damit einerseits auf veränderte oder zumindest differenzierte Erwartungen des Publikums. Andererseits galt es, sich deutlicher abzusetzen von touristischen Mitbewerbern, die mit der anspruchsvollen Bezeichnung »Studienreise« ihre eher schlichten Rundreisen aufzuwerten gedachten. 1983 einigte sich deshalb die damalige »Arbeitsgemeinschaft Studienreisen«, ein loser Interessenverband von sieben Spezialisten, auf folgenden gemeinsamen Nenner: »Eine Studienreise ist eine Gruppenreise mit begrenzter Teilnehmerzahl, festgelegtem Reiseverlauf sowie deutschsprachiger, fachlich qualifizierter Reiseleitung.« Auffällig hieran ist die Orientierung an formalen und nicht mehr an inhaltlichen Kriterien: Die Definition bestimmt weder die Reisethematik noch die Qualifikation der Reiseleiter. Damit trug sie der Tatsache Rechnung, dass sich Studienreisen mittlerweile thematisch und geographisch gleichsam globalisiert hatten und dass der professorale Reiseleiter außer Dienst gestellt war.

Die Entwicklung des letzten Jahrzehnts führte zu einer neuen Konzeption von Studienreise. Der unkontrollierte Massentourismus hatte zunehmend die Einsicht von den zwei Gesichtern des Tourismus beflügelt, der nützen, aber auch schaden kann. An deutschen Fachhochschulen wird vor allem Letzteres erforscht. Und dabei werden Horrorszenarien für den Tourismus des 21. Jahrhunderts entworfen. Von »künstlichen Erlebniswelten« als Reiseersatz ist da die Rede oder auch von »Reisen auf Bezugsschein«, um die Ressourcen dieser Erde vor dem gierigen Zugriff der inzwischen größten Industrie der Welt zu retten. Wer deshalb umweltfreundlich denkt und touristisch verantwortungsbewusst handelt, wird sich vorstehender Definition nicht verschließen können: »Die Studienreise ist eine intelligente Form des Urlaubs. Sie ermöglicht eine Auseinandersetzung mit dem Gastgeberland, indem sie die gegenwärtige Lebenssituation und Kultur aufzeigt, Bezug zur Vergangenheit herstellt und dieses zu einem Erlebnis für alle Sinne werden lässt. Planung und Durchführung der Reisen sind so angelegt, dass die soziokulturelle Situation im Gastgeberland respektiert wird und Umweltbelastungen möglichst gering gehalten werden.«[1] Diese Definition verzichtet auf herkömmliche Kriterien. Die Studienreise erscheint nicht länger notwendigerweise als Gruppenreise, obwohl sie dies auch in Zukunft zumeist sein wird. Dann aber betont diese Definition, dass eine Studienreise vorrangig der Gegenwart eines Besuchslandes gilt und eine erlebnisorientierte Urlaubsveranstaltung ist. Damit soll sie Spaß machen, Freizeit und Entspannung bieten und alle Sinne in das Erlebnis einschließen. Der Studiosus-Slogan »Intensiver Leben« bringt dies auf den entscheidenden Punkt. Bisher völlig ungewöhnlich ist freilich der letzte Satz, der vom Reiseteilnehmer Respekt vor dem Gastland und Sensibilität für die Umweltproblematik einfordert.

III. Der Reiseleiter im Wandel

1. Der »Lehrer«

Die nach dem Zweiten Weltkrieg wiederbelebte »klassische Studienreise«, zumeist durchgeführt als Bus-Rundreise, war eine touristische und gleichzeitig eine nüchtern-akademische Veranstaltung. Dies lag vor allem daran, dass sich die meisten Reiseleiter aus dem Lehrkörper von Hochschulen und Gymnasien rekrutierten, also akademisch gebildet und zudem häufig Altphilologen waren. Die Reiseteilnehmer kamen ihrerseits aus dem humanistisch gebildeten Bildungsbürgertum. Sie reisten, um die als bedeutend anerkannten antiken Kulturen persönlich kennen zu lernen und damit besser zu verstehen. Diese Studienreisen verstanden sich selbst als »Volkshochschule auf Rädern«, als »rollendes Seminar« oder als »fliegendes Klassenzimmer«. Mit Lehrer-Attitüde dirigierte der Reiseleiter die ehrfürchtige Gruppe über das Forum Romanum, durch die Uffizien in Florenz, in die griechischen Tempel auf Sizilien oder auf die Akropolis von Athen und belehrte sie dort mit ausgreifenden Vorträgen. »Lehrer« ist deshalb auch die angemessene Bezeichnung für diesen Typus von Reiseleiter.

2. Der »Journalist«

In den siebziger Jahren galt der »Lehrer« immer noch viel: Schließlich besaß er durch seine Ausbildung einen Informationsvorsprung, von dem die meisten Teilnehmer gerne profitierten. Aber die trockene Lehrer-At-

---

[1] Studiosus Reisen (Hg.): Unternehmensleitbild, München 2001.

titüde reichte nicht mehr aus, um die veränderten Erwartungen der Reisegäste zu befriedigen. Sie legten zwar nach wie vor Wert auf das fachliche
Wissen, aber keinen Wert mehr auf die lehrerhafte Art der Wissensvermittlung oder die Beschränkung auf das »Klassische«. Sie wollten die
Informationen dem Inhalt nach zuverlässig, der Form nach lässig-locker
serviert bekommen, sozusagen »journalistisch«. Der Reiseleiter musste
nunmehr nicht nur über die Antike, sondern auch über das Aktuelle, über
Land und Leute, über Flora und Fauna, über Kunst und Küche Bescheid
wissen und darüber im gegebenen Moment flüssig berichten können. Die
Reiseteilnehmer erkannten schnell, dass sich mit dieser entrümpelten
Form der Studienreise das Angenehme mit dem Nützlichen verbinden
lasse – das erfrischende Reiseerlebnis mit der Erweiterung des Wissens.

3. Der »Animateur«

Die Studienreise »häutete« sich erneut in den achtziger Jahren. Die Veränderungen betrafen nicht mehr nur die Art der Wissensvermittlung,
sondern auch die Klientel. Studienreisen beschränkten sich nicht länger
überwiegend auf das Bildungsbürgertum. Die Gruppen wurden von Jahr
zu Jahr heterogener, die Teilnehmer kamen aus allen Gesellschafts-
schichten mit graduell recht unterschiedlichem Bildungsstand. In solchen
Gruppen wirken zentrifugale Kräfte stärker als in homogenen Ansamm-
lungen Gleichgesinnter. Als einigende Klammer der Reisegruppe fun-
gierte das gemeinsame Interesse am Zielgebiet, das Schwerpunktthema
und die gemeinsame Konzentration auf den Reiseleiter. Er musste die
Aufmerksamkeit der Teilnehmer wachhalten und immer wieder neu schü-
ren. Damit fiel ihm das Motivieren der Reisegruppe, die Animation also,
als dritte Aufgabe neben Wissensvermittlung und Organisation zu. Häufig
wirkten unter der einigenden Klammer die Einzelinteressen und Launen
der Teilnehmer fort. Sie zu kanalisieren, im gegebenen Moment aufzugreifen, zum Gruppeninteresse zu machen oder auch abzuleiten, wurde
zu einer weiteren Aufgabe der Reiseleitung. Sie hatte nunmehr die Gruppe
zu informieren, zu lenken und anzuspornen, aber auch zu moderieren.

4. Der »Professional«

Ein Reiseleiter muss heute die gerade aufgezählten Fähigkeiten eines psychologisch versierten, journalistischen Erzähltalents mit animativer
Begabung besitzen, aber eben noch mehr. Die globalen Probleme erfordern Reiseleiter, die bereit sind, Stellung zu beziehen. Die politische
Weltlage, die sozialen Spannungen zwischen der sogenannten Zweiten
Welt und den weniger entwickelten Ländern aber auch Umweltprobleme
und die globale Klimaveränderung lassen kein Reisen »unter der Käseglo-
cke« oder durch eine »heile Welt« mehr zu. Die Zeiten, in denen Gäste

und Reiseleiter vor allem das Gute, Edle und Schöne bewunderten, aber die Augen vor allem, was das heile Weltbild einer saturierten Gesellschaft störte, gerne verschlossen, sind vorbei. Das soll keinesfalls heißen, dass Ferien nicht mehr schön sein dürften, dass Urlaub keinen Spaß mehr machen darf, dass »die schönsten Wochen des Jahres« jetzt zu verbohrter politischer und sozialer Bildungsarbeit verkommen müssten. Im Gegenteil: Den »Professional« zeichnet aus, dass er mit leichter Hand Urlaubsgenuss und verantwortungsvolles Handeln mischen kann, dass er seine Reisegäste auch weiterhin begeistert, ihnen aber auch die Problematik des Gastlandes nahe bringt – so wie die anderen Themen einer modernen Studienreise auch: objektiv, informativ, animativ.

III. Die moderne Studienreise als »Gesamtkunstwerk«

1. Das Konzept

a) Gruppenreise versus Individualreise

Marktforschungen ergeben seit Jahrzehnten das Gleiche: Der Reisegast will seinen »Horizont erweitern«, etwas »für Kultur und Bildung tun«, »ganz neue Eindrücke gewinnen, etwas anderes kennen lernen« und »andere Länder erleben, viel von der Welt sehen«[2]. Von Jahr zu Jahr finden mehr Menschen, alte wie junge, Geschmack an dieser »Bildung im Urlaub«. Über sieben Millionen Deutsche – von insgesamt mehr als 64 Millionen verreisenden Bundesbürgern – bezeichnen ihre jährliche Urlaubstour subjektiv als »Studienreise« oder auch als »Bildungsreise«[3]. Von ihnen fährt aber nur ein Bruchteil, etwa 300.000 Personen, mit einem Veranstalter auf eine organisierte Gruppenreise. Die überwiegende Mehrheit macht sich individuell auf den Weg – vielleicht noch immer aus Furcht, sie müsse unter sengender Sonne auf den Steinstufen klassischer Stätten eine nicht enden wollende Suada des Herrn Professors über sich ergehen lassen.

Diese Mehrheit würde es von sich weisen, wenn jemand ihre Reise als »Trümmertour« diffamieren würde. Dabei schauen sie sich in den von ihnen bevorzugten Ländern rund ums Mittelmeer vorrangig umgestürztes altes Gestein an und lesen in ihren Reiseführern über die Entstehung, den Sinn und Zweck alter Kulturgüter. Was also unterscheidet ihre individuelle Trümmertour von der viel belächelten Studienreise? Nur die Anzahl

---

[2] Reiseanalyse. Forschung und Reisen, 2001
[3] Reiseanalyse, Studienkreis für Tourismus und Entwicklung, 1994

der gemeinsam reisenden Personen. Die Diffamierung der Studienreise bezieht sich also auf die Studienreise als Gruppenreise, aber nicht auf den individuell organisierten Bildungstrip. Daraus folgt, dass es für Studienreise-Touristiker noch viel zu tun gibt. Denn die erfreulich hohe Zahl der an Bildung interessierten Reisenden und jener 1,8 Millionen Deutschen, die bei Umfragen angeben, in den nächsten drei Jahren eine Kulturreise zu planen[4], stellen ein Kundenpotenzial dar, das alle Anstrengung lohnt.

Bisher haben nur zwei Reiseveranstalter diese Erkenntnis für sich genutzt: Studiosus und Marco Polo. Studiosus bietet seit sechs Jahren unter dem Namen »à la carte« ein Bausteinprogramm an, aus dem die Gäste ihre Wunschreise maßschneidern können. Dazu stehen ihnen individuelle Reisetermine, verschiedene Anreisearten, Hotelkategorien und ein breites Angebot von Besichtigungs- und Ausflugsprogrammen zur Verfügung. Marco Polo hat im Jahre 1999 erstmals einen Katalog namens »Individuell« kreiert. Er enthält zahlreiche Touren, die von Menschen gebucht werden können, die entweder nur zu zweit oder in Kleingruppen mit Freunden und Bekannten reisen wollten. Ihr Vorteil: Sie können sich auf die Routine eines erfahrenen Veranstalters verlassen und sogar spontan vom Reiseprogramm abweichen, wenn ihnen eine Gegend oder ein Hotel besonders gut gefällt. Für die Reiseleitung bedeutet dies: Sich flexibel auf die Kunden einzustellen, um alle ihre unvorhersehbaren Wünsche erfüllen zu können.

b) Kultur- oder Erlebnisreise – die unterschiedlichen Reiseformen

Da sich mit der Reiseerfahrung auch die Erwartungen und Ansprüche der Kunden verändern – ihre Ansprüche an die Qualität der Reise, an die Kompetenz des Reiseleiters, an die gebotenen Leistungen, wie Transport, Unterkunft, Verpflegung und Programm, sowie an die Infrastruktur des Zielgebiets –, müssen die Veranstalter ihre Angebote ständig differenzieren und aktualisieren. Auch um Neukunden zu gewinnen, gilt es, neue Reisevarianten zu entwickeln, beispielsweise aktuelle Programme für junge Leute, für Singles, für Aktivurlauber usw. Damit geht der Trend der Programmentwicklung eindeutig hin zu maßgeschneiderten Angeboten für immer speziellere Kundenkreise und damit zu einer starken Differenzierung und Individualisierung der Angebote.

Beim Marktführer Studiosus beispielsweise versammeln sich unter dem Oberbegriff »Studienreise« zwölf Reisevarianten. Zur modernen Studienreise gesellen sich die »FreizeitPlus-Studienreise«, die »WanderStudienreisen«, »Fahrrad-Studienreisen«, »Natur-Studienreisen«, »Studien-Expeditionen«, »Studien-Kreuzfahrten«, »Exklusiv-Studienreisen«, »ServicePlusStudienreisen« und »CityLights« (Städtereisen). Als jüngste Kin-

---

[4] Reiseanalyse. Forschung und Reisen, 2001.

der sind die »Young Line« sowie »Me & More«, der Urlaub für Alleinreisende, hinzugekommen.

Die moderne Studienreise ist alles andere als eine entrümpelte Trümmertour. Sie beruht auf einem ganz eigenen Konzept, in dessen Mittelpunkt nicht mehr die Ruinen vergangener Kulturen stehen, sondern die
Vermittlung des Hier und Heute, dessen Wurzeln allerdings tief in die
Vergangenheit zurückgreifen. Von der wahrgenommenen, erlebten Gegenwart aus zieht der Reiseleiter die Verbindungslinien in die Vergangenheit und verknüpft damit klassische Themen und Sehenswürdigkeiten
mit ihrem gegenwärtigen Kontext zu einer neuen Aktualität. Die moderne
Studienreise braucht deshalb den »Professional« als Reiseleiter.

Andere Forderungen an die Reiseleitung stellt die »FreizeitPlus-Studienreise«. Sie gewährt – wie der Name signalisiert – den Teilnehmern
(aber nicht unbedingt auch der Reiseleitung) mehr freie Zeit für Muße
oder eigene Aktivitäten. Jahrelange direkte Befragungen von Kunden und
Auswertungen von Kunden-Fragebögen haben gezeigt, dass bei Studienreisenden ein großer Bedarf danach besteht, genügend Zeit zur freien
Verfügung zu haben: für private Restaurantbesuche, Einkäufe, vertiefende
Museumsbesuche oder ganz einfach zum Bummeln und Erholen. Großer
Wert wird dabei auf die Hotel-Auswahl gelegt: Die Häuser müssen sich
durch angenehme Lage und landestypisches Interieur auszeichnen und
möglichst auch attraktive Anlagen und Möglichkeiten zu körperlicher
Betätigung besitzen. Der Reiseleiter muss bei dieser Reisevariante zwar
auch sein Wissen und sein Moderationstalent einsetzen, aber ebenso sind
seine Fähigkeiten zur Organisation, zur Animation und zur Koordination
eventuell auseinander driftenden Interessen gefragt.

Zur Entwicklung der »Wander-Studienreisen«, einer der frühesten Stu-
dienreiseformen mit Aktivurlaub-Charakter, haben vor allem die Unternehmen Studiosus und Baumeler beigetragen. Wander-Studienreisen sind
eine Verschmelzung der modernen Studienreise mit der Wanderreise, die
die Vorteile beider kombiniert. So erfahren die Teilnehmer nicht nur erfrischende körperliche Aktivität als Ausgleich für die Büro-Routine des
Berufsalltags. Sie erleben eine Landschaft auch langsam, panoramahaft
und mit allen Sinnen, ohne dabei auf das kulturelle Erlebnis verzichten zu
müssen. Das Wandern ist freilich keine Weltanschauung. Deshalb sind die
Etappen selten länger als drei bis vier Stunden und kaum jemals strapa-
ziös. Das Gleichgewicht zu finden zwischen spannenden Besichtigungen
und entspannenden Wandererlebnissen, ist hier die Hauptaufgabe der Reiseleitung, die natürlich ebenfalls eine Vorliebe für das Wandern mitbringen sollte.

Ähnliches gilt für die Aufgabe der Reiseleitung bei den »Fahrrad-Studienreisen«. Auch sie wurden entwickelt, um dem Bedürfnis der Klientel

nach aktivem Urlaub entgegenzukommen. Sie stellen – wie die Wander-Studienreisen – eine ausgewogene Mischung aus Aktivität, Natur, Kultur und Urlaubsspaß dar. Auch hier geht es nicht um sportliche Höchstleistungen, sondern um das »menschliche Maß« im Erleben von Natur und Landschaft. Es wird in der Regel nicht die gesamte Reisestrecke mit dem Fahrrad bezwungen, sondern man benutzt es in landschaftlich besonders schönen Strecken in lockeren Etappen. Der Begleitbus ist immer irgendwo in der Nähe, so dass Teilnehmer, denen das Pedaltreten zu viel wird, schnell wechseln können.

»Natur-Studienreisen« wurden entwickelt, weil manchen Studienreisenden die Nähe zur Natur, wie sie Wander- oder Fahrrad-Studienreisen bieten, nicht genügt. Er möchte Natur nicht allgemein erleben, sondern speziellen geologischen Formationen oder landestypischer Flora und Fauna begegnen - und sie von der Reiseleitung fachlich qualifiziert vermittelt bekommen. Natur-Studienreisen zeigen die Vielfalt der Natur, von Tier- und Pflanzenwelt sowie Erd- und Entwicklungsgeschichte auf. Ihre Palette reicht von besonderen, von Zoologen geführten Tierbeobachtungsreisen über »sanfte Reisen« in geologisch interessante Naturschutzparks bis hin zum Besuch von Naturschutzprojekten internationaler Organisationen. Die Bandbreite qualifizierter ReiseleiterInnen muss deshalb entsprechend groß sein.

Größere Anforderungen an den Sports- und Teamgeist der Reisegäste wie der Reiseleitung stellen die »Studien-Expeditionen«. Sie führen meist in abgelegene Länder und Regionen. Oft kommt man dabei nur mit Geländewagen voran, manchmal wird in Zelten oder Lodges übernachtet. Bei dieser naturnahen Reiseform in touristisch wenig erschlossene Gebiete ist es besonders wichtig, genau jene Grenzen zu respektieren, die unsere Welt von bisher unberührten Ethnien und ökologischen Nischen trennt. Es wäre kontraproduktiv, wenn die Gäste die Reiseleitung auf diese Grenzen hinweisen müssten und nicht umgekehrt!

Als eine der komfortabelsten Reiseformen gilt die »Studien-Kreuzfahrt«. Das schwimmende Hotel garantiert Erholung, und die Landausflüge sorgen für Erlebnisse. Aber sie haben – wie die Studienreise – immer noch mit hartnäckigen Vorurteilen zu kämpfen. Anscheinend unausrottbar scheint das Klischee zu sein, man müsse bei der Buchung Smoking und Nerz vorweisen. Dass dies nur für die wenigsten Kreuzfahrtangebote für die Studien-Kreuzfahrt gar nicht gilt, hat sich offenbar noch nicht genug herumgesprochen. Auf den Studien-Kreuzfahrten liebt man es leger. Weshalb sollte auch Abendgarderobe zur Erhöhung des Reiseerlebnisses auf dem Amazonas, dem Nil, der Wolga oder dem Yangzi beitragen? Auch in der Ägäis und vor Alaska, in der Antarktis und der Südsee stehen andere Reiseinhalte im Vordergrund als schöne Roben. Studien-Kreuzfahrten sind Studienreisen mit einem ungewöhnlichen Transportmittel und abseits der üblichen Wege. Dennoch sind sie Studienreisen: Sie stellen Land und

Leute, Landschaft und Tierbeobachtung in den Vordergrund. Die fachliche Kompetenz der Reiseleitung rundet das Erlebte bei Bordvorträgen ab und stellt es in den thematischen Gesamtzusammenhang der Reise.

»Exklusiv-Studienreisen« sind »Reisen auf die feine Art«. Nach dem Motto »Weniger ist mehr« wurde die Teilnehmerzahl auf 15 begrenzt. Dem Wunsch dieser speziellen Klientel zufolge ist der Reisekomfort gehoben bis luxuriös. Man wohnt in ausgewählt guten Hotels, ersetzt bei manchen Reisen längere Überlandfahrten durch das Flugzeug und genießt landesübliche Köstlichkeiten in ausgesuchtem Rahmen, so beispielsweise in China mehrere Feinschmeckerbankette. Der hedonistische Touch dieser Reisevariante darf die ReiseleiterInnen nicht darüber hinweg täuschen, dass die Erwartungen und damit auch die Beschwerdefreude dieser viel Geld zahlenden Kunden ebenfalls deutlich über dem Durchschnitt liegen.

Städtereisen sind Kurzurlaub oder »kleine Fluchten aus dem Alltag«. Man wohnt in kleinen Gruppen und in guten Hotels und wird – zumindest halbtags – durch einen Reiseleiter zu den Höhepunkten des Reiseziels geführt. Meist wird vormittags Programm geboten, die Nachmittage und Abende können die Gäste, vom Reiseleiter mit Tipps für die reichlich bemessene, individuelle Freizeit versorgt, ganz nach eigener Wahl genießen.

Teil der »City-Lights« sind die »Studienreisen à la carte«. Hierbei kann der Reisegast nicht nur sein Programm individuell vor Ort bestimmen, sondern An- und Abreise, die Dauer seiner Reise und das Hotel aus einem breiten Spektrum von Angeboten auswählen. »à la carte« ist der kluge Kompromiss zwischen der Freiheit eines individuellen Urlaubs und der Sicherheit einer qualifiziert geführten Studienreise. Sie erfordert – was Organisation, Dienstleistungswillen, Belastbarkeit und spontanen Einsatz angeht – allerdings auch ebenso kluge ReiseleiterInnen.

Als voller Erfolg erwies sich bereits nach Einführung zum Reisejahr 1995 die auf ein junges Publikum, das normalerweise nicht zum Reisebüro geht, zugeschnittene »Young Line Travel« heraus, die Studienreise für junge Leute zwischen 20 und 35. Den Buchungen zufolge interessiert sich auch die junge Zielgruppe besonders für die klassischen Ziele von Studienreisen: Kykladen, Toskana, Andalusien. Bei dieser Form der Studienreise stehen die Reiseroute und ein Großteil der Besichtigungen fest, aber jeder Tag hat genügend Luft für individuelle und spontane Entschlüsse. Betreut wird die Gruppe von einem gleichaltrigen »Insider«, der hier bewusst nicht als Reiseleiter fungiert, sondern als Reisebegleiter, so zu sagen als Freund unter Freunden, der einfach etwas mehr weiß als die Mitreisenden.

»Me & More«, der Urlaub für Singles und Alleinreisende, stellt eine gute Mischung dar aus individuellen Rückzugsnischen und der Möglichkeit, sich mit gleich Gesinnten über das Erlebte auszutauschen, wenn man das will. Die Teilnehmer der relativ kleinen Gruppen können sich beim Welcome-Dinner kennen lernen, haben bei fast jeder Reise Ausflüge und Besichtigungen zur Auswahl, können sich also begeistert in die Gruppe stürzen oder ins Private zurückziehen. Ein Produkt für alle, die alleine leben oder einmal ohne ihren Partner verreisen wollen, die aber im Urlaub das Erlebnis und die Vorzüge einer Gruppe genießen und sich auf die Qualität eines Reiseleiters verlassen möchten. Er ist hier zwar auch reisetechnisch und als Wissensvermittler gefordert, noch mehr aber in gruppendynamischen, psychologischen und interaktiven Prozessen.

Spezielle Reisevarianten erfordern natürlich auch spezielle Teilnehmerzahlen. Es liegt auf der Hand, dass eine reine Museumsreise, wenn sie optimal geführt werden soll, eine sehr viel kleinere Gruppe erfordert als zum Beispiel eine Studien-Rundreise, die überblicksartig mit Land und Leuten bekannt machen will. Hatte sich ursprünglich die Zahl 32 als Obergrenze für Teilnehmer bewährt, so empfanden viele Kunden dies allmählich als zu hoch und begannen, den Luxus einer Studienreise alsbald auch an der »kleinen Gruppe« zu messen. Die Obergrenze pendelte sich deshalb allmählich bei 20 bis 25 Teilnehmer pro Gruppe ein. Dass die Gruppenstärke den Reisepreis beeinflusst, ist klar. Die Qualität eines Studienreisen-Veranstalters bemisst sich unter anderem auch danach, ob es ihm gelungen ist, die ideale Relation von Reisepreis und Gruppengröße auszutarieren und ob er seine Kunden davon zu überzeugen vermochte.

Wichtig ist natürlich auch der Dienstleistungsaspekt einer Studienreise. Bei jeder Variante der Studienreise dürfen die Teilnehmer eine reibungslos funktionierende Organisation – nicht nur vom Reiseleiter, sondern auch vom Unternehmen – erwarten, am besten eine, von der sie gar nichts merken. Auch dies bestimmt das Qualitätsniveau eines Veranstalters. Gleiches gilt für die StudienreiseleiterInnen: Deren tagtägliche Programmplanung muss zufriedenstellend sein und den anzusetzenden Regeln entsprechen. Das Gleiche gilt für den Wechsel von Programm und Freizeit.

c) Die fachlich qualifiziert geführte Studienreise

Egal, welche Reisevariante die Studienreise darstellt, in jedweder Ausprägung steht und fällt sie mit der Qualifikation des Reiseleiters. Er ist nicht nur der »Erfüllungsgehilfe« des Veranstalters, dessen Unternehmensphilosophie er vor Ort in die Tat umsetzt, sondern zugleich auch dessen Visitenkarte und damit die zentrale Figur der Studienreise. Er muss sie zu einem Gesamtkunstwerk machen, in dem sich Urlaub, Bildung und ganzheitliche Sicht eines Landes zu einem unverwechselbaren Ereignis vereinigen.

Nicht nur, dass er die Gruppe während der gesamten Reisedauer begleitet, sich um die Organisation unterwegs kümmert, animativ das Interesse der Teilnehmer anregt und als Psychologe Konflikte in der Gruppe löst. Er ist darüber hinaus ganz besonders Vermittler. Ihm obliegt es, den Reisegästen das Zielgebiet in seiner ganzen Vielfalt verständlich zu machen, über Gegenwart und Geschichte, über Land und Leute wie über Flora und Fauna usw. umfassend und faszinierend zu informieren und dies nicht nur durch Weitergabe von Wissen, sondern durch die Vermittlung von Zusammenhängen, durch das Fördern der Eigeninitiative der Gäste. Er soll seiner Gruppe keine Entscheidungen abnehmen, sondern den einzelnen Kunden Entscheidungshilfen bieten, sie individuell handlungsfähig machen, ihnen das Gefühl vermitteln, in der Fremde sicher, aber auch frei zu sein. Aus diesem Gefühl heraus wird der Reisegast dann selbst aktiv werden, selbst auf Entdeckungstour gehen und eigene Erfolgserlebnisse suchen.

Wolfgang Günter

Allgemeine Didaktik und Methodik der Studienreise

I. Das Problem II. Der didaktisch-methodische Ansatz III. Die anthropogenen Voraussetzungen IV. Die soziokulturellen Voraussetzungen V. Die didaktische Planung VI. Allgemeine Methodik der Studienreise VII Die direkten Methoden VIII. Die indirekten Methoden IX. Literaturhinweise

I. Das Problem

In Goethes »Tagebuch der Schweizer Reise« von 1797 findet sich zum 25. August – wahllos herausgegriffen – folgender Eintrag: »Früh nach 7 Uhr von Frankfurt ab. Auf dem Sachsenhäuser Berge vieler und wohlgehaltener Weinbau, nebliges, bedecktes, angenehmes Wetter. Die Chaussee mit Kalkstein ausgebessert. Hinter der Warte Wald. Der Kletterer, der mit dem Strick und zwei Eisen an den Schuhen auf die starken und hohen Buchen stieg. Welsches Dorf. Totesliegendes an der Chaussee aus den Hügeln bei Langen.«[1]

Schier endlos wie die Chaussee zwischen Frankfurt und Heidelberg, seinem Tagesziel, dehnt sich die unverbundene Reihe von Worten und Wendungen. Später sollte Goethe seinem Eckermann erläutern, er habe dieses Tagebuch »nur so hingeschrieben, wie es der Augenblick gab«[2]. Es ist also kein poetischer Text: Noch kein Schliff hat die unbeholfenen Worte geglättet, noch kein Raissonnement die losen Enden der Gedanken miteinander verbunden. Goethes Reise nach Heidelberg (und von dort aus weiter in die Schweiz) besteht aus einem kontinuierlichen Strom von Eindrücken (von denen übrigens nur wenige den Weg ins Tagebuch gefunden haben!). Aus dem Vielerlei der Beobachtungen taucht Regelmäßiges auf, lassen sich Wahrnehmungsmuster erkennen: Die Beschaffenheit der Straße, die Formation der Landschaft, die Qualität der Dörfer und Städte. Daneben aber taucht Unerwartetes, Zufälliges auf, wie der Kletterer auf der hohen Buche.

Reisen ist also eine dichte Flut von Eindrücken. Sie sind komplex in einem doppelten Sinn: Einmal, weil sie dichter, vielseitiger und schneller sind als im Zustand der Ruhe, zum anderen, weil sie Neues, Unbekanntes und Unbewertetes zum Inhalt haben. Es hängt vom Vorwissen, von der Urteilsfähigkeit, vor allem von der Übung des Reisenden ab, ob und wie sich in ihm eine geordnete »kognitive Struktur« aufbaut, oder ob die Ein-

---

[1] Berliner Ausgabe, Bd 15, 348.
[2] Gespräche mit Goethe 1 (25.10.1823).

drücke zusammenhanglos und unvermittelt bleiben, auseinanderbrechen und verwehen. Ordnung oder Konfusion sind also die beiden extremen Möglichkeiten der komplexen Erfahrungs- und Lernsituation »Reisen«.

Werfen wir von hier einen kurzen Blick auf Goethes »Italienische Reise« – 1786/87 durchgeführt, aber erst 30 Jahre später als literarischer Reisebericht verfasst. Man ist überrascht über die Weite des inneren Dialogs, über die Spannung zwischen einer vergleichsweise schmalen narrativen Ebene des Begegnens und Berichtens und der Vielfalt der davon getragenen Reflexionen, Querbezügen, Anspielungen und gelehrten Exkursen: Die »Italienische Reise« ist – wie Goethe während der Abfassung 1815 an einen Freund schrieb – ein Doppeltes: zwar »völlig wahrhaftig, aber ein anmutiges Märchen«[3]. Das Unbekannte, Fremde ist hier gleichsam zu einem vertrauten Haus geworden mit wohnlichen Räumen und geläufigen Bildern.

In der Spanne zwischen der »Schweizer Reise« und der »Italienischen Reise« liegt exemplarisch das Bildungspotential des Reisens und damit auch der Ansatz aller reisepädagogischen[4] Überlegungen, soweit sie den kognitiven Bereich berühren. Denn deren Ausgang ist jeweils die Frage, wie aus der Komplexität von Eindrücken komplexes Verstehen wird.

Dieses Problem gewinnt unter den Bedingungen einer Pauschalreise eine besondere, dualistische Struktur: Denn hier werden via Programm Organisation und Wissensvermittlung auf einen Spezialisten, den Reiseleiter, delegiert. Die darin implizierte Verantwortung weist dem Reiseleiter die Aufgabe zu, seine Fahrten professionell vorzubereiten und durchzuführen, eine Aufgabe, die wiederum durch geeignete reisepädagogische Konzepte erleichtert wird.

Die nachfolgende Konzeption – 1973/74 erstmals für die Ausbildung von Studienreiseleitern entworfen[5] – verbindet ein dafür besonders geeignetes lernanalytisches Schema (der sogenannten »Berliner Schule«)

---

[3] Brief an Zelter (17.5.1815).

[4] Der Begriff »Reisepädagogik« wurde m. W. erstmals benutzt von Hermann Giesecke: Tourismus als neues Problem der Erziehungswissenschaft, in: Heinz Hahn (Hg.): Jugendtourismus, München 1965 (Schriftenreihe der Arbeitsgemeinschaft für Jugendpflege und Jugendfürsorge 11) 103-122, und zwar in Bezug auf den damals mit hochgesteckten politischen Erwartungen besetzten Jugendtourismus. Der Begriff wird hier beibehalten – u.a. weil kein besserer zur Verfügung steht. Zu Gegenstandsbereichen der Reisepädagogik vgl. den Überblick von Wolfgang Günter: Tourismuspädagogik, in: Heinz Hahn/Jürgen Kagelmann (Hg.): Tourismuspsychologie und Tourismussoziologie. Ein Handbuch zur Tourismuswissenschaft, München 1993, 60-69.

[5] Wolfgang Günter: Didaktik und Methodik der Bildungsreise, München [1973] (Ausbildungsunterlagen von Studiosus-Reisen, München).

mit formalen Elementen der Curriculartheorie, ohne dieser indessen über heuristische Ansätze hinaus verpflichtet zu sein[6].

II. Der didaktisch-methodische Ansatz

Wo immer Wissen vermittelt werden soll, müssen vier Fragen beantwortet werden[7]:

a) Welche Inhalte sind zu vermitteln (z.B. das Forum Romanum oder das Kapitol)?

b) Welche Ziele sollen mit Hilfe dieser Inhalte erreicht werden (sollen etwa im Forum Romanum typische Merkmale römischer Architektur aufgezeigt, soll hier die Organisation einer antiken Großstadt erläutert oder soll die Verfassungskonzeption von Republik und Kaiserreich dargestellt werden)?

c) Mit welcher Methode sollen Inhalte und Ziele vermittelt werden (etwa durch Reiseleitervortrag oder durch Selbsterkundung der Gruppe mit Hilfe vorbereiteter Arbeitsfragen; empfiehlt sich dabei ein induktives oder deduktives Vorgehen)?

d) Welche Mittel (Medien) sind für Inhalte, Ziele und Methoden erforderlich (etwa Karten, Bilder, Quellentexte, Block für spontane Zeichendemonstrationen)?

Zwischen Inhalts-, Methoden- und Medienentscheidungen gibt es in der Regel Zusammenhänge. Demnach ermöglichen bestimmte Kombinationen von Inhalten, Methoden und Medien erfahrungsgemäß ein besonders erfolgreiches und rationelles Lernen. So wird man eine Großanlage wie das Forum Romanum in der Regel durch Reiseleitervortrag deduktiv erschließen und dabei zur Verdeutlichung eine Karte sowie Bilder von Rekonstruktionen heranziehen.

Komplexer ist der Implikationszusammenhang zwischen Inhalts- und Zielentscheidungen. Wie das oben angeführte Beispiel des Forum Romanum gezeigt hat, können bei der Führung durch ein und dieselbe Anlage mit gutem Grund ganz unterschiedliche Ziele angestrebt werden. Offenbar sind also die Inhalte ihrer Natur nach vieldeutig, gewinnen ihre Konturen erst durch den Bezug zu den Zielen. Allerdings können Ziele auch nicht mit beliebigen Inhalten verwirklicht werden. Das Ziel muss dem Inhalt entsprechen, denn der Erfolg beruht ja gerade auf der spontanen Einsicht

---

[6] Als Beispiel für eine geglückte Umsetzung dieser Konzeption vgl. Albrecht Steinecke (Hg.): Dokumentation einer Studienfahrt in die Republik Irland (4.-17. April 1988), Bielefeld 1989 (insbesondere 6-17).

[7] Zu dem nachfolgenden didaktisch-methodischen Ansatz vgl. Paul Heimann/Gunther Otto/Wolfgang Schulz: Unterricht - Analyse und Planung, 10. Aufl., Hannover 1979, 22-43.

in den Implikationszusammenhang von Ziel und Inhalt. Daraus folgt, dass die Ziele zwar in einem engen Bezug zu den Inhalten stehen, aber nicht aus ihnen abgeleitet werden können. Sie bilden deshalb einen eigenen, übergeordneten Entscheidungsbereich, der im folgenden noch eingehender darzustellen sein wird.

Die vier genannten Entscheidungen hängen ihrerseits wieder von zwei Rahmenbedingungen ab: Zum einen vom Interesse, von der Vorbildung und von der Lernfähigkeit der Teilnehmer (den sogenannten »anthropogenen Voraussetzungen«). Zum anderen von den Erwartungen, die in unserem Kulturkreis gemeinhin an eine Studienreise gestellt werden (den sogenannten »soziokulturellen Voraussetzungen«).Damit kann der didaktisch-methodische Ansatz schematisch wie folgt dargestellt werden:

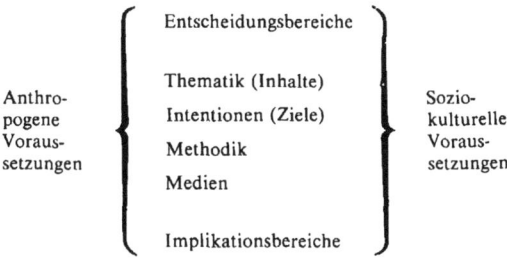

III. Die anthropogenen Voraussetzungen

1. Interesse und Vorbildung der Teilnehmer

Das Interesse der Teilnehmer von Studienfahrten ist in aller Regel ausgeprägt und zielgerichtet: Sie wollen »ganz neue Eindrücke gewinnen«, »etwas für Kultur und Bildung tun«, »den Horizont erweitern«. Wie diese Aussagen auch im einzelnen zu interpretieren sein mögen, sie zeigen jedenfalls, dass sich die »Zugangsmotivation«[8] der meisten Teilnehmer unmittelbar auf das Bildungsziel der Studienfahrt richtet. Der Reiseleiter ist deshalb in der glücklichen Lage, dass er es zumeist mit Teilnehmern zu tun hat, die sich aus Interesse an den Programminhalten für eine Studienreise entschieden haben.

Dem Interessenprofil entspricht die Vorbildung der Teilnehmer. Wie oben gezeigt[9], nehmen an Studienreisen überwiegend Personen mit geho-

---

[8] Vgl. hierzu Richard Olechowski: Psychologie des Erwachsenen, in: Franz Pöggeler (Hg.): Handbuch der Erwachsenenbildung, Bd 3, Stuttgart 1976, 219-233.
[9] Vgl. oben S. 44.

bener und höherer Bildung (Mittlere Reife, Abitur, Hochschulabschluss) teil. Freilich finden sich auf Studienreisen auch Personen mit geringerer Bildung oder diffuseren Interessen. Denn einerseits nimmt der Veranstalter auf die Zusammensetzung der Gruppen zumeist keinen Einfluss, und andererseits stoßen bei dem aktuellen Trend zu aktivem und erlebnisbetontem Urlaub immer häufiger Personen mit geringer ausgeprägten Bildungsinteressen zu Studienreisen.

Dies hat für den Reiseleiter wichtige Konsequenzen: Sein Arrangement muss so spannend und anregend sein, dass auch weniger Interessierte motiviert werden und die hohe Zugangsmotivation der Interessierten als »Durchhaltemotivation«[10] erhalten bleibt. Ebenso darf er von keinerlei spezifischen Bildungsvoraussetzungen bei den Teilnehmern ausgehen. Seine Erklärungen müssen deshalb umfassend, seine Sprache muss allgemeinverständlich sein, ohne deswegen ins Banale abzurutschen.

2. Das Lernen Erwachsener

Während früher die Ansicht vorherrschte, dass die psychische Leistungsfähigkeit des Menschen zwischen dem 25. und 30. Lebensjahr ihren Höhepunkt erreiche, um dann allmählich abzunehmen[11], zeichnet die neuere Forschung inzwischen ein deutlich anderes Bild. Demnach ist die menschliche Lernfähigkeit weniger vorn Alter als vorn jeweiligen Lerntraining abhängig. Wer es als Folge von Beruf, Hobby oder anregender Umgebung gewohnt ist, sich aktiv mit geistigen Problemen zu befassen, behält seine Lernfähigkeit auch im fortgeschrittenen Lebensalter bei. Wem hingegen intellektuelles Training fehlt, büßt seine Lernfähigkeit deutlich früher ein. Offenbar profitiert die erste Gruppe nicht nur von ihrem umfangreicheren Wissen und von ihrem geübteren Gedächtnis, sondern vor allem von ihren entwickelteren Strategien des Wissenserwerbs sowie von der Fähigkeit, diese auf bislang unbekannte Bereiche zu übertragen (der sogenannte »Transfer«)[12]. Erwachsene lernen also nicht schlechter als Jugendliche. Aber sie lernen anders. Gewisse Fähigkeiten im komplexen Vorgang »Lernen« lassen nach, andere bilden sich aus und kompensieren dadurch die Defizite.

Auch geübte Erwachsene benötigen – besonders nach dem 40. Lebensjahr – deutlich mehr Zeit als Jugendliche, um Lernaufgaben zu bewäl-

---

[10] Vgl. Olechowski: Psychologie des Erwachsenen 233-239.

[11] Vgl. die Überblicke bei Olechowski: Ebenda 195-198, sowie Ursula Lehr: Psychologie des Alterns, 8. Aufl., Heidelberg 1996 (UTB 55) 73-110.

[12] Vgl. dazu Manfred Herrmann/Helga Laaf: Pädagogische Besonderheiten beruflicher Erwachsenenbildung. Ein Beitrag zu einer Bestandsaufnahme und Analyse, Hannover 1974, 21, sowie Andreas Kruse/Georg Rudinger: Lernen und Leistung im Erwachsenenalter, in: Franz E. Weinert/Heinz Mandl (Hg.): Psychologie der Erwachsenenbildung, Göttingen 1997, 56-64.

tigen[13]. Ihr akustisches und optisches Wahrnehmungsvermögen wird schwächer[14]. Ihr Kurzzeitgedächtnis lässt nach; ebenso ihre Fähigkeit, sinnloses oder sinnarmes Material (wie etwa Reihen unverbundener Einzeldaten) aufzunehmen[15]. Darüber hinaus bereitet es Erwachsenen mehr Mühe, dicht gedrängte oder komplexe Inhalte aufzunehmen, solche also, in denen die Informationen zu schnell aufeinander folgen oder zu kompliziert sind, um bewusst wahrgenommen und in das bereits Gewusste eingeordnet zu werden[16].

Diese Mängel kompensiert der Erwachsene durch eine Reihe von Vorteilen, die er seiner längeren Lernerfahrung verdankt. Dazu gehört vor allem die Fähigkeit, Wichtiges von Unwichtigem zu scheiden, Informationen richtig zu bewerten, Analogien und Sinnbezüge zwischen verschiedenen Sachverhalten herzustellen[17]. Von besonderer Bedeutung ist die »integrative Lerntechnik«[18] des Erwachsenen, das heißt seine Fähigkeit, Neues treffsicher in bereits Gewusstes einzuordnen. Gelingt diese Einordnung, dann ist das Gelernte in der Regel auch für das Gedächtnis verfügbar. Sein nachlassendes »mechanisches Gedächtnis« für Sinnarmes oder Unverstandenes kompensiert der Erwachsene durch ein besseres »logisches Gedächtnis«[19].

Aus diesen Besonderheiten im Lernen Erwachsener ergeben sich für den Reiseleiter wichtige Konsequenzen: Zunächst darf sein Führungsvortrag nie zu einer bloßen Reihung sinnarmer Fakten (so etwa von Jahreszahlen, Maßangaben, Namen usw. im üblichen Fremdenführerstil) entarten. Statt dessen muss er Sinnbezüge pointiert herausarbeiten. Komplizierte Zusammenhänge sollen stets in angemessene Lernschritte aufgegliedert werden, durch die der logische Zusammenhang der Inhalte besonders deutlich wird. Ebenso sollte der Reiseleiter stets auf Ähnlichkeiten, Querverbindungen und Zusammenhänge mit bereits Gelerntem ausdrücklich hinweisen. Das Bedürfnis nach sinnbezogenem Lernen fordert vom Reiseleiter aber vor allem eine durchdachte Gesamtkonzeption

---

[13] Vgl. Herrmann/Laaf: Pädagogische Besonderheiten 18; Olechowski: Psychologie des Erwachsenen 188-195.

[14] Vgl. Olechowski: Ebenda 190.

[15] Vgl. Herrmann/Laaf: Pädagogische Besonderheiten 18; Marita Verrez-Muckel: Lernprobleme Erwachsener. Befunde und Konzepte für die praktische Arbeit, Stuttgart 1974, 71.

[16] Vgl. Olechowski: Psychologie des Erwachsenen 203-205.

[17] Vgl. Verrez-Muckel: Lernprobleme Erwachsener 71 f.; Olechowski: Psychologie des Erwachsenen 200-203; 210.

[18] Verrez-Muckel: Ebenda 72.

[19] Verrez-Muckel: Ebenda 72.

der Studienreise, die verhindert, dass die Fahrt in ein Kaleidoskop unverbindlicher und unverbundener Einzeleindrücke auseinander bricht.

Wenn in den vorigen Abschnitten immer wieder von »Lernen« die Rede war, dann muss man hier vor einem Missverständnis warnen: Das Lernen Erwachsener ist – zumal im Freizeitbereich – nicht mit schulischem Lernen vergleichbar. Schulisches Lernen ist vor allem Wissenstransfer. Im Lernen Erwachsener versammelt sich immer zugleich auch deren Lebensgeschichte und damit ihr Vorwissen, ihre Lernerfahrung, vor allem aber ihre Interessenlage und ihre je unterschiedlichen Sinnentwürfe. Deshalb ist für sie Lernen in aller Regel kein passives Hinnehmen sondern ein Prozess aktiver Aneignung, ein Prozess der Konstruktion zwischen Ich und Wirklichkeit und darüber hinaus »eine Gelegenheit, in relativer Distanz zu den Zwängen und Handlungsnotwendigkeiten des Alltags ... Wirklichkeitskonstruktionen zu überdenken, mit anderen zu vergleichen, durch neues Wissen anzureichern, neue Sichtweisen kennen zu lernen«[20]. Der Lehrende verlässt in diesem Kontext die Rolle als Instruktor und übernimmt die eines Animateurs[21], der anregt, Themen und Deutungen vorschlägt und sich dabei stets bewusst bleibt, dass diese ihre Relevanz nicht aus sich selbst heraus, sondern erst durch den Kontakt mit dem lebensgeschichtlichen Hintergrund des Lernenden gewinnen. Dies hat für den Reiseleiter vor allem Konsequenzen im Hinblick auf Takt und Stil: Er muss seine Erläuterungen als Angebot und nicht als Pflicht verstehen. Er muss sich stets in respektvoller Distanz zu dem halten, was der Reisegast davon aufgreift, wie er dies einordnet, welchen Sinn er ihm beimisst. Davon abgesehen sollte der Reiseleiter verstärkt solche Methoden einsetzen, die die Aktivität und Eigenständigkeit der Teilnehmer anregen. Und last not least sollte er den Teilnehmern im Rahmen seiner Möglichkeiten genügend Zeit für selbständiges Erkunden oder Vertiefen einräumen.

IV. Die soziokulturellen Voraussetzungen: Urlaub und Studienreise

Eine Studienreise bedeutet für die Teilnehmer in der Regel Urlaub. Urlaub als »Frei-Zeit« im Kontinuum des Arbeitsjahres meint im Durchschnittsverständnis moderner Industriegesellschaften Freiheit von der Arbeits- und Alltagswelt und damit Freiheit von Zwängen und Normen, von Leistung und Stress, von Routine und Überdruss[22]. Damit erscheint Urlaub

---

[20] Horst Siebert: Lernen als Konstruktion von Lebenswelten. Entwurf einer konstruktivistischen Didaktik, Frankfurt 1994, 54.

[21] Horst Siebert: Didaktisches Handeln in der Erwachsenenbildung, Neuwied 1996, 89–92.

[22] Vgl. Erwin K. Scheuch: Soziologie der Freizeit, in: René König (Hg.): Handbuch der empirischen Sozialforschung, 2. Aufl., Bd 11, Stuttgart 1977, 144 ff.

als »Überschreiten der normativen Begrenzungen des Alltags«[23], als dessen Gegenwelt also und damit als Chance für Entspannung und Erholung, als Gelegenheit zu Lebensgenuss, Kreativität und Selbstbestimmung. Dem Streben nach Abstand vom Alltag entspricht die Veränderung des Ortes, die Preisgabe des sozialen Bezugssystems, vor allem aber eine Veränderung des Lebensgefühls mit neuartigen Interessen und Aktivitäten[24].

Die Studienreise ist eine Urlaubsform eigener Art: Sie vermittelt den Abstand von den alltäglichen Leistungs- und Anpassungszwängen nicht durch schlichtes Ausspannen und passives Genießen, sondern durch aktives Erleben: durch die Beschäftigung mit Natur, mit Kultur und Geschichte beispielsweise und damit durch das Studium von Dingen, die zwar persönlich interessant sind, die aber in der Regel nicht für die moderne Arbeitswelt qualifizieren, sondern eher davon distanzieren. In der damit gewonnenen Erweiterung des Wissens und Bewusstseins liegt denn auch eine Chance für den Einzelnen, sich von der prägenden und nivellierenden Monotonie der Berufswelt zu emanzipieren und zu mehr Autonomie gegenüber sich selbst und der eigenen Umwelt zu finden.

Mit der Studienreise entscheidet sich der Teilnehmer für eine organisierte Gruppenfahrt. Damit entfällt für ihn die Notwendigkeit, sich ein Land, eine Kultur, eine Verständigungsbasis selbst zu erarbeiten, sich allein der Fremdartigkeit eines unbekannten Milieus auszusetzen. Er gewinnt eine durch Routine vermittelte Sicherheit, wird durch eine Fülle von Informationen und Interpretationen in ein fremdes Land eingeführt[25] – um sich freilich dadurch der Gruppendisziplin (samt den sich hier entwickelnden gruppendynamischen Prozessen), dem starren Programmablauf sowie der noch ungewissen organisatorischen und fachlichen Kompetenz des Reiseleiters unterordnen zu müssen.

Aus beidem ergeben sich für den Reiseleiter wichtige Konsequenzen: Planung und Durchführung einer Fahrt müssen der Urlaubssituation der Teilnehmer aber auch den Erwartungen an eine Studienfahrt Rechnung tragen: Die Fahrt darf deshalb weder zu einer wissenschaftlichen Exkursion noch zu einer Sightseeing-Tour entarten. Daraus folgt, dass die Wissensvermittlung bei aller Seriosität nie den Grundtenor des Spielerischen,

---

[23] Christoph Hennig: Reiselust. Touristen, Tourismus und Urlaubskultur, Frankfurt 1997, 43.

[24] Gisela Pivonas: Urlaubserwartungen, Urlaubsentscheidungen, Urlaubsverhalten, Urlaubszufriedenheit, in: Urlaub als Chance, Loccurn 1973 (Loccumer Protokolle 7) 6. Vgl. Horst W. Opaschowski: Tourismus. Eine systematische Einführung, Opladen 1996, 119-122.

[25] Zur Theorie des »touristischen Überblicks« vgl. Dean Mac Cannell: The Tourist. A New Theory of the Leisure Class, New York 1976; zu den Erwartungen der Teilnehmer vgl. Peter Roth: Die Studienreise der 90er Jahre, München 1992, 71.

Spontanen und Urlaubshaften verlieren sollte. Die Teilnehmer dürfen auch nicht in die Rolle passiver Rezipienten oder gar in eine Schülerrolle gedrängt werden. Soweit wie möglich muss der Reiseleiter deshalb das aktive Mit-Tun, die Spontaneität und Kreativität der Teilnehmer herausfordern. Dazu gehören auch hinreichend große Freiräume für Eigeninitiativen. Und schließlich muss der Reiseleiter darauf achten, dass er mit seinen didaktischen und methodischen Möglichkeiten die Kommunikation der Teilnehmer und damit die soziale Integration der Gruppe fördert.

V. Die didaktische Planung

Eine Studienreise durchmisst in der Regel schnell große Distanzen des Raumes. Aus der dichten Folge unvermittelter Eindrücke entsteht bei den Teilnehmern leicht ein Gewirr unterschiedlichster Impressionen, das wiederum dem Bedürfnis Erwachsener nach sinnbezogenem, integrativem Lernen widerspricht. Aufgabe des Reiseleiters muss es deshalb sein, diesem natürlichen Trend jeder Reise entgegenzusteuern und durch die Fülle des Gesehenen und Besichtigten hindurch die Linien großer Zusammenhänge sichtbar zu machen. Diese Aufgabe wird durch den Umstand erschwert, dass die Route einer Studienfahrt in der Regel nicht der sachlogischen Entfaltung ihrer Inhalte entspricht, sondern nach verkehrstechnisch-logistischen Gesichtspunkten konzipiert worden ist. Umso wichtiger ist deshalb eine durchdachte Gesamtkonzeption, die als orientierender Gegenpol allen Führungsaktivitäten Richtung und Ziel vorgibt.

1. Die Gesamtkonzeption

Die Besichtigungspunkte einer Reise – didaktisch gesprochen: ihre Inhalte – sind dem Reiseleiter durch das Veranstaltungsprogramm vorgegeben und deshalb für seine Planung unveränderlich. Variabel sind hingegen die den Inhalten vorgeordneten Ziele, jene oben beschriebenen Aspekte also, die die Inhalte profilieren und damit konkretisieren. Es versteht sich von selbst, dass diese Ziele wiederum im Zusammenhang der Gesamtkonzeption wurzeln müssen.

Eine solche Gesamtkonzeption lässt sich weder mit der Sicherheit eines mathematischen Beweises gewinnen, noch liegt sie im beliebigen Ermessen des Reiseleiters. Sie gründet vielmehr in der begründbaren Stringenz eines Verfahrens, das nach dem Typischen fragt, nach jenen allgemeinen, durch Abstraktion gewonnenen Grundstrukturen also, die in ihrer jeweils unterschiedlichen Kombination eine unverwechselbare Individualität bilden. Damit stellen Typen (oder besser: »Idealtypen« im Sinne

Max Webers) trotz all ihrer Distanz zu den konkreten Einzelgegebenheiten ein mehr oder minder zutreffendes Modell der Realität dar.

Der Weg zu einer solchen idealtypischen Gesamtkonzeption führt zunächst über das Studium der erreichbaren Literatur zu einer ersten Theoriebildung, zu deren Überprüfung, Ergänzung und Differenzierung, bis schließlich ein Konzept gewonnen ist, das alle erkennbaren Details schlüssig in ein Gesamtbild fasst (der »Hermeneutische Zirkel« im Sinne Wilhelm Diltheys). Dieser Prozess gewinnt methodische Präzision, wenn man ihn in ein analytisches Frageraster aufgliedert. Jedes Land lässt sich unter verschiedenen Aspekten beschreiben:

- Es ist ein geologischer, geomorphologischer und klimatischer Raum mit einer bestimmten Flora und Fauna.

- Es ist eine wirtschaftliche Einheit mit jeweils bestimmten Schwerpunkten, Organisationsformen, Zielen und Problemen.

- Es ist eine politische Einheit mit einer bestimmten Verfassung, mit bestimmten Formen der inneren Integration, der politischen Willensbildung sowie bestimmten nach außen gerichteten Zielen.

- Es ist eine sprachliche, kulturelle und religiöse Einheit oder zumindest die Integrationsebene verschiedener derartiger Einheiten.

- Es ist eine historische Einheit, die eine Fülle kollektiver Erfahrungen birgt, bestimmte Verhaltens- und Reaktionsformen gebildet und damit eine bestimmte Mentalität hervorgebracht hat.

Aufgrund seiner Sachkenntnis ermittelt der Reiseleiter sodann, was die jeweils typischen Merkmale seines Ziellandes unter geographischen, wirtschaftlichen, politischen, kulturellen und historischen Aspekten sind (die sogenannten »Basisaspekte«), was also diesem Land seine unvertauschbare Individualität, sein charakteristisches Profil verleiht.

Der historische Aspekt kann dabei – wie bei der traditionellen Studienreise – zur Metaebene aller anderen Aspekte werden: Die Oberflächengestalt eines Landes beispielsweise ist als Ergebnis menschlichen Handelns stets auch das Ergebnis seiner Geschichte, dies gilt genauso für Wirtschaft, Politik und Kultur usw. Der Reiseleiter wird also jetzt danach fragen, welche typischen Entwicklungen in den vorerwähnten Bereichen – die sich häufig als Epochen oder Perioden voneinander abgrenzen lassen –, dem Land sein unverwechselbares Profil verliehen haben. Damit wird die didaktische Grundkonzeption das individuelle Profil eines Landes, darstellbar als eine Matrix, die in der Horizontalen die Sachaspekte und in der Vertikalen die Zeitleiste mitsamt der daraus ableitbaren historischen Epochengliederung umfasst.

2. Lernziele und Inhalte

Als nächste Planungsaufgabe wird der Reiseleiter die in der Grundkonzeption enthaltenen Aspekte differenzieren und konkretisieren. Wenn etwa die oben skizzierten Überlegungen ergeben haben, dass das Land A unter wirtschaftlichem Aspekt überwiegend ein Agrarland ist, dann fragt er jetzt, welche Anbauformen, Betriebs- und Vermarktungsorganisationen für dieses Land besonders charakteristisch sind. Die nachfolgenden Artikel im Teil III dieses Handbuches enthalten für diesen Planungsabschnitt eine Fülle von fachspezifischen Informationen und Anregungen.

Als letztes obliegt es dem Reiseleiter, die so gewonnene Sequenz von Zielen mit geeigneten Inhalten zu verbinden. Dies heißt, dass der Reiseleiter jene Besichtigungspunkte aus dem Fahrtprogramm auswählt, die sich besonders dazu eignen, um an ihnen beispielhaft die ermittelten Ziele darzustellen. Hierbei ist ein selektives wie auch exemplarisches Vorgehen wichtig. Wenn etwa die Kunstgeschichte des Landes B besonders von der Gotik geprägt wurde – genauer von der hoch- und spätgotische Sakralarchitektur –, dann wird der Reiseleiter jetzt überlegen, in welcher Kirche er die einzelnen Stilmerkmale ausführlich und exemplarisch erläutern wird. Hat er etwa in der Kathedrale X die hochgotische Bogenkonstruktion vorgestellt, dann bietet vielleicht die Kirche Y Anknüpfungspunkte, um das Strebepfeilersystem der Spätgotik zu thematisieren. Oder der Dom Z eignet sich besonders dazu, um hier den Aspekt »Mittelalterliche Bautechnik« zur Sprache zu bringen. Unsinnig wäre hingegen, wollte man in jeder Kirche alle diese Aspekte immer wieder erneut zum Thema machen.

Damit lassen sich die didaktischen Planungsaufgaben des Reiseleiters wie folgt zusammenfassen: Als erstes muss er eine Gesamtkonzeption erarbeiten. Als nächstes wird er die darin enthaltenen Einzelaspekte in untergeordnete Ziele aufgliedern. Und schlussendlich wird er die Ziele mit geeigneten Inhalten entlang der vorgegebenen Fahrtroute verbinden.

V. Allgemeine Methodik der Studienreise

Die Methodik erschließt alle Bedingungen, Verfahren und Techniken, mit denen die vorerwähnte didaktische Konzeption erfolgreich durchgeführt werden kann. Der folgende Abschnitt über »Allgemeine Methodik« behandelt wiederum jene Bedingungen und Elemente, die für die meisten methodischen Verfahren gelten und damit deren wichtigste Bausteine bilden.

1. Die Motivation

Eine Studienfahrt ist störungsanfällig, Die hohe »Zugangsmotivation« der Teilnehmer kann deshalb leicht durch zahlreiche externe und interne Schwierigkeiten abgebaut werden. Die »Durchhaltemotivation«, verstanden als gleichbleibend hohes Interesse an den Programminhalten, ist aber die Voraussetzung für eine glückende Studienreise[26]. Um sie zu erhalten, sollte der Reiseleiter folgendes beachten:

a) Er muss die organisatorischen sowie gruppenpsychologischen Aufgaben der Fahrt sicher beherrschen. Wenn sich Programmstörungen häufen, wenn gravierende Mängel Unterkunft und Verpflegung beeinträchtigen, wenn keine vernünftige Zeitplanung zustande kommt (die den Teilnehmern u.a. auch ausreichende Freizeit einräumt) oder wenn innerhalb der Gruppe frustrierende Konflikte entstehen, dann sind die Chancen für eine erfolgreiche Fahrt vertan[27].

b) Bei den Teilnehmern sollte nicht das Gefühl aufkommen, einem starren Programmablauf ausgeliefert zu sein, die einzelnen Besichtigungspunkte gleichsam als Pflichtübung absolvieren zu müssen. Der Reiseleiter muss deshalb bemüht sein, eine durchgehende Spannung zwischen den einzelnen Programmpunkten aufzubauen, auf Höhepunkte hinzuarbeiten, das Programm gleichsam zu inszenieren. Dazu dienen vor allem gezielte Hinweise auf Wert und Bedeutung bevorstehender Besichtigungen, etwa im Anschluss an Führungen und Vorträge oder bei der täglichen Programmansage – kurz alles, was bei den Teilnehmern eine Erwartungshaltung auf Bevorstehendes aufbaut.

c) Die Wissensvermittlung muss stets von einem kommunikativen und damit partnerschaftlichen Grundtenor getragen sein. Das bedeutet, dass der Reiseleiter weder das Image eines Lehrers noch das eines weltfernen Gelehrten pflegt, sondern das Gespräch und die Diskussion mit den Teilnehmern sucht, dass er auf Fragen und Kritiken eingeht, Anregungen und Wünsche soweit wie möglich in seine Programmgestaltung einbezieht.

d) Der Reiseleiter sollte sich zudem bemühen, eine durchgehend positive Grundhaltung bei den Teilnehmern aufzubauen und auch bei Störungen durchzuhalten. Eine Bemerkung wie »Leider haben wir für den Rundgang wenig Zeit. Wir müssen uns deshalb sehr beeilen!« entwertet die bevorstehende Führung von vornherein zu einem Provisorium. Der Satz »Leider ist der Platz vor der Moschee mit Menschen über-

---

[26] Vgl. zu beiden Begriffen Olechowski: Psychologie des Erwachsenen 219-239.

[27] Zur hierzu angesprochenen Hierarchie der Motive und Bedürfnisse vgl. Abraham H. Maslow: Motivation und Persönlichkeit, Reinbek 1996 (rororo 7395), 74-95.

einem negativen Vorzeichen und führt möglicherweise zur kritischen Rückfrage, warum denn dann der Reiseleiter keinen günstigeren Zeitpunkt für die Besichtigung gewählt hat. Ein erfahrener Reiseleiter wird deshalb eine Wendung mit positivem Impuls wählen, beispielsweise: »Glücklicherweise erleben wir dieses einzigartige Ensemble voller Menschen und deshalb voller Leben. So hat sich dies der Architekten einst auch gedacht.«

e) Die didaktische Gesamtkonzeption muss eine glaubhafte Brücke zwischen der in eigener Anschauung direkt erlebten Gegenwart eines Landes und den Monumenten seiner Vergangenheit schlagen. Eine Aufspaltung des Interesses in eine – mangels Orientierungshilfen – nur privat erlebte und deshalb nur halb verstandene Gegenwart sowie in die im offiziellen Programm behandelte Vergangenheit sollte unter allen Umständen vermieden werden.

2. Methodenkonzeptionen

a) Das induktive und das deduktive Verfahren

Die Induktion geht vom Einzelnen, Konkreten aus, um von hier aus in wohlabgemessenen Schritten das Ganze, das Allgemeine zu erschließen. Damit lässt sie den geistigen Prozess des Entdeckens und Erschließens konzentriert miterleben und wirkt deshalb in der Regel stark motivierend. Die Deduktion geht dagegen vom Überblick, vom Allgemeinen aus und erschließt von hier aus die Einzelheiten. Ihr Vorteil liegt in ihrer erkennbaren Systematik, die damit den Lernbedürfnissen Erwachsener sehr entgegenkommt, aber aus Mangel an Dramatik nicht immer motiviert. Die Deduktion eignet sich besonders zum Erklären größerer und komplexer Zusammenhänge.

b) Das ganzheitliche und das exemplarische Verfahren

Das ganzheitliche Verfahren richtet das Augenmerk auf die Totalität einer Sache, eines Zusammenhangs, um diese ganz oder doch in ihren konstitutiven Teilen zu analysieren. Es ist stets da angebracht, wo ein überschaubares Thema von besonderer Bedeutung eingehend erklärt werden soll.

Das exemplarische Verfahren wählt hingegen unter einer Vielzahl von Ähnlichem jenes aus, das sich besonders dafür eignet, stellvertretend für die anderen ganzheitlich erläutert zu werden. Hinter diesem Verfahren steht die Annahme, dass der Lernende durch die exemplarische Analyse des einen ausreichende Kenntnisse und Fähigkeiten erwirbt, um Ähnliches selbst interpretieren zu können. Es impliziert damit stets ein Transferziel, das im Führungsvortrag auch ausdrücklich zur Sprache kommen sollte. Das exemplarische Verfahren ist für die Didaktik und Methodik der Studienreise grundlegend. Es bestimmt nicht nur die didaktische Planung, sondern stellt auch für die methodische Durchführung das wichtigste Auswahl- und Gestaltungsprinzip.

c) Die direkten und die indirekten Verfahren

In direkten Verfahren wendet sich der Lehrende direkt an die Lernenden (etwa durch Vortrag oder Führung). In indirekten Verfahren schafft der Lehrende die Rahmenbedingungen, innerhalb derer die Lernenden selbständig agieren. In den beiden letzten Abschnitten dieses Artikels werden die einzelnen Verfahren detailliert dargestellt und ihre Vor- und Nachteile erörtert.

3. Grundelemente der Führung

a) Äußere Formen der Führung

Der Erfolg oder Misserfolg von Führungen hängt häufig davon ab, ob der Reiseleiter auf die »kleinen Selbstverständlichkeiten« in ihrem äußeren Verlauf achtet.

Grundsätzlich sollte er zu Beginn jeder Führung dem Bedürfnis Erwachsener nach Orientierung entsprechen und über die voraussichtliche Dauer, Fotopausen, Zeit zur freien Verfügung, Erfrischungsmöglichkeiten usw. informieren.

Beim Erwachsenen nehmen sowohl Lautstärkeempfindlichkeit als auch Hörgeschwindigkeit ab[28]. Deshalb muss der Reiseleiter (zumal im Freien) darum bemüht sein, laut, deutlich und vor allem langsam zu sprechen.

Der Vortrag sollte der besseren Motivation wegen grundsätzlich in freier Rede gehalten werden. Die Sprache soll farbig und anschaulich, der Stil locker und humorvoll sein. Durch Augenkontakt und hinweisende Gestik wird für die Zuhörer der Eindruck persönlichen Angesprochenseins verstärkt.

Es versteht sich von selbst, dass der Reiseleiter der Gruppe beim Führungsrundgang nicht in großen Schritten vorauseilen darf, sondern an ihrer Ganggeschwindigkeit Maß zu nehmen hat. Ebenso soll er mit dem Führungsvortrag erst dann beginnen, wenn sich alle Teilnehmer eingefunden haben. Im Interesse der Konzentration aller sollte er gegebenenfalls Teilnehmer bitten, während des Vortrags in der Gruppe keine Privatgespräche zu führen und nicht zu fotografieren.

Bei vielen Menschen ist das räumliche Vorstellungs- und Orientierungsvermögen relativ schwach entwickelt. Gleichwohl bildet die räum-

---

[28] Olechowski: Psychologie des Erwachsenen 190.

liche Orientierung eine wichtige Voraussetzung für das spätere bildhafte
Vorstellen und Erinnern. Der Reiseleiter sollte deshalb durch wiederholte
Hinweise darauf achten, dass die Teilnehmer während der Führung den
räumlichen Überblick nicht verlieren (Hinweise auf die Himmelsrichtung
oder auf die Lage zu anderen Objekten).

Besonders sorgfältig muss der Reiseleiter den Standort für den Führungsvortrag auswählen. Ein idealer Standort sollte folgende Bedingungen
erfüllen:

-   Er soll einen guten Überblick über das Objekt bieten (in der
    Regel eine frontale oder diagonale Lage zum Objekt).
-   Er soll ruhig und verkehrsarm sein.
-   Er soll – besonders im Süden – im Schatten liegen.
-   Er soll die Teilnehmer nicht zwingen, in die Sonne oder gegen
    das Licht zu blicken.

b) Die Struktur der Führung

»Anschauung ist das Fundament aller Erkenntnis«. Dieser fundamentale
Satz Pestalozzis gilt im besonderen Maße für die Studienreise, deren Vorzug ja gerade darin besteht, dass sie zur konkreten Anschauung ihrer
Objekte hinführt. Anschauung aber bedingt Beschreibung. Denn nur das
wird in der Regel bewusst wahrgenommen, was der Sehende als sehenswert erkennt. Die Beschreibung soll deshalb das Sehen steuern, Wichtiges
von Unwichtigem scheiden und zu einem eindringenden Analysieren an-
leiten. Dabei sind oberflächliche Allgemeinheiten ebenso zu meiden wie
eine sich in ermüdender Reihung von Einzelheiten verlierende Akribie.
(Also nicht: »Sie sehen hier eine reich gegliederte Fassade!« – auch nicht:
»Links vom rechten Risalit sehen Sie eine Figurenkonsole, daneben wieder eine Blendnische usw.«, sondern: »Die Fassade gliedert sich vertikal
in drei deutlich unterscheidbare Abschnitte usw.«). Erst nach der Beschreibung (und gleichsam als deren Ergebnis) ist das Objekt einem
größeren Zusammenhang, einem bestimmten Stil oder Typ zuzuordnen.
Dessen jeweils relevante Merkmale sollten als Verständnis- und Struktu-
rierungshilfen hierbei auch dann kurz wiederholt werden, wenn sie früher
bereits ausführlich erläutert worden sind (etwa: »Wie wir bereits gestern
in A gesehen haben, weist ein alpiner Biotop folgende Merkmale auf ...
«). Diese Trias – Deskription, Einordnung und Interpretation – bildet das
Strukturmuster jeder Führung, ohne dadurch zu einem Schema erstarren
zu wollen.

c) Die Gliederungselemente des Führungsvortrages

Das Lernen Erwachsener ist vor allem ein sinnbezogenes Lernen. Dies bedeutet, dass das zu Erlernende sinnvoll strukturiert und sinnvoll in das bereits Gewusste integriert wird. Hierzu kann der Reiseleiter eine Reihe von Lernhilfen leisten. So empfiehlt es sich zu Beginn eines Führungsvortrages, die Vorkenntnisse der Teilnehmer durch eine kurze Wiederholung zu mobilisieren und damit eine Brücke vom Bekannten zum Unbekannten zu schlagen.

Ebenso kommt der Reiseleiter den Lernbedürfnissen von Erwachsenen entgegen, wenn er in allen Phasen der Führung – also bei Deskription, Einordnung und Interpretation – Vergleiche zu bereits Wahrgenommenem oder Gelerntem zieht, wenn er also auf Ähnliches oder Gleiches oder aber auch auf kontrastierend Verschiedenes hinweist. Denn der Vergleich mit Bekanntem profiliert das Neue, differenziert das Gewusste und prägt es zugleich durch geraffte Wiederholung besser dem Gedächtnis ein.

Eine Zusammenfassung als Abschluss des Führungsvortrages sichert das Ergebnis und weist noch einmal die von Details abstrahierte Grundstruktur des Neuen auf. Ebenso bauen Ausblicke auf noch Bevorstehendes eine motivierende Erwartungshaltung auf und ziehen bereits die Linien, an denen dieses in die gedankliche Struktur des Gewussten eingeordnet werden kann.

d) Die Medien

Audiovisuelle Medien spielen eine wichtige – wenngleich auch gelegentlich überschätzte – Rolle in der Methodik. Medien sollen Sachverhalte veranschaulichen und dadurch sowohl motivieren als auch das Verstehen strukturieren. Es versteht sich von selbst, dass die auf elektronische Träger gestützten Medien nur in Ausnahmefällen eingesetzt werden können[29]. Dagegen stehen dem Reiseleiter andere Medien bequem zur Verfügung. So sollte er stets einen größeren Zeichenblock mit sich führen, auf dem er seinen Führungsvortrag durch Spontanzeichnungen (etwa von Grundrissen, Fassadengliederungen, Struktur- und Verlaufsschemata usw.) veranschaulichen kann. Ebenso kann er weitere Medien einsetzen:

- Fotokopien von Grundrissen, Stadtplänen, Landkarten usw.,
- Fotokopien von Bildern, die den früheren Erhaltungszustand eines Bauwerkes, einer Anlage zeigen oder Abbildungen von archäologischen Rekonstruktionen,

---

[29] Eine wichtige Ausnahme bilden die in den meisten Autobussen verfügbaren Recorder, die wiederum zum Abspielen landestypischer Musik einladen.

- Fotografien von Bildern, Bauwerken, Landschaftsformen usw. (als Vergleichsmaterial für die Führungen),
- Fotokopien von Struktur- und Ablaufmodellen, Zeitleisten usw.,
- Übersetzungen von fremdsprachigen Inschriften,
- Kopien von historischen Quellen, Dichtungen, Legenden und Mythen, die in Beziehung zum Besichtigungsobjekt stehen.

Über den Einsatz von Medien muss bereits bei der didaktischen Planung mitentschieden werden. Denn die benötigten Abbildungen und Texte müssen in der Fachliteratur gesucht, die Photokopien entsprechend der Anzahl der Teilnehmer angefertigt werden.

VI. Die direkten Methoden

1. Allgemeines

Allen direkten Methoden gemeinsam ist der Umstand, dass die Aktivität vom Reiseleiter ausgeht und sich direkt an die Teilnehmer wendet. Ihre einzelnen Formen, die sich alle auf Variationen des Vortrages zurückführen lassen, gehören zum klassischen Methodenrepertoire der Erwachsenenbildung. Und wenn auch in letzter Zeit wiederholt Kritik an ihnen geübt worden ist, so legitimieren sie sich zunächst durch den schlichten Umstand, dass viele Teilnehmer sie erwarten und ein Reiseleiter sie auch immer wieder anwenden muss – und sei es nur, um kognitive Lücken zu füllen. Der Vorzug der direkten Methoden liegt in einem Doppelten: Zum einen sind sie gleichsam die ökonomischste Form von Wissensvermittlung. Zum anderen ermöglichen sie es besser als indirekte Methoden, die Inhalte intern zu strukturieren (etwa nach Detail- und Hintergrundsinformationen) sowie unter lernpsychologischen Gesichtspunkten aufzugliedern.

Der Nachteil der direkten Methoden beruht in dem leicht einsehbaren Umstand, dass sie die Aktivität auf den Reiseleiter zentrieren, während die Teilnehmer zur passiven Rezeption verurteilt sind. Spannende Selbsterfahrung und anregendes Erlebnis kommen hier zumeist gar nicht erst auf.

2. Der fahrtbegleitende Kommentar

Der fahrtbegleitende Kommentar soll die Teilnehmer während der Fahrt auf markante Geländeformationen, Anbau- und Vegetationsarten, Siedlungs- und Wirtschaftsformen hinweisen und im übrigen dafür sorgen, dass sie die geographische Orientierung nicht verlieren. Er sollte möglichst von einer markanten Auffälligkeit, immer aber von der konkreten Anschaulichkeit ausgehen. Er kann sich zu einem Kurzvortrag über die angeschnittene Thematik ausweiten.

Der Reiseleiter muss mit Selbstdisziplin darauf achten, dass der fahrtbegleitende Kommentar nicht zu einer akustischen Dauerberieselung der Teilnehmer ausartet, die meist störend, zumindest aber als ermüdend empfunden wird. Beim Benutzen einer Mikrophonanlage muss der Reiseleiter auf die richtige Lautstärke und Sprechhaltung achten (Mikrophon mit der linken Hand fest an die Kinngrube drücken, damit es durch die Schlingerbewegungen des Busses nicht aus dem Empfangsbereich gleitet).

3. Vorlesen während der Fahrt

Das Vorlesen dient der Vorbereitung, Ergänzung und Unterhaltung. Es eignet sich besonders zur Auflockerung längerer Fahrtstrecken und gibt die Möglichkeit, Bereiche aus Kultur und Geschichte eines Landes in die Fahrt einzubeziehen, die das Besichtigungsprogramm nicht abdeckt (wie beispielsweise die Literatur dieses Landes). Wie mit dem fahrtbegleitenden Kommentar sollte der Reiseleiter mit dem Vorlesen eher sparsam umgehen; es sollte jeweils nicht länger als 30 Minuten dauern.

Zum Vorlesen eignen sich besonders:

- Novellen und Kurzgeschichten, die charakteristische Einblicke in die Literatur des betreffenden Landes geben,
- Literatur, die entweder die betreffende Landschaft zum Schauplatz hat oder deren Stimmungsgehalt oder die Mentalität ihrer Bewohner charakterisiert,
- historische Reisebeschreibungen,
- historische Quellen, die mit dem Besichtigungsprogramm in Verbindung stehen,
- Berichte über Aktuelles (Zeitungen, Magazine, Bücher).

4. Der Überblicksvortrag

Der Überblicksvortrag gibt dem Studienreiseleiter die Möglichkeit, jene grundlegenden Wissensstrukturen zu begründen, die das Besichtigungsprogramm voraussetzt. Damit entlastet er die Einzelführungen von notwendigen Hintergrundinformationen, strukturiert Bevorstehendes und rundet die bei Einzelführungen gewonnenen Kenntnisse und Einsichten zu einem differenzierten und sinnvoll geordneten Gesamtverständnis ab. Neben der Vor- und Nachbereitung des Besichtigungsprogramms eröffnet der Überblicksvortrag dem Reiseleiter zudem die Möglichkeit, auch solche wichtigen Aspekte des Landes zur Sprache zu bringen, die vom Besichtigungsprogramm nicht abgedeckt sind, die aber auch nicht einfach übergangen werden sollten.

Grundsätzlich sollte der Reiseleiter Überblicksvorträge über die Geographie, über Wirtschaft und Staat, über die aktuelle politische Lage, über Kultur und Geschichte, mithin also über alle Basisaspekte eines Landes halten[30]. Die Thematik weiterer Vorträge ergibt sich aus weiteren charakteristischen Zielaspekten des Landes (etwa wichtige Phasen und Aspekte seiner Gegenwart wie Kultur, Lifestile usw.) oder der spezifischen Thematik der Fahrt. Darüber hinaus sollte der Reiseleiter bereit und in der Lage sein, auf artikulierte Interessen der Teilnehmer in weiteren Vorträgen detailliert einzugehen.

Der Überblicksvortrag stellt wegen seiner Dauer und Abstraktheit erhöhte Anforderungen an die Konzentration der Zuhörer. Er muss deshalb übersichtlich aufgebaut und knapp formuliert sein. Ebenso sollte er in der Regel nicht länger als eine halbe Stunde dauern. Um den Zuhörern Verständnis und Überblick zu erleichtern, sind Ziele und Gliederungspunkte gleich zu Beginn zu nennen. Zur Veranschaulichung der Inhalte sollte der Reiseleiter vorbereitete Medien einsetzen (etwa Fotokopien mit Diagrammen, Verlaufs- und Strukturskizzen usw.).

Überblicksvorträge können während der Busfahrt, bei längeren Aufenthalten oder abends im Hotel gehalten werden. Letzteres bietet erfahrungsgemäß die bessere Gelegenheit zu einer anschließenden Diskussion mit den Teilnehmern.

5. Die Führung am Einzelobjekt

Unter Einzelobjekt ist hier sowohl eine einzelne Sehenswürdigkeit als auch ein Objekt als Teil einer Anlage (z.B. die Statue in einer Kirche) zu verstehen. Die Führung am Einzelobjekt ist die einfachste Führungsform und bildet das Grundelement aller anderen, komplizierteren Führungsformen. Das Einzelobjekt erfordert – eine gute Überblicksperspektive vorausgesetzt – nur einen Führungsvortrag, der sich in die bereits beschriebene Trias Deskription, Einordnung und Interpretation gliedert.

6. Führung durch eine Anlage

Eine Anlage ist eine besondere Struktureinheit, die mehrere oder viele Objekte in sich birgt. Anlagen im Sinne dieser Definition sind etwa Schlösser, Kirchen, Gärten, Museen usw. Wegen der hiermit gegebenen Vielzahl von Sehenswürdigkeiten gliedert sich der Führungsvortrag in

---

[30] Vgl. oben S. 153.

verschiedene Einzelvorträge auf. Wichtig ist, dass die Teilnehmer über das Verständnis der Einzelobjekte hinaus zum Verständnis der Gesamtanlage geführt werden. Dies kann sowohl im induktiven Verfahren (das Verständnis der Gesamtanlage ergibt sich als Ergebnis der Führungen an Einzelobjekten) als auch im deduktiven Verfahren geschehen. Letzteres legt sich bei größeren Anlagen in der Regel nahe: Wenn die Teilnehmer zunächst die Eigenart der Anlage als solche verstanden haben, verstehen sie die in ihr integrierten Einzelobjekte besser. Der erste Führungsvortrag bezieht sich in diesem Falle also auf die Struktur der Anlage.

Im Interesse der Anschaulichkeit ist dabei ein Standort zu wählen, der einen guten Überblick über die Gesamtanlage gestattet. Die beste Überblicksperspektive bietet bei Bauwerken (Kirchen, Hallen usw.) im allgemeinen die Längsachse, bei Plätzen eine Diagonale zum Mittelpunkt, in Ausgrabungsgeländen eine erhöhte Stelle. Bei Bauwerken (Kirchen, Schlössern usw.) ist zumeist eine Kombination von Außen- und Innenperspektive erforderlich.

Wenn die Anlage als solche verstanden ist, werden im Verlauf eines Rundganges sowohl wichtige Strukturelemente der Anlage als auch Einzelobjekte exemplarisch durch weitere Führungsvorträge erläutert.

Grundlegend für den Aufbau der Gesamtführung wie für die Einzelvorträge ist wiederum der Dreischritt von Deskription, Einordnung und Interpretation. Bei größeren Anlagen sollte eine abschließende Zusammenfassung der Ergebnisse als weiterer Gliederungspunkt hinzukommen.

7. Führung durch eine Großanlage

Eine Großanlage ist eine besondere Struktureinheit, die mehrere oder viele Anlagen und Objekte in sich birgt. Großanlagen im Sinne dieser Definition sind etwa Städte, große Ausgrabungsgelände (z.B. Pompeji, Delos), Freilichtmuseen usw. Wegen der Vielzahl der in ihr gegebenen Sehenswürdigkeiten gliedert sich die Führung in viele Einzelvorträge auf. Mehr noch als eine Anlage legt die Großanlage ein deduktives Führungsverfahren nahe: Die Teilnehmer müssen zuerst Aufbau und Funktion der Großanlage als solche erkennen, ehe sie durch exemplarische Einzelführungen ihre Teile und deren Funktionen im ganzen verstehen.

Die Vielzahl und Vielfalt der Teile macht eine umfassende Besichtigung unmöglich. Der Reiseleiter muss deshalb streng exemplarisch jene Teile auswählen, die unter einem wichtigen Gesichtspunkt für die Großanlage charakteristisch, mithin also geeignet sind, das Ganze zu erklären. Der Aufbau der Gesamtführung wie der Einzelführung folgt wieder dem bekannten Schema Deskription, Einordnung und Interpretation.

VII. Die indirekten Methoden

1. Allgemeines

Allen indirekten Methoden gemeinsam ist, dass der Reiseleiter durch sie Rahmenbedingungen schafft, innerhalb derer die Teilnehmer selbständig agieren. In dem Bemühen, die Teilnehmer zu entdeckendem Erleben, zur Aktivität anzuregen, treffen sie sich mit jenen freizeitpädagogischen Ansätzen, die unter dem Stichwort »Animation« theoretisch und praktisch[31] entwickelt worden sind.

Ihr Vorzug liegt darin, dass ihr Appell an Eigenständigkeit, Aktivität und Kreativität sowie die daraus resultierende Entspannung, Freude und Selbstbestätigung unmittelbar die Urlaubssituation der Teilnehmer ansprechen[32]. In ihrer Tendenz zum »Miteinander« fördern sie soziales Erleben und die soziale Integration der Gruppe. Und schließlich entsprechen sie jenem lernpsychologischen Axiom, dass »Entdeckendes Lernen« nicht nur Motivation und Problembewusstsein steigert, sondern auch den Transfer und damit die Verfügbarkeit des Gelernten verbessert[33].

Einer Verabsolutierung der indirekten Methoden widersprechen allerdings gewichtige Argumente: Ihr Zeitbedarf ist unverhältnismäßig groß und lässt sich zumeist nicht mit dem »Programmdiktat« einer normalen Studienreise vereinbaren. Zudem sind indirekte Methoden normalerweise starr auf einen Zielaspekt hin orientiert: Analogien und Querverbindungen, Komplexität und Abstraktion, kurzum der Aufbau einer differenzierten Wissensstruktur leisten deshalb die indirekten Methoden allein nicht. Es bedarf deshalb immer wieder des orientierenden Eingreifens des Reiseleiters und damit direkter Methoden[34]. Hinzu kommt, dass indirekte Methoden gelegentlich auf Vorbehalte der Teilnehmer stoßen, die erwarten, vom Reiseleiter informiert zu werden als sich selbst zu informieren. Oder die befürchten, vom Reiseleiter in eine Schülerrolle gedrängt zu werden und sich durch Aktivitäten vor der Gruppe bloßstellen zu müssen. Hieraus folgt wiederum, dass der Reiseleiter indirekte Methoden erst dann

---

[31] Vgl. Claus Finger/Brigitte Gayler: Animation im Urlaub. Studie für Planer und Praktiker, 2. Aufl., Starnberg 1990, sowie Horst Martin Müllenmeister/Egbert Waschulewski: Mehr Ferienqualität, Bd 2, Starnberg 1978, 225-253.
Eng damit verwandt das Konzept der »Spurensuche« von Wolfgang Isenberg: Spontane länderkundliche Forschungen, in diesem Handbuch S. 170-182.

[32] Vgl. oben S. 150 ff.

[33] Vgl. den guten Überblick von Heinz Neber (Hg.): Entdeckendes Lernen, Weinheim 1973.

[34] Vgl. etwa die drei als Anhang des Artikels von Müllenmeister und Waschulewski beschriebenen Beispiele des Animationsmodells (S. 237-253), bei denen der Aufbau kognitiver Strukturen bei den Teilnehmern ausschließlich über direkte Methoden erfolgt.

einsetzen soll, wenn er die Gruppe ausreichend kennt und sie angemessen darauf vorbereitet hat.

Indirekte Methoden fordern die kreative Phantasie des Reiseleiters heraus. Sie bergen vielfältige Möglichkeiten und lassen sich schlecht in systematischer Geschlossenheit darstellen. Die folgenden Formen sind deshalb nur als Anregung, aber keinesfalls als geschlossenes Repertoire zu verstehen.

2. Impulse

Die einfachste Form indirekter Methoden sind Impulse, die die Teilnehmer zu Eigeninitiativen anregen. Derartige Impulse können vor allem hinweisen auf

- Möglichkeiten zum Gespräch mit Einheimischen,
- kulturelle und folkloristische Veranstaltungen,
- Besuchs- und Besichtigungsgelegenheiten,
- charakteristische Gaststätten, Spezialitätenrestaurants, Abendlokale, Einkaufsmöglichkeiten usw.

Da vielfach die Sprachbarriere die Teilnehmer an Kontakten mit Einheimischen hindert, empfiehlt sich (auch als Auflockerung langer Busfahrten) ein »Sprachkursus«, der die Teilnehmer mit Grundbegriffen der Landessprache vertraut macht (etwa mit Grußformeln, Zahlwörtern, Basiswortschatz: »Im Restaurant«, »Beim Einkauf« usw.). Daneben bieten Impulse unbegrenzte Möglichkeiten, intuitive oder sinnenbezogene Wahrnehmung und Erfahrung anzuregen und Atmosphäre erleben zu lassen.

3. Führung als Dialog

Alle Führungsformen der direkten Methode können ganz oder teilweise auch als Dialog zwischen Teilnehmern und Reiseleiter durchgeführt werden. Der Reiseleiter beginnt den Dialog mit einem – möglichst nicht zu eng formulierten – Beobachtungs- oder Denkimpuls (etwa auf der Abstraktionsebene: »Was fällt Ihnen an dieser Statue besonders auf?«) und versucht dann, durch geschickte Integration der Antworten sowie durch gezielte Rückfragen das Gespräch so zu steuern, dass die Teilnehmer selbst zu den richtigen Einsichten in Inhalt und Problemlage kommen (sogenannter »Sokratischer Dialog«).

Der Vorteil dieses Verfahrens beruht darin, dass die Teilnehmer lernen, ihre Eindrücke und Empfindungen zu verbalisieren und damit zu präzisieren. Weiterhin ist das so gewonnene Wissen besser in seiner Problematik abgerundet und somit auch besser verfügbar und übertragbar. Sein Nach-

teil besteht darin, dass der Dialog zumindest zu Beginn immer einen Informationsvorsprung des Reiseleiters voraussetzt und deshalb im Grunde
genommen fiktiv ist, was bei manchem Teilnehmer den unangenehmen
Eindruck einer Posse erwecken kann. Darüber hinaus spielt die Lehrerfrage (oder das Lehrer-Schüler-Gespräch) seit Herbart eine dominierende
Rolle in der Schulpädagogik. Die Dialogmethode läuft deshalb von allen
indirekten Methoden am meisten Gefahr, Erinnerungen an die Schule und
damit die Furcht zu wecken, in eine Schülerrolle gedrängt zu werden,
Mehr als andere indirekten Methoden bedarf deshalb gerade die Dialogmethode einer angemessenen Vorbereitung und eines unbekümmertlockeren Charmes in der Durchführung.

4. Diskussion mit Experten

Diskussionen mit Experten sind eine vorzügliche Möglichkeit, problemorientiertes Interesse zu wecken und zu vertiefen. Als Abwechslung zu
der sonst vom Reiseleiter dominierten Wissensvermittlung lockern sie
zudem das Programm auf.

Experten können einmal im Ausland tätige Deutsche (Diplomaten,
Journalisten, Lehrer im Auslandsdienst, Entwicklungshelfer, Firmenvertreter usw.) sein, zum anderen Einheimische (Vertreter von Regierung und
Verwaltung, von Verbänden, Parteien, Religionsgemeinschaften, Journalisten, Lehrer usw.), die über ausreichende deutsche Sprachkenntnisse verfügen (etwa weil sie in Deutschland studiert haben). Es bleibt der Findigkeit des Reiseleiters und des Veranstalters überlassen, derartige Kontakte
zu knüpfen (am besten durch Anfragen bei entsprechenden Institutionen;
häufig können auch Hoteliers oder einheimische Tourismusagenten helfen). Es versteht sich von selbst, dass die Termine in der Regel rechtzeitig,
das heißt noch vor Reisebeginn, vereinbart werden müssen.

Besonders dann, wenn engagierte einheimische Experten (etwa Vertreter von Parteien, Religionsgemeinschaften usw.) eingeladen sind, sollten die Teilnehmer vorher auf spezifische »Benimm-Regeln« und auf die
zu erwartende Interessenlage und Betrachtungsweise des Referenten hingewiesen werden, um Fehlreaktionen zu vermeiden und Verständnisbarrieren abzubauen. Ebenso ist es sinnvoll, vorher in einem Überblicksvortrag den Problemrahmen zu erläutern, um ein gleichmäßiges Informationsniveau bei den Teilnehmern zu gewährleisten.

5. Spiele

Spiele vermitteln nicht nur Wissen und Verständnis, sondern können im
Sinne der Animation auch Engagement, Freude und Kreativität wecken.
Eine Reise durch das griechische Kleinasien kann ihr besonderes Profil
dadurch gewinnen, dass der Reiseleiter Teilnehmer dazu motiviert, in je

dem der vielen antiken Theater eine neue Szene aus Sophokles' Antigone aufzuführen. Die dramatische Literatur der Antike, ihr Zeitkolorit sowie die Architektur ihrer Theater werden damit eindrucksvoller demonstriert, als es dies ein noch so einfühlsamer Vortrag vermöchte. Das Gleiche gilt für einen Sportwettkampf in einem antiken Stadion, wie überhaupt der Bereich der Spielformen eine unbegrenzte Herausforderung an die Phantasie des Reiseleiters bildet.

Erwachsene haben zum Spiel ein ambivalentes Verhältnis. Sie müssen eine in ihrem Rollenverständnis begründete Ausdrucks- und Darstellungsscheu erst einmal überwinden, um befreiend die Katharsis des Spiels erleben und in einer fremden Identität die eigene wiederfinden zu können. Es wird also wiederum von der Diplomatie und vom Einfühlungsvermögen des Reiseleiters abhängen, ob er – zumal ältere – Teilnehmer für derartige Spielformen gewinnen kann.

6. Projektverfahren

Unter Projektverfahren werden hier alle jene Methoden verstanden, bei denen die Gruppe auf Anregung des Reiseleiters bestimmte Aufgaben entweder gemeinsam oder arbeitsteilig löst.

Dazu gehört zunächst das Seminar. Wie bei der analogen Lehrveranstaltung an der Hochschule werden hier vor allem Texte gemeinsam behandelt. Ausgangspunkt ist die Interpretation vorbereiteter schriftlicher Unterlagen, Ziel ist die problemorientierte Diskussion, die der Reiseleiter durch gezielte Fragen und Einwände, aber auch durch weiterführende Darlegungen und Hintergrundsinformationen steuert.

Das Seminar eignet sich besonders als Ersatz oder zur Vertiefung von Überblicksvorträgen und damit für eine Thematik von entsprechender Weite und Grundsätzlichkeit[35]. Es stellt an das intellektuelle Engagement und an die Vorbildung der Teilnehmer erhöhte Anforderungen und sollte deshalb auch entsprechend sorgsam eingesetzt werden.

Als weiteres Projektverfahren eignet sich für Studienreisen vor allem die (spontane) »Feldforschung«, von der im folgenden zwei Formen vorgestellt werden, die sich mühelos auch auf andere Themenbereiche übertragen lassen. Zur Durchführung ist es sinnvoll, wenn sich die Teilnehmer jeweils in kleinere Gruppen aufteilen, so dass zudem eine motivierende Wettspielsituation entsteht, die zusätzlichen Spaß bereitet.

---

[35] So hat der Verfasser Israel-Fahrten durch ein Seminar über Texte eingeleitet (Auszüge aus Jesaja, ein Brief Schimon Bar Kochbars, Auszüge aus der Zionshymne Jehuda Halevis sowie aus Herzls Judenstaat), die jeweils große Perioden jüdischer Geschichte repräsentieren und die deren Kontinuität bei gleichzeitiger Transformation der Inhalte aufzeigen lassen.

Die erste Form ist die archäologische Rekonstruktion: Die Teilnehmer versuchen in einem geeigneten Ausgrabungsgelände (z.B. Samaria/Palästina oder Nimrud/Irak) anhand der sichtbaren Überreste den ursprünglichen Zustand der Anlage zu rekonstruieren (etwa in dem Dreischritt: Bestimmung der relativen Chronologie der Mauern, Aufzeichnung synchroner Mauerzüge, Entwickeln von Hypothesen über ihre ursprüngliche Zusammengehörigkeit und Funktion). Das Verfahren setzt stets voraus, dass die Anlage überschaubar ist und zum überwiegenden Teil aus Elementen besteht, die im bisherigen Fahrtverlauf schon vorgekommen und dabei besprochen worden sind (etwa der Typ des Mauerwerks, Grundrissformen usw.).

Die zweite Form ist die geographische Feldforschung: Um die Wirtschafts- und Sozialstruktur der Landbevölkerung in agrarischen Ländern zu veranschaulichen, besuchte der Verfasser mit seinen Gruppen häufig geeignete Dörfer (etwa in Anatolien). Die Teilnehmer teilten sich in kleine Gruppen auf und beantworteten während eines Rundganges einen vorbereiteten Fragekatalog. Die Fragen bezogen sich auf unmittelbar anschauliche Sachverhalte (etwa Tätigkeitsbereiche der Männer und Frauen, Merkmale sozialer Hierarchie, soziale Kontaktmöglichkeiten, Wirtschafts- und Anbauformen sowie die hieraus erkennbaren Wirtschaftsziele, Art und Herkunft der Arbeitsgeräte, Verbindungen zur Außenwelt usw.). Bei einem anschließenden Rundgespräch wurden die Ergebnisse gesammelt und interpretiert, wobei nach Möglichkeit einheimische Experten (Bürgermeister, Lehrer, Geistliche, ehemalige Gastarbeiter usw.) hinzugezogen wurden.

Bei Verfahren dieser Art ist allerdings Vorsicht angebracht: Der Reiseleiter muss stets im Einzelfall überprüfen, ob und inwieweit dadurch nicht die einheimische Bevölkerung gestört und belästigt wird (oder sich bei wiederholten Besuchen dieser Art auf den Verkauf von Souvenirs einrichtet). Weiterhin kann dieses Verfahren leicht zu Mißverständnissen und unangenehmen Zwischenfällen führen, so dass es unbedingt erforderlich ist, dass der Reiseleiter die örtlichen Verhältnisse sowie die Landessprache kennt, um sowohl die Bewohner (bzw. den Bürgermeister) vorher zu informieren als auch den Teilnehmern genaue Verhaltensanweisungen (etwa über Fotografieren, Umgang mit Frauen, Betreten der Häuser usw.) geben zu können.

VIII. Literaturhinweise

Eder, Walter: Planung von wissenschaftlichen Studienreisen, in: Günther Haedrich, Claude Kaspar u.a. (Hg.): Tourismus-Management. Tourismus-Marketing und Fremdenverkehrsplanung, 3. Aufl., Berlin/New York 1998, 531-554.

Glaubitz, Gerald: Geschichte, Landschaft, Reisen. Umrisse einer historisch-politischen Didaktik der Bildungsreise, Weinheim 1997.

Günter, Wolfgang: Tourismuspädagogik, in: Heinz Hahn/Jürgen Kagelmann (Hg.): Tourismuspsychologie und Tourismussoziologie. Ein Handbuch zur Tourismuswissenschaft, München 1993, 60-69.

Kirstges, Torsten/Christian Schröder/Volker Born: Destination Reiseleitung. Leitfaden für Reiseleiter – aus der Praxis für die Praxis, München/Wien 2001.

Schmeer-Sturrn, Marie-Louise (u.a.): Reiseleitung Grundkurs, 4. Aufl., München/Wien 2001.

Wolfgang Isenberg

Spontane »länderkundliche Forschungen« auf Studienreisen

I. »Ganz neue Eindrücke gewinnen, andere Länder erleben, viel von der Welt sehen«

Diese häufig zitierten Urlaubsinteressen werden einerseits gerne herangezogen, um die grundsätzliche Bereitschaft der Reisenden zu belegen, im Urlaub neue (Lern-) Erfahrungen zu sammeln. Andererseits verweisen sie aber auch auf jene Erlebnisdimension, die die eigentliche Grundlage für eine spontane Beschäftigung mit fremder räumlicher Umwelt abgibt: Aufgrund eigener Anschauung und ohne Vermittlung durch Medien eröffnet das Reisen – zumindest theoretisch – zahlreiche Situationen, in denen sich Erkenntnisse über unbekannte oder bekannte Regionen sowie über ihre Bewohner eigenständig gewinnen lassen. Die persönliche Begegnung mit vorzugsweise visuell zugänglichen Erscheinungen wirtschaftlicher, politischer, sozialer, kultureller oder ökologischer Art auf Studienreisen bietet die Chance, ein eigenes (subjektives) politisches Weltbild zu entwickeln. Der Hinweis auf die generelle Möglichkeit einer eigenaktiven, schöpferischen Aneignung der Welt im Rahmen des Urlaubs mag zunächst banal erscheinen. Er verdient jedoch wenigstens unter drei Gesichtspunkten Aufmerksamkeit:

1) Die Intensität und die Summe von Erfahrungen der Reisenden in offenen (nicht pädagogisch beeinflussten) touristischen Standardsituationen (Einkaufen, Essen, Spaziergänge, Besuch von »Sehenswürdigkeiten«, Gespräche usw.) haben bisher kaum wissenschaftliches Interesse gefunden. Nach wie vor ist die Diskussion der Aneignungsprozesse bei Reisen auf plausible Annahmen angewiesen und behilft sich mit »Wirkungsthesen« nach dem Motto: Die hohe Reiseintensität, besonders die Auslandsreiseintensität, müsse doch irgendwelche Ergebnisse mit sich bringen. Vielleicht erbringt der hier beabsichtigte und noch zu zeigende bewusstere Umgang mit der Urlaubswelt wenigstens für den Reisenden eine

größere Sensibilität und Nachdenklichkeit in der Einordnung des fremden Alltags.

2) Bei allgemeinen Lernprozessen werden in zunehmendem Maße primär Medien vermittelte Vorstellungen übernommen. Wahrnehmung und Erfahrung reduzieren sich bei derartigen Lernvorgängen auf die Aneignung eines vorhandenen Wissenstandes bzw. einer vermittelten Wirklichkeit. Sinnliches Erleben und eigenständiges, individuelles Erschließen der Alltagswelt treten zurück. Sollten wir uns, trotz aller Problematik, die mit der visuellen Erfahrung verbunden ist, nicht wenigstens auf Reisen den vermeintlichen Luxus erlauben, Wissen von der unmittelbaren Anschauung her zu gewinnen und die menschliche Neugier (Reisen als Abenteuer der Sinne), den Spaß bei persönlichen Entdeckungsreisen stärker in den Mittelpunkt zu rücken – natürlich mit klarem Blick für die Grenzen dieser Vorstellung? Selbst etwas sehen, darauf aufbauend entsprechende Rückschlüsse ziehen, sind etwas anderes, als von anderen Gesehenes oder Gedachtes wohl begründet und didaktisch aufbereitet vermittelt zu bekommen. Die entstandene, vielleicht auch inszenierte und pädagogisch noch nicht sortierte Lebenswelt, die sich dem Reisenden eröffnet, gilt es zu nutzen. Sie enthält ihren eigenen Lehrplan. Der eigenaktive Umgang mit ihr entschlüsselt und vermittelt die Inhalte.

3) Die touristische »Wissensvermittlung« wird weitgehend beeinflusst durch Belehrungshelfer und Vermittler unterschiedlichster Art (denen man sich jedoch auch entziehen kann). Die Orientierung am »Spektakulären«, »Exotischen« oder »Besonderen« bestimmt letztlich den Zweck der Reise. Reiseratgeber, Experten, Hinweistafeln, Tourismuswerbung u.ä. normieren und verengen die Welt auf »Sehenswürdigkeiten« und verhindern letztlich, aus »eigenen Augen« zu sehen und selbst zu bestimmen, was man für »sehenswürdig« hält. Außerdem bewegen sich Reisende immer mehr in »Kulissen«, in für sie inszenierten Welten

II. Das Abenteuer der selbständigen Spurensuche

Das Konzept der spontanen Länderkunde will nun dazu anregen, dass Jugendliche oder Erwachsene das zur Sprache bringen, was sie selbst bei ihren meist eher spontanen, informellen Kontakten, z.B. während der Aufenthalte in Ferienanlagen, Hotels oder bei Ausflügen, auf Fahrten mit öffentlichen Verkehrsmitteln, bei Einkaufs- oder Flaniergängen, in Erfahrung bringen. Das heißt zunächst, allein oder in einer Gruppe mit »bloßem

Auge«, durch einfaches bewusstes Hinsehen, visuelle Zeichen oder Phänomene in der räumlichen (Urlaubs-) Umwelt zu sammeln. In den sichtbaren Hinweisen (z.B. eine Schlange wartender Menschen vor einem Ge-
schäft, Obstplantagen, Obstsorten, eine Bauruine, die Dorfkneipe, Wild-
kräuter, die architektonische Gestaltung eines Stadtviertels, Plakatwände,
Graffiti, wilde Plakatierungen, verlassene Häuser, erkaltete Lavaströme),
die für die beobachtende Person von Interesse sind und ihre Neugier
erregen, liegen die Ausgangspunkte für eine Beschäftigung mit dem fremden Alltag. Entscheidend ist nicht die Berücksichtigung »wirklicher«
Probleme (die z.B. Experten oder Reiseleiter als solche definieren), sondern die von den Reisenden wahrgenommenen Phänomene. Eine derartige
Suche nach Spuren und Phänomenen menschlicher Daseinsäußerungen
oder naturräumlicher Gegebenheiten eignet sich einmal für die individuelle, nicht organisierte Aneignung fremder Umwelten (z.B. bei »Flucht-
versuchen« aus offiziellen Programmverpflichtungen oder auch bei indi-
duellen Reisen). Andererseits kann dieses Konzept, mit besonderer Sensibilität eingesetzt, durchaus auch Programme konventioneller Studienreisen ergänzen. Anwendbar ist es auch als Ausgangspunkt projektbezogener
Studienreisen, die sich nur an der wahrgenommenen Erlebniswelt der Reisenden orientiert. Dies wird angesichts der notwendig hohen Motivation
bei den Reisenden und der aufwendigen Vorbereitung wie Durchführung
natürlich eher selten der Fall sein und trifft vielleicht eher auf Varianten
des Bildungsurlaubs zu. Voraussetzung einer tätig-visuellen Aneignung
der Lebenswelt ist allerdings in allen Anwendungsfällen die Bereitschaft,
Reisen für die beabsichtigte Lernerfahrungen zu nutzen sowie ein Interesse, »Zeichen« in der räumlichen Umwelt wahrzunehmen und wissen zu
wollen, was die entdeckten Spuren letztlich aussagen. Dies klingt zunächst vielleicht recht harmlos. Es wird sich aber noch zeigen, dass das
Aufgreifen hinterlassener Spuren im Raum fruchtbare Komponenten in
sich birgt. Entscheidend ist, dass die Reisenden aufgrund einer bewussteren Erfahrung eine persönliche Verantwortung für ihre Erkenntnisse
übernehmen.

III. Die regionale Lebenswelt als Ensemble von Spuren

Die räumliche Umwelt ist eine verzerrungsreiche Projektionsfläche (»Re-
gistrierplatte«) auf der sich ökonomische, politische, soziale oder ökologische Entwicklungen niedergeschlagen haben. Diese sichtbaren Zeichen
sind immer Ausdruck bestimmter Interessen und Bedürfnisse sozialer
Gruppen oder einer Gesellschaft. Der Sinn, der sich in einer räumlichen
Situation »abgelagert« hat, oder die Bedeutung eines Gegenstandes lässt
sich erst dadurch erfahren, dass sinnlich wahrnehmbare Erscheinungen
nicht nur in ihrer materiellen Zusammensetzung oder ästhetischen Er-

scheinung betrachtet, sondern dass die »Handlungen« rekonstruiert werden, durch die sie produziert wurden. Somit setzt eine Dekodierung der in Spuren abgelagerten Sinnzusammenhänge eine Erkenntnistätigkeit voraus, um Handlungen und soziale Systeme aufzufinden, die eine bestimmte Spur hervorgebracht haben.

IV. Spontane Zugänge zur regionalen Lebenswelt als »kritische Alltagsgeographie«

Diese Überlegungen zur Beschäftigung mit der räumlichen Umwelt greifen auf methodische Ansätze und Themen zurück, die denen der traditionellen Geographie aber auch teilweise denen der jungen Sozialgeographie sehr nahe kommen. Gerade die altgeographischen Traditionen bieten einige Begründungszusammenhänge, da sie sich über die Beobachtung und Wahrnehmung definiert haben. In ihrer Beschränkung auf Themen, die deutlich sichtbar das »Landschaftsbild« beherrschen, stellten sie letztlich die Welt so dar, wie sie auch der Nicht-Wissenschaftler vor Augen hatte. Forschungsanleitungen sprachen sowohl den Wissenschaftler als auch den Laien an. Der Blick des alten geographischen Reiseforschers auf physisch-materielle Alltagsgegenstände oder politische Zustände ließ sich nicht durch irgendwelche Fachgrenzen einschüchtern.

Ähnlich anregend für die hier aufgeführten Überlegungen ist auch ein Rückgriff auf die sich seit dem späten 19. Jahrhundert entwickelnde Anschauungspädagogik mit ihrem nicht unerheblichen Einfluss auf die Geographie. Hier werden z.B. Vorstellungen von einer »selbsterlebten Geographie« formuliert, einer Geographie, die ohne Lehrbuch nur auf dem Prinzip der Anschauung und Erfahrung zu basieren habe. Es kann nun nicht Anliegen sein, alte geographische Strömungen unreflektiert aufzugreifen und zu kopieren, zumal – wissenschaftlich gesehen – sich die angestrebten Erkenntnisperspektiven überlebt haben. Andererseits fehlte in der klassischen Geographie, selbst wenn man wie hier auf den alltäglichen Blick setzte, ein zentraler Gesichtspunkt, der heute als unverzichtbar gilt: die Relativierung des Beobachtens und die Reflexion der Grenzen des bloß wahrnehmenden Erkennens. Die Bestrebungen, den alltäglichen Blick zu stören und die Betrachtung auf die Spontansichten selbst zu lenken, führen über die Einstellung der klassischen Geographie hinaus. Die Bemühungen, gesellschaftliche, wirtschaftliche, politische, geschichtliche Zusammenhänge usw. visuell von Alltagsgegenständigem her zu erschließen und gleichzeitig aber auch den Prozess der Wahrnehmung zu beobachten, lassen sich unter dem Stichwort »kritische Alltagsgeographie« fassen und sich vielleicht als eigenes geographisches Arbeitsspektrum im außeruniversitären und -schulischen Bereich (Jugendarbeit, Tourismus, Erwachsenenbildung) entwickeln. Eine »kritische Alltagsgeographie« bedeutet nun, dass weder Themen der »Geographie« in irgendeiner Form vermittelt werden, noch dass »geographisch« beobachtet wird. Alles das, was Teilnehmer an »interessanten«, visuell zugänglichen Phänomen aus der Kulturlandschaft zusammen tragen, sind Ausgangspunkte einer individuellen bzw. gruppenspezifischen (subjektiven) Aneignung und Interpretation der Umwelt. Bei einem derartigen Verständnis von »Geographie« ist nicht die Summe vermittelter Erkenntnisse entscheidend, sondern die »Forschungsstrategien« der Beteiligten, um von einer naiven Weltsicht zu einer bewussteren Erklärung der fremden oder eigenen Lebenswelt zu gelangen sowie die eigene Selektivität, die Verzerrungsneigungen und blinden Flecken in der Alltagswahrnehmung in den Blick zu nehmen.

V. Entziffern, was man sieht

Der Vorgang der Entzifferung bezieht sich zunächst auf die Lokalisierung eines visuellen Zeichens; eine Spur wird erst durch einen Wahrnehmungsvorgang zur Spur, indem ich nicht nur ihre materielle Seite betrachte, sondern das Phänomen als Ergebnis von Handlungen verstehe. So registrieren Reisende in Galizien z.B. kleine kastenförmige, hochformatige und auf Säulen stehende Steinhäuser. Dieses Phänomen lässt sich wie folgt beschreiben: Die Wände des granitenen Kastenhäuschens bestehen aus von innen nach außen geschlitzten Tafeln; Stützen lassen die Kästen erhöht stehen (und verhindern so, dass der vom Boden zurückspritzende Regen eindringt). Und die zwischen Stütze und Kasten eingeschobenen flachen Steinplatten sperren Mäuse aus. Dies ist aber aus sich heraus nicht direkt erklärbar. Die »Objekte« werden erst dadurch zu einer Spur, dass ihnen eine Bedeutung zugeordnet wird. Die Botschaften der Zeichen lassen sich zunächst nur durch Kombinationen, Erinnerungen und gedankliche Rekonstruktionen der Prozesse, in denen sie entstanden sind, erfahren. Woher kommen notwendige weitere Informationen? Denkbare erste Quellen: am »Fundort« Befragte (soweit notwendige Sprachkenntnisse vorhanden sind), Mitreisende, der Reiseleiter, Reiseliteratur oder erst eine entsprechende Informationssuche nach der Rückkehr. Der Reisende wird so sein Wissen über Kornkästen, Getreidespeicher oder Horreos (wie in Galizien) zusammentragen können. Für den Reisenden, der die Entdeckung des Getreidespeichers quasi selbst organisiert hat, wird diese Gebäudeform wesentlich nachhaltiger in Erinnerung halten als wenn er im Rahmen eines Reiseleitervortages darauf verwiesen worden wäre. Durch den weitgehenden Verzicht auf inhaltliche Vorgaben und die Festlegung von »Problemschwerpunkten« bei länderkundlichen Programmen sind die Themen bestimmt durch spontane Interessen der Beteiligten, durch das Wahrnehmungsvermögen (und natürlich auch durch das Unvermögen) der Spurensucher sowie durch die Lesbarkeit der Umwelt. Diese bewusst subjektive, individuelle Art und Weise der Aufarbeitung von Lebenswelten der bereisten Regionen bringt es mit sich, dass Spuren über sehr unterschiedliche »Problemdichten«, gesellschaftliche Problembereiche, zeitliche Zusammenhänge oder Maßstabsebenen verfügen. Denkbar ist eine inhaltliche Spannung von Zeichen, wie z.B. von Graffiti, Bananenstauden, leer stehenden Bauernhäusern, quadratkilometergroßen Kulturen unter Plastik, Landarbeitersiedlungen, Massierung von Ferienhäusern, Immobilienwerbung auf Plakatwänden an der Costa del Sol in deutscher und englischer Sprache bis hin zu Autoaufklebern »Bin kein Tourist. Ich wohne hier.« Zur Illustration einige weitere simple Spurenbeispiele:

-   Gedenktafeln an Gebäuden (Informationen über Bewohner, ehemalige Funktionen, geschichtliche Ereignisse) – diese signalisieren stets eine bestimmte Sicht von geschichtlicher Entwicklung,
-   Friedhöfe (als Kulturstätten spiegeln sie die geistige Verfassung der jeweiligen Gesellschaft wider, erzählen Geschichten), Krieger-, National-, Herrscher-, Feldherrendenkmäler (monumentale Architektur ist immer Ausdruck des Zeitgeistes und des Geschichtsbewusstseins),
-   Straßen- und Flurnamen (verweisen oft auf lokale Geschichte und lokales Bewusstsein),
-   landwirtschaftliche Nutzflächen (Nutzung als Grünland oder Ackerland, Größe der Parzellen, Produkte, landwirtschaftliche Geräte, Maschinisierungsgrad, Intensität),
-   Kulturpflanzen (z.B. Lavendel, Oliven, Tabak, Baumwolle),
-   Gebäude (Weinberghäuser, Villen, Wohn- und Geschäftshäuser, Hotels, Getreidespeicher, Hütten für Viehhirten, Bahnhöfe usw.) und typologische Fragen: Dachgestaltung, Einheitlichkeit von Gebäudeelementen, Einfügung von Neubauten in bestehende Ensembles, Verwendung von Baumaterialien, farbliche Gestaltung usw.,
-   Werbeplakate (Produkte, Firmen, Anteil Sprache und Bild, Slogans, Botschaft).

Die Alltagswelt wird so zu einer Sammlung entzifferbarer Zeichen und Spuren, die in fast detektivischer Art und Weise – intellektuell durchaus anspruchsvoll – erlebnisorientiert aufgearbeitet wird. Die Intensität in der

inhaltlichen Auseinandersetzung mit einzelnen Erscheinungen wird u.a.
bestimmt durch die Organisation der Studienreise (Standort- oder Rundreise), die methodische Gestaltung (z.B. spontane länderkundliche Forschung als grundlegendes, ergänzendes oder eher spontan zufälliges Pro-
grammprinzip), die Bereitschaft der Reiseleitung, einen »kommunikativen« Führungsstil zu pflegen, die Flexibilität im Reiseablauf oder das
»Lernklima« in der Gruppe. Die beiden letzten Gesichtspunkte äußern
sich etwa darin, dass der Bus anhalten und ein Teilnehmer aussteigen
kann, um eine Pflanze am Wegesrand zu bestimmen, oder den Blick unter
eine Plastikfolie zu werfen, um endlich in Erfahrung zu bringen, welche
Pflanzen darunter angebaut werden. Mitunter können Beobachtungsergebnisse erhebliche Diskussionen in der Reisegruppe auslösen. Eine am-
bitioniert angelegte Studienreise auf Kreta wird sicherlich auch die deutsche Vergangenheit auf der Insel in den Blick nehmen und vielleicht die
Geschichte des Dorfes Anoghia, seine Zerstörung durch deutsche Soldaten sowie die Hinrichtung der männlichen Einwohner zur Sprache bringen. Noch sehr bewegt von den Schilderungen des Reiseleiters und von
dem Rundgang durch das Dorf besucht die Gruppe einige Tage später
auch den deutschen Soldatenfriedhof in der Nähe von Malemé. Es ist na-
heliegend, dass dieser Ort mit seinen Tausenden von Grabsteinen eine
nachdenkliche Stimmung erzeugt, die wächst, wenn Teilnehmer durch
Zufall auf der Straße von Kastelli nach Chania ein Kriegerdenkmal wahrnehmen, das 1941 von deutschen Fallschirmjägern errichtet wurde. Die
Texttafel ist unverändert, lediglich das Hakenkreuz wurde entfernt. Warum berührt diese Entdeckung so unangenehm? Wie konnte ein derartiges
Denkmal »überleben«?

VI. Die Entzifferung des Entzifferns

Spontanes Sehen und die Zuordnung von Bedeutungen sind – wie beschrieben – sehr subjektive Vorgänge, bei denen Alltagswissen, berufs-,
geschlechts- oder altersspezifische Wahrnehmungsunterschiede mehr oder
weniger markant hervortreten; denn Alltagsphänomene erhalten eine
Sinnstruktur erst durch die Art, wie wir sie entschlüsseln. Aber Vorsicht:
Die vermeintliche Anschaulichkeit gesellschaftlicher Vorgänge und Zusammenhänge verleitet zu einer allzu großen Selbstsicherheit (weil man es
mit eigenen Augen gesehen hat, muss es auch zutreffen). Das Problem:
Der Reisende nimmt nur das wahr, was er sieht, und geht davon aus, dass
das auch die Wirklichkeit ist. Erst eine intensive Reflexion oder ein Ge-
spräch über die individuelle Bedeutungszuordnung (vor allem in einer
Gruppe) enthüllt die Unterschiede in der Wahrnehmung und vermag die
Sicherheit des vermeintlichen Wissens zu entsichern oder Selektivität und
Verzerrung eigener Wahrnehmungen zu thematisieren. Die Beschäftigung

mit dem Prozess des Entzifferns eröffnet den Blick für den Umgang des Urlaubers mit seinen Territorien, seinen Orten und Wegen.

VII. Der Schein trügt

Die visuelle Aneignung der Umwelt über die Entzifferung von Spuren hängt einerseits, wie bereits ausgeführt, von der Wahrnehmungskompetenz des Individuums ab. Auf der anderen Seite ist die »objektive Wirklichkeit« jedoch nicht uneingeschränkt lesbar. Denn sie ist dem »Lesenden« nur so zugänglich, wie sich ihm die Zeichen und Spuren zeigen. Unsere Sinne können bewusst oder unbewusst getäuscht werden. Die sichtbare Welt besteht aus vieldeutigen, oft schon verwischten oder wieder aufgedeckten Überresten menschlicher Handlungen, aus einer Ansammlung von meist unbeabsichtigten Folgen absichtsvollen Handelns, die dann in neuen Prozessen fortlaufend verändert werden. Dies lässt sich vielfältig belegen. Zur Illustration folgende Beispiele: An einem Gebäude im Berliner Stadtteil Wedding (Gesundbrunnen) und seinem Umfeld lassen sich bei einem Rundgang ohne Schwierigkeiten fünf verschiedene Nutzungen ablesen, die sich teilweise überlagert haben: eine Kurortbebauung aus dem 18. Jahrhundert. Die Inschrift »Kafe-Küche« verweist auf ein Ausflugslokal, in dem Familien sich den mitgebrachten Kaffee brühen und mitgebrachte Speisen an Tischen im Freien verzehren konnten. Die Teilruine des Gebäudes gibt den Blick frei auf einen Tanzsaal. Hinweise auf ein Kino mit Stilmerkmalen der 50er Jahre vermittelt die Eingangsanlage. Rückschlüsse auf die gegenwärtige Nutzung als Möbellager ergeben sich aus Schrifttafeln. Zwangsläufig kann es aber bei der »Ablagerung« von Spuren zu Überlagerungen und Veränderungen kommen, die die Lesbarkeit beeinträchtigen und verhindern, Spuren in ihrer Entstehung zu verfolgen und ihre Aussagen in und trotz ihrer Mehrschichtigkeit zu entziffern. Als visuelle Phänomene sind Spuren immer nur Spitzen von Problemanzeigen. Spuren können sich nicht aus sich selbst heraus erklären. Konfliktlinien entziehen sich der sinnlichen und gegenständlichen Erfassung.

Einer Bauruine lässt sich nicht entnehmen, warum sie seit Jahren leer steht. Spuren menschlichen Handelns werden oftmals verwischt. Dies kann ungeplant erfolgen (z.B. Zuwachsen von Steinbrüchen, Überwuchern von Terrassen-Kulturen), aber auch systematisch betrieben werden (z.B. Abriss oder Veränderung von Denkmälern, »Entnazifizierung« eines Reichsadlers nach 1945 durch die Herausmeisselung des Hakenkreuzes). Eine andere Variante ist, dass Spuren fingiert werden (etwa Möblierung und Dekorierung eines Areals mit historischen Relikten oder Imitationen außerhalb des funktionalen Zusammenhangs, in dem sie ursprünglich standen). Renovierte Baudenkmäler stellen vielfach nur noch historische Attrappen dar, die zu einer fiktiven Kultur beitragen (zur Straßenseite eine gegliederte Häuserzeile, innen eine durchgehende Büro- und Geschäftsfläche). Sie retten in die Gegenwart, was funktional längst gegenstandslos geworden ist. Identifizierte Spuren verweisen häufig auf Prozesse, deren Entwicklung bereits abgeschlossen war, als sie ihren »räumlichen Niederschlag« gefunden haben. Die für die Ausprägung einer Spur verantwortlichen Kräfte lassen sich außerdem nicht allein auf lokale »Machtkonstellationen« zurückführen und nicht in dem Bezugsrahmen erklären, in dem sie zu finden sind und in dem sie auch zu funktionieren scheinen. Der Grund ist eine zunehmende »regionale Fremdbestimmung«, die darauf beruht, dass die Funktionalisierung der Gesellschaft zu örtlichen Flächenwidmungen völlig außerhalb des jeweiligen lokalen Nutzungszusammenhangs geführt hat (z.B. Anlage von Ferienparks, Rodung von Obstplantagen, Ansiedlung eines Fast-Food-Betriebes, Verschönerungs- oder Sanierungswettbewerbe). Ausgelöst werden Entwicklungen durch eine Verbindung von Einflüssen und Kompetenzen überregionaler Ebenen (Subventionsprogramme, Marktentscheidung national/international handelnder Firmen).

Mit den kurzen Ausführungen zur Lesbarkeit der Umwelt und der Selektivität individueller Wahrnehmung sind einerseits die Grenzen des Konzepts deutlich geworden, andererseits aber auch der (intellektuelle) Reiz, der in einer reflektierten Praxis der visuellen Aneignung liegen kann: Wenn Phänomene hinsichtlich ihrer Beschaffenheit, der möglichen Motive des »Spurenlegers« und des Erkenntniswertes für den »Spurenfinder« diskutiert werden. Eine derartige Form visueller Erschließungsarbeit setzt detektivische Kleinarbeit voraus, bei der die Bedeutung einer Spur erst durch Recherchen oder durch die Interpretation eventuell mehrerer Spuren erkennbar wird.

VIII. Der nichtalltägliche Umgang mit dem Alltag.
    Zur Praxis der Spurensuche

Entscheidend für den Verlauf der visuellen Aneignung sind einerseits der produktive Gebrauch der Sinne und die Kreativität im Umgang mit der räumlichen Wirklichkeit sowie andererseits die reflektierende Verarbeitung des Vorgangs und der Ergebnisse der Wahrnehmung.

Die im folgenden genannten Gestaltungsmerkmale (ohne dabei auch auf einzelne Methoden einzugehen) können die mögliche Praxis nur andeuten. Zunächst einige Hinweise zur projektorientierten Realisierung länderkundlicher Forschung:

Um neue Zugangsweisen zur räumlichen Umwelt zu gewinnen, gilt es zunächst, den Blick zu »entroutinisieren«, und zwar durch unterschiedliche Anregungen (z.B. sich alleine auf einen belebten Platz zu setzen; nach Belieben durch ein Stadtviertel zu gehen und auf Menschen, Fassaden, Straßenbelag, Nutzung der 1. Etage der Häuser u.a. zu achten) und der Aufforderung, verschiedene »Wahrnehmungskanäle« (Sehen, Hören, Riechen, Fühlen, Schmecken) zu nutzen. Die Ergebnisse offenbaren den Beteiligten interessante Einblicke in ihr Wahrnehmungsverhalten und in ihren bisherigen Umgang mit der Lebenswelt.

Werden die Erfahrungen in entsprechende Erkundungsschritte umgesetzt, erweisen sich die nächsten »Sehversuche« als markante Auswahl dessen, was den Beteiligten als merkwürdig und beschäftigungsrelevant erscheint. Wer hat wo was entdeckt? Auf welche Entwicklungen, Probleme, Widersprüche weisen die entdeckten Zeichen hin? Besteht eine Beziehung zwischen den notierten Spuren? Wie lässt sich die Suche nach Zeichen verbessern? Wo wird nach Spuren gesucht? Wie werden sie dokumentiert? Sind neue Spuren hinzugekommen? Auf welche Entwicklungen, Konflikte, Nutzungsinteressen usw. verweisen die Spuren? Welche Arten von Spuren überwiegen? Wer hat welche Spuren wo, warum entdeckt? Zeigen sie Wahrnehmungsunterschiede? Gründe? Haben die Spuren für den Finder eine persönliche Bedeutung? Welche Erinnerungen lösen sie aus? Zeigen sich Unterschiede zu den ersten Sehversuchen? Welche Zeichen entsprechen dem persönlichen »Forschungsinteresse«, der Neugier, über die jeweiligen Phänomene etwas zu erfahren? Denkbar ist, dass sich einige Personen auf eine Spur verständigen, die intensiver erforscht wird, oder Einzelne suchen sich für ihre Erkundung Gesprächs- und Informationspartner bzw. Quellen: Wer kann entsprechende Hinweise vermitteln? Wie kommt man an Hintergrundsinformationen? Wie werden die Ergebnisse festgehalten?

Die Zusammenfassung der Ergebnisse und Fragen nach den persönlichen Lernerfahrungen können den Abschluss bilden. Hilfreich für die Gestaltung ist, wenn die Gruppe über ein »Kommunikationszentrum« verfügt, in dem der Prozess der Spurensuche fortlaufend visualisiert wird, wo z.B. Routen, »Fundstellen« von Spuren und Spurenkomplexen in Stadtpläne eingezeichnet und entsprechende Fotos oder Exponate (z.B. von Erkundungsgängen mitgebrachte Gegenstände, Flugblätter) ausgestellt werden. Diese Formen des Zusammentragens setzen neue Ideen frei und helfen beim Informationsaustausch in der Gruppe. Es ist Aufgabe der Teilnehmerinnen und Teilnehmer, zu entscheiden, bei welchen Gelegenheiten und wie intensiv sie die Suche und Bearbeitung der visuellen Phänomene gestalten wollen.

Das Prinzip der spontanen länderkundlichen Forschung kann sich auch bei klassischen Studienreisen entfalten. Dies äußert sich zunächst in einer klugen Verknüpfung zwischen den Informationen, die der Reiseleiter vermittelt und der Einbeziehung der Zeichen, die die Reisenden beobachten und artikulieren. Damit die Reisenden aber für die Aneignung der Fremde auch teilweise selbst Verantwortung übernehmen können, liegt es an der Reiseleitung, kommunikative Situationen herzustellen, die es unter anderem zulassen, dass

-   Teilnehmerinnen und Teilnehmer sich über beobachtete Zeichen unterhalten, spekulative Erklärungsversuche und Ansätze zur Überprüfung unternehmen können,

-   die Selektivität der Reisenden in ihrer Wahrnehmung und die der Reiseleitung in ihrer Informationsgestaltung erörtert werden,

-   neben einer qualifizierten Informationsvermittlung Raum für die Mitteilung biographischer Erfahrung und zur Aktivierung des in der Gruppe vorhandenen Wissens bleibt,

-   im Reiseablauf ungeplante Aktionen möglich sind (z.B. Blumen-, Nutzpflanzenbestimmungen; Busstopp, um unter Plastikplanen nachzusehen, was dort wächst)

-   Fragen auch offen bleiben können, die die Betreffenden, je nach Interesse, erst zu Hause weiter verfolgen.

Freilich: Diese Situationen müssen »ehrlich« sein, dürfen also nicht didaktisch inszeniert oder fingiert werden.

IX. Der Ertrag spontaner Länderkunde

Vielfältige Faktoren beeinflussen den Ertrag spontaner länderkundlicher »Forschungen«. Ohne diese in ihren Abhängigkeiten hier diskutieren zu können, sollen zum Abschluss einige Erkenntnisperspektiven, die mit der Anwendung visueller Erschließungsprogramme in enger Verbindung stehen, kurz erörtert werden.

Die spontane Länderkunde ist ein offenes, selbst bestimmtes Verfahren, das sich nach den Interessen der Beteiligten richtet. Sie erfüllt durch die Kultivierung des Blicks auf den Wegrand, das Eingehen auf die »Touristenperspektive« und die Betonung spontaner Aktivitäten in kleinen Gruppen wichtige Bedingungen für ein urlaubsgemäßes Lernen. Die Betonung des unparzellierten Blicks für Situationen, in denen nicht direkt nur Teilinhalte wissenschaftlicher Disziplinen »gesehen« oder vermittelt werden, schafft durch Suchen, Entdecken, Sich-Erinnern, Sammeln subjektive Topographien. Diese eigenständige und stetige Ausweitung des Erfahrungsradius bringt eine zunehmende Raumsouveränität mit sich. Sie wird deutlich sowohl auf einer inhaltlich-kognitiven als auch auf einer methodischen Ebene. Mit zunehmender Reisetätigkeit – auch schon im Verlauf einer Rundreise – werden differenziertere »Blicke« der Reisenden erkennbar. Sie zeigen sich darin, dass die verschiedenen Ausprägungen eines Phänomens, wie Häufigkeiten, räumliche Verteilung, Zusammenhänge mit anderen Erscheinungen registriert werden. Auffallend ist, dass häufig einzelne Phänomene zu prägenden Wahrnehmungsfiltern werden, deren Variationsmöglichkeiten aufmerksam beobachtet werden. Neben dem Interesse an den Erscheinungsformen einer Spur wächst auch die Aufmerksamkeit für »Problemmuster« oder Bündel von Erscheinungen, die in einem Zusammenhang gesehen werden (z.B. in Andalusien auf der einen Seite arabische Schriftzeichen an Bankgebäuden, orientalische Architekturzitate bei modernen Bauten oder neuerrichtete Moscheen und auf der anderen Seite maurische Dekorationsstile an alten Kulturdenkmälern).

Werden die angewandten »Forschungsstrategien« stets intensiv ausgewertet, so kann das Ergebnis eine erfahrungsbezogene Erkundungstechnik sein mit beispielsweise folgenden Verfahrungsweisen:

- alleine oder nur in kleinen Gruppen gehen,
- öffentliche Verkehrsmittel benutzen, zu Fuß gehen,
- Reklameschilder beobachten (z.B. wie für international bekannte Produkte geworben wird),
- Nutzung oberer Stockwerke bei Häusern betrachten,
- nach unbekannten Pflanzen, Bäumen u.ä. Ausschau halten,
- Friedhöfe besuchen, Denkmäler besichtigen,
- Phänomene oder Zeichen fotografieren, »messen«, in einem Notizbuch beschreiben oder zeichnen,
- Überblicke gewinnen (Türme oder Erhebungen besteigen), Seitenstrassen gehen.

Eine gewisse »Routinisierung« des Vorgehens erleichtert durchaus den Zugang zu fremden Umwelten. Sie birgt aber auch die Gefahr in sich, dass durch die Fixierung auf eine bestimmte Strategie der Erschließung eine kreative Aneignung erschwert werden kann.

Die Überlegungen zu einer »kritischen Alltagsgeographie« berühren noch einen weiteren Gesichtspunkt: Diskussionen über die Auswirkungen und Konzepte des Reisens (Stichwort »sanfter Tourismus«) haben gezeigt, dass ein neues Kommunikations- und Wahrnehmungsmodell gefragt ist und dass die Betonung eines bildungsorientierten Urlaubs stärker auf die Reflexionen eigenen Handelns und auf neue, weniger investitionsträchtige, umweltbelastende Programme hinführen kann. Die spontane Länderkunde birgt durchaus eine tourismuskritische Attitüde in sich, die einmal darin sichtbar wird, dass sie sich über Wahrnehmungstätigkeit, intensive Reflexion und Erkundungsverfahren mit der bereisten Region auseinandersetzt. Durch ihre kritische Blickrichtung auf gesellschaftliche Zusammenhänge kann sie nicht nur dazu beitragen, Erscheinungen der Alltagswelt, sondern auch die Logik inszenierter Ferienwelten zu dekodieren.

X. Literaturhinweise

Hard, Gerhard: Geographische Zugänge zur Alltagsästhetik, in: Kunst und Unterricht 12 (1988) 9-14.

Hard, Gerhard: Spuren und Spurenleser. Zur Theorie und Ästhetik des Spurenlesens in der Vegetation und anderswo. Osnabrück 1995 (Osnabrücker Studien zur Geographie 16).

Isenberg, Wolfgang: Geographie ohne Geographen. Laienwissenschaftliche Erkundungen, Interpretationen und Analysen der räumlichen Umwelt in Jugendarbeit, Erwachsenenbildung und Tourismus. Osnabrück 1987 (Osnabrücker Studien zur Geographie 9).

Adolf Karger

Geographie auf Studienreisen

I. Der Gegenstand der Geographie und die Aufgabe des Reiseleiters II. Strukturen des Naturraums III. Kulturlandschaft als Prozess IV. Sozialgeographie als Geschichte V. Perspektiven angewandter Geographie VI. Literaturhinweise

I. Der Gegenstand der Geographie und die Aufgabe des Reiseleiters

Selten wird Geographie das leitende Thema einer Studienreise sein. Allerdings weiß jeder halbwegs erfahrene Reiseleiter, dass er ohne geographische Kenntnisse nicht auskommt. Denn was er am Zug- oder Busfenster als Aufforderung zur Erklärung vor sich sieht, ist in der Regel weder Kunst noch Geschichte im engeren Sinn, sondern eben Geographie. Deshalb wird ein guter Reiseleiter seinen Gästen stets auch geographische Inhalte vermitteln. Dazu braucht er eine breite Bildung – eine natur-wissenschaftliche zum Verständnis naturräumlicher Prozesse und eine historisch-soziale und wirtschaftswissenschaftliche zum Verständnis von Kulturlandschaften. Weiterhin sollte er wissen, was Geographie will, wonach sie fragt und welches ihre wichtigsten Methoden sind. Ein guter Reiseleiter ist also gleichsam ein Hobby-Geograph. Die »Kunst« – oder besser – das erlernbare Handwerk einer »geographischen Reiseleitung« besteht darin, den Teilnehmern möglichst unaufdringlich das Beobachten geographischer Tatbestände so zu vermitteln, dass sie ihre Einzelbeobachtungen nach bestimmten Mustern zusammenfügen, aus denen sich dann wiederum ein Gesamtverständnis bildet.

Was aber sind »geographische Tatbestände«? Der Gegenstand geographischer Wissenschaft ist die »Geosphäre«. Umgangssprachlich ausgedrückt, bedeutet dies die Erdoberfläche. In ihr berühren und durchdringen sich Gestein (Lithosphäre), Luft (Atmosphäre), Wasser (Hydrosphäre) und Boden (Pedosphäre). Damit bildet sie wiederum die Voraussetzung des Lebens in seinen unterschiedlichen Stufen. An jeder Stelle der Erde setzt sich die Geosphäre aus unterschiedlichen Komponenten vorgenannter Sphären zusammen. Die möglichen – und in der Realität auch vorkommenden – Mischungsverhältnisse solcher Komponenten sind unvorstellbar groß. Dies macht unter anderem die Faktenfülle aus, die die Geographie zu bewältigen hat. Die an einer bestimmten Erdstelle realisierte

Kombination einzelner Teile der Geosphäre bezeichnet man als »Landschaft«[1].

Den materiellen Inhalt der Geosphäre bezeichnet man wiederum als »geographische Substanz«. Zu ihr gehören beispielsweise Berge, Täler und Schuttkegel, Gletscher, Gewitterwolken und Landregen, Kartoffel-, Sonnenblumen- und Baumwollfelder, Haufendörfer und Einzelhöfe, Städte, Stadtmauern, Einkaufs- und Ausfallstraßen, Fabriken, Spielplätze und Badestrände. Die Beispiele zeigen überdies, dass es die Geographie immer mit makroskopischen Objekten zu tun hat, die in der Regel auch der unmittelbaren Beobachtung zugänglich sind: Der Geograph kommt zumeist ohne Mikroskop aus. Die unmittelbare Beobachtung ist zwar nicht die einzige Erkenntnisquelle des Geographen. Aber sie ist von zentraler Bedeutung für Reisen mit geographischen Inhalten. Insbesondere hier gilt der Satz von der »Anschauung«, die das »Fundament der Erkenntnis« ist[2].

Bereits in der obigen Definition der Geosphäre wurde die Fülle der geographischen Sachverhalte in einzelne Subsphären gegliedert, »die einander berühren und durchdringen«. Die Luft-, Wasser- und Gesteinsschicht der Erde sind zwar voneinander getrennt. Aber diese Trennung lässt sich nicht säuberlich durchhalten: Wasser zum Beispiel sickert in die Gesteinssphäre, bewirkt deren Verwitterung und Abtragung und führt zu ihrer Zerstörung. Wasser und Luft dringen in die Verwitterungsrinde der Gesteinsschichten, fördern den Prozess der Bodenbildung und tragen zum Aufbau oder zur Veränderung der Bodensphäre bei. Dieses Beispiel zeigt, dass das Bild von einer zwiebelschalenartigen Gliederung der Geosphäre nur eine Hilfskonstruktion, dass aber die »Durchdringung« der einzelnen Subsphären die Regel ist.

Die in der Geosphäre faktisch miteinander verflochtenen Einzelerscheinungen der geographischen Substanz bezeichnet man als »Geofaktoren«, die man wiederum den einzelnen Subsphären zuordnet. Geofaktoren sind zum Beispiel Gesteine (Lithosphäre), das Klima (Atmosphäre), der Boden (Pedosphäre) usw. – natürlich auch der Mensch. Die Geofaktoren gehören drei unterschiedlichen Seinsbereichen an, der anorganischen (Gestein, Klima, Boden), der organischen (Flora, Fauna) und der geistbestimmten des Menschen (soziale Gruppen). In jedem dieser Bereiche wirken unterschiedliche Kausalitätsformen: Im anorganischen Seinsbereich die physikalisch-chemischen Naturgesetze, im organischen Bereich die Wachstumsregeln. Im geistbestimmten Bereich des Menschen gibt es allenfalls unterschiedliche Regel und Motive, die man der Ein-

---

[1] Vgl. Ernst Neef: Die theoretischen Grundlagen der Landschaftslehre, Gotha/Leipzig 1967, 11.
[2] Vgl. in diesem Handbuch Wolfgang Günter: Allgemeine Didaktik und Methodik der Studienreise S. 158.

fachheit halber oft auch als »Sozialgesetzlichkeit« bezeichnet. Die jeweilige Zugehörigkeit der geographischen Substanz zu diesen unterschiedlichen Kausalbeziehungen macht das Verstehen landschaftlicher Zusammenhänge häufig schwer – aber immer aber faszinierend.

Man wird freilich von einem Reiseleiter, der ja noch viele andere Kompetenzen haben soll, nicht verlangen können, dass er die Faktenfülle der Allgemeinen Geographie kennt. Es ist auch nicht erforderlich, dass er zu den dickleibigen Kompendien der Fachwissenschaft greift. Er braucht etwas anderes: Problemverständnis, die Kenntnis einiger grundlegender geographischer Zusammenhänge und einige Begriffe der Fachsprache. Wichtig ist insbesondere, dass er mit ihrer Hilfe lernt, Wirkungsweisen im Natur- und Kulturraum selbst zu erkennen, um sie dann seinen Reisegruppen nahe zu bringen. Das Wissen hierzu kann er aus den vielen, komprimiert geschriebenen Taschenbüchern zu den Einzelzweigen der Allgemeinen Geographie schöpfen[3].

Für einen Anfänger im Reiseleitergeschäft reicht es aus, wenn er sich jeweils mit jenen zwei oder drei Zweigen der Allgemeinen Geographie vertraut macht, die er für seine nächste Reise braucht. Für eine Studienfahrt durch glazial geformte Gebirge reicht zum Beispiel die durchaus selektive Lektüre eines Taschenbuches zur Geomorphologie, insbesondere des Kapitels über »glazialen Formenschatz«. Von dieser Lektüre sollte man Sach- und Fachbegriffe mitnehmen wie zum Beispiel: Detersion und Detraktion, Gletscher, Firnfeld, Kar, Karsee, Kartreppe, Trogtal, Trogschulter, End-, Grund-, Seitenmoräne usw. Für die Vorbereitung einer Studienfahrt durch Wüstenregionen reicht wiederum ein Lektüreausschnitt desselben Taschenbuches, diesmal des Kapitels über »Formenschatz der Trockengebiete«, und das Aneignen von Stichworten wie Dünenfeld, Wadi, Schwemmfächer, Gesteinsrinden, Wüstenlack, Rotfärbung usw. Für die Fahrt in feuchte Volltropen sollte er wiederum zu Taschenbücher über Klima- und Vegetationsgeographie greifen und sich Zusammenfassendes über die »Ökologie der Tropenzone« und Begriffe wie innertropische Konvergenz, tropischer Regenwald, tiefgründige Verwitterung, Lateritisierung von Böden, Schwarzwasserflüsse usw. einprägen.

In der Regel bleibt es nicht bei solchen Minimalvorbereitungen. Eine Wüstenreise – um bei einem der obigen Beispiele zu bleiben - wird die nächste nach sich ziehen. Ein engagierter Reiseleiter wird dann allmählich seinen Vorbereitungsstand erweitern - sei es aus der Erfahrung heraus, dass seine Kenntnisse den Bedürfnissen der Reisegruppe nicht genügten, sei es aber auch deswegen, weil sein persönliches Interesse während der

---

[3] Empfehlenswert ist hierzu die im Rahmen von »Hirts Stichwortbücher« erschienene Reihe »Geographie in Stichworten« (z.B. Geomorphologie, Klimageographie usw.).

ersten Reise gewachsen ist. Hatte sich der Reiseleiter sein Vorwissen für die erste Reise nur aus Büchern angeeignet, so kommt jetzt die eigene Erfahrung hinzu und steigert sein Selbstbewusstsein. Der Reiseleiter kann sich allmählich als Experte fühlen. Zu seiner Erfahrung kommt der Vergleich mit Naturraumtypen, die er auf anderen Reisen bereits kennen gelernt hat: »Reisen bildet« – auch den Reiseleiter.

II. Strukturen des Naturraums

Im Folgenden soll das im vorigen Kapitel abstrakt Abgehandelte an einem geeigneten Beispiel konkretisiert werden[4]: Zum ersten wird die unterschiedliche Kombination von physischen Geofaktoren entfaltet. Zum zweiten wird die Relevanz der dabei gewonnenen Einsichten für den anthropogeographischen Bereich aufgewiesen. Mit beidem soll an einem besonders geeigneten Beispiel zugleich auch das Bildungspotential einer »geographischen Studienreise« verdeutlicht werden. Das gewählte Beispiel hat den zusätzlichen Vorteil, dass es mit jeweils mehr oder minder starken Varianzen auf den gesamten Mittelmeerraum übertragbar ist.

An der dalmatinischen Adriaküste, auf den ihr vorgelagerten Inseln und in ihrem Hinterland gibt es im wesentlichen zwei Gesteinsarten: Kreide und Jurakalke und paläogene (alttertiäre) Flyschgesteine. Die geologische Karte, die die Zeit der Gesteinsentstehung ausweist, zeigt für die beiden ersten grüne und blaue Flächen, zwischen denen das dunkle Gelb für alttertiäre Sedimente auftaucht, das die Flyschgesteine markiert. Allerdings: Eine Studienreisegruppe interessiert sich in der Regel nicht für den Altersunterschied von Gesteinen. Der Reiseleiter muss deshalb diese Gesteine selbst zum Sprechen bringen, indem er zeigt, was diese Gesteine jeweils »landschaftlich« bewirkt haben, welche geoökologischen Unterschiede der Gesteinsunterschied nach sich zog oder – um einen viel gebrauchten Ausdruck zu benutzen – welches »Wirkungsgefüge« sich zwischen den Geofaktoren in Abhängigkeit vom Gestein gebildet hat. Um das zu erkennen, bedarf es nur weniger Vorkenntnisse, aber einiges Beobachtungsgeschick.

Kalk ist wasserdurchlässig, je reiner, desto besser. Im Gebiet der adriatischen Kalkverbreitung sind die Kalke im wesentlichen rein. Ein Gewässernetz an der Oberfläche hat sich nicht ausgebildet. Das Wasser der Niederschläge oder der Schneeschmelze sickert deshalb in den Kalk ein. Es bedient sich dabei der im Gestein vorfindlichen Klüfte. Da das Sickerwasser im chemischen Sinne immer etwas sauer ist, vergrößern sich diese Klüfte durch Kalklösung. Allmählich entstehen unterirdische Wasserläufe,

---

[4] Zum folgenden Paradigma vgl. ausführlicher Adolf Karger: Kulturlandschaftswandel im adriatischen Jugoslawien, in: Geographische Rundschau 35 (1973) 258-265.

die wiederum zu unterirdischen Seen führen. Da die normale Verwitterung hier nur eine untergeordnete Rolle spielt, neigt der Kalk kaum zur Bodenbildung. Die meisten adriatischen Kalkgebirge sind deshalb nackter Karst.

Ganz anders verhalten sich Flyschgesteine. Unter solchen versteht man Sedimentgesteine einer bestimmten Entstehungszeit (die in unserem Zusammenhang unwichtig ist). Es ist eine Mischung aus feinkörnigen Sandsteinen, Tonen und Mergeln. Im Unterschied zum Kalk verwittern diese Gesteine leicht. In hohen Lagen sind sie häufig bereits abgetragen, aber als flach lagernde Beckenfüllungen sind sie zumeist noch erhalten. Im Bereich der Flyschgesteine ist – im Unterschied zum Kalk – an der Oberfläche ein Gewässernetz ausgebildet. Einsickerndes Wasser wird in Sandstein gespeichert oder über Tonschichten gestaut. In beiden Fällen steht den Brunnen Wasser in geringer Tiefe zur Verfügung. Wiederum im Unterschied zum Kalk neigt der leicht verwitterbare Flysch zur Bodenbildung. Folglich ist das »Gesteinsskelett« des Flysch in aller Regel von einem Verwitterungs- und Bodenhorizont bedeckt, die Talhänge sind sanfter, die Vegetation ist dichter als im Kalk. Aber auch im Flysch findet man kaum noch Reste der ursprünglichen Vegetation.

Der erfahrene Beobachter erkennt den Gesteinsunterschied auf den ersten Blick am oben beschriebenen Unterschied der Geländeformen, am Vorhandensein oder Fehlen oberflächlicher Gewässer, an der Bodenbedeckung und an der Vegetation. Vermutlich dürfte aber auch der Unterschied zwischen dem ökologischen Verhalten von Kalk und Flysch eine Studienreisegruppe nicht sonderlich beeindrucken. Allerdings dürfte in unserem Beispielfall die Frage nach dem »naturräumlichen Potential« Interesse wecken und weitere Beobachtungen anregen. Wieder muss der Reiseleiter die unterschiedlichen ökologischen Verhältnisse im Kalk und Flysch »sprechen« lassen und sie zur Frage zuspitzen, was Kalkgebirge und Flyschbecken dem wirtschaftenden Menschen bieten können.

Die Kalkberge von Mittel- bis Hochgebirgshöhe, die während der Fahrt auf der dalmatinischen Küstenstraße eine eindrucksvolle Kulisse bilden, werden heute kaum agrarisch genutzt. Allenfalls entlang der wenigen Straßen, die in Quertälern landeinwärts führen, liegen kleine Dörfer. Die Gebirge selbst sind nicht besiedelt. Siedlung und Wirtschaft haben sich auf die Täler der Flyschzonen und dort wiederum in die Nähe zu Straßen zurückgezogen.

Genauere Beobachtungen zeigen jedoch, dass der heutige Zustand noch nicht lange währt. Der im Entziffern von Landschaft erfahrene Reiseleiter findet zahlreiche Anzeichen dafür, dass in den wirtschaftlich toten Kalkbergen früher eine rege Viehwirtschaft betrieben worden ist: Wo sich in geröllreichen, schattigen Tälern Reste einer Eichen-Hainbuchenvegetation erhalten haben, zeigen Bäume Spuren davon, dass sie »geschnaitelt« worden sind: Am Hauptstamm entlang wurden Jahr für Jahr Seitenzweige abgeschnitten, um dem Vieh als Streu oder auch als Futter zu dienen. An Bergflanken entdeckt man zudem die Baureste einzelner Höfe, verfallene Kalksteinmauern von Schafpferchen oder die Steinfassungen längst ausgetrockneter Quellen. Schließlich erkennt man auch, dass die gegenwärtige Vegetation die Folge einer langen Weidewirtschaft ist. Entsprechend dem mediterranen Klimatyp wäre hier in tieferen und meernahen Lagen ein immergrüner Hartlaubwald zu erwarten, in höheren Lagen ein lichterer Wald aus wärmeliebenden Laubbäumen wie Eiche, Hainbuche und Manaesche. Tatsächlich aber findet sich in Meeresnähe ein dichter Filz von Macchia, im Landesinneren Wald- und Gebüschinseln oder Trockenrasen und Steintriften, die im Sommer gelb und braun vertrocknen, aber im Winter noch ein mageres Weideland abgeben. In diesen Trockenrasen sind als Regelerscheinung stachelbewehrte Christusdorne verbreitet, die sogar den weidenden Schaf- und Ziegenherden widerstehen konnten.

Einzelbeobachtungen wie diese sollte der Reiseleiter an konkreten Beispielen erheben. Am besten ist es, wenn er die Teilnehmer durch anregende Fragen zu eigenen Beobachtungen hinführt, um dadurch das »Aha-Erlebnis« spontaner Einsichten zu provozieren. Er trifft damit die Erwartung der Gruppe, die auf der Reise auch geographische Sachverhalte verstehen will – ohne freilich professoral belehrt zu werden. Die Anregungen des Reiseleiters können zu dem Entschluss führen, während einer Rast zu einem der sommerdürren Kalksteinrasen hinaufzusteigen, um dort die stachelbewehrten Christusdornsträucher in Augenschein zu nehmen. Wesentlich ist – und der Reiseleiter sollte dies seiner Gruppe auch sagen – dass sich über solche Bildern vielfach neue Einsichten auskristallisieren und sich dabei gleichzeitig unauslöschlich im Gedächtnis fest brennen.

Kehren wir kurz zu den Fragestellungen des Fachs Geographie zurück. Die soeben an einem Beispiel beantwortete Frage nach der Entwicklung der geographischen Substanz ist nur eine von drei Hauptfragen, die der Geograph an sein Objekt stellt. Sie sollen hier nur stichwortartig als eine Art Fragenkatalog und als weitere Anregungen für den Reiseleiter angeführt werden.

Die erste Frage ergibt sich aus der unmittelbaren Beobachtung des Objektes selbst und lässt sich leicht beantworten. Sie empfiehlt sich deshalb auf Studienreisen als erste Anregung für weitere Überlegungen. Es ist die Frage nach dem Stoff, nach der äußeren Gestalt, also nach Form und Struktur der geographischen Substanz. Es ist leicht einzusehen, dass diese Frage allein den Kern der Sache nicht trifft. Gleichwohl ist sie sinnvoll und notwendig, wenn man sich angewöhnt (und der Reiseleiter entsprechend hilfreiche Anregungen gibt), gleichsam hinter der äußeren Form wesentlichere Eigenschaften der geographischen Substanz zu suchen. Dabei ist es zunächst sinnvoll, nach Objekten der Physischen Geographie und solchen der Anthropogeographie zu trennen. in beiden Objekten wirken eine Reihe entweder natürlicher oder sozialer Kräfte zusammen (oder auch gegeneinander), jedenfalls in einem »Wirkungsgefüge von Kräften«, das Formen und Strukturen geschaffen hat, denen wiederum die erste Frage galt. Die Frage nach den in der geographischen Substanz wirkenden Kräften charakterisiert die »dynamische Betrachtungsweise«. In der Physischen Geographie wird sie gelegentlich die »ökologische« genannt, in der Anthropogeographie die »funktionelle«, die »gestaltende« Kraft. Die dritte Frage betrifft die Kategorie der Zeit, die jeden Naturraum oder jede Kulturlandschaft als Entwicklung oder Geschichte geprägt hat. Sie zielt auf eine genetische Betrachtungsweise. Auch im Bezug auf diese Frage ist nicht alles, aber vieles unmittelbar zu beobachten.

III. Kulturlandschaft als Prozess

Wir führen unsere Beobachtungen an der dalmatinischen Adria fort um von der physischen Geographie zur Anthropogeographie vorzustoßen. Im unteren Teil der steilen Hänge geht der Kalk in das Flyschgestein über. In der Regel bildet sich an der Gesteinsgrenze ein »Quellhorizont« aus: Das in den Kalk einsickernde Wasser trifft auf eine wasserstauende Schicht und tritt als »Schichtquelle« aus. Am Quellhorizont beginnen kleine Wasserläufe, die mit dem Winterregen oder der Frühjahrsschmelze anschwellen und im darunter liegenden Flyschgelände ein normales Gewässernetz ausbilden. Der Quellhorizont zwischen Kalk und Flysch war deshalb in der Regel auch die Leitlinie für die traditionelle Besiedlung. Hier konnte das Wasser der Quellen unmittelbar genutzt werden. Und mit dem Dorf selbst musste man keinen wertvollen ackerfähigen Boden im tieferliegenden Flyschland besetzen. Von hier aus konnte man in günstiger Lage zum Gebirge wie zum Tal hin jene Art von Landwirtschaft betreiben, die jeweils den ökologischen Bedingungen im Kalk und Flysch entsprach: Viehzucht oben in den Kalkgebirgen, Obst-, Wein- und Ackerbau unten in den Flyschmulden. Als anthropogeographische Regelerscheinung sind jedoch die alten Dörfer entlang des Quellhorizontes ganz oder teilweise verlassen. Einzelne Gehöfte zeigen Anzeichen von Verfall oder von nur noch zeitweiliger Nutzung. In anderen Fällen sind sie nur noch von alten Leuten bewohnt, die keine Landwirtschaft mehr betreiben. Damit sind wir bei einem anthropogeographischen Sachverhalt. Auch seine Erklärung erfordert einen kurzen Rückgriff.

Es ist schon angedeutet worden, dass zur landschaftlichen Realität oft die enge Verzahnung von natürlichen und sozialen Geofaktoren gehört. Anthropogeographische Sachverhalte, das »Menschenwerk« innerhalb der geographischen Substanz also, sind nicht einfach als »vom Menschen« geschaffen zu verstehen. In jedem konkreten Fall ist es eine bestimmte Gesellschaft oder eine ihrer Gruppen, die auf der Grundlage einer ganz bestimmten Landesnatur, oft unter Nutzung eines bestimmten Naturpotentials, ihren eigenen Lebensraum, d.h. eine bestimmte Kulturlandschaft gestaltet hat. Wie unser Beispiel, die Dörfer am Quellhorizont, zeigt, sind auch Kulturlandschaften nicht statisch, sondern einem ständigen Wandel unterzogen. Gelegentlich geht der Kulturlandschaftswandel fast unmerklich langsam vonstatten, in anderen Fällen vollzieht er sich rasant von Generation zu Generation.

Die Kulturlandschaft wandelt sich mit den Lebensbedingungen der Gesellschaft, spiegelt also deren Wandel wider. Diesen Wandel prägen wiederum vier Parameter im besonderen: die wirtschaftlichen Notwendigkeiten und Möglichkeiten einer bestimmten Gesellschaft, ihre technischen Möglichkeiten und Fähigkeiten, ihr sozioökonomischer Organisationsrahmen und schließlich ihre kulturell-geistige Verfassung, von der wiederum Stile, Moden, Leitbilder, Innovationsfähigkeiten oder Beharrungsvermögen bestimmt werden.

Gehen wir in unserem Adria-Paradigma zunächst von jenen Fällen aus, an denen die Flyschzone zugleich auch die Küstenlinie bildet. Wo immer es hier die Küstengestalt zulässt, ist sie »zugebaut«. Einige wenige ältere und kleinere Häuser markieren den Kerne ehemaliger Fischerdörfer. Abseits dieser Kerne verjüngen sich die Gebäude. Ihre Architektur (meerwärts weisende Balkone, Garagen oder Parkplätze) deuten auf ihre Funktion als Touristenunterkünfte hin. Dazwischen finden sich Zelt- und Parkplätze, Restaurants, Hinweise auf Bootsanlegestellen usw. Auch entlang der Autostraße, etwas abseits der Küste, gibt es noch eine relativ dichte Bebauung. Auch hier ist am Stil der Häuser und an den Hinweisschildern (»Sobe« = Zimmer) zu erkennen, dass es sich überwiegend um Touristenunterkünfte handelt – freilich mit dem Nachteil einer gewissen Küstenferne.

Betrachtet man die agrarische Landnutzung, so fällt gerade im Hinterland das helle Grün kleiner Gemüsefelder auf. Auf ihnen liegen Gummischläuche zur Bewässerung, die zu kleinen Pumpen und Brunnen führen. Auf den Feldern und zwischen den Rebstöcken sieht man kleinere landwirtschaftliche Maschinen. Es fällt auf, dass kein Getreide angebaut wird - öffentliche Dreschplätze hatten dagegen noch zur Regelausstattung der jetzt verfallenden Dörfer am Quellhorizont gehört.

In diesen Dörfern hatten die Bauern einst ihren Lebensunterhalt erwirtschaftet durch Ackerbau im Flyschland und durch Viehzucht im Kalkgebirge. Beides wurde im Wesentlichen als Selbstversorgungswirtschaft betrieben. Die Küste selbst war abgeschnitten: Es gab weder ausreichende Verbindungsmöglichkeiten ins Hinterland noch entlang der Küstenlinie. Getreide bildete die Grundlage der Ernährung. Dem Weizenanbau waren fast alle Felder im Flyschland vorbehalten, gelegentlich sogar noch einige karge Terrassen an den Kalkhängen. Ihre geringen Überschüsse an Wein, getrocknetem Obst und Olivenöl verkauften die Bauern auf den städtischen Märkten. Große Erlöse erwirtschafteten sie damit nicht: Sie blieben deshalb in der Regel arm. Die Stadt besaß die traditionelle Funktion des Marktausgleichs zwischen den Angeboten der Fischer, Bauern und Viehzüchter. Hier saß zugleich die Verwaltung. Ferner gab es hier Handwerker und Ansätze zu einer verarbeitenden Industrie.

Die Grundlagen zur Umgestaltung der adriatischen Kulturlandschaft wurden nach dem Zweiten Weltkrieges geschaffen. Zunächst mit der Einführung eines rigiden sozialistischen Wirtschafts- und Sozialsystems, das – wie in anderen sozialistischen Ländern auch – die Konzentration von Kapital und Arbeit auf Objekte ermöglichte, die von der Politik als vorrangig eingestuft wurden. Zu den damals festgelegten Zielen gehörte die »Adria-Orientierung«. Das erste Projekt dieser wirtschaftspolitischen Neuorientierung war der Bau der »Adria-Magistrale«, einer über 1.000 Kilometer langen Autostraße von der italienischen Grenze bis nach Montenegro. Ihr Bau förderte eine weitere Entwicklung: Seit den 50er Jahren befuhr sie ein bis zu mehreren Millionen jährlich angewachsener Strom von Autotouristen. Der Autobahnanschluss an die Wohlstandszentren Mittel- und Westeuropas hatte zur Folge, dass seither ein beständiger Strom von Geld in die traditionell arme Kulturlandschaft längs der Adria floss. Zur gleichen Zeit wurde die jugoslawische Spielart des Sozialismus soweit liberalisiert (als »Markt- und Selbstverwaltungssozialismus«), dass er für individuelle Initiativen und Aktivitäten reiche Möglichkeiten eröffnete.

Ebenfalls Mitte der 50er Jahre zog die erste Welle jugoslawischer Auslandsarbeiter in die Industriegebiete Mittel- und Westeuropas. Die heimkehrenden »Gastarbeiter« brachten Kapital aber auch Ideen mit, wie sich dieses gewinnbringend investieren ließe. Sie hatten im Ausland die Lebensweise der dortigen Bevölkerung kennen und ihre Sprache gelernt. Sie kannten deren Urlaubsbedürfnisse. Nach ihrer Rückkehr bauten sie ihre Elternhäuser zur Aufnahme von Touristen um. Ein einziges zusätzliches Zimmer brachte, gemessen an dem traditionell geringen Einkommen, einen verhältnismäßig hohen und leichten Gewinn. Auch die heimischen Berufserfahrungen der Fischer kamen dem Tourismusgewerbe zugute. Sie hatten aus dem Ausland neue starke Bootsmotoren mitgebracht. Mit deren Hilfe intensivierten sie den Fischfang – in vielen Fällen bis zur Vernichtung der örtlichen Fischbestände.

Die Bauern des Hinterlandes hatten zwar in der Regel kein Land unmittelbar an der Küste. Aber mit wachsender Nachfrage akzeptierten die Touristen auch Unterkünfte in der Nähe der Adria-Magistrale, die keinen unmittelbaren Küstenanschluss hatten. Die Bauern verfügten in der Regel über größeren Landbesitz. Die von ihnen gebauten Touristenpensionen waren größer, nahmen die Form von Hotels an.

Mit den Einkünften aus dem Tourismus verfügten die Bauern nunmehr über ausreichendes Geld, um von der agrarischen Selbstversorgung abzugehen. Das mediterrane Klima mit langem, heißem und trockenem Sommer legte künstliche Bewässerungssysteme nahe, für die jetzt erstmals genügend Kapital vorhanden war. Mit ihrer Hilfe konnte man nunmehr auf den ehemals für den Getreideanbau reservierten Feldern Gemüse anbauen, das in den inzwischen leicht erreichbaren Städten des Binnenlandes guten Absatz fand.

Der Weg von der alten Siedlung am Gebirgsrand hinunter zu den Feldern und zur Arbeit in der eigenen Touristenherberge erschien nunmehr häufig als zu weit. So übersiedelte man schließlich in die talwärts gelegene Touristenpension, die »Villa« – besonders im Herbst und Winter, wenn die geldbringenden Gäste wieder abgereist waren. Damit änderte sich der Lebensstil der ehemaligen Bauern und neuen Touristik-Unternehmer mit landwirtschaftlichem Nebenerwerb endgültig und tiefgreifend. Das Haus im alten, jetzt verkehrsungünstig gelegenen Dorf konnte man nunmehr verkaufen. Und obwohl fast jedermann im Dorf dies tat, fanden sich genug Käufer: Sie kamen in der Regel aus den ebenfalls traditionell armen, viehzüchtenden Dörfern des gebirgigen Hinterlandes. Für die Neuankömmlinge, die jetzt die Bauerndörfer übernahmen, bedeutete der Umzug zwar den Übergang in eine neue, ungewohnte Lebensform, zugleich aber auch eine deutliche Verbesserung ihrer Lebensumstände. Für die junge Generation schloss sie überdies die Chance ein, über die bessere Verkehrsanbindung in die städtische Arbeiterschaft überzuwechseln.

Unterbrechen wir hier unseren Gedankengang für eine weitere Anregung aus dem methodischen Inventar der Geographie: Beim Versuch, kulturgeographische Verhältnisse Dalmatiens zu erklären, stießen wir auf das, was man gelegentlich in der Geographie den »sozialgeographischen Prozess« nennt. Er wird von einzelnen Gruppen getragen, wie in unserem Fall von Fischern und Bauern oder einer Hirtengesellschaft (von der hier nur andeutungsweise die Rede war). Jede Gruppe reagiert spezifisch auf neue Lebensumstände, auf neue Möglichkeiten, die sich ihr eröffnen oder auf Zwänge, die sie beengen. Als Antwort auf solche Herausforderungen reagiert die Gruppe häufig mit einer Veränderung der Kulturlandschaft. Dieses Verständnis des Kulturlandschaftswandels geht auf einen spezifischen sozialgeographischen Denkansatz zurück. Er versteht Kulturlandschaft als einen ständigen Prozess, den Raum als »Prozessfeld« kulturlandschaftsprägender Gruppen. Dieser Denkansatz hat erst relativ spät

in die Geographie Eingang gefunden. Er hat sich gut bewährt. Der Reiseleiter kann diesen Ansatz nutzen, wenn er sich selbst angewöhnt, die
Kulturlandschaft mit sozialgeographischen Fragestellungen zu lesen und
zu hinterfragen.

Die Sozialgeographie ist die Lehre vom raumrelevanten Gruppenverhalten. In der Regel beurteilt sie die verschiedenen Gruppen nach der jeweiligen Raumrelevanz ihrer »Daseinsfunktionen«. Diese sind: Wohnen,
Arbeiten, Verkehrsteilnahme, Versorgung, Bildung, Erholung. Die Frage
der Sozialgeographie lautet, wie sich diese Funktionen des Gruppenlebens
kulturlandschaftlich und strukturbildend niederschlägt. Nicht alle diese
Daseinsfunktionen spiegeln sich unmittelbar in der Kulturlandschaft wider. Aber sie ergeben ein sinnvolles Frageschema, an das sich der Reiseleiter für seine eigenen Beobachtungen halten kann.

IV. Sozialgeographie als Geschichte

Viele Kulturlandschaften sind das Ergebnis sozialgeschichtlicher Prozesse
im Mittelalter. Derartige Zusammenhängen sind Reisegruppen in der Regel zwar unbekannt. Sie bringen hierfür jedoch durchaus Interesse auf,
besonders dann, wenn es sich um das Entstehen einer so berühmten Kulturlandschaft handelt wie der Toskana, die wir als nächstes Paradigma
behandeln[5].

Auch hier sollte der Reiseleiter zunächst zur Beobachtung dessen anregen, was auf der Fahrt in freier Landschaft zu sehen ist: Ein Netz von
Einzelhöfen erstreckt sich über die Landschaft abseits der Hauptstraßen.
Oft sind sie im gleichen oder ähnlichen Stil gebaut. Einige von ihnen nutzen den Boden noch für die »klassische« mediterrane Mischkultur (»Cultura mista«) von Getreide, Wein und Oliven, wobei sich die Weinreben
oft als Pergola zwischen Olivenbäumen hinziehen, die wiederum die kleinen Getreidefelder umrahmen. Die weißen, auf einem Hügel gelegenen
Höfe, oft von Zypressengruppen überragt, bilden einen reizvollen Anblick
inmitten der Felder und Weinreben. Sie stellen für viele Italien-Reisende
das klassische Italien-Bild schlechthin dar, obwohl eine anders verlaufene
Sozialgeschichte bereits im benachbarten Kirchenstaat eine ganz andere

---

5 Zur Kulturlandschaft der Toskana vgl. Fritz Dörenhaus: Urbanität und gentile Lebensform. Der europäische Dualismus mediterraner und indoeuropäischer Verhaltensweisen, Wiesbaden 1971 (Erdkundliches Wissen 25); Derselbe: Villa und Villegiatura in
   der Toskana. Eine italienische Institution und ihre gesellschaftliche Bedeutung, Wiesbaden 1976 (Erdkundliches Wissen 44); Elmar Sabelberg: Der Zerfall der Mezzadria in
   der Toskana Urbana. Entstehung, Bedeutung und gegenwärtige Auflösung eines agra-
   ren Betriebssystems in Mittelitalien, Köln 1975 (Kölner geographische Arbeiten 33).

Kulturlandschaft hervorgebracht hat. Daneben tauchen Einzelhöfe auf, die wie kleine Inseln im Meer von großen Feldern liegen, auf denen sich Monokulturen von Getreide, Mais oder Klee ausbreiten. Man erkennt unschwer, dass diese großen Felder eine neuere Erscheinung bilden: Sie sind durch Zusammenlegung der Fluren entstanden.

Bei der nachfolgenden Erklärung geht der Reiseleiter von der Geschichte der älteren Kulturlandschaft aus (Einzelhöfe mit kompakter Blockflur und Mischkultur). Dabei wird er auf die eigentümliche Sozialgeschichte der mittelalterlichen Toskana stoßen mit ihrem stadtgebundenen Adel (Residenz: Palazzo) und ihrem ausgedehnten Grundbesitz auf dem flachen Land (Kern: Villa). In solchen Fällen ist ratsam, Geschichtsquellen zur Erklärung heranzuziehen und sie der Gruppe vor dem entsprechenden Objekt vorzulesen. In unserem Fall gibt es eine erzählende Quelle, die zugleich den Vorteil hat, ein Stück Weltliteratur zu sein. Gemeint ist die Rahmenerzählung des »Decamerone« von Giovanni Boccaccio (1313-1375).

Diese Rahmenerzählung führt uns »in die herrliche Stadt Florenz, unstreitig der schönsten Italiens«, freilich ist es das Florenz des Pestjahres 1348. Als typische Vertreterinnen der »signorilen« Oberschicht der Stadt treffen sich sieben junge Damen in einer Kirche. Sie beklagen ihre Lage im sterbenden Florenz, in dem es nur Leichen und Kranke gäbe. Mit Wehmut gedenken sie der Vergangenheit und lassen dabei etwas von ihrem sozialen Status erkennen: Sie erinnern sich nämlich an ihre großen Haushalte. Jetzt aber sei von dieser »Menge Hausgenossen niemand mehr geblieben als eine Magd«. Schauder erfassen die jungen Damen, wenn sie an die Rückkehr in ihre leeren Palazzi denken. Eine verfällt auf einen Ausweg: »Wenn ihr ebenso denkt wie ich, so halt' ich fürs beste, dass wir uns ... auf unsere nahe gelegenen Landhäuser begeben.« Beim Gedanken daran gerät eine der Damen ins Schwärmen: »Dort hören wir Vögel singen, sehen Hügel und Täler grünen, Bäume von tausenderlei Gattung und einen heiteren Himmel. Dort finden wir frische Luft, der Vorrat an Lebensmitteln, den diese Jahreszeit bietet, ist größer und die Menge an Widerwärtigkeiten geringer!« Zum Glück treffen sie in der Kirche noch drei junge Kavaliere, mit denen sie entweder befreundet oder verwandt waren. Am nächsten Tag machte sich die Gruppe – nunmehr zehn Personen – auf den Weg. »Die Damen mit einigen ihrer Mägde und die drei Männer mit ihren Bediensteten.« Das erste der Landhäuser lag nur zwei Meilen von Florenz entfernt. Seine Schilderung scheint uns über 650 Jahre hinweg in die heutige Umgebung von Florenz zu führen. »Es lag auf einer kleinen Anhöhe, die von allen Seiten ein wenig von der Straße entfernt war. Bäume und Pflanzen, alle grün belaubt, gaben den anmutigsten Anblick. Auf dem Gipfel stand ein Palast mit schönem großem Vordach. Seine Säle und Zimmer waren schön, geziert mit den angenehmsten und sehenswürdigsten Gemälden; die Wiesen, Gärten und erfrischendsten Wasserbrunnen bewundernswert; die Keller gefüllt mit den köstlichsten Weinen. Die Gesellschaft fand bei der Ankunft alles zu ihrem großen Vergnügen sauber vor, die Betten in den Schlafzimmern gemacht und alles mit Blumen der Jahreszeit bestreut und mit Binsen besteckt.«

Der hier nur auszugsweise zitierte Text enthält einige markante Stellen, die wiederum den sozialgeographischen Erklärungsansatz für das Entstehen dieser Kulturlandschaft liefern. Offenbar ist die Existenz solcher Landhäuser im Umland von Florenz (und jeder anderen toskanischen Stadt) eine Selbstverständlichkeit. Der Vorschlag lautete einfach und ohne weitere Erklärung: Begeben wir uns auf »unsere Landgüter« – offenbar besaß jede der jungen Damen (oder ihre Familien) ein solches. Auf diesen Landgütern war man auf Gäste – auch in größerer Zahl – eingerichtet. Es gab dort Vorräte an Lebensmitteln, die Keller waren voll mit Wein. An anderer Stelle hören wir, dass es in dort sogar Musikinstrumente gab. Die Landhäuser waren auch vor dem unerwarteten Besuch bewirtschaftet gewesen: Wie hätte sie sonst sauber, »die Betten in den Schlafzimmern« (Plural!) gemacht und zudem mit Blumen bestreut gewesen sein können?

In Mittelitalien hatte der Adel eine andere Position als in Mitteleuropa. Er lebte nicht auf Burgen in offener Landschaft, sondern war in die Städte gezogen und mischte sich hier mit der reichen urbanen Oberschicht. Aus dieser Mischung entstand jene »signorile Schicht«, deren Sprösslinge Boccaccio beschreibt. Das Verhalten dieser Oberschicht lässt freilich Rückschlüsse auf ihre Herkunft zu. Sie liebte ritterliche Verhaltensweisen, wie Turniere, Jagden oder auch Fehden. Und sie lebte zunächst in »Geschlechtertürmen«, burgartigen Behausungen inmitten der Städte, wie man sie den Touristen heute noch in San Gimigniano zeigt und wie sie sich in vielen anderen Städten noch als Relikte im alten Mauerbestand erhalten haben. Dass die Geschlechtertürme wieder aus dem Bild der allermeisten toskanischen Städten verschwanden, zeigt, dass die Bürgerschaft ab einem gewissen Zeitpunkt nicht mehr bereit war, diese feudalen Inseln in ihrer Mitte zu dulden. Aus der verschlossenen Stadtburg wurde der offene Palazzo, aus dem adeligen Krieger der Mitbürger.

Diese Entwicklung erleichterte es dieser Oberschicht, anders als dem größeren Teil des europäischen Adels, zu durchaus bürgerlichen Formen des Gelderwerbs zu finden: Sie riskierten ihr Kapital im gewinnbringenden Fernhandel, im Bankwesen, im frühkapitalistischen Gewerbe. Zur bürgerlichen Art des Gelderwerbes gehörte auch die auf Rentabilität bedachte Bewirtschaftung ihres Landbesitzes. In aller Regel besaßen sie Pachthöfe außerhalb der Stadt. Die Pächterfamilien und die städtischen Landbesitzer waren über ein Halbpachtsystem (»mezzadria«) miteinander verbunden. Die Mezzadria ging von der grundsätzlichen Gleichwertigkeit der beiden Wirtschaftsfaktoren Kapital und Arbeit aus. Ersteres investierte der Grundbesitzer (Land, Gehöft, falls notwendig, weitere Investitionen), letztere erbrachte die Pächterfamilie. Der Ertrag wurde zur Hälfte geteilt. Die Pächterfamilie fand in der Landwirtschaft ihren Lebensunterhalt. Der städtische Grundbesitzer brachte die Überschüsse auf den Markt und erwirtschaftete damit eine Geldrendite.

Die auf den Pachthöfen betriebene Mischkultur (»cultura mista«) brachte hervor, was Pächter und Grundbesitzer gleichermaßen als Grundversorgung brauchten: Weizen, Öl und Wein. Die Verbindung von städtischem Grundbesitzer und Halbpächter war eng, die Abwicklung des Pachtsystem kompliziert. Deshalb bestand Bedarf an Überwachung und Kommunikation. Diese Funktion übernahm ein besonderer Hof, die »fattoria«, die häufig auf einem Aussichtshügel lag und damit auch optisch die Pachthöfe beherrschte. Auf ihr wirtschaftete ein Angestellter des städtischen Grundbesitzers, der »fattore«. Höfe dieser Art wurden häufig zur »villa rustica« ausgebaut und dienten im Sommer, wenn es in der Stadt unerträglich heiß wurde, als Feriensitz (»villegiatura«) der Herrenfamilie. Die »ville rustiche« der Toskana – und auf eine solche zogen sich die jungen Florentiner Aristokratinnen und Aristokraten aus dem sterbenden Florenz zurück – boten Kontakt zu den Pächtern. Zudem konnte man hier neben dem Genuss des Landlebens auch seinen Geschäften nachgehen.

Seit den 60er Jahren dieses Jahrhunderts ist die herkömmliche Kulturlandschaft der Toskana in Auflösung begriffen. Pächterfamilien nahmen immer mehr die lohnenderen Arbeitsmöglichkeiten in den Städten wahr. Die moderne Gesetzgebung widersetzte sich zunehmend den traditionellen Pachtsystemen wie der »mezzadria«. Die Pachthöfe verloren damit ihre ursprüngliche Funktion und wurden verlassen. Da sie in der Regel inmitten einer reizvollen Kulturlandschaft liegen, gingen sie in der Folge häufig als Zweithäuser an zahlungskräftige (oft deutsche) Interessenten. Die dazu gehörigen Ackerfluren kauften hingegen – begünstigt durch das Agrarsystem der EU – einheimische Agrarunternehmer auf, die sie wiederum als große zusammenhängende Flächeneinheiten von Landarbeitern – meist aus Süditalien – bewirtschaften lassen.

V. Perspektiven angewandter Geographie

Der Vergleich der gegenwärtigen Entwicklung der Kulturlandschaft im adriatischen Dalmatien und in der Toskana führt uns zu einem abschließenden Blick auf Problemstellungen des Faches Geographie und zu einer letzten Gruppe von Anregungen für Reiseleiter.

In beiden Fällen führt der ungesteuerte kulturlandschaftliche Prozess zur Zerstörung oder Reduktion seiner eigenen Voraussetzungen. So werden die geldbringenden Touristen nur solange an die dalmatinische Küste kommen, solange sie diese auch wirklich genießen können. Ebenso werden sich potente Kaufinteressenten nur solange für ehemalige toskanische Pachthöfe interessieren, solange der Blick von der Terrasse nicht auf die Öde eines quadratkilometergroßen Stoppelfeldes geht. Was ist zu tun? Beide Gruppen, auf deren Wirken der Kulturlandschaftswandel zurückgeht, haben offenbar legitim gehandelt: Wer kann es schon einem adriatischen Fischer verdenken, wenn er die Gelegenheit wahrnimmt, aus der traditionellen Armut seiner Gruppe herauszukommen? Was soll wiederum ein städtischer Grundbesitzer machen, wenn ihm seine Pächter weglaufen – ganz abgesehen davon, dass die Handarbeit im Cultura-mista-System wiederum dem Maschineneinsatz auf arrondierten Getreidefeldern wirtschaftlich hoffnungslos unterlegen ist.

Allenthalben sind Fehlentwicklungen der vorgenannten Art zu beobachten. Ein guter Reiseleiter wird auf sie hinweisen und zu erklären versuchen, wo die ersten Ansätze solcher Fehlentwicklungen liegen. Dafür braucht er Einfühlungsvermögen und ausreichende Faktenkenntnisse – letzteres weil erkennbare Inkompetenz auf diesem Gebiet das Gegenteil dessen bewirkt, was zu leisten ist, nämlich Aufklärung.

Geographische Problemstellungen unterliegen dem Wandel des öffentlichen Interesses und damit dem »Zeitgeist«. Entsprechend dem Wandel des öffentlichen Interesses wie dem modernen Selbstverständnis des Faches haben sowohl die Physische wie auch die Anthropogeographie in der jüngeren Vergangenheit »angewandte« Forschungsrichtungen mit dem Ziel der Lebensraumerhaltung und prognostischen Lebensraumgestaltung entwickelt. Das zentrale Thema zeitgenössischer Geographie ist – einer viel gebrauchten, freilich sehr pointierten Formulierung zufolge – das Ökosystem Mensch-Erde.

VI. Literaturhinweise

Ritter, Gerd/Theo Schreiber (Hg.): Geographische Exkursionen an Hochschule und Schule. Ein Beitrag zur Exkursionsdidaktik, München 1976 (Harms pädagogische Reihe. Schriften für die Schulpraxis 5).

Vogel, Helmer: Geographische Aspekte des modernen Studien- und Bildungstourismus, Diss. Würzburg 1990.

Claus König

Flora und Fauna auf Studienreisen

I. Einleitung

Das Interesse an naturkundlichen Studienreisen hat in den vergangenen Jahren stark zugenommen: Neben traditionsreichen Spezialveranstaltern sind zahlreiche neue Unternehmen entstanden. Und alle erfreuen sich rasch wachsender Buchungsraten. Hinter diesem breiter gewordenen Interesse steht nicht nur die Dauerpräsenz naturkundlicher Themen in den visuellen Medien, sondern auch die sich immer mehr verbreiternde Einsicht, dass Natur und Umwelt weltweit gefährdet sind: Das Bedürfnis, die Natur und ihre Lebewesen in noch unverdorbener Ursprünglichkeit kennen zu lernen, ist zweifellos das verständliche Hauptmotiv hinter dieser Entwicklung. Hinzu kommt, dass diese Reiseart – vielleicht mehr als andere – das wachsende Bedürfnis nach aktiver, erlebnisorientierter Urlaubsgestaltung befriedigt. Aber auch das naturkundliche Interesse der Teilnehmer traditioneller Studienreisen oder leistungsorientierter Erlebnisreisen ist gewachsen: Ein Reiseleiter, der nicht von sich aus die oft fremdartig-exotische Pflanzen- und Tierwelt des Gastlandes zum Thema macht, wird sich in aller Regel auf entsprechende Fragen der Teilnehmer gefasst machen müssen. Auf jeden Fall sollte er darauf vorbereitet sein.

Flora und Fauna können somit programmbestimmendes Leit- oder aber kontrastierendes Begleitthema von Studienreisen sein. Im folgenden Kapitel soll zunächst von Flora und Fauna als Begleitthemen von Studienreisen die Rede sein. Danach werden in einem eigenen Abschnitt spezielle Eigentümlichkeiten naturkundliche Studienreise behandelt.

II. Flora und Fauna als Begleitthemen allgemeiner Studienreisen

1. Die Basisaspekte

Bei allgemeinen kulturgeschichtlichen oder länderkundlichen Studienreisen spielt die Natur, spielen Flora und Fauna den zwar notwendigen, aber zunächst doch nur unvollkommen wahrgenommenen Rahmen für die Geschichte und Gegenwart eines Landes. Gleichwohl sollte es selbstverständlich sein, dass der Reiseleiter einer seriösen Studienreise seinen Teilnehmern einen Überblick vermittelt

- über die typischen Pflanzen- und Tierarten eines Landes sowie deren Lebensräume (Biotope),
- über die wichtigsten ökologischen Zusammenhänge zwischen Flora und Fauna,
- über die Bedeutung dieser Pflanzen- und Tierwelt für den Menschen, seine Wirtschaft und Kultur.

Der letzte Gesichtspunkt verweist wiederum auf die Nutzpflanzen und Haustiere als naheliegendes Exempel. Sie schlagen gleichsam die Brücke zwischen der Natur- und Kulturgeschichte und bieten damit für kulturgeschichtliche Studienreisen den geeigneten didaktischen Einstieg in den Bereich von Flora und Fauna.

2. Als Beispiel: Der Mittelmeerraum

Im Mittelmeerraum, wohin die meisten Studienreisen führen (weshalb die im folgenden dargestellten Zusammenhänge exemplarisch weitgehend diesem Bereich entnommen sind), dominieren als Nutztiere Esel, Ziege und Schaf. Diese Tierarten spielen auch heute noch als Nutztiere eine Rolle. Der Esel als Last-, Zug- und Reittier, das schon sehr früh aus asiatischen Wildeseln domestiziert wurde. Die Ziege und das Schaf sind Milch-Fleisch- und Fellieferanten. Darüber hinaus weiden die genügsamen Tiere alles nur irgendwie Genießbare an Pflanzen ab. Die Kahlheit vieler Landstriche im Mittelmeerraum ist unter anderem auf die intensive Beweidung durch Ziegen zurückzuführen. Kaum eine andere Haustierart hat das Gesicht vieler Landschaften so verändert wie die Hausziege.

Unter den Pflanzen sind neben der Weinrebe, die kulturhistorisch eine große Bedeutung gespielt hat, vor allem Zypresse, Ölbaum, Feige, Opuntie und Agave zu nennen. Diese Pflanzen sind im Mittelmeerraum sowie im Vorderen Orient besonders auffällig und typisch. Die Zypresse, ein mediterraner Nadelbaum, ist durch den schlanken Wuchs und die dunkle Färbung gekennzeichnet. Sie vermittelt mancher Landschaft den südlichen Charakter, erweckt aber auch Friedhofsstimmung (vgl. das Bild »Die Toteninsel« von Böcklin). Zypressen sind nicht nur Zierbäume, sie werden gebietsweise auch in dichten Reihen als Windschutz angepflanzt, wie beispielsweise im Rhônetal und in der Provence. Dort schützen sie landwirtschaftliche Kulturen vor der Wucht des kalten Mistral, eines heftigen Fallwindes.

Der langlebige Ölbaum ist – historisch gesehen – eine der wichtigen Kulturpflanze im Mittelmeerraum überhaupt. Kenntlich an seinen lanzettförmigen, silbergrauen Blättern und dem knorrigen Wuchs des Stammes, begegnet man ihm vielerorts, häufig als größerer Hain. Die Frucht, die Olive, spielt nicht nur als Öllieferant eine Rolle, sondern ist, in Salzlake konserviert, auch ein wohlschmeckendes Nahrungsmittel. Es verwundert im übrigen nicht, dass das im Mittelmeerraum entstandene Christentum – neben Brot und Wein – auch das Olivenöl in seine kultische Symbolik übernommen hat.

Ein weiteres wichtiges – auch in der Bibel oft erwähntes – Kulturgewächs ist der Feigenbaum. Charakteristisch für ihn sind seine großen gelappten Blätter. Seine Früchte reifen im Spätsommer und sind – durch Trocknung konserviert – ein wegen ihres hohen Fruchtzuckergehalts wichtiges Winternahrungsmittel, das schon früh bis nach Mitteleuropa hinein gehandelt worden ist.

Im Mittelmeerraum trifft man auf zahlreiche Kakteen. Sie stammen aus den Wüsten und Halbwüsten Amerikas und wurden von den Spaniern im 16. Jahrhundert an das Mittelmeer gebracht, wo sie geeignete Lebensräumen fanden und rasch verwilderten. Kakteen sind wärme- und trockenheitsliebende Pflanzen. Man findet besonders die vielfach als lebende Zäune angepflanzten Opuntien, die »Feigenkakteen«, so genannt wegen ihrer wohlschmeckenden, feigenähnlichen Früchte. Die breiten, blattartigen Stengelteile sind mit kräftigen Stacheln besetzt. Das gleiche gilt für die Agave mit ihren dolchartigen Blättern und den meterhohen Blütenstengeln. Auch sie stammt aus Amerika, wo man noch heute in Mexiko aus dem stärkereichen Fleisch der Pflanze den Schnaps »Tequila« gewinnt, ein wodkaähnliches Getränk. Manche Agaven-Arten werden auch zur Herstellung von Sisalfasern verwendet.

Unter der wildlebenden Flora des Mittelmeerraumes ist zunächst die Macchia zu erwähnen, ein immergrüner Buschwald aus Stein- und Kermeseichen, Lorbeer, Wacholder und Zistrosen. Diese Pflanzengesellschaft ist typisch für viele Zonen im mediterranen Raum. Dabei handelt es sich nicht um die ursprüngliche Waldvegetation des Mittelmeerraumes, sondern um Sekundärbewuchs, der entstand, nachdem man den ursprünglichen Hochwald gerodet hatte. Die meisten der in der Macchia lebenden Pflanzen sind sogenannte Hartlaubgewächse, wegen ihrer derben Blätter so geheißen, die gut an das trockenheiße Klima angepasst sind. Ihr Laub wird nie abgeworfen. Zistrosen sind mittelhohe, verholzte Büsche mit auffallenden, weißen oder rosaroten Blüten, die aber bereits nach einem Tage wieder ihre Blütenblätter verlieren. Charakteristisch für die Macchia ist das kräftige Aroma zahlreicher hier lebender Gewürzpflanzen, von denen der Duft des Thymians, eines kleinen Busches mit blasslila Blüten, am auffälligsten ist. Macchia wächst nur an trockenen Standorten. Beginnt der Lebensbereich (Biotop) feuchter zu werden (wie etwa in Bergfalten, Bodensenken usw.), mischen sich immer mehr laubabwerfende Sträucher und Bäume dazwischen, die Macchia geht dann in einen Laubwald über.

Ebenso wie die Flora setzt auch die Fauna voraus, dass ihre Erscheinungen gehäuft auftreten und somit auffällig genug sind, um von den Teilnehmern bemerkt und vom Reiseleiter erläutert zu werden.

In Ruinenfeldern, Tempelanlagen und anderen Monumentalbauwerken beobachtet man häufig Vogelschwärme, die im reißenden Flug und mit schrillen Rufen umherfliegen. Die Vögel sind etwa schwalbengroß und haben schmale, sichelförmige Flügel; ihr Gefieder ist schwärzlich. Es sind Mauersegler, die in Spalten nisten. Die taubengroßen, schwarzen Vögel mit grauem Nacken sind Dohlen. Sie brüten in Mauerlöchern, wo man meist auch verwilderte Haustauben aller Farbschattierungen antrifft. In buschreicher Landschaft erschallt im Frühling und Frühsommer vielerorts das kräftige Lied der Nachtigall, die im Mittelmeergebiet recht häufig ist. An milden Abenden kann man – neben der Nachtigall – das monotone »Pausenlied« der Zwergohreule hören. Diese etwa starengroße Eule lebt in Baumgruppen mit alten Bäumen oder bei Ruinen und zerklüfteten Felsen, wo sie in Höhlungen brütet. Ihr Lied ist ein in Atemabständen ausgestoßenes »kjü«.

Die mit Macchia bewachsenen Flächen weisen zumeist noch kaum Pestizidbelastungen auf. Deshalb herrscht hier zumeist auch ein reiches Kleintierleben, vor allem an Insekten und Spinnen. Unter flachen Steinen kann man Skorpione und Skolopender (große Hundertfüßler, deren Biss giftig ist) finden. Eidechsen und Schlangen sind zahlreich, da sie hier Nahrung antreffen. Es liegt am Interesse der Gruppe sowie an der naturwissenschaftlichen Kenntnis des Reiseleiters, wieweit hier in Details eingedrungen wird.

Bei Fahrten im Mittelmeergebiet sollte man einen Besuch der Fischmärkte nicht versäumen, einmal um die Vielfältigkeit mariner Lebewesen zu zeigen, zum anderen aber auch, um auf die zunehmende Verarmung der Meere als Folge von Umweltschäden und Überfischung hinzuweisen, ein Prozess der verschiedene Lebewesen in ihrer Existenz gefährdet und letztendlich auch den Menschen bedroht. Man sieht häufig kleine Jungfische zum Verkauf angeboten, die mit feinmaschigen Netzen gefangen wurden, bevor sie sich vermehren konnten. Weiterhin werden viele Küstenlagen des Mittelmeers von Hobbytauchern und Unterwasserjägern regelrecht ausgeraubt, so dass manche Gebiete kaum noch größere Fische oder reichere Fischbestände aufweisen. Ebenso sind die großen Steckmuscheln (Pinna) weitgehend aus dem Küstenbereich verschwunden. Besonders durch die Hinweise auf jene Arten von Fischen, Muscheln und Krustentieren, die früher auf einem derartigen Fischmarkt reichlich vorhanden waren, aber heute fehlen, kann dieser Ausverkauf der Meere, verbunden mit deren Verseuchung Industrieabwässer und Öl, den Reiseteilnehmern vor Augen geführt und diese zum Nachdenken angeregt werden. Die gefährdeten Wechselbeziehungen zwischen Mensch, Tier und Umwelt lassen sich hier besonders deutlich aufzeigen.

3. Methodische Überlegungen

Diese Beispiele aus dem Mittelmeerbereich mögen genügen, um jene Ziele zu verdeutlichen, die im Rahmen einer kulturgeschichtlichen oder landeskundlichen Studienreise aus den Bereichen von Flora und Fauna verwirklicht werden sollen: Es empfiehlt sich, von den Haustieren und Kulturpflanzen auszugehen und sich dann jeweils jenen Bereichen der natürlichen Flora und Fauna zuzuwenden, deren Vertreter in regelhafter Häufung auftreten und die damit einer Landschaft ihr typisches Gepräge geben. Der Reiseleiter sollte bei seinen Erläuterungen nicht zu sehr ins Detail gehen (dies ist naturkundlich orientierten Studienreisen vorbehalten), damit das erwachte Interesse der Teilnehmer nicht unter einem Wust unverstandener Einzelheiten erstickt.

Da der Reiseleiter kulturgeschichtlicher und landeskundlicher Studienreisen in der Regel kein Biologe ist, muss er sich vor der Fahrt eingehend auf die naturkundlichen Aspekte der Fahrt vorbereiten, wozu er allgemeinverständliche Überblicksliteratur benötigt. Über die Fauna unterrichtet umfassend, allgemeinverständlich und unter modernen Fragestellungen das Überblickswerk Grzimeks Tierleben (vgl. Literaturverzeichnis). Über die Flora fast aller bedeutenden Reisegebiete gibt es allgemeinverständliche Publikationen, von denen eine Auswahl im Literaturverzeichnis angeführt wird.

Während der Vorbereitung sollte sich der Reiseleiter nicht nur über die für das betreffende Land charakteristische Pflanzen- und Tierwelt sowie deren jeweils durch Wasser, Wärme und Licht bestimmten Lebensräume (z.B. Hochgebirge, Macchia, Sumpf usw.) informieren, sondern er sollte sich auch entscheiden, wo, wie (d.h. mit welcher Methode) und mit welchen Mitteln (etwa Skizzen, die den Aufbau eines Biotops zeigen) er dies jeweils seiner Gruppe aufzeigen kann. So wird er sich – um beim vorigen Beispiel des Mittelmeerraumes zu bleiben – überlegen müssen, wo er am sinnvollsten den Lebensraum Macchia darstellt. Er wird zunächst selber die besonderen, durch Wasser, Wärme und Licht bestimmten Lebensbedingungen des Trockenstandortes erläutern sowie die Hartlaubgewächse und die aromatische Zwergstrauchflora charakterisieren. Er wird dann auf die hiervon lebenden Insekten, besonders die Heuschrecken (etwa die graue Schnarrheuschrecke), hinweisen, von denen wiederum größere Spinnen, so etwa die Tarantel (Vorkommen erkennbar an den fingerstarken, senkrecht ins Erdreich führenden Wohnröhren), aber auch Vögel leben. Es ist sicher sinnvoll, wenn der Reiseleiter das Verständnis dieses zwar grobmaschigen aber bereits komplexen Ökosystems durch ein vorher photokopiertes und an die Teilnehmer ausgeteiltes Schema erleichtert (Anregungen hierzu bietet der Ökologieband von Grzimeks Tierleben 3[1]).

Ebenso bieten sich hier vielfache Möglichkeiten, durch Beobachtungsimpulse und Fragen die Führung aufzulockern und das Interesse und die Aktivität der Teilnehmer wach zu halten. Neben derartigen ausführlichen Führungen, die zumindest an jedem für das Land charakteristischen Biotop durchgeführt werden sollten, verfügt der Reiseleiter noch über andere methodische Möglichkeiten: Während der Fahrt kann er auf charakteristische Vegetationsmerkmale der Landschaft eingehen, so auf Nutzpflanzen, auf Baum- und Waldarten, auf die historisch wirksam gewesenen Kräfte im Vegetationsbild einer Landschaft (etwa Entstehung der Macchia durch Vernichtung des antiken Waldbestandes als Folge von Abholzung und Ziegenfraß), auf gegenwärtig wirksame Kräfte der Landschaftsgestaltung (etwa die Bemühungen um Wiederaufforstung im Mittelmeerraum), auf Probleme des ökologischen Gleichgewichts. Bei besonders interessanten Stellen empfiehlt sich ein kurzer Halt und ein Rundgang.

Und schließlich sollte der Reiseleiter in einem Überblicksvortrag Flora und Fauna des Ziellandes im Zusammenhang und gegliedert nach den verschiedenen Regionen darstellen, um damit die aus eigenen Beobachtungen und aus den Führungen gewonnenen Kenntnisse zusammenzufassen und abzurunden.

III. Flora und Fauna als Gegenstände spezieller Studienreisen

1. Der Reiseleiter

Im allgemeinen handelt es sich bei rein naturkundlich ausgerichteten Reisen um Fach-Studienreisen besonderer Veranstalter. Aber auch »normale« Reisebüros wenden sich in zunehmendem Maße der Ausrichtung spezieller »Naturreisen« zu. Dazu sind natürlich naturkundlich vorgebildete Reiseleiter Voraussetzung, zumal die Teilnehmer in der Regel über Grundkenntnisse, teilweise sogar über detailliertes Spezialwissen verfügen. Der Reiseleiter muss sich daher auf eine anspruchsvolle Klientel einstellen.

Naturkundliche Reisen unterscheiden sich von kunsthistorischen oder landeskundlichen Fahrten vor allem dadurch, dass ihre Gegenstände Lebewesen sind, sich wandeln oder beweglich und scheu sind. Häufig kann man sie nur zu bestimmten Zeiten und an bestimmten Biotopen antreffen.

---

[1] Joachim Jllies/Wolfgang Klausewitz (Hg.): Unsere Welt als Lebensraum, Zürich 1973 (Grzimeks Tierleben: Sonderband Ökologie).

Ein Denkmal steht normalerweise immer am gleichen Platz und kann jederzeit besichtigt werden. Der Naturkundler muss aber zur rechten Zeit am rechten Ort sein, wenn er beispielsweise Orchideenfreunden bestimmte Ragwurzarten in der mediterranen Garrigue zeigen will. Bei flüchtigen Tierarten oder solchen, die versteckt leben, beziehungsweise nur bei entsprechender Witterung zu sehen sind, wird die Sache noch schwieriger. Der Reiseleiter naturkundlicher Studienreisen muss also neben einem fundierten Wissen und großer Erfahrung auch die Gabe der Improvisation besitzen. Wenn bei stürmischem Wetter kaum Vögel singen und bei strömendem Regen sich eben keine Schmetterlinge zeigen wollen, sollte der Reiseleiter in der Lage sein, umzudisponieren und ein anderes naturwissenschaftliches Thema als Ersatz in den Vordergrund zu stellen. Dies setzt natürlich sowohl Erfahrung als auch entsprechende Kenntnisse voraus.

2. Größe der Gruppe

Naturkundliche Reisen sollten nicht zu groß sein. Es hat sich gezeigt, dass Exkursionen mit weniger als 20 Teilnehmer mehr bringen als Reisen mit 30 oder mehr Teilnehmern. Grundsätzlich ist eine kleine Gruppe übersichtlicher und kann sich zudem im Gelände so bewegen, dass kein »Flurschaden« entsteht. Auch für Erklärungen im Gelände ist eine kleine, dicht zusammenstehende Gruppe weniger störend und deshalb weitaus besser. Natürlich würde eine Reise billiger werden, wenn die Teilnehmerzahl ansteigen würde. Aber Spezialreisen sind nun einmal etwas teurer als »normale« Studienreisen. Denn sie erfordern mehr Aufwand von Seiten des Veranstalters und von Seiten des Reiseleiters. Grundsätzlich sollte deshalb die Zahl 20 ein Richtwert sein, der in der Regel nicht überschritten werden sollte.

3. Allgemeine Hinweise

Naturkundlich ausgerichtete Reisen führen häufig ins Mittelmeergebiet, zu Vogelinseln im Atlantik, nach Skandinavien, zu Sumpf- und anderen Feuchtgebieten sowie zu einigen Zielen in Übersee. Bei Reisen in diese Gebiete geht es darum, den Teilnehmern einen Überblick über Landschaft, Fauna und Flora zu geben und sie darüber hinaus mit einer speziellen Gruppe von Tier- oder Pflanzenarten vertraut zu machen. Dabei geht es meist auch um ökologische Zusammenhänge, Naturschutzfragen und wissenschaftliche Spezialprobleme. Bei Tieren stehen bei solchen Reisen zumeist Vögel, bei Pflanzen Blütenpflanzen, vor allem Orchideen, im Vordergrund.

Bevor man den Standort erreicht, empfehlen sich bereits allgemeine Einführungen und Beobachtungshinweise, um an Ort und Stelle so wenig Lärm und Unruhe wie möglich zu verbreiten. Ebenso sollte der Reiseleiter durch eingehende Verhaltensregeln dafür Sorge tragen, dass Umweltschäden usw. möglichst vermieden werden.

Bei der Erklärung empfiehlt sich ein Verfahren, das jeweils vom Allgemeinen, von den Merkmalen des Biotops, zum Besonderen, zu den darin enthaltenen Arten, fortschreitet. Dabei kommt es gerade bei naturkundlichen Studienfahrten darauf an, dass die Teilnehmer eine ausgiebige Gelegenheit zum eigenen Beobachten erhalten. Behandelt der Reiseleiter etwa einen Trockenstandort der südfranzösischen Garrigue und kommt er dabei auf deren flüchtige Vogelwelt, also auf Brachpieper, Ortolan und Schwarzkehlchen, zu sprechen, so sollte er nicht nur versuchen, diese Arten zu zeigen, sondern auch deren Lautäußerungen und Verhaltensweisen erläutern (so z.B. auf den wellenartig auf und ab führenden Singflug des Brachpiepers, bei dem er ständig seinen wie »zirrüih« klingenden Gesang hören lässt). Damit befähigt er die Teilnehmer in der Folge, durch eigene Beobachtung spezielle Kenntnisse über diese Arten zu erwerben.

Jeder Teilnehmer solcher Reisen sollte ein Fernglas mit sich führen. In vielen Fällen ist es zudem vorteilhaft, wenn der Reiseleiter ein Spektiv (Fernrohr) zur Verfügung hat, durch das man weit entfernte Objekte beobachten kann. Häufig bringt auch der eine oder andere Teilnehmer ein Spektiv mit, so dass gleichzeitig mehrere Teilnehmer die gleichen Beobachtungen machen können. Der Reiseleiter sollte gleichzeitig mitbeobachten und seine Beobachtungen fortlaufend kommentieren. So lernen die Teilnehmer zu beobachten und erkennen zugleich, worauf sie besonders achten müssen.

Ähnliches gilt für botanische Exkursionen, wo nach allgemeinen Erklärungen und Demonstrationen auf spezielle Arten eingegangen wird. Da die Pflanzen häufig klein sind, sollten die Teilnehmer eine Lupe mit sich führen. Außerdem muss der Reiseleiter darauf achten, dass keine anderen Pflanzen in der Umgebung zertreten werden.

Am Abend eines jeden Exkursionstages sollte der Reiseleiter die Teilnehmer noch einmal versammeln und den Tag Revue passieren lassen. Dabei wird das Gesehene besprochen und eingeordnet; ebenso werden Besonderheiten hervorgehoben. Darüber hinaus bietet sich hier Gelegenheit, über den nächsten Tag zu sprechen. Der Reiseleiter wird nicht nur das Programm bekannt geben, sondern zugleich darauf hinweisen, welche Kleidung und welche Geräte und so weiter am nächsten Tag benötigt werden, wie lange man unterwegs sein wird und ob Proviant erforderlich ist. Außerdem wird er gegebenenfalls darüber instruieren, welche Vorschriften und Verhaltensregeln für den Besuch der zu besuchenden Schutzgebiete gelten.

Der Reiseleiter wird oft feststellen, dass in seiner Reisegruppe Teilnehmer sind, die Experten auf bestimmten Gebieten sind. Wenn es sich thematisch und zeitlich einrichten lässt, sollte er diese Personen bitten, ihre Kenntnisse den übrigen Teilnehmern zu vermitteln. Der allgemeine Rahmen und die thematische Vielfalt werden dadurch erweitert. Natürlich darf dies die spezielle Zielsetzung dieser Studienreise nicht vermindern.

4. Besondere Exkursionsformen

Viele naturkundlich ausgerichtete Reisen führen zu Naturschutzgebieten oder Nationalparks. Der Reiseleiter muss sich rechtzeitig informieren, welche besonderen Vorschriften beim Besuch dieser Reservate jeweils zu beachten sind. Vor Betreten des Gebietes muss der Reiseleiter die Gruppe über die jeweils geltenden Regelungen (Wegegebote usw.) informieren. Es versteht sich zwar von selbst, dass keine Pflanzen abgerissen oder Tiere beunruhigt werden dürfen, aber der Reiseleiter sollte auch hierauf ausdrücklich hinweisen.

Wenn es darum geht, Vögel oder andere flüchtige Tiere zu beobachten, sind lautes Sprechen oder hastige Bewegungen zu vermeiden. Ebenso müssen die Teilnehmer Kleidung in gedeckten Farben tragen. Leuchtendes Gelb, Rot, Weiß und Blau sind dagegen »verboten«. Weiterhin kann es über den Erfolg entscheiden, dass die Teilnehmer eng beisammen bleiben, also keinen »Heerwurm« bilden, damit der Reiseleiter seine Erläuterungen eventuell im Flüsterton geben kann oder auch hinweisende Gesten verstanden werden.

Falls es keine besonderen Beobachtungsstände gibt, führt der Reiseleiter die Gruppe möglichst zu einer erhöhten Stelle mit gutem Rundumblick. Da das Ansitzen unter Umständen einige Stunden dauern kann, müssen sich die Teilnehmer auf die längere Wartezeit einrichten. Beim Ansitz empfiehlt es sich wiederum, die Spektive aufzustellen. Der Reiseleiter stellt bestimmte Objekte ein und lässt die Teilnehmer – die kein eigenes Spektiv besitzen – abwechselnd durch sein Rohr spähen; daneben erläutert er das zu Sehende.

Wandert man durch ein Schutzgebiet, so muss man sich an dort zumeist geltende Wegegebote halten. Taucht etwas Besonderes auf, so lässt der Reiseleiter die Gruppe anhalten und erklärt oder weist auf das zu beobachtende Objekt hin. Bei ornithologischen Exkursionen hat es sich bewährt, ein Vogelbuch mit guten Bildern mitzuführen. Der Reiseleiter kann dann seinen Begleitern den häufig nur flüchtig beobachteten Vogel im Bilde zeigen und darauf hinweisen, auf welche Merkmale besonders zu achten ist.

Das Wattenmeer mit seinen bei Ebbe freiwerdenden unermesslichen Schlickflächen ist ein beliebtes Ziel für naturkundliche Studienfahrten. Von den Mikroorganismen und Würmern im Schlick bis zu Krebsen, Fischen und Vögeln sowie bis zum Menschen gibt es interessante Zusammenhänge, die das »Ökosystem Watt« auszeichnen. Unbedingte Voraussetzung für Wattexkursionen ist geeignete Kleidung (Gummistiefel, Regenschutz) und Ausrüstung (Lupe, Fernglas, Pinzetten). Der Reiseleiter muss nicht nur Spezialkompetenz und -erfahrung über das Verhalten im Watt besitzen, sondern sich vor jeder Exkursion über die Gezeiten und über das zu erwartende Wetter informieren.

Eine Studienreise besonderer Art ist die Safari, wie sie vor allem in den Nationalparks Ostafrikas veranstaltet wird. Die Teilnehmer bewegen sich dabei überwiegend im Auto, da das Verlassen der Fahrzeuge aus Sicherheitsgründen meist verboten ist. Der Reiseleiter sollte vor Beginn der Rundfahrten seine Teilnehmer über die organisatorischen Notwendigkeiten sowie über die zu erwartenden Besichtigungen informieren. Am Abend sollte dann wieder eine Zusammenkunft abgehalten werden, um das Erlebte zu besprechen und Hinweise für den nächsten Tag zu geben. Dabei muss immer wieder auf bestehende Vorschriften hingewiesen werden. Während der Exkursion erklärt der Reiseleiter dann in seinem Fahrzeug den Teilnehmern, was rechts und links zu sehen ist. Je häufiger er anhalten lässt, um bestimmte Dinge in Ruhe betrachten und fotografieren zu können, umso besser ist es. Er muss deshalb den Fahrer anweisen, gemäßigt zu fahren, um anhalten zu können, wenn der Reiseleiter es für angebracht hält. Die Routen sind so zu planen, dass man sich Zeit für häufigere Fahrtunterbrechungen nehmen kann. Solange die Gruppe klein ist und in einem VW-Bus Platz hat, gibt es mit der Kommunikation keine Schwierigkeiten. Anders verhält es sich, wenn die Reisegruppe zwei oder drei Fahrzeuge benötigt. Nach eigenen Erfahrungen hat sich hier die Mitnahme von Funksprechgeräten bewährt. Der Reiseleiter bittet je einen Teilnehmer in den nachfolgenden Fahrzeugen, ein Gerät zu übernehmen. Dann kann er von seinem Fahrzeug aus die nachfolgenden Mitreisenden führen und informieren. Auch bei Notsituationen sind Funkgeräte wertvoll. Man sollte allerdings vorher klären, ob in dem jeweiligen Land die Verwendung solcher Geräte erlaubt ist. Gegebenenfalls ist eine Erlaubnis einzuholen.

IV. Literaturhinweise

Bruun, Bertel: Der Kosmos-Vogelführer, 10. Aufl., Stuttgart 1993.

Garms, Harry/Wilhelm Eigener: Westermann-Lexikon der Pflanzen und Tiere Europas. Das Bestimmungsbuch, 6. Aufl., Braunschweig 1995.

Grandjot, Werner: Führer durch das Pflanzenreich der Mittelmeerländer, 6. Aufl., München 1991.

Grzimek, Bernhard (Hg.): Grzimeks Tierleben. Enzyklopädie des Tierreiches, 13 Bde und 2 Erg. Bde., Zürich 1967/73 (zugleich - aber ohne die Ergänzungs-Bände - als dtv-Taschenbücher Nr. 3203/07, München 1979/80 erschienen).

Heinzel, Hermann/Richard Fitter/John Parslow: Pareys Vogelbuch. Alle Vögel Europas, Nordafrikas und des Mittleren Ostens, 7. Aufl., Berlin 1997.

König, Claus: Buch der Vogelwelt. Mitteleuropa, Stuttgart/Wien/Zürich 1995.

Lötschert, Wilhelm/Gerhard Beese: Pflanzen der Tropen, 4. Aufl., München/Wien/Zürich 1992.

Margares, Nikos: Griechenland und seine Natur, Köln 2001.

Nützlich sind zudem folgende Reihen:

»Kosmos-Natur Reiseführer«, Kosmos-Verlag, Stuttgart.

»Reiseführer Natur «, BLV-Verlag, München/Wien/Zürich.

Eno Beuchelt

Volksmentalitäten als Problem für Reisende

I. Die Funktion der Pauschalurteile II. Umfassende Modelle von Mentalitäten III. Partialkonstrukte kultureller Prägung IV. Gestik und Mimik V. Mentalitäten und Reisepraxis VI. Schlussbetrachtung VII. Literaturhinweise

> »Die Dänen sind geiziger als die Italiener. Die spanischen Frauen geben sich leichter der verbotenen Liebe hin als die deutschen. Alle Letten stehlen. Alle Bulgaren riechen schlecht. Rumänen sind tapferer als Franzosen. Russen unterschlagen Geld. Das ist alles nicht wahr - wird aber im nächsten Krieg gedruckt zu lesen sein.«

I. Die Funktion der Pauschalurteile

Als Kurt Tucholsky dies schrieb, ahnte er wohl nichts von den Auswirkungen des Massentourismus – eines Krieges bedarf es nicht, um groteske Pauschalurteile zu fällen und zu verbreiten. Die relativ kurze Begegnung während einer Fußball-Weltmeisterschaft in Argentinien zum Beispiel schlug sich in der dortigen Presse in Erkenntnissen nieder wie »die Schotten« sind die größten Säufer, »die Deutschen« gefräßig, »die Iraner« geheimnisvoll, »die Schweden« unbeschwert fröhlich.

Zahlreiche Gespräche mit Gästen unterschiedlicher, auch sehr anspruchsvoller Reiseunternehmen über das Wesen anderer Völker fördern zumeist nur das zutage, was die Sozialpsychologie seit langem unter den Bezeichnungen Einstellung, Vorurteil oder Heterostereotyp kennt: feste, klischeehafte, wertgeladene Annahmen über das Wesen, die Mentalität anderer Gruppen; Annahmen, denen ebenso feste Vorstellungen über die Mitglieder der eigenen Gruppe gegenüberstehen, sogenannte Autostereotype. Beide haben bekanntlich ihren psychologischen, wenn auch nicht immer logischen Sinn. Sie helfen uns, uns in der Welt zurechtzufinden, sie geben uns einen festen Orientierungsrahmen da, wo unser Wissen versagt. Stereotype gedeihen deshalb auch vorwiegend dort, wo es schwierig ist, objektive Erkenntnisse zu gewinnen. Dass und warum dies bei der Einsicht in Gruppenmentalitäten in besonders hohem Maße der Fall ist, werden wir sogleich begründen.

Es scheint wichtig, einer Betrachtung des Mentalitätenproblems eine solche der stereotypen Ansichten vorauszuschicken, da diese den Platz in unserem Weltbild besetzen, den wir eigentlich mit objektivem Wissen über das Wesen anderer füllen sollten. Ohne Form und Inhalt der unerwünschten »Gewissheiten« erkannt und eliminiert zu haben, kann es keinen Raum für fruchtbare Neugier und reale Erkenntnis geben. Ohne hier eine vollständige Psychologie des Vorurteils geben zu können, sei doch zumindest auf einige in unserem Zusammenhang wichtige Aspekte hingewiesen. Einer ist ihre verblüffende Hartnäckigkeit: Die Streitsucht der Türken, der Stolz der Spanier und die Unterwürfigkeit der Italiener spuken durch unsere Vorstellungen auch dann, wenn wir in Rimini, Benidorm oder Köln-Nippes längere Zeit mit Menschen dieser Völker Kontakt hatten. Dies liegt einmal daran, dass niemand gern die Sicherheit aufgibt, die eine von vielen geteilte Einstellung im Umgang mit der Welt verleiht. Zum anderen bedingen die Gesetze der sozialen Wahrnehmung, dass wir besonders solche Verhaltensweisen wahrnehmen, die unserer Einstellung entsprechen. Schließlich kommt hinzu, dass wir die meisten Vorurteile sehr früh und irrational erlernen, so dass uns die Quelle nicht mehr bewusst und damit auch nicht mehr korrigierbar ist. Besonders unter dem Eindruck des »Kulturschocks«, unserer Reaktion auf beängstigende, weil fremde neue Umwelten, ist es am wenigsten zu erwarten, dass wir den tröstlichen Rahmen einer langjährigen Gewissheit aufgeben.

Das Verblüffende ist, dass das tatsächlich beobachtbare Verhalten der Fremden oft die Richtigkeit unseres Stereotyps zu beweisen scheint. Die Erklärung dafür liegt in den Lerngesetzen: Verhält sich jemand so, wie die Umwelt es dank ihrer Vorurteile erwartet, wird sein Verhalten gelobt oder zumindest geduldet, damit verstärkt und folglich erlernt. Der gute, das heißt von den Touristen gelobte und mit Trinkgeldern belohnte Italiener ist freundlich, höflich und dienstbereit – also der typische »Katzelmacher« des deutschen Vorurteils. Ist er es nicht, bringen ihn düster-verständnislose Blicke, lautes Schimpfen und ausbleibende Trinkgelder rasch wieder aufs rechte Gleis. Überflüssig zu erwähnen, dass dieser spezielle Mechanismus oft nur das Verhalten einer bestimmten Schicht von Menschen aus den Dienstleistungsberufen regelt, jener Schicht, mit der der Tourist weitgehend in Berührung kommt und die er für »den Italiener« schlechthin hält. Vergleichbar damit ist die Situation der Gastarbeiter, die als Minorität darauf angewiesen sind, sich durch Wohlverhalten im Sinne des Vorurteils das Wohlwollen der deutschen Majorität zu erhalten. So bewegen wir uns in einem geschlossenen Kreis, den wir selbst erzeugen, aus dem wir weder herauswollen noch können und den selbst häufige oberflächliche Kontakte nur noch verstärken.

Neben dieser subjektiven Problematik wirkt sich hier auch eine objektive aus: Wir besitzen kaum ein Erkenntnismittel, das uns erlaubt, einen tatsächlichen Wesenszug von Gruppen zu erkennen. Alle Urteile sind relativ, zumeist bezogen auf das eigene Verhalten als Maßstab: Italiener, Araber und Mexikaner sind »faul«, weil sie weniger zu arbeiten scheinen als wir, die wir uns für fleißig halten, Japaner und Chinesen arbeiten

»blind und verbissen«, weil sie sich weniger Urlaub und Erholung gönnen als wir, die wir das »richtige Mittelmaß« halten.

Interessant wäre zu erfahren, wie Stereotype entstehen, man könnte sie dann besser korrigieren. Ähnlich wie bei der Psychoanalyse sollte es möglich sein, in einer »Historio-Analyse« die Entstehung eines Fehlurteils aufzudecken, sie bewusst und damit den Weg zu einer Bewältigung frei zu machen. Die meisten Vorurteile haben jedoch eine lange Tradition und sind im Laufe ihrer Geschichte so oft variiert worden, dass man kaum noch ihre Wurzeln ahnt. Bereits in Immanuel Kants Vorlesungen über Physische Geographie, die der Philosoph von 1756 an hielt, finden sich ebenso apodiktische wie lapidare Feststellungen: Die Abessinier seien ehrlich und redlich, die Kaffern in ihrem Gebiet jedoch boshaft, die Inder furchtsam, abergläubisch und dem Branntwein zugetan, die Guinea-Neger diebisch und alle Sibirier »erstaunlich faul«. Immerhin verweist der große Denker einmal auch auf die Quelle solcher Weisheiten – die europäischen Seeleute, »die auch nicht gerade von den Hochschulen kommen«.

Nur wenige Vorurteile können wir so klar aufdecken wie etwa jenes, dass alle Kreter lügen. Möglicherweise ist auch jener Journalist auf den status nascendi eines Stereotyps gestoßen, der auf Mauritius die Vorstellung vom perversen Stolz der Deutschen fand. Sie seien, so erfuhr er von einem Brotverkäufer, so stolz, dass sie niemanden um eine Zigarette bäten, sich jedoch hinter dem Rücken eines Rauchers zu mehreren auf eine Kippe stürzten – der Mann hatte »die Deutschen« als Soldat in einem britischen Kriegsgefangenenlager 1945 in Italien kennen gelernt.

Wesentlich trägt auch zur Verbreitung und Festsetzung von Stereotypen bei, dass sie oft einen wahren Kern zu enthalten scheinen. So erleben etwa Touristen die Einwohner der Zielländer in Ausnahmesituationen und haken dann das Benehmen der Menschen für typisch. Inder wirken im Umgang mit Ausländern entspannt oder – wie das Vorurteil formuliert – »disziplinlos«; tatsächlich sind sie in so viele, äußerste Disziplin fordernde Regeln und Tabus eingespannt, dass Außenkontakte sie auflockern und Entspannungssymptome provozieren. Nord- und zentraleuropäische Frauen gelten in mediterranen und arabischen Ländern als sexuell zügellos. Tatsächlich signalisiert nahezu die Hälfte (44%) aller alleinreisenden deutschen Touristinnen unter 30 Jahren den Wunsch nach intimen Kontakten mit Männern des Gastlandes, bei Frauen zwischen 30 und 40 steigt der Anteil nochmals an, wie eine Studie des Darmstädter Jäger-Verlags ausweist[1]. Dabei ist der Kontaktwunsch auf die Zeit des Urlaubs beschränkt, die Verbindung wird hiernach allermeist auch dann abgebrochen, wenn der einheimische Mann eine dauerhaftere Bindung wünscht.

---

[1] Vgl. H. Hachmann, in: Die Zeit vom 3.3.1978.

Würden nicht auch wir ein solches Verhalten bei amerikanischen, afrikanischen oder japanischen Besucherinnen als »flatterhaft« bis »unmoralisch« einstufen?

In einigen wenigen Fällen können Heterosterotype auch unangemessen positiv sein, wobei »unangemessen« bedeutet, dass ein objektiver Maßstab genauso wenig vorliegt wie im Falle negativer Vorurteile. Klassisch ist die hohe Meinung des Tacitus über die Germanen, des Admirals Bougainville über die Leute von Tahiti oder die der Margret Mead über die Samoaner. Weniger literarisch, dafür aber weiter verbreitet, sind die weltweiten Vorurteile über Fleiß und Sauberkeit der Deutschen, über die Höflichkeit der Chinesen oder die Lustigkeit der Tiroler. All dies sind Vorurteile, die ein unbefangener Reisender schon bei oberflächlichem Kontakt zu korrigieren vermöchte. Und doch haben sie sich über Zeiten und Räume hin oft bei denselben Leuten neben negativen Vorstellungen über die geizigen Deutschen, die grausamen Chinesen oder die abweisend-groben Alpenbewohner gehalten. Widersprüchliche Pauschalurteile über ein und dieselbe Gruppe können offenbar mühelos in das Weltbild von Individuen oder Gruppen eingehen. So kann man Reisende in gleichem Atemzug über die Liebenswürdigkeit der Balinesen und ihre Verschlagenheit sprechen hören, über Frohsinn der Tahitianer und ihren Hang zu Lüge und Diebstahl, über mangelnde Sauberkeit der Peruaner und deren standhafte Vaterlandsliebe. In den erwähnten Vorlesungen Kants findet sich die Bemerkung, die Italiener seien eifersüchtig, rachgierig und heimlich, im übrigen aber sinnreich, klug und politisch. Hier liegt einer der Gründe, weshalb man vielleicht das negativ akzentuierte Wort »Vorurteil« besser durch Pauschal- oder Globalurteil ersetzen sollte.

Die bisherigen Beispiele und Beobachtungen sollten wohl eines deutlich gezeigt haben: Mangels objektiver Maßstäbe blühen wenig fundierte Urteile über soziokulturell andersartige Gruppen. Das hohe historische Alter solcher Einstellungen macht sie schwer korrigierbar, das Bedürfnis nach Pflege des Selbstbildes gibt ihnen oft eine negative Tönung. Bisweilen haben sie eine schmale Basis in der Realität, aber auch wo diese fehlt, haben Pauschalurteile eine wichtige Funktion: Sie helfen, die Welt zu ordnen, sich darin zurechtzufinden und kräftezehrende Orientierungszweifel zu vermeiden. In gewisser Weise formen Stereotype die Wirklichkeit nach ihrem Bild, sonderlich da, wo sie die Ansichten von Majoritäten über abhängige Minoritäten wiedergeben[2].

---

[2] Man könnte hier zusätzlich auf die sehr aufschlussreichen Beobachtungen der Hurnanethnologie über die biologische Verankerung sowohl der fremdenfeindlichen wie -freundlichen Urteile in den instinktrnäßig angelegten Xenophobien und dem Neugierverhalten verweisen.

II. Umfassende Modelle von Mentalitäten

Bei dieser misslichen Lage der Dinge nimmt es nicht wunder, dass die Wissenschaften sich seit geraumer Zeit bemühen, aufklärendes Hell in das Grau der wirren Vorstellungen zu bringen. Seit Herder seinen Begriff vom »Volksgeist« prägte und Hegel ihn im System seiner Geschichtsphilosophie verankerte, wurden gewiss zwei Dutzend Konzepte von Psychologie und Soziologie, Philosophie, Völkerkunde und Linguistik auf den Markt gebracht, die das Überindividuelle, Typische der Angehörigen eines Volkes oder Stammes, einer Nation oder Berufsgruppe erfassen sollten: seien es nun Bastians »Völkergedanken«, Lazarus' »Volksseele« oder Fromms »Social Character«, Lintons »Statuspersönlichkeit«, Cattells »Syntality« oder die »Grund- und Modalpersönlichkeit« der Culture-and-Personality-Schule – um nur eine kleine, willkürliche Auslese anzuführen[3]. Die universale Basis, deren man als Vergleichsgrund bedürfte, um charakterisierende Ausformungen oder Abweichungen einzelner soziokultureller Gruppen zu diagnostizieren, stellte für die einen die Sprachstruktur, für andere die allgemein-menschliche Tiefenperson und für wieder andere eine hominide Grundausstattung an biologischen Instinkten dar. Solange die Evolutionslehre des 19. Jahrhunderts das kulturanthropologische Denken beherrschte, schien die Skala der Entwicklungsstufen eine adäquate Basis zu bieten. Als der kulturelle Relativismus diese Grundlage entzog, waren es zumindest die nach wie vor für universal gehaltenen »psychopathologischen Mechanismen« der Neo-Freudianer, die bis in die fünfziger Jahre auf eine Lösung hoffen ließen.

Zur Demonstration eines Konzeptes, das auch heute noch ein allgemein-theoretisches Verständnis erschließt, sei hier das Modell der »Basic Personality Structure« von Abram Kardiner und Ralf Linton skizziert. Grundannahme war, dass Persönlichkeit partiell kulturspezifisch geprägt würde von einer Reihe frühkindlicher Frustrationen, die das Individuum in jeweils gesellschaftstypischer Weise dem Verhaltensmuster der Erwachsenen anpasst: In einer Folge von Schlüsselsituationen wird abgestillt, an Sauberkeit oder an soziale Distanz gewöhnt. Triebwünsche und -ziele werden aus Angst vor Sanktionen verdrängt und bilden ein projektives Persönlichkeitssystem aus, das sich jeweils kulturkonform gestaltet, da sozialisierende Einflüsse in sogenannten »primären Institutionen« festgelegt und somit für alle Individuen einer Gruppe in etwa gleich sind. Auf dem Wege der psychischen Projektion beeinflusst dieses System die »sekundären Institutionen« einer Gesellschaft – Kunst, Religion, Ideologie

---

[3] Vgl. die Übersicht bei Eno Beuchelt: Ideengeschichte der Völkerpsychologie, Meisenheim 1974 (Kölner Beiträge zur Sozialforschung und angewandten Soziologie 13).

usw. – ebenfalls wieder kulturspezifisch, so dass sich über die Medien der Sozialisation soziokulturelle Eigenarten sowohl in den Persönlichkeiten als auch in den geistigen und materiellen Hervorbringungen aufweisen lassen. Ergänzend konzipierten die genannten Autoren ein zweites, rationales System, das über die vom projektiven Bereich gesteuerte Wahrnehmung seine Inhalte empfängt und diese zu bewusster Erkenntnis, technischem Verständnis und Wissenschaft entwickelt. Natürlich umfasst die so vorgestellte Prägung nicht die Gesamtpersönlichkeit der Individuen, sondern eben nur jene »Basic Personality«. Daneben bildet sich ein individueller, »idiosynkratischer« Sektor aus, und ebenso muss wohl auch eine universale, phylogenetisch herleitbare biologische Komponente gedacht werden.

Die Schwäche des Konzepts liegt gewiss zum einen in der Annahme universaler psychischer Mechanismen, zum anderen in der Schwierigkeit, bei komplexeren Gesellschaften wirklich alle relevanten Faktoren zu erfassen und schließlich in der Tatsache, dass nicht alle primären und sekundären Institutionen einer konkreten Kultur aus deren eigenem Geist hervorgegangen sind, sondern oft durch historische Akkulturation aufgepfropft oder zumindest modifiziert wurden. So konnte zwar Cora Dubois ein einigermaßen überzeugendes Persönlichkeitskonstrukt auf der kleinen und isolierten Insel Alor (Indonesien) erarbeiten, doch dürfte ein gleiches weder auf Kreta noch in Kenia oder Brasilien gelingen.

Nach dem Scheitern der tiefenpsychologischen Richtungen übernahmen einige theoretisch wenig festgelegte Pragmatiker die Überzeugung, dass die erzieherischen Maßnahmen in der frühen Kindheit ausschlaggebend für die Formung der Sozialpsyche seien. Soweit dabei überhaupt Vorstellungen über innerseelische Prozesse entwickelt wurden, waren sie vorwiegend lerntheoretischer Art. Rohner und seine Mitarbeiter etwa fanden einen weltweit verbreiteten Zusammenhang zwischen einem durch Akzeptanz des Kindes gekennzeichneten Erziehungsstil und Persönlichkeitseigenschaften wie emotionale Stabilität, Zuversicht, Selbstsicherheit, Großzügigkeit und positive Weltsicht. Fehlt diese Akzeptanz oder wird sie institutionell in einem bestimmten Alter entzogen, dann prägt Rejektion (Ab-, Zurückweisung) das edukative Klima, und Züge wie Feindseligkeit, Pessimismus, Stimmungslabilität charakterisieren die kulturspezifische Erwachsenenpersönlichkeit. Da keine soziokulturelle Gruppe eine dieser beiden Stiltypen perfekt zeigt, sondern jeweils eine unterschiedliche Mischung aus beidem darstellt, bildet sich eine mannigfaltige Vielzahl kultur-individueller Mentalitäten heraus.

Ein anderer, in den Anfängen recht vielversprechender Ansatz entwickelte sich aus Willy Hellpachs »Geopsyche«, der die »unmittelbaren Einwirkungen des Wetters, des Klimas und der Landschaft aufs seelische

Leben«[4] erforschen wollte. Die Idee wurde mehrfach wieder aufgenommen, so 1935 von Testsuro Watsuyi, 1937 von Leopold Scheidl, 1939 von George Hardy und um 1965 von Heinrich Schiffers[5]. Auch hier blieben allerdings die empirischen Untersuchungen konkreter Kulturen auf eine kleine Zahl beschränkt, wobei die Vernachlässigung kulturhistorischer und die zum Teil unsachgemäße Interpretation psychischer Faktoren deren Wert beeinträchtigte.

III. Partialkonstrukte kultureller Prägung

Neuere Ansätze verzichten auf so globale Erklärungsversuche. Man untersucht, vorsichtig geworden, die kulturbedingte Ausformung einzelner seelischer Funktionen, wie etwa Wahrnehmen und Denken, und versucht allenfalls, auf dem Weg der Generalisierung allgemeine Verhaltenstendenzen aufzuzeigen. Die einst so üppig und phantasievoll aus Witz, Literatur und Kunst abgeleiteten Charakterbilder der Völker sind dabei ebenso auf der Strecke geblieben wie Kleindetailstudien, die etwa die anale oder phallische Orientierung bestimmter Populationen aus Latrinen-Grafitti ablasen. Von besonderer Bedeutung wurden die Studien Herman Witkins und seiner Schule, die einen feldabhängigen und einen feldunabhängigen Wahrnehmungstyp herausstellten, denen sich globale und differenzierende kognitive Stile zuordnen ließen. Zusammen mit J.W.Berry konnte die kulturelle Bedingtheit der jeweiligen Ausformungen aufgezeigt und daraus das Verständnis für eine Fülle von Verhaltenseigenarten abgeleitet werden.

An anderer Stelle habe ich an einem Beispiel zu zeigen versucht, wie dies in praxi aussehen kann[6]. Bei Untersuchungen an Studenten und Lernschwestern in Ostafrika ergab sich ein signifikanter Unterschied zwischen den eher feldabhängig wahrnehmenden, global denkenden, sozial stärker eingebundenen Afrikanern und den eher feldunabhängigen, differenzierenden Indern. So konnten die ersteren besser emotional getönte, konkret an handelnde Personen gebundene Tatbestände auffassen und erinnern, letztere formelhaft-abstrakte Inhalte. Sollte eine Geschichte nacherzählt werden, so reicherten die Afrikaner sie mit bilderreichen, emotional getönten Ergänzungen an, führten Personennamen ein, wo lediglich von »ei-

---

[4] Willy Hellpach: Die geopsychischen Erscheinungen, 2. Aufl., Leipzig 1917, 7.
[5] Vgl. die Übersicht bei Beuchelt: Ideengeschichte der Völkerpsychologie. Die Ansätze der sogenannten Rassenpsychologie sind durch politischen Missbrauch so stark diskreditiert, dass sie hier außer Betracht bleiben sollen.
[6] Vgl. Eno Beuchelt: Die Afrikaner und ihre Kulturen. Berlin 1981.

nem Mann« oder »zwei Kindern« die Rede war und fügten eigene
wertende Stellungnahmen ein. Die jungen Inder hingegen bemühten sich
um gefühlsneutrale Abstraktion, vermieden ihnen unwesentlich erscheinende Details und versuchten formal-logische, kategoriale Gliederungen
auch da, wo die Test-Geschichten sie nicht vorgaben. Ähnliche, wenn
auch quantitativ nicht ganz so markante Unterschiede zeigte eine vergleichende Studie bei süditalienischen und norwegischen Oberschülern.

So gibt es offenbar tatsächlich objektive Gruppencharakteristika, wenn
es auch in konkreten Fällen schwierig sein mag, sie zutreffend zu erfassen. So wenig ein Internist oder ein Gynäkologe in der Lage ist, Nicht-
medizinern ein jederzeit anwendbares Diagnostikum an die Hand zu geben, so wenig kann der Psychologe dies als eine Art »Erster Hilfe« einem
Laien vermitteln – ja, ebenso wenig wie der Arzt ist auch er fähig, Diag-
nosen aus dem Handgelenk zu schütteln. Diese verwirrende Lage der
»Instant-Diagnostik« wird vollends fragwürdig dadurch, dass sich seit Beginn der achtziger Jahre die gesamte Persönlichkeitspsychologie im Um-
bruch befindet. Die überkommene Vorstellung von der charakter- oder
persönlichkeitsbedingten Konditionierung unseres Verhaltens wird zunehmend von den Handlungstheoretikern und den »Situationisten« mit der
These angegriffen, dass unser Handeln vorwiegend bedingt sei durch die
jeweilige Situation, in der sich der Handelnde befindet. Ein Inder, ein Peruaner oder ein Italiener wären demnach gekennzeichnet durch habituelle
»Kultur-Situationen« und nicht vorgeprägt durch kulturspezifische, per-
sönlichkeitsformende Erziehungsformen.

Ansätze, Eigenarten fremden Wesens weniger wissenschaftlich und
zuverlässig, dafür aber aus der unmittelbaren Beobachtung heraus zu erfassen, bieten die verschiedenen Formen der Verhaltensforschung an. Dabei wird zumeist auf eine tiefergehende theoretische Fundierung und auf
eine umfassende Systematik verzichtet; stattdessen appellieren die Autoren an unmittelbares Einleuchten (Face Validity) oder greifen zu Analogien. Auch hier können nur einige Beispiele genannt werden.

Noch am ehesten rückbezogen auf übergreifende psychische Strukturen sind die auf Edwart T. Hall zurückgehenden Studien proxemischen
Verhaltens[7]. Hier greift man auf die kulturell vorgegebene Weise zurück,
in der Menschen ihren Lebensraum wahrnehmen und strukturieren, mag
es sich um den alltäglichen Umgang miteinander oder um die Anlage von
Städten handeln.

---

[7] Vgl. Edward T. Hall: A System for the Notation of Proxemic Behavior, in: American
Anthropologist 65 (1963) 1003-1026. Der Terminus »Proxemics« ist eine Neubildung
Halls aus den Wörtern »Proximity« (Nähe) und »Emic«; letzteres geht auf eine von Pi-
ke eingeführte Dualität von »Emic« und »Etic Approach« zurück. Ersteres meint dabei
das Studium und Verständnis von Verhalten aus den Normen einer bestimmten Kultur
heraus. »Etic Approach« ist das kulturvergleichende, übergreifende Maßstäbe suchende
Vorgehen.

Für Michael Watson war der Ausgangspunkt seiner Betrachtungen der Kulturschock, den amerikanische Touristen erlitten, wenn sie etwa in Europa mit mediterranen Populationen in Kontakt kamen[8]. Laute Stimmen, geringe körperliche Distanz bei den Gesprächen sowie körperliche Berührungen dabei verunsicherten die wohlerzogenen Reisenden der gehobenen Mittelschicht. Den gleichen Effekt hatte in arabischen Regionen Nordafrikas die Beobachtung, dass Männer händehaltend durch die Straßen gingen. Rasch waren Pauschalurteile gefällt über die aggressiven Italiener, die vulgären Griechen oder die unglaublich schamlosen Araber. Auf der anderen Seite schockierten die gleichen Touristen Balinesen oder Thailänder, indem sie ihnen die Hand geben wollten oder die Köpfe der Kinder berührten – eine böse Form der Distanzlosigkeit für Südostasiaten. So fanden Watson und Graves[9] Maß- und Indexzahlen für kulturtypische Distanzen und Lautstärken bei Geschäftsverhandlungen, Begrüßungen, Freizeit-Konversation und ähnliches bei Arabern, Nord- und Südamerikanern, Franzosen, Italienern und Türken. Nachahmung Erwachsener, mündliche und schriftliche Belehrungen vermitteln dem Nachwuchs in der jeweiligen Kultur das Wissen um die adäquate Distanz. Die damit verbundenen Einstellungen (Autostereotypen) regeln ebenso die erträgliche Anzahl von Schlafstellen in einem Raum wie die Belegung von Büros, die Nähe des Personals bei Dienstleistungen oder den schicklichen Abstand beim Tanzen.

IV. Gestik und Mimik

Ein weiterer Bereich, in dem sich Mentalitäten sichtbar niederschlagen, ist das weite Feld der Mimik und Gestik. Bereits der Begründer der wissenschaftlichen Psychologie in Deutschland, Wilhelm Wundt, hatte sich in seiner »Völkerpsychologie« ausführlich damit auseinandergesetzt, ohne allerdings von der geisteswissenschaftlichen Reflexion zum empirischen Zugriff fortzuschreiten.

Tatsächlich, so scheint es, haben wir es hier mit einem Verhaltensbereich zu tun, in dem Seelisches unmittelbar und zumeist unverstellt zutage tritt. Spontane Ausbrüche von Freude oder Zorn, den körperlichen Ausdruck von Trauer, Hochmut oder Zuneigung glaubten bedeutende Psychologen wie Ludwig Klages oder Philipp Lersch auf universal gleiches Erleben unmittelbar zurückführen zu können – ohne Zwischenschaltung diagnosti-

---

[8] Vgl. Michael O. Watson: Proxemic Behavior, The Hague 1970.

[9] Vgl. Michael O. Watson/Theodor D. Graves: Quantitative Research in Proxemic Behavior, in: American Anthropologist 68 (1966) 971-985.

scher Verfahren und ohne Rückbezug auf kulturelle Normen. Dass dies
ein Irrtum war, haben Eston Labarre[10] und Joachim Frankell[11] überzeu-
gend dargelegt: Weinen kann freudige Erleichterung, Lachen unbehag-
liche, beklommene Spannung signalisieren; das spannungsgeladene In-
Sich-Gekehrt-Sein des indonesischen Tänzers ist phänomenal oft nicht zu
unterscheiden von der europäischen Trauerhaltung. In der verdienstvollen,
populärwissenschaftlichen Studie von Julius Fast[12] über Körpersprache
findet sich das Beispiel einer Puertorikanerin, die man der Lüge bezich-
tigte, weil sie ihrem Rektor nicht offen ins Auge schauen konnte – dabei
wäre es nach ihren kulturellen Normen ein höchst despektierliches Verhalten gewesen, einem Mann und Erwachsenen anders als mit gesenktem
Blick entgegenzutreten. In gleicher Situation würde etwa eine Koreanerin
ihren Respekt durch nervöses Kichern und seitliche Blicke unter gesenk-
ten Lidern zeigen, was wiederum für uns das klare Eingeständnis einer
Schuld bedeutete. Die Augen – als Spiegel der Seele von Ortega y Gasset
so schwärmerisch beschrieben – sind gewiss ein guter Indikator psychischer Zustände, aber nur, wenn man den kulturellen Code kennt, mit dem
sie ihre Informationen verschlüsseln.

Ähnliches lässt sich vom weiten Feld der noch stärker konventionell ges-
talteten Gesten sagen. Im Gegensatz zum soeben angesprochenen Ver-
haltenssektor handelt es sich hier um bewusste Signale, auch wenn sie
mitunter eher automatisch erfolgen, vom Sprechenden selbst kaum bemerkt in den Redefluss eingefügt. Das ist etwa so bei dem besonders in
Frankreich üblichen Hochschnellen des linken Unterarms bei gleichzeitigem Aufschlag der offenen rechten Handfläche auf den linken Oberarm.
Die ursprünglich obszön-sexuelle Bedeutung ist verflacht und so stark
generalisiert, dass man den Gestus auch in gutbürgerlicher Öffentlichkeit
sehen kann; er meint dann: »Ich mach mir nichts draus!«, »Die können
mich gern haben!«, »Ich pfeife drauf!«. Es drückt eine Grundhaltung gegenüber vielen negativ bewerteten Dingen und Personen aus und ist somit
sicher eine signifikante Äußerung der Volksmentalität. Zugleich ist das
Verständnis dafür gebunden an eine entsprechende Erziehung oder Kommunikation; der Gestus ist nicht aus sich selbst verständlich. In seinem
amüsanten griechischen Reiseführer hat Michailos Papas[13] eine Fülle sehr
typischer, ausdrucksstarker Gesten der Hellenen dargestellt, von denen
mehr als die Hälfte von 227 Studierenden der Münchener Universität
nicht verstanden wurden, obwohl alle angaben, mindestens einmal in
Griechenland gewesen zu sein. 1972 stellten Robert Saitz und Edward

---

[10] The Cultural Basis of Emotions and Gestures, in: Journal of Personality 16 (1947/48)
   49-68.
[11] Ausdruck und Konvention, Göttingen 1967.
[12] Body Language, New York 1970 [deutsche Ausgabe: Körpersprache, Reinbek 2002
   (rororo Sachbuch 7244)]
[13] Instant Greek, 8. Aufl., Athen 1979.

Cervenka Gesten aus Kolumbien und den USA vergleichend nebeneinander, wobei der oben angeführte Effekt wiederum deutlich zutage tritt; das Werk ist gewiss aufschlussreich für Reisende in beiden Subkontinenten[14].

Vielleicht sollte man abschließend noch eine Warntafel aufstellen und auf ein Gebiet psychologischer Forschung hinweisen, auf dem sich unsere weitgespannten Erwartungen nicht erfüllt haben: es ist das der Farbenpsychologie. Eine Vorliebe für Rot bedeutet eben nicht überall feuriges Temperament, Blau nicht immer Treue, Zuverlässigkeit und ruhige Gelassenheit, Gelb ist nicht universal die Farbe der Eifersucht und Grün nicht die der Hoffnung. Man mag Spiele à la Lüscher oder Heiss mit den Gästen der eigenen Reisegruppe treiben, nicht aber die Mentalität des Buddhismus aus der Farbe der Mönchsgewänder in Bangkok ableiten.

V. Mentalitäten und Reisepraxis

Die hier angeführten Beispiele aus den verschiedenen Erkenntnisbereichen lassen erkennen, dass man nur mit erheblichem Arbeitsaufwand und mit einem hohen Unsicherheitsgrad etwas über »Nationalcharakter«, »Volksmentalität« oder »ethnische Eigenheiten« aussagen kann, was über gängige Pauschalurteile hinausgeht und zugleich mehr ist als eine bloße Auflistung von ge- und verbotenen Verhaltensweisen. Wohl ist richtig, dass eine fundierte Kenntnis der Gesamtkultur – Geschichte, Kunst, Religion, soziale Verhältnisse, Wissenschaften – unerlässlich ist für ein Verständnis psychischer Gruppencharakteristika, aber es ist zugleich auch zu viel und zu wenig für die konkrete Erfassung einer bestimmten Mentalität. Zu viel, weil kein Mensch in der Lage ist, aus der Überfülle der relevanten Daten ein Persönlichkeitsbild zu destillieren; zu wenig, weil ja die ureigenen psychischen Prozesse eine aus anderem nicht ableitbare Funktion haben. Hier allerdings steht sich der naive Beobachter (wie der Wissenschaftler auch) selbst im Wege: Er ist bei diesem Vorgang Beteiligter und Betroffener, das er sich ja – anders als bei der chemischen Analyse oder der botanischen Beobachtung – mit seinem arteigenen Untersuchungsobjekt auch ungewollt identifiziert und dabei in dieses Objekt Eigenes projiziert, was er sodann für ein Merkmal seines Gegenübers hält. Diesen sehr komplexen, für die Psychologie äußerst störenden Prozess können wir hier nicht in allen seinen Konsequenzen verfolgen, doch sei darauf hingewie-

---

[14] Für eine eingehende, dennoch übersichtliche Darstellung des Problems der Kulturabhängigkeit der Gestik sei aus der großen Fülle der einschlägigen Literatur David Efron: Gesture, Race and Culture, The Hague 1972, empfohlen.

sen zur partiellen Erklärung der mehrfach angesprochenen Unsicherheits-
rate[15].

So verwundert es kaum, dass viele Werke der Reiseliteratur wie auch
die voluminösen Prospekte der Touristik-Branche auf eine psychologische
Charakterisierung der Einwohner bereister Länder verzichten. Die auf-
wendige Mühe, etwa 20 bis zu 500 Seiten starke Anpreisungen sonniger,
interessanter, historischer, kulinarischer oder sonstiger Urlaubsziele
durchzulesen, förderte buchstäblich nichts an brauchbaren Aussagen über
mentale Eigenarten zutage. Die wenigen Kataloge, in denen Menschen
überhaupt vorkamen, wiederholten stereotyp für Island, Portugal und Bali,
Schottland, Bayern und Japan die Behauptung, die Menschen dort seien
gastfreundlich und aufgeschlossen, liebenswürdig und heiter. Die Einwohner der feilgebotenen Reiseziele scheinen zu tanzen, zu singen und zu
musizieren, bizarr auszusehen oder hübsche und billige Dinge für Touristen herzustellen. Studenten und Fischer sitzen in schattigen Cafés, im Park
vor dem Museum oder in »urigen Weinlokalen«.

Immerhin wird in letzter Zeit zumindest der Versuch gemacht, in Form
von »Benimm-Büchern« die Reisenden auf mentale Eigenarten der Einheimischen hinzuweisen und das Verhalten landesspezifisch auszurichten.
Erwähnt seien – vertretungsweise für andere – die »Kultur-Knigge«-Bän-
de der Edition Simon und Magiera, so z.B. Malaysia-Singapur (1989)[16]
und Indonesien (1988)[17]. Wertvoll erscheinen auch die zahlreichen Sym-
pathie-Magazine des »Studienkreises für Tourismus und Entwicklung«,
Ammerland, die durch behutsame, zum Teil von Einheimischen selbst
gegebene Schilderungen auch des Alltagslebens für die mentalen Besonderheiten der Bereisten sensibilisieren.

Gewiss kann weder der TUI-Katalog noch der Reiseleiter dem Touristen in jedem einzelnen Fall das Verhalten konkreter einzelner Italiener,
Marokkaner oder Koreaner erläutern und vielleicht gar noch aus deren
nationaler Mentalität ableiten. Gäste, die dies verlangen, könnte man darauf verweisen, dass sie selbst dies wohl kaum innerhalb ihrer eigenen Familie vermöchten. Was meines Erachtens zu leisten wäre, ist eine Sensibilisierung für Eigenarten und Eigenwert fremden Wesens, für die Kul-
turbedingtheit von Umgangsformen und für Niederschläge all dessen in
Mode, Witz und Kunst, Sprache, Speisen und Spielen. Aus einer sorg-
fältigen Beobachtung und Kategorisierung könnte gewiss so etwas wie ein

---

[15] Zu den Fallstricken psychologischer Betrachtung zählt in diesem Zusammenhang auch
      die Tatsache, dass jeder Mensch, der zum bewussten Objekt einer psychologischen
      Untersuchung wird, sich allein dadurch bereits verändert - er denkt, reflektiert, fühlt
      mehr und anders. Auf die akkulturativen Konsequenzen dieser Tatsache in dem Fall,
      dass größere Touristen-Gruppen tatsächlich psychologische Betrachtungen anstellen,
      kann hier nur aufmerksam gemacht werden.
[16] Jo Ann Craig: Malaysia-Singapur, Köln 1989.
[17] Cathie Draine/Barbara Hall: Indonesien, Köln 1988.

»Psychogramm« einer bestimmten Kultur hervorgehen, das sich getrost umgangssprachlicher Begriffe bedienen kann, da uns eine verbindliche wissenschaftliche Terminologie ohnehin nicht zur Verfügung steht. Ich hätte keine Hemmungen, etwa den heutigen Tahitianern eine strukturierte Kombination von Eigenschaften zuzuschreiben, so etwa einen aus langer kolonialer und Missionsabhängigkeit her stammenden Fatalismus, einer von Klima und Tradition zumindest mitbestimmten sorglosen Lebensfreude, einer aus der isolierten und ehedem auch gefährdeten Existenz herrührenden Tendenz zur sozialen Nestwärme und einen leichtherzigen Umgang mit Wahrheit und Moral, da sie das gegenwärtige christliche Normensystem nicht als ihr eigenes akzeptieren und sich deshalb nicht für dessen Aufrechterhaltung verantwortlich fühlen. Ein solches Bild sollte man durch einige Verhaltensregeln ergänzen, zum Beispiel: Keine Trinkgelder geben, um nicht die liebgewordene Illusion der Gastlichkeit zu zerstören; keine Unterwürfigkeit, Pünktlichkeit und Disziplin vom Hotelpersonal verlangen, um nicht das Bild vom freien Tahitianer zu verletzen; Achtung vor den Werten polynesischer Geschichte. Der Stolz auf sportliche Leistungen im Bootfahren oder Speerwerfen ließe sich in Verbindung bringen mit dem letzteren Punkt. Die deutliche Koketterie der Frauen hat eine ihrer Wurzeln in der erheblichen sexuellen Freiheit der klassischen Polynesierin, ebenso sehr aber wohl auch in der romantischen, noch heute nachklingenden Schwärmerei der Franzosen für Schönheit und Eleganz, Zärtlichkeit und Unabhängigkeit der polynesischen Frauen zur Zeit der großen Entdeckungsreisen. Der mangelnde Sinn für unsere Eigentumsgrenzen entspringt der Tatsache, dass ehemals jeder verwenden konnte, was die Gemeinschaft besaß.

Dieses Bild ist gewiss anfechtbar und ergänzungsbedürftig; es kann bei einem so schwankenden Gegenstand nicht ausbleiben, dass die Phänomene unterschiedlich interpretiert werden. Als eine erste Annäherung kann man aber gewiss ein solches Modell dem Reisenden anbieten, der sich dann vielleicht zu eigenen Beobachtungen angeregt und durch vermeintliche Ungereimtheiten zu Korrekturen provoziert fühlt – damit wäre das Hauptziel erreicht, die Sensibilisierung für eine Beschäftigung mit dem Fremdseelischen.

Als Vorgabe für die eigene Beobachtung können die oben erläuterten Bereiche der Mimik und Gestik dienen, bei längerem Aufenthalt vielleicht auch diejenigen der sichtbaren Erziehungsmaßnahmen (Lohn und Strafe, Kommunikation und Kooperation der Kinder, Spiele, Umgang mit Tieren usw.). Als anregend hat sich weiterhin die Aufforderung erwiesen, auf alles zu achten, was die Leute in den bereisten Ländern »falsch« – und das heißt: anders als wir – machen, was sie für ihr Wohlbefinden tun (Essen und Trinken, Ruhestellungen, Ablegen oder Nichtablegen von Kleidungs-

stücken beim Baden usw.), was den Umgang mit Kindern kennzeichnet,
wie Männer und Frauen miteinander und mit Fremden umgehen oder welche Arbeiten sichtbar verrichtet werden und welche notwendigen Tätigkeiten man nie zu sehen bekommt. Gewiss ist die Diskussion und
Interpretation der Beobachtungsergebnisse nicht immer einfach und führt
vor allem nicht immer zu schlüssigen und allgemein akzeptierten Ergebnissen – aber die bringt ja eben der wissenschaftlich arbeitende Psychologe auch nicht zustande! Wesentlich ist auch dabei wieder, die Aufmerksamkeit auf etwas zu lenken, was ansonsten unreflektiert im Bereich der
Vorurteile verbleiben würde.

VI. Schlussbetrachtung

Es lässt sich, so versuchten wir zu zeigen, einiges wissenschaftlich Fundierte aussagen über Artung und Wirkung von Pauschalurteilen, die uns
über weite Strecken eine Mentalitätenlehre ersetzen. Wir können auch auf
eine Reihe von Forschungsansätzen und Modellen verweisen, die mit teils
globalen, teils bescheiden-partiellen Zielsetzungen kulturspezifische Ausprägungen des Seelischen erfassen, ordnen und verstehen oder gar erklären wollen. Je besser solche Konstrukte theoretisch fundiert sind, desto
lebensferner pflegen sie zu werden; je handlicher, konkret anwendbarer
sie sich geben, desto mehr mangelt ihnen Systematik und theoretische
Fundierung. Ganz schwierig wird es, wenn wir dem Laien ein Bild von
der Mentalität eines Volkes entwerfen sollen, das ihm möglichst unmittelbar seine Alltagsbeobachtungen über das Verhalten der Fremden erklärt.
Hier stehen wir vor einer Aufgabe, die mit den heutigen Mitteln unserer
Wissenschaft nicht zu lösen ist.

Was wir aber erreichen können, ist, Anstöße zu geben zur Beschäftigung mit dem Verhalten und seinen psychischen, historischen und kulturellen Hintergründen; so erreichen wir möglicherweise eine Sensibilisierung des Reisenden und veranlassen ihn im günstigen Fall zum Überdenken seiner Pauschalurteile. Zum Trost sei dabei an George Bernard
Shaw erinnert: »Eine schlechte Antwort verdirbt eine gute Frage; manchen Fragen sollte man gestatten, fortzubestehen«.

VII. Literaturhinweise

Beuchelt, Eno: Ideengeschichte der Völkerpsychologie, Meisenheim 1974 (Kölner Beiträge zur Sozialforschung und angewandten Soziologie 13).

Krüger, Reinhard (Hg.): Drei Studien zur Körpersprache der Romanen, Berlin 2001.

Thomas, Alexander: Kulturvergleichende Psychologie. Eine Einführung, Göttingen 1993.

Vester, Heinz-Günter: Kollektive Identitäten und Mentalitäten. Von der Völkerpsychologie zur kulturvergleichenden Soziologie und interkulturellen Kommunikation, Frankfurt 1996.

Vgl. hierzu auch die praxisorientierenden Länderreihen:

»Interkulturelle Handlungskompetenz«, (Asanger-Verlag, Heidelberg)

»KulturSchock« (Reise-Know-How-Verlag Rump, Bielefeld)

»Kultur-Knigge« (Simon und Magiera, Köln)

Helmut Christmann

Geschichte und Historische Landeskunde auf Studienreisen

I. Zum Thema

1. Historische Landeskunde

Die »Historische Landeskunde« löst aus dem umfassenden Gegenstandsbereich »Geschichte« kleinere Komplexe heraus, deren gemeinsames Merkmal ihre klar umrissene regionale Kammerung ist. Auch im Namen kann sie ihre ursprüngliche Herkunft aus der Geographie nicht verleugnen. Besonders für Studienreisen ist die enge Verzahnung von geographischen und historischen Erscheinungen typisch. Dabei treten besonders Phänomene der »Kulturlandschaft« in Erscheinung. Martin Schwind[1] hat zur Interpretation der Kulturlandschaft ein analytisches Schema historischer Objekte aufgestellt, das auch für unsere Überlegungen hilfreich ist. Schwind nennt die Kulturlandschaft »ein aus vier grundverschiedenen Formkreisen gewordenes Ganzes« und unterscheidet

- in der Gegenwart geschaffene Formen (Städte, Tempel usw.),
- in der Vergangenheit geschaffene, aber gegenwärtig noch lebendige Formen (Siedlungen, Tempel und andere Sakralanlagen, Schlösser u. a.),
- in der Vergangenheit geschaffene, heute aber nicht mehr lebendige Formen (Schlösser, Befestigungen, verlassene Städte, Tempel, Straßen),
- in der Vergangenheit geschaffene, heute aber nur noch durch Spuren feststellbare Formen (Ruinen und Überreste aller Art)[2].

---

[1] Martin Schwind: Kulturlandschaft als objektivierter Geist, in desselben: Kulturlandschaft als geformter Geist, Darmstadt 1964 (Libelli 110). Vgl. zum Ganzen auch Klaus Fehn: Stand und Aufgaben der historischen Geographie, in: Blätter für deutsche Landesgeschichte 111 (1975) 31-53.

[2] Schwind: Ebenda 14 f.

Dabei geht es vor allem um die differenzierte Analyse jener historischen Prozesse, die in der Vergangenheit wirksam gewesen sind, um die gegenwärtige Kulturlandschaft einer Region zu schaffen. Freilich werden nicht alle historischen Kräfte heute noch erfassbar und damit Gegenstand einer Studienreise sein können. Die Fragestellung hängt von mancherlei Imponderabilien ab: den sichtbaren Überresten in einer Landschaft, dem thematischen Schwerpunkt der Reise, dem musealen Angebot, dem Interesse der Reiseteilnehmer, dem Wissen des Reiseleiters usw. Historische »Zeugen beschwören eine geistige Landschaft herauf, die ihnen weit über ihren physiognomischen Eindruck hinaus in den Augen des Kulturmenschen eine die ganze sichtbare Landschaft umstimmende Bedeutung verleiht.«[3]

Die historisch geprägte Landschaft verweist deshalb auf eine komplexe Fülle von Zusammenhängen, die sichtbar gemacht werden sollen. Diese Zusammenhänge können räumlich, politisch, religiös, künstlerisch, wirtschaftlich, sozial, ideell, aber auch personal sein. Fast nie treten sie isoliert auf, sondern sind ein sich gegenseitig durchdringendes Gewebe, in der die einzelnen Wirkkräfte mit unterschiedlicher Intensität auftreten. Erst diese Zusammenhänge eröffnen Historische Landeskunde. Deshalb gilt: »Eine solche Betrachtung einer historischen Stätte erschöpft sich nicht im Herunterbeten oder der flüchtigen Kenntnisnahme einzelner Daten und Fakten aus ihrer Geschichte; vielmehr öffnet gerade die Feststellung der Zusammenhänge, in der sie steht und die sie damit repräsentiert ... noch am ehesten den Zugang zu der historischen Aussage, die eine solche historische Stätte nicht nur über sich, sondern auch über ihre Entstehungszeit und über die Zeit, in der sie bestimmte Funktionen ausfüllte, ja selbst noch über Zeiträume, in der sie ihrer ursprünglichen Sinngebung und Zweckbestimmung entfremdet wurde, machen kann«[4].

Eine Studienreise bietet die besondere Chance, durch das »Erfahren« des geographischen Raumes auch das Kontinuum der Zeit erlebbar zu machen. Wenn es gelingt, an den im Raum verstreuten Zeugen der Geschichte jene Vielfalt von Kräften aufzuweisen, die hier gewirkt haben, dann erschließt sie zugleich den Längsschnitt jener Faktoren, die diesen Raum und die darin lebenden Menschen geprägt und verändert haben.

---

[3] Herbert Lehmann: Die Physiognomie der Landschaft, in: Karlheinz Pfaffen (Hg.): Das Wesen der Landschaft, Darmstadt 1973, 61.

[4] Bernd Hey: Die historische Exkursion. Zur Didaktik und Methodik des Besuchs historischer Stätten, Museen und Archive, Stuttgart 1978 (Anmerkungen und Argumente 19) 25 f.

2. Historische Bildung auf Studienreisen

Zwischen historischer Bildung in der Schule und bei Erwachsenen gibt es
bekanntlich große Unterschiede. Erwachsene haben in den verschiedensten Bereichen (vom privaten Leben bis zum weltpolitischen Wandel)
selbst Geschichte erlebt. Das bringt Vor- und Nachteile. Unverarbeitete
und nicht reflektierte Lebenserinnerungen trüben leicht das Urteilsvermögen. Andererseits brechen sich aber dadurch auch häufig Denkprozesse
eine Bahn, weil »Dinge, die man für selbstverständlich und unabänderlich
gehalten hat, ... plötzlich problematisiert [werden], weil uns historisch
alternative Lösungen begegnen oder weil uns Lösungen, die wir bisher
durch Sachzwänge determiniert ansahen, als weitgehend historisch bedingt begegnen«[5]. In der sich damit öffnenden Chance zum Um- und
Nachdenken liegt zweifellos eine der Chancen von Studienreisen überhaupt, die der Reiseleiter nach Kräften nutzen, aber nie aufzwängen soll.

In diesem Zusammenhang taucht ein Problem auf : die Verständlichkeit. Es ist ein schon lange beklagtes Phänomen, dass Geschichte auf viele
Menschen deswegen langweilig wirkt, weil Historiker eine deutliche
Kommunikationsschwäche zur Öffentlichkeit aufweisen. Das bedeutet für
den Reiseleiter, dass er sich bei aller wissenschaftlichen Seriosität um eine
allgemeinverständliche, spannende und damit anregende Form der Vermittlung bemühen muss[6]. Dies gilt umso mehr, als sich die Studienreisende im Urlaub befinden und sich Geschichte schon deshalb weniger als
Belehrung und mehr als Erlebnis wünschen.

Im Interesse einer erlebnisbetonten »Inszenierung« von Geschichte
sollte der Reiseleiter ein paar grundsätzliche Regeln beachten. Zunächst
einmal ist es bei historischen Sachverhalten wichtig, nicht zuviel erklären
und aufzeigen zu wollen. Bekanntlich umfasst die Geschichte einen
ungeheuren Wissensfundus. Deshalb sollte sich der Reiseleiter streng an
das Prinzip des »Exemplarischen« halten. Weniger ist zumeist mehr!
Weiterhin sollte er das Wesentliche gut gliedern, durch Sinnabschnitte
beispielsweise, die das zu besichtigende Objekt vorgibt. Oder durch
formale Gliederungsstrukturen, so durch die alten methodischen Regeln
»vom Nahen zum Entfernten«, »vom Konkreten zum Abstrakten«, »vom
Einfachen zum Zusammengesetzten«. Weiterhin ist wichtig, dass der Reiseleiter zwischen den einzelnen Besichtigungspunkten Verbindungslinien
zieht und dabei Erwartungen auf Kommendes aufbaut; oder dass er die
Aktivität der Teilnehmer anregt und sie damit veranlasst, wesentliche
Einsichten selbst zu gewinnen. Von Bedeutung ist ferner ein steter Gegen-

---

[5] Wolfgang J. Mommsen: Die Geschichtswissenschaft in der modernen Industriegesellschaft, in: Bernd Faulenbach (Hg.): Geschichtswissenschaft in Deutschland, München
1974, 163.
[6] Vgl. hierzu Siegfried Quandt: Öffentlichkeit, in: Klaus Bergmann u. a. (Hg.): Handbuch der Geschichtsdidaktik, 4. Aufl., Seelze 1992, 65.

wartsbezug, etwa dadurch, dass der Reiseleiter die Geschichte als Vorgeschichte der Gegenwart deutet; oder sie als das Andere der Gegenwart interpretiert oder sie als wechselndes Spielfeld menschlicher Grundgegebenheiten und Grundbedürfnisse verständlich macht.

Für die historische Führungen sei an folgende bewährte Regeln erinnert:

- »Der Referent sollte versuchen, das Objekt seines Referats aus seiner gegenwartsbedingten Isolierung zu lösen und es wieder in seine historischen Zusammenhänge zurückzuversetzen,

- es (wenn möglich) mit Leben zu erfüllen, zum Beispiel durch das Erzählen von dort stattgefundenen Geschehnissen, und

- es soweit in seiner besonderen Einmaligkeit als auch innerhalb der Zusammenhänge, in denen es repräsentativ oder exemplarisch steht, deutlich werden zu lassen«[7].

3. Typen historischer Vermittlung auf Studienreisen

Im Folgenden sollen anhand von Beispiele unterschiedliche Typen und Möglichkeiten historischer Vermittlung auf Studienreisen gezeigt werden. Sie sind so gewählt, dass unter den leitenden Aspekten historischer Grundthemen (wie Herrschaft, Sozialordnung usw.) möglichst viele Typen geschichtlicher Überreste (Stadtanlagen, Bauwerke, Denkmäler usw.) sowie Methoden ihrer Interpretation und Darstellung zur Sprache kommen. Alle Berichte beruhen auf persönlichen Erfahrungen und haben sich bewährt. Es wird angestrebt, ein oder mehrere Beispiele umfassender darzustellen und dann auf ähnlich oder gleich gelagerte Fälle kurz zu verweisen. Fast alle Beispiele beziehen sich auf den außereuropäischen Raum.

II. Herrschaftsordnung

1. Stadtarchitektur und Herrschaft im alten China

Nördlich des Palastmuseums (früher: »Verbotene Stadt«) in Peking liegt der »Kohlenhügel«. Von dem auf seiner Spitze stehenden Palast hat man einen guten Überblick über die alte Kaiserstadt. Hier oben kann man der Gruppe mit Hilfe des sichtbaren Objekts die Herrschaftsordnung im alten China sichtbar machen.

---

[7] Hey: Die historische Exkursion 163 f.

Zuerst einmal beeindruckt die – trotz aller scheinbaren Regellosigkeit der Gebäude und Straßen – schematische Ordnung. Grundprinzip chinesischer Geschichte ist seit ihrem Beginn das Prinzip der Ordnung. Die chinesische Welt ist die nordchinesische Tiefebene und sie kommt in Unordnung, weil der Hoangho immer wieder sein Bett verlässt und über die Ufer tritt und damit die Ordnung stört. Ordnen heißt im Chinesischen auch regulieren und regieren; dies bedeutet: Wenn die Ordnung erhalten – das heißt der Flusslauf reguliert und beherrscht wird –, dann ist auch eine »gute Regierung« vorhanden.

Der Wille zur Erhaltung der Ordnung spiegelt sich aber auch in jeder Stadtanlage. Der kaiserliche Palast in Peking galt als Mittelpunkt der Welt. Nach der Anschauung der Chinesen war die Erde ein Quadrat, also musste der Palast die gleiche Form besitzen. Hier im Zentrum des Reichs sorgte der Kaiser für Harmonie zwischen Himmel und Erde. So stellten sich die Chinesen die geordnete Schöpfung vor[8]:

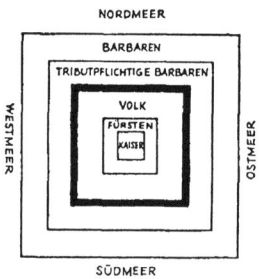

Das Herrschaftsprinzip drückt sich aber auch in dem Prinzip der »horizontalen Hierarchie« aus: Räumliche Nähe zum Herrscher gab Anteil an Herrschaft, so dass sich gerade an der Stadtgeographie und Stadthistorie gute Einsichten in das historisch-politisches Denken der Chinesen gewinnen lassen[9].

2. Palast- und Stadtarchitektur in Europa

Auch in anderen Weltteilen, so auch in Europa, lässt sich der Zusammenhang zwischen Herrschaft und Architektur aufzeigen. So wird man bei dem Phänomen Burg neben Architektur und Wehrtechnik auch an die gesellschaftlich-politische Funktion und Orientierung des Adels in Mittel- und Westeuropa denken. Nachdem der Adel durch einen soziologischen Strukturwandel im 11. Jahrhundert zu einem weitgehend abgeschlossenen Stand geworden war und sich in fast allen Bereichen Privilegien gesichert

---

[8] Hans Breuer: Kolumbus war Chinese. Erfindungen und Entdeckungen des Fernen Ostens, München 1980 (dtv. Allgemeine Reihe 1482) 49.

[9] Umfangreiches Material findet sich bei Wolfgang Franke (Hg.): China-Handbuch, Opladen 1978.

hatte, begann er sich gegen Unterprivilegierte zu isolieren. Seine Um-
siedlung auf die Höhen der Berge muss man deshalb auch als eine symbolische Geste der Hervorhebung, des Selbstbewusstseins und der Macht
verstehen[10].

Beispiele für eine andere Herrschafts- und Baugesinnung sind Städte
wie Konstantinopel, Mannheim, Karlsruhe, Versailles und andere. Man
hat hierbei von »gefrorenem Herrschaftsbewusstsein« gesprochen. Einige
knappe Beispiele sollen das verdeutlichen: In Mannheim haben wir eine
»Festungsarchitektur« mit dem schon in der Antike entwickelten Recht-
ecksystem. Diese Form entsprach deshalb auch dem rationalen Zeitgeist
am Ende des 17. Jahrhunderts, als diese Stadt gebaut wurde. Größe, Zahl
und Gestalt der Baublöcke sind streng festgelegt. Die Kirche ist nicht
mehr alleiniger Mittelpunkt der Stadt, denn Rathaus und Stadtkirche liegen nebeneinander, sind gleichgeformt und durch eine gemeinsame Inschrift miteinander verbunden. Aufgeklärter Absolutismus ist hier zur
Architektur geworden.

Reinste Verkörperung des Absolutismus ist die Stadt Karlsruhe: »Der
Turm des Schlosses ist der Mittelpunkt des Kreises, auf dem der Plan aufgebaut ist. Die Stadt ist ein Kreissegment, dessen Straßen als Radius nach
dem Schlossturm gezogen sind, so dass jeder Karlsruher Bürger den Kopf
nur zu wenden brauchte, um seinen Landesvater in Gestalt des Schloss-
turmes am Ende seiner Straße zu sehen«[11].

Daneben sind Schlossanlagen wie Versailles zum Ausdruck des hierar-
chisch gegliederten und gestaffelten Staatsaufbau des Absolutismus geworden: Alles ist hier auf die Person des Königs ausgerichtet:

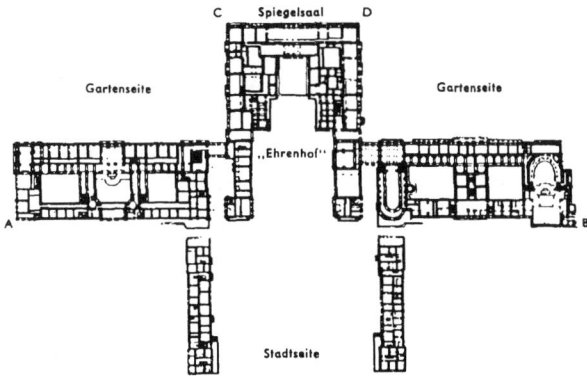

---

[10] Vgl. dazu Johannes Werner: Das Leben auf den Burgen, in: Burgen und Schlösser
14 (1973) 2 ff.
[11] Wilhelm Treue: Illustrierte Kulturgeschichte des Alltags, München 1952, 122.

Ein simpler Trick kann das am Plan verdeutlichen: Man verbinde die Punkte A und D und B und C miteinander, die Linien werden sich genau im Schlafzimmer Ludwigs XIV. treffen, in dem Raum also, wo jeden Morgen mit dem hochoffiziellen »Lever« der Tageslauf des »Sonnen«-Königs begann.

4. Herrschaftsbegründung. Herrscher und Götter im Reich von Kommagene

Im ostanatolischen und persischen Grenzgebiet hat zwischen 163 v.C. und 72 n.C. das Reich von Kommagene existiert[12]. Heute noch steht auf dem Gipfel des Nemrud Dağ (bei Adiyaman in der Türkei) eine riesige Anlage mit Felsbildern, deren Besuch zu den Höhepunkten einer Türkei-Studienreise gehört. Hier finden sich auf einem begradigten Gipfel zwei Gruppen (von teilweise zerstörten) Götter- und Königsfiguren, die im ersten Jahrhundert vor unserer Zeitrechnung von König Antiochos errichtet worden sind. Diese Kolossalstatuen des Königs und der Götter seines Pantheons sind teils dem hellenistischen, teils dem persischen Kulturkreis zuzuordnen.

Neben den Figuren ist es vor allem die erhalten gebliebene Inschrift, die den Reiseleiter bei der Interpretation in die Lage versetzt, historisch-politische Bezüge im Sinne des von den Göttern unterstützten Herrschaftsprinzips der Könige von Kommagene daraus abzuleiten: »Ich habe, wie du siehst, diese göttlichen Bilder des Zeus-Oromasdes und des Apollon-Mithras-Helios-Hermes und des Artagnes-Herakles-Ares sowie meines allnährenden Heimatlandes Kommagene aufgerichtet und aus dem gleichen Stein, gemeinsam thronend mit den Gottheiten, das Abbild meiner eigenen Gestalt geweiht. Eine neue Tyche [Fügung, Schicksal] habe ich an der uralten Ehre der großen Götter Anteil nehmen lassen, indem ich dabei in gerechter Weise das Vorbild der göttlichen Fürsorge nachahmte, die mir bei den Kämpfen meiner Königsherrschaft zu wiederholten Malen als wohlwollende Helferin wirksam zur Seite getreten ist.« Wir stoßen hier auf ein besonders markantes aber keinesfalls ungewöhnliches Beispiel sakraler Herrschaftsbegründung, das sich in allen europäischen und außereuropäischen Kulturen findet: Indem der Herrscher in die Sphäre des Göttlichen eintaucht, wird er unangreifbar und – scheinbar – der Zeit enthoben.

Bei der historischen Untersuchung und Interpretation schriftlicher Quellen wird man meist zuerst die »Schlüsselwörter« herausgreifen und an ihnen den historischen Hintergrund der beschriebenen Situation erläutern. Hier geht es um den scheinbaren Widerspruch »göttliche Bilder« und

---

[12] Vgl. Friedrich K. Dörner: Kommagene, ein wiederentdecktes Königreich, Gunzholzen 1966.

dem »Abbild meiner eigenen Gestalt«. Diesen Widerspruch aufzulösen und den Teilnehmern an Hand des übrigen Textes den Zusammenhang dieser Begriffe in der Herrschaftsauffassung des Antiochos zu erklären, obliegt dem Reiseleiter. Dann wird von dem Text ausgehend die Gesamtanlage untersucht, und aus dem Zusammenhang von geographischer Lage, Kolossalstatuen und Inschrift ergibt sich der Dreiklang Macht, Person und Überlieferung.

Nicht nur Inschriften, auch Urkunden, offizielle Verlautbarungen und darstellende Quellen sollte der Reiseleiter soweit wie möglich in die Interpretation historischer Überreste einbeziehen. Sie erweitern die Kenntnis von deren Beziehungsgefüge und vermitteln auch das jeweilige zeitalterspezifische Kolorit in Ausdruck, Denken und Fühlen.

4. Plaza de Armas in Lima/Peru und koloniale Herrschaftsstruktur

In den meisten südamerikanischen Städten (mit Ausnahme Brasiliens) bildet die »Plaza de Armas« den Stadtmittelpunkt. Der Name verrät, dass hier früher die Musterung der vizeköniglichen Truppen stattgefunden hat. Diese Plätze sind geradezu Symbole der spanischen Kolonialstädte geworden. Sie bezeugen den rationalen, durch keinerlei Traditionen und Rücksichten gehemmten Gestaltungs- und Machtwillen der Eroberer. So soll Francisco Pizarro, der Eroberer des Inkareiches, den Plan der Plaza de Armas in Lima 1535 selbst in den Sand gezeichnet oder zumindest auf dem Reißbrett zusammen mit den übrigen Maßen der Straßen und den Cuadras (Häuserblöcke, Gevierte) entwerfen lassen haben[13]. Man kann die Teilnehmer den Platz erkunden lassen, ihn dann erläutern und berichten, wie Pizarro damals der Kirche ihren Platz und auch ihre Einkünfte zuwies, wie die Konquistadoren ihre Anteile an Land und Zwangsarbeitern (ihre »encomienda«) erhielten, wie Verwaltung und Herrschaft organisiert wurden. Dabei fließen bereits wichtige Informationen wirtschaftlicher und sozialgeschichtlicher Art ein, die zusammen erst das ganze Panorama historischer Anschaulichkeit ergeben.

5. Herrschaftsstrukturen in Städten

Stadtanlagen sind sichtbarer Ausdruck steingewordener Herrschafts- und Sozialstruktur. So zeigen die mittelalterlichen Städte in der Vertikale und

---

[13] Die Texte finden sich bei Lieselotte und Theodor Engl (Hg.): Die Eroberung Perus in Augenzeugenberichten, München 1975 (dtv Sachbuch 1100). Zur spanischen Kolonialherrschaft vgl. weiterhin: Wolfgang Reinhard: Geschichte der europäischen Expansion, Bd 2, Stuttgart 1985.

in der Horizontale die Strukturen der mittelalterlichen Gesellschaft. Die höchste Erhebung – der Turm der Kirche – symbolisiert die geistliche Macht, die höchste Autorität. Daneben nimmt sich der Rathausturm als Zentrum weltlicher Macht meist bescheiden aus. Um die beiden Symbole der privilegierten Schicht ducken sich die kleinen Häuser und Hütten. Aber auch in der Horizontale lassen sich solche sozialen Schichtungen ablesen, wenn man zum Beispiel an die Gruppen denkt, die am Marktplatz – dem ökonomischen Zentrum – in ihren Steinhäusern wohnen und diejenigen, die als »Randgruppen« tatsächlich an den Rand gedrückt wurden und in besonderen Vierteln oder neben und vor der Mauer wohnen.

Stadtführungen sollten deshalb nicht nur zu kunsthistorischen Sehenswürdigkeiten, sondern insbesondere zu solchen historischen Indikatoren führen. Stadtrundgänge, wie sie die Reiseführer beschreiben, sind meist unter anderen (häufig zeitlich oder räumlich praktikablen) Gesichtspunkten konzipiert. Hier muss der Reiseleiter häufig sein eigenes Konzept entwickeln. Dafür gibt es verschiedene Möglichkeiten. Man kann eine Stadt als Öffentlichkeitszentrum betrachten, wozu dann noch politische, ökonomische u.a. Phänomene hinzukommen. Eine Stadt kann aber auch durch ihre architektonische Gestalt Auskunft über bestimmte Phasen ihrer Geschichte und die damit verbundenen Umbrüche geben. Florenz ist ein solches Beispiel. Neue Ideen und ein neues Weltverständnis werden in ihrer Architektur, in ihren Palazzi, Plätzen und Brücken dokumentiert. Am Anfang einer Stadtführung und ihrer Vorbereitung steht also die Leitidee, unter der der Reiseleiter vorgehen will. Das Prinzip des »Exemplarischen« gilt hier verstärkt: Der Reiseleiter muss typische oder repräsentative Beispiele und Modelle suchen, an denen er seine Konzeption nacheinander verwirklicht.

Gerade Städte laden auch zur Selbsterkundung durch die Teilnehmer ein: Der Reiseleiter kann z.B. eine »Entdeckungsrallye« mit Hilfe eines Fragekatalogs anbieten oder zu einer arbeitsteiligen, abschnittsweisen Erkundung der Altstadtquartiere, wobei man sich zum Abschluss die jeweiligen Beobachtungen gegenseitig mitteilt.

6. Namensformen als historische Quelle

Neben Bauwerken und schriftlichen Quellen steht dem Historiker auf Studienreise noch eine weitere wichtige Quellengruppe zur Verfügung: die Namen von Flüssen und Gebirgen, von Landschaften und Fluren, von Städten und Ortschaften, von Straßen und Gassen. Sie bewahren die Erinnerung an ihr Entstehen in einem bestimmten Moment der Geschichte. Sie lassen sich unter erschiedener Hinsicht interpretieren: Etymologisch verweisen sie auf die Herrschafts- und Siedlungsgeschichte jener Völker, deren Sprache sie entstammen: Der keltische Ursprung vieler Flussnamen sowie die lateinische Herkunft vieler Stadtnamen Europas lässt die Abfolge der frühen Siedlungs- und Herrschaftsgeschichte unseres Kontinents transparent werden. Stadtnamen wie »New Orleans« oder »Vera Cruz« gestatten nicht nur Rückschlüsse auf die Siedler und deren Herkunft, sondern werfen auch Schlaglichter auf Mentalität und Ideologie ihrer Gründer. Inhaltlich verweisen sie häufig auf Tatbestände der Herrschafts-, Sozial- und Wirtschaftsgeschichte: Die »Piazza della Signoria« erinnert an einen bestimmten Abschnitt der florentinischen Verfassungsgeschichte, die »Färbergasse« lässt Struktur und Bedeutung des mittelalterlichen Textil- und Zunftwesens präsent werden, »Reichenhall« oder »Salzburg« verweisen nicht nur auf Zentren mittelalterlicher Salzgewinnung, sondern auch auf Grundprobleme mittelalterlicher Wirtschaftsgeschichte überhaupt. Typologisch geben sie meist Aufschlüsse über Daten der Siedlungs- und Herrschaftsgeschichte, so etwa die -ingen und -heim Orte Südwestdeutschlands oder die -iac Siedlungen Frankreichs.

Die Interpretation von Namen eignet sich vor allem als Ausgangspunkt, als motivierender »Einstieg« in die dadurch umrissene Thematik, an den sich dann ein strukturierender Überblicksvortrag anschließen kann.

III. Sozialordnung

1. Die Städte der Maya

Es wird wohl kaum eine Studienreise nach Mexiko geben, die die Teilnehmer nicht auch mit jenen Gebieten bekannt machen würde, in denen einst die Städte der Maya geblüht haben. Von ihnen sind heute noch umfangreiche Ruinen erhalten. Aber da sich die dort gemachten Funde zumeist nicht mehr an Ort und Stelle befinden, fällt es dem interessierten Laien schwer, sich ein Bild von der einstigen Sozialordnung in diesen Städten zu machen. Diese Feststellung gilt natürlich genauso auch für andere Kulturkreise.

Hier füllt das Museum eine Lücke. Museumsgut ist ein Bildungspotential, »um Bildungszuwachs wirklich zu ermöglichen: Bildung, verstanden als konstitutives Lebenselement zur Selbstverwirklichung aller Schichten unserer Bevölkerung«[14]. Genau das ist das Ziel des »Museo de Anthropologia« in Mexiko-City, das eines der beeindruckendsten Museen der Welt überhaupt ist. Die dort aufbewahrten Funde ermöglichen eine exakte Darstellung dieser Maiskultur mit all ihren Vor- und Nachteilen. Der Reiseleiter sollte mit Hilfe des deutschsprachigen Museumsführers (der allerdings bei weitem nicht alle Objekte verzeichnet) jene Objekte

---

[14] Hey: Die historische Exkursion 29 f.

auswählen, an denen er die Sozialordnung der Mayas verdeutlichen will. Besser ist allerdings stets der eigene Besuch vor der Führung.

Einige Hinweise mögen genügen: Die Rolle des Adels und der Priesterfürsten lässt sich an der Nachbildung des Grabs von Palenque aufweisen. Hier kann man auch den Stand und die Leistungen der Handwerker würdigen. Auch die Reliefs von Palenque, die unterschiedliche Phänomene der Sozialordnung (Anbetung, Unterwerfung usw.) zeigen, müssen interpretiert werden. Gleiche Möglichkeiten bieten die Fresken (Kopien) aus Bonampak, die im Garten des Museums im nachgebauten Tempel von Bonampak zu bewundern sind. Vor allem aber sind es – neben vereinzelten Zeichnungen ausgestellter Codices – die Tonfiguren der Mayazeit. Sie stellen vornehme Personen, arbeitende und spielende Menschen, Junge und Alte, Gesunde und Kranke dar. Es ist das ganze Leben, das uns hier entgegentritt – von der Geburt bis zum Tode. An jeder dieser Figuren können die sozialen und wirtschaftlichen Verhältnisse, kann das alltägliche Leben (die Stellung der Handwerker und der Bauern, der Maisanbau, die öffentlichen Arbeiten an den Zeremonialanlagen, die kleinen Freuden und großen Leiden der Menschen in den Mayastädten) dargestellt werden.

2. Die Gesellschaft der Azteken

Das Zentrum – die große Mittelhalle – des Anthropologischen Museums in Mexiko-City ist den Azteken gewidmet. Die ausgestellten Objekte befassen sich zum größten Teil mit kulturellen Phänomenen wie Religion und Götterwelt, Macht und Krieg, Zeitrechnung und Prophetie, tägliches Leben. Auch hier gilt das Grundprinzip des Museums: »Alle Menschen lösen ihre Bedürfnisse durch Befriedigung mit verschiedenen Quellen und in bestimmter Weise. Alle Kulturen sind gleich wertvoll.«

Schwerpunkte einer Betrachtung werden sicher sein: Die Götterstatuen, ein Beispiel eines Opfersteins, der Stein des Tizoc, die Wandmalereien zur Eroberung Mexikos durch die Azteken und die Rolle der Krieger, ihre Statuen und Masken, der Kalenderstein, die Darstellungen aus dem täglichen Leben – etwa das Diorama des Marktes von Tlatelolco. Neben den Erläuterungen allgemeiner Art empfiehlt es sich hier – wie auch bei anderen historischen Objekten und Stätten – zusätzliche Quellentexte oder andere Schilderungen vorzulesen. Es gibt keine bessere zusätzliche Veranschaulichung bei der Betrachtung des oben genannten Dioramas als die Beschreibung des Marktes durch Cortés selbst[15].

Museumsführungen gehören zu den eher schwierigen Aufgaben des Reiseleiters. Zur Vorbereitung gehören deshalb didaktische Überlegungen über ihre sinnvolle Gestaltung. Zunächst sollte er sich über Struktur und Anlage des Museums klar werden, über die hierbei verfolgte Konzeption.

---

[15] Vgl. Christmann: Kolonialgeschichte 110 ff.

Häufig sind die Objekte in chronologischer Reihenfolge angeordnet – so auch im Anthropologischen Museum von Mexiko-City. Didaktisch ist es allerdings wenig sinnvoll, sich bei Führungen am chronologischen Prinzip zu orientieren. Besser ist dagegen eine thematische Konzeption mit einer entsprechenden Auswahl der Exponate.

Sodann muss der Reiseleiter seine mit dem Museumsbesuch verfolgten Absichten formulieren: Will er einen Querschnitt durch eine bestimmte Epoche vermitteln? Oder soll er eher im Längsschnitt die Entwicklung einer Kultur in all ihren materiellen, künstlerischen oder geistig-ideellen Aspekten zur Sprache bringen? Oder empfiehlt sich hier ein ausschnittshafter Längsschnitt durch einen oder mehrere Sachaspekte? Auf jeden Fall muss er eine sinnvolle Auswahl aus dem oft undifferenziert angebotenen Ausstellungsgut treffen, sonst werden die Teilnehmer hoffnungslos überfordert und schnell ermüden. Aus eben diesem Grunde sollte er auch während des Rundgangs die Gruppe nach Möglichkeit aktivieren Die Idealform wäre, »Vorträge, Geführtwerden und Eigentätigkeit miteinander abwechseln oder die Führung in ein Gespräch einmünden zu lassen«[16]. Hierfür eignen sich Beobachtungsimpulse, die der Reiseleiter vor Beginn des Museumsbesuchs seinen Reiseteilnehmern schriftlich oder mündlich mitteilt. Sie können sich auf Einzelheiten der Objekte beziehen, sie können aber auch unter einem Grundgedanken verschiedene Objekte erfassen (z. B.: »Welche Ausdrucksformen fallen Ihnen bei den ... Figuren besonders auf?« Oder: »Welche gemeinsamen Merkmale weisen folgende Objekte ... im Saal ... auf?«).

3. Die Megalithen der »Leute aus dem Gummiland« (Olmeken)

Ein drittes Beispiel aus dem mexikanischen Kulturkreis soll auf eine besondere Form des Museums aufmerksam machen, die inzwischen in vielen anderen Ländern der Welt anzutreffen ist: das Freilichtmuseum. Im La-Venta-Park von Villahermosa hat man die berühmten Megalithen aus dem Olmekengebiet an der Golfküste Mexikos aufgestellt. Es gibt ein Modell der Originalfundstätte, einen beschriebenen Rundgang und genaue Wegmarkierungen. Der Reiseleiter sollte seiner Gruppe hier die Chance eigener Erkundung gönnen und selbst nur in einem einleitenden Vortrag die Konzeption des Freilichtmuseums darstellen und in einer abschließenden strukturierenden Zusammenfassung die Ergebnisse raffen. Dazu ist es freilich unumgänglich, dass er sich im Vorfeld einen Überblick über die Konzeption solcher Anlage verschafft.

---

[16] Hey: Die historische Exkursion 54.

IV. Besiedlungs- und Entdeckungsgeschichte

Bei vielen Fernstudienreisen stellen sich Fragen nach Entdeckung und Besiedlung. Beides hat auf die Kultur und Mentalität der betreffenden Völker tief eingewirkt und sie bis heute geprägt – am intensivsten und folgenreichsten im Verlauf jenes mit der Frühen Neuzeit beginnenden Prozesses, den man heute als »Europäisierung der Erde« bezeichnet[17]. Es versteht sich von selbst, dass der Reiseleiter hier vielfach mit Fragen der Bewertung und Beurteilung konfrontiert wird, bei denen vorschnelle oder undifferenzierte Stellungnahmen unangebracht sind.

1. Die Entdeckung des Amazonas

Nur wenige Studienreisen, die in den nördlichen und mittleren Teil Südamerikas führen, lassen einen Besuch des Amazonas aus, des mächtigsten Stromsystems der Erde. Auch hier gibt es manches aus der Entdeckungsgeschichte zu erzählen. Es ist die Geschichte des Francisco de Orellana, der – von Goldgier getrieben – mit 50 Gefährten 1541/42 den Amazonas flussabwärts fuhr. Damit war der riesige Kontinent zum ersten Mal durchquert und der Strom vom Quellgebiet bis zur Mündung bekannt geworden. Vielleicht versammelt der Reiseleiter seine Gruppe am späten Nachmittag in einer Lodge am Strom, um den Sonnenuntergang und sein Farbenspiel zu bewundern, und beginnt dort mit der Erklärung des Namens »Amazonas«. Wenn die Gruppe vorher einen der Yagua-Stämme besucht hat (bei denen die Männer heute noch Grasröcke für die Touristen tragen), dann wird seine Erklärung sicher leicht verstanden. Der Chronist der Fahrt, Gaspar de Carvajal, berichtet zum 24. Juli 1542, dass die Spanier von einer Gruppe von Frauen angegriffen worden seien, die ihnen mehr zu schaffen gemacht hätten als jeder Angriff männlicher Eingeborener. Orellana wurde dabei an die Amazonen der griechischen Sage erinnert und gab dem Fluss diesen Namen[18]. Vom Namen ausgehend kann der Reiseleiter den Teilnehmern die Geschichte dieser Expedition erzählen, zusammen mit dem Mythos vom »Eldorado«, der außer Orellana noch zahlreiche andere Spanier auf Entdeckungsreise trieb, so dass die Neue Welt rasch erforscht und damit zugänglich gemacht wurde.

---

[17] Vgl. hierzu als Standardwerk Wolfgang Reinhard: Geschichte der europäischen Expansion, 4 Bde, Stuttgart 1983/90.

[18] Es soll allerdings nicht verschwiegen werden, daß es noch eine zweite Deutung des Namens gibt: Das Indianerwort »Amassona«, das soviel bedeutet wie »Zerstörer der Boote«, vgl. Hermann Schreiber: Die Welt wird entdeckt, Bd 2, München 1969 (Goldmanns Gelbe Taschenbücher 2442), 92.

2. Die Entdeckung und Erforschung des Pazifiks: Kapitän Cook

Der Pazifik erstreckt sich über mehr als die Hälfte des Erdballs. Rasch hatten abenteuer- und geldhungrige Entdecker diese Wasserwüste durchforscht. Allerdings fand man hier keine großen Reichtümer, sondern paradiesische Inseln. Erst die Aufklärung gab im 18. Jahrhundert der Entdeckungsgeschichte neue Impulse. Und damit begann die Erforschung des Pazifikraumes. Diese ist vor allem mit dem Namen von James Cook verbunden. Man wird ihm auf einer Reise durch die Südsee, Australien und die ungezählten Inselgruppen und Inseln des Pazifik immer wieder begegnen. Auf Hawaii wird der Reiseleiter während der obligaten Rundfahrt auch die Kealakekua Bay im Westen der Insel besuchen. Dort steht Cooks Denkmal an der Stelle, wo er 1779 bei einem Streit mit Eingeborenen erschlagen worden ist. Sein Tod war tragisch, denn er traf ausgerechnet den Entdecker, dessen Einstellung einen Wendepunkt gegenüber der früheren Grausamkeit europäischer Entdecker und Unterwerfer markiert: »Auf jede geziemende Weise ist eine Freundschaft mit den Eingeborenen anzustreben, sie sind mit äußerster Freundlichkeit zu behandeln!« befahl er seinen Leuten[19]. Auch andere Inseln des Pazifik bewahren die Erinnerung an diese Entdeckungszeiten. Cooks Tagebücher sind auch heute noch eine unerschöpfliche Fundgrube für präzise Beschreibung und rationales Raisonnement. So sollte man etwa bei einem Besuch auf Tonga t'apu, der Hauptinsel der Freundschaftsinseln, nicht versäumen, während einer Inselrundfahrt das diese »freundlichen Inseln« betreffende Kapitel aus Cooks Tagebuch vorzulesen[20].

3. Die Besiedlung von Inneraustralien

Studienreisen nach Amerika, Südafrika, Neuseeland oder Australien haben immer auch die »Besiedlungsgeschichte« zum Thema. Gerade Australien wurde innerhalb nur weniger Jahrzehnte besiedelt. Unterschiedliche Motive und Ursachen haben als auslösende Faktoren zusammen gewirkt, um Menschen in unbekannte Gebiete aufbrechen zu lassen und große Gefahren auf sich zu nehmen. Hier hat eine technische Neuerung besonderer Art die Besiedlung des Innern angestoßen und ermöglicht: der Überlandtelegraph. Die einzige größere Stadt in der australischen Wüste, Alice Springs, verdankt ihr Entstehen neben einer Quelle vor allem der Telegraphenstation, die aus ihrer Anfangszeit (1873) fast

---

[19] Zitiert nach Christmann: Kolonialgeschichte 73.
[20] James Cook: Entdeckungsfahrten im Pacific. Die Logbücher der Reisen von 1768-1779, hrsg. von Archibald Grenfell Price, 3. Aufl., Tübingen 1975.

völlig erhalten geblieben ist und heute als technisches Denkmal besichtigt werden kann. Dem Reiseleiter sollte es gelingen, die wilde Zeit der Viehzüchter, Goldsucher, Streckenarbeiter, Ureinwohner, Abenteurer, Wissenschaftler, Techniker usw. an diesem Ort zu neuem Leben erstehen zu lassen und dabei die Rolle der Telegraphenlinie für die Erforschung und Besiedlung Inneraustraliens zu verdeutlichen. Denn sie war nicht nur ein wichtiges Kommunikationsmittel, sondern auch eine gute Orientierungslinie. Und ihre 15 Stationen dienten als Stützpunkte und Ausgangspunkte für weitere Expeditionen in immer neue Teile des Kontinents. Ihnen folgten dann auf der Suche nach fruchtbarem Land die Scharen zumeist englischer Einwanderer.

Technische Neuerungen haben in der Geschichte oft große politische, wirtschaftliche und soziale Wandlungen zur Folge gehabt: Der Bau von Straßen, Eisenbahnen und Kanälen, die Erfindung von Rahsegel oder Dampfschiff haben nicht nur Räume miteinander verbunden, sondern auch bis heute fortwirkende Entwicklungen angestoßen.

V. Phänomene europäischer Kolonialherrschaft

Der Tourist, der in außereuropäische Länder reist, wird fast überall mit Resten und Folgen früherer europäischer Kolonialherrschaft[21] konfrontiert. Es ist sinnvoll, wenn er sich auf solche Konfrontationen vorbereitet und sie planmäßig in sein Programm einbaut. Auf keinen Fall sollte er ihnen ausweichen, etwa im Interesse einer falsch verstandenen Harmonie innerhalb der Gruppe. Häufig ergeben sich daraus fruchtbare Diskussionen, die Denkprozesse auslösen. Vor allem führen solche Denkprozesse zum Erkennen historisch bedingter Sachzwänge und zum Nachdenken über historische Alternativen.

1. Spanische Kolonialherrschaft in Mexiko

Schon in den ersten Tagen seines Aufenthalts in Mexiko-City sieht der Tourist im Nationalpalast die Fresken des Diego Rivera, die die Geschichte Mexikos und vor allem die Kolonialzeit darstellen. Da begegnet er Hernán Cortés als einem kretinhaften, verkrüppelten Unhold. Er sieht mordende, schändende und zerstörende spanische Soldaten, die diese Untaten unter Führung christlicher Priester begehen. Im ehemaligen Palast des Cortés in Cuernavacca sieht der Tourist Darstellungen, die die ausgebeuteten Indios bei der Zuckerrohrernte für ihre spanischen Herren zeigen. Peitsche und gekrümmte Rücken hat Rivera als Symbole kolonialer Un-

---

[21] Hierzu vgl. Wolfgang Reinhard: Kleine Geschichte des Kolonialismus, Stuttgart 1996.

terdrückung gewählt und damit die für Mexikos Geschichte und Gegenwart charakteristische »Kultur der Gewalt«[22] in ein treffendes Bild gefasst.

Andererseits künden die »brüllenden Mauer der Revolution« (wie diese Freskenwände im Volksmund genannt werden) auch von den Heldentaten des mexikanischen Volkes gegen die weißen Eindringlinge oder von dem Ruhm der vorkolumbischen Hochkulturen. In diesen Bildern wird Stellung bezogen und abgerechnet. Auch an anderer Stelle wird die Abrechnung deutlich: Wenn die Reisegruppe das Grabmal des Cortés in der Kirche des »Ospidale de Jesus« besucht, zu dem kein Hinweisschild führt, oder wenn man vergeblich nach einer Straße oder nach einem Platz forscht, der den Namen des Eroberers trägt. Man merkt, wie hier Vergangenheit »bewältigt« wird – ebenfalls eine interessante Erfahrung für den europäischen Besucher! So bietet Mexiko ein hervorragendes Exempel dafür, wie man mit »Spurensuche« in der veröffentlichten Meinung die koloniale Vergangenheit mitten in der Gegenwart entdecken kann.

2. Südwestafrika (Namibia) und die deutsche koloniale Vergangenheit

Das deutsche Publikum hat zur eigenen kolonialen Vergangenheit ein merkwürdiges Verhältnis. Einerseits ist dieses Kapitel für viele Deutsche längst abgeschlossen (»Was geht das uns noch an?«); andererseits gibt es manche, die mit bemerkenswerter Zähigkeit an der deutschen kolonialen Vergangenheit und ihren Spuren haften. Man findet sie häufig als Teilnehmer an Studienreisen durchs heutige Namibia. Deshalb ergeben sich hier leicht emotionsgeladene Gegensätze innerhalb der Reisegruppe oder zwischen einem Teil und dem Reiseleiter. Was kann der Reiseleiter tun, wenn die immer noch sehr »deutsche« Stadt Windhuk auf dem Programm steht? Wie soll er sich in der Geisterstadt Kolmanskop verhalten, soll er neutral und ohne weitere Stellungnahme über die spannende Geschichte von August Stauch und seinen Diamantenfunden im Jahre 1908 berichten? Was tut er in den Museen von Swakopmund oder Fort Namutoni, wo eine deutsche Vergangenheit beschworen wird, wie man sie bei uns schon lange nicht mehr kennt? Was sagt er zum »Martin Luther« in der Namibwüste (der stehen gebliebenen Lokomobile)? Oder wie verhält man sich, wenn plötzlich eine Inschrift mit dem Pathos der Kaiserzeit auftaucht?

Damit rühren wir an Grundfragen historischer Vermittlung auf Studienreisen. Im Bereich der Geographie zum Beispiel wird es nur geringe Reibungsmöglichkeiten mit den Ansichten anderer Gruppenmitglieder geben. Ganz anders ist dies etwa in den Bereichen Geschichte, Politik

---

[22] So die These von Christian Graf von Krockow: Mexiko. Wirtschaft, Politik, Gesellschaft, Kultur, München 1974 (Serie Piper 85).

oder Religion. Hier erscheint es wichtig und dem Umgang mit Erwachsenen angemessen, wenn der Reiseleiter keine dezidierten Urteile und Interessenstandpunkte vertritt, sondern das Pro und Contra sorgfältig zur Sprache bringt und die Urteilsbildung den Teilnehmern selbst überlässt.

In diesem Zusammenhang sei noch eine weitere Schwierigkeit erwähnt, die sich in Namibia aber auch anderswo ergeben kann: Die Zusammenarbeit mit einheimischen Begleitern, die häufig recht ungeniert und undifferenziert ihre nationalen Interessenstandpunkte vertreten, mehr noch: diese ihren Gästen aufdrängen. Grundsätzlich ist der Reiseleiter gut beraten, mit den Einheimischen keinen offenen Disput vor der Gruppe zu führen, sondern das Urteil über derartige Indoktrinationsversuche der Gruppe selbst zu überlassen. Gegebenenfalls und auf Anfrage kann dann abschließend ein »ideologiekritischer Diskurs« sinnvoll sein.

VI. Alltagsgeschichte auf Studienreisen

Das »tägliche Leben« der früheren Zeiten sollte als Gegenstand historischer Landeskunde ebenfalls ein stetes Thema auf Studienreisen sein. Es handelt sich um den Gesamtkomplex menschlichen Lebens überhaupt. Ob es dabei um Essen und Trinken geht, um die Wohnung und Kleidung, um Sitten und Gebräuche, um Erotik und Sexualität, Glauben und Aberglauben, Krankheit und Tod – alle sind Teile menschlichen Lebens und damit Gegenstand der Geschichte. Hierbei sollte die Beschäftigung mit der Alltagsgeschichte vergangener Völker und Kulturen aber nicht stehen bleiben. Wichtig ist auch das Interesse »an vergangenen Wertorientierungen und Verhaltensweisen, an Erfahrungen der Arbeitswelt, an tagtäglichen Auseinandersetzungen mit einer vorgegebenen unmittelbaren Lebenswelt von Verhältnissen und Menschen, an den Niederlagen und Erfolgen von Menschen, die am ehesten den Zwängen des Alltags unterworfen waren und den Alltag in unterschiedlicher Weise erfahren, empfunden und für sich und andere mit anderen im Rahmen des Möglichen gestaltet haben.«[23] Gelingt es dem Reiseleiter, die Darstellung der Alltagsgeschichte über den Rahmen der reinen Erinnerung und Beschreibung hinauszuführen und mit seiner Reisegruppe zu einer Reflexion darüber vorzustoßen, warum es solche und nicht andere Alltage gegeben hat, dann kann sich das einstellen, was auf einer Studienreise letztes Ziel historischer Unterweisung sein sollte: Geschichtsbewusstsein.

---

[23] Klaus Bergmann/Susanne Thurn: Didaktik der Alltagsgeschichte, in: Klaus Bergmann u.a. (Hg.): Handbuch der Geschichtsdidaktik, Bd 1, 4. Aufl., Seelze 1992, 317.

1. Leben in einer der ältesten Städte - Mohenjo Daro

Die zum Teil wieder freigelegte und ausgegrabene Stadt Mohenjo Daro liegt im Industal (Pakistan). Hier liegen Ursprünge menschlicher Zivilisation. Ein Besuch dieser Ruinenanlage mit ihrem Kornspeicher, mit der Zeremonialhalle, dem – wahrscheinlich rituellen Zwecken dienenden – öffentlichen Bad, der Burg, den streng geometrisch angelegten Wohnvierteln mit den Läden, Gaststätten, Wohnungen und Innenhöfen vermittelt deshalb unerwartet großartige Einblicke in ein Leben vor mehr als 6000 Jahren. Hinzu kommt der Reichtum an Gefäßen und Kunstgegenstände, die berühmten Siegel, die wahrscheinlich zum Kennzeichnen von Baumwollsäcke gedient haben. Raffinierte Wasser- und Entwässerungsanlagen wurden freigelegt, sogar Kanalisationsanlagen für Badezimmer und Aborte in den Wohnungen der Reichen.

Die Faszination eines Ausgrabungsgeländes wie Mohenjo Daro beruht zum einen auf ihrem hohen Alter, das die Chance bietet, Anfänge von Alltagskultur als einfache Reaktionsmuster auf Umweltbedingungen zu erfassen. Um so wichtiger ist es, dass sich der Reiseleiter beim Rundgang durch die große Ruinenanlage auf wenige Alltagsbereiche konzentriert (hier z.B. auf Wirtschaften und Wohnen und auf Merkmale sozialer Hierarchie) und diese an vorher ausgesuchten und eingeplanten Fundorten exemplarisch aber tiefgründig behandelt. Wichtig ist dabei die konkret-bildhafte Vergegenwärtigung der Vergangenheit: Die Ruinen sollen sich gleichsam wieder mit lebendigen Bildern, mit Imaginationen früheren Lebens füllen.

2. Alltag damals und heute: Leben der Maya

In nur wenigen Kulturlandschaften ist das Ineinander von Damals und Heute auf Schritt und Tritt so spürbar wie im Land der Mayas in Mexiko und Guatemala. Ob es die Gesichter der Menschen sind, die wir gerade auf den Reliefs der Tempel gesehen haben und die uns bald darauf, nachdem wir die Ruinenstätte verlassen haben, in einem Dorf bei kurzem Halt wieder begegnen, ob wir ihre damalige oder heutige Lebensweise betrachten, die Bauform ihres Hauses (das man gerade noch im Dachfries des »Nonnenvierecks« in Uxmal/Yucatán gesehen hat), die Benützung des Reibsteines beim Maismahlen oder die Ausübung der verschiedenen Kulturtechniken (die Darstellung des Rückenbandwebstuhles auf dem Bild eines alten Kodex in der Stille und Kühle eines Museums und dann das gleiche Bild draußen in der flimmernden Hitze auf dem Marktplatz, im Zentrum der Stadt) – wenig hat sich in Hunderten von Jahren verändert.

Mit solchen Beobachtungen kann ein Reiseleiter – ob in Mexiko, Äthiopien, Thailand oder sonst wo auf der Welt – ein wichtiges didaktisches Element in seine Führungen einbringen: den Gegenwartsbezug. Offenbar gewinnt Geschichte in dem Maße an Authentizität und Überzeugungskraft, wie ihr Zusammenhang mit der Gegenwart einsichtig wird.

3. Nachgestaltung täglichen Lebens in Museumsdörfern

Das zunehmende Interesse für das vergangene tägliche Leben und der spürbare Verlust von Lebensformen, die noch vor wenigen Jahrzehnten zum Alltag der Bereisten gehörten, haben dazu geführt, dass man sich in letzter Zeit in stärkerem Maße Gedanken über die Erhaltung und Bewahrung solcher kulturgeschichtlicher Objekte in möglichst lebendiger Form gemacht hat. Aus solchen Überlegungen sind in aller Welt Museumsdörfer entstanden, die nicht nur die Objekte (zumeist Originale, die man zusammengetragen hat: Häuser, Arbeitsgeräte, Werkstätten, technische Einrichtungen usw.) als tote Gegenstände präsentieren, sondern sie auch mit Leben füllen wollen. Alles soll möglichst in Aktion sein und bleiben. Deshalb sind dort Menschen tätig, die die alten Lebens- und Arbeitsformen noch kennen und sie mit den alten Geräten auszuüben verstehen.

Diese Präsentation historischer Überreste wurde vor alle in den USA entwickelt, findet sich aber inzwischen in den meisten Ländern der Welt, so auch in Südkorea (südlich von Seoul), wo der Besucher einen fast vollständigen Überblick über koreanisches Leben seit dem 17. Jahrhundert erhält. Da wird nicht nur gezeigt, sondern auch gelebt und gearbeitet: Man sieht, wie Papier hergestellt wird, wie Fischer und andere Handwerker arbeiten. Man kann das Leben im Palast und im Gefängnis nachvollziehen, erfährt etwas über die koreanische Ondol-Heizung und über die Herstellung des Nationalgerichts »Kimchi«, eine Art Sauerkohl.

Eine Führung durch solche Museumsdörfer ist für den Reiseleiter relativ einfach, denn die meisten Exponate, Szenen und Aktivitäten verstehen sich von selbst oder sind durch Schautafeln usw. erläutert. Hier sollte der Reiseleiter der selbstbestimmten Neugierde die Zügel frei geben und höchstens in vorbereitenden oder abschließenden Referaten in die Konzeption der Anlage einführen oder die in ihr sichtbar gewordenen Wirkkräfte von Kulturgeschichte verdeutlichen.

VII. Technikgeschichte

Welchem Reiseleiter ist nicht schon vor großtechnischen Leistungen (z. B. vor der Cheopspyramide in Gizeh, oder vor den Steinfiguren auf der Osterinsel) die Frage gestellt worden: »Meinen Sie nicht, dass Däniken recht hat? Wie sollen die damaligen Menschen mit ihren primitiven Hilfsmitteln so etwas auch fertig gebracht haben!« In einem solchen Falle können technikgeschichtliche Kenntnisse[24] die Reiseteilnehmer schnell wieder auf den Boden der Tatsachen zurückholen.

Der Transport riesiger bis zu 100 Tonnen schweren Monolithe in Ägypten ist längst kein Geheimnis mehr. Wir dürfen uns diese technische Lösung so vorstellen, wie sie ein Steinrelief in El Berschel nachweist[25]:

Ruckartig wurden die Figuren von vielen hundert Arbeitern auf einem Schlitten gezogen. Ein Ingenieur gab den Takt an, den ein anderer mit dem Schlagen von Holzschlegeln (?) unterstützte. Andere Arbeiter gossen Wasser oder Sand auf die Gleitfläche. So wurden die Kolosse und Felsbrocken langsam fortbewegt. Für die frühen Kulturen galt der Grundsatz: Ihre Leistungen sind das Produkt von Zeit und Menschenkraft.

In Machu Picchu/Peru, der alten Inkastadt, kann der heutige Besucher noch die deutlichen Spuren der Steingewinnung im Inkareich sehen: die Rillen und Furchen, wo die Blöcke »abgesprengt« wurden. Hier kann der Reiseleiter am Objekt gut den technischen Vorgang verdeutlichen. Verblüffung erzeugt auch die einfache technische Lösung, die man für die Aufstellung des »Sonnentores« in Tiahuanaco gefunden hat[26].

---

24 Vgl. dazu als probate Hilfsmittel: Hanns Ferdinand Döbler: 7000 Jahre frühe technische Kultur, 2 Bde, Reinbek 1969 (rororo, 6664/6666; 6667/6669); Wilhelm Sandermann: Das erste Eisen fiel vom Himmel. Die großen Erfindungen der frühen Kulturen, München 1978; Wolfgang König (Hg.): Propyläen Technikgeschichte, 5 Bde, Berlin 1990/92.

25 Das Bild stammt aus Carl Graf von Klinckowstroem: Knaurs Geschichte der Technik, München 1959, 47.

26 Das Bild stammt aus Gerd und Elfriede Möller: Bolivien, Pforzheim 1975 (Goldstadt Reiseführer 6219), 191.

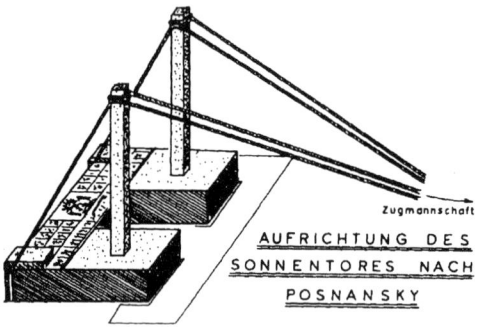

Auch Produktion, Transport und Aufstellung der berühmten Figuren auf der Osterinsel ist längst geklärt. Thor Heyerdahl hat durch praktische Versuche an Ort und Stelle zeigen können, dass auch hier die Kraft der Insulaner ausgereicht hat und diese nicht auf Hilfe von »Außerirdischen« angewiesen waren[27].

Auch die Technikgeschichte der Moderne wird den Reiseleiter immer wieder beschäftigen: Die »Industrielle Revolution« mit ihren Produktions- und Verkehrsanlagen, die von ihr ausgelöste »Verstädterung« hat wie kaum ein anderer historischer Prozess die Landschaft verändert, aber auch die Sozialstruktur und die Mentalität der Menschen. Aber nicht nur in Industrieländern wird der Reiseleiter die »Industrielle Revolution« als Vorgeschichte der Gegenwart behandeln. Er wird in Ländern der Dritten Welt, wo diese Prozesse erst beginnen, das europäische Vorbild als Vergleichsebene und Ausblick auf die zu erwartenden Veränderungen und Probleme heranziehen.

VIII. Zum Schluss

Die Studienreisen stehen manchmal zwischen der Forderung nach größtmöglichem Angebot touristischer Ziele und dem Postulat der Erholung. Häufig wurde hier gegen die Erholung entschieden. Sicher wollen aber die Reiseteilnehmer, die in ihrem Urlaub historische Stätten besuchen, mehr als ihnen die Lektüre historischer Bücher vermitteln kann. Sie wollen geschichtliche Denkmäler sinnlich erfassen, sie wollen sie als Teil einer Landschaft, eines Ganzen in der Realität vor sich sehen. Sie wollen einen kompetenten Reiseleiter, der ihnen diese Phänomene möglichst angenehm und trotzdem mit wissenschaftlicher Genauigkeit vermittelt. Neben dem historischen Milieu und der besonderen Atmosphäre der historischen Landschaft wollen sie auch etwas gemeinsame Gruppenkommunikation haben und genießen (während des Besuches der historischen Überreste

---

[27] Thor Heyerdahl: Aku-Aku, Berlin 1957.

oder am Abend im Hotel). Dies alles zusammengefasst kann man auf den einfachen Punkt bringen: Sie wollen etwas sehr Schönes – sie wollen Geschichte als Erlebnis[28]!

IX. Literaturhinweise

Callies, Horst: Geschichte und Touristik, in: Bergmann, Klaus u.a. (Hg.): Handbuch der Geschichtsdidaktik, 4. Aufl., Seelze 1992, 734-737.

Christmann, Helmut: Erfahrungen eines Historikers als Reiseleiter von Bildungs- und Studienreisen, in: Geschichtsdidaktik 11 (1986) 379-387.

Glaubitz, Gerald: Geschichte, Landschaft, Reisen. Umrisse einer historisch-politischen Didaktik der Bildungsreise, Darmstadt 1997.

Hey, Bernd: Die historische Exkursion. Zur Didaktik und Methodik des Besuches historischer Stätten, Museen und Archive, Stuttgart 1978.

Derselbe: Mehr als eine Geschichte des Reisens! Geschichtswissenschaft und Tourismus, in: Phänomen Tourismus. Interdisziplinäre Beiträge zur Erforschung des Reisens, Bensberg 1998 (Bensberger Protokolle 98) 51-65.

Schneider, Andreas: Historische Reiseführung auf Studienreisen am Beispiel Griechenlands und Zyperns unter besonderer Berücksichtigung der Alten Geschichte. Leitfaden für Reiseleiter, Berlin 1990 (Institut für Tourismus der Freien Universität Berlin: Berichte und Materialien 7).

Schwind, Martin: Kulturlandschaft als geformter Geist, Darmstadt 1964 (Libelli 110).

Wagner, Friedrich A.: Fremdenverkehr und Geschichte. Die Nutzung von historischen Anlässen im Tourismus, Starnberg 1982.

---

[28] Vgl. Rolf Schörken: Geschichte als Lebenswelt, in: Klaus Bergmann u. a. (Hg): Handbuch der Geschichtsdidaktik, Bd 1, 2. Aufl., Düsseldorf 1979, 13.

Bertold K. Weis

Die archäologische Studienreise

I. Wissenschaftliche Archäologie und archäologische Studienreise

Archäologie im Sinne dieses Artikels ist ein Zweig der Klassischen Altertumswissenschaft. Als »Klassische Archäologie« beschäftigt sie sich mit dem antiken Denkmalerbe des Mittelmeerraums. Die nationalen Organisationen, die sich den verschiedenen Zweigen der Klassischen Altertumswissenschaft widmen, sind seit 1948 als »Fédération Internationale des Associations d'Etudes Classiques« (FIEC) mit heute über vierzig Mitgliedern aus der ganzen Welt im Rahmen der UNESCO zusammengeschlossen. Für die Klassische Archäologie im besonderen wurde nach dem Zweiten Weltkrieg die »International Association for Classical Archaeology« mit eigenen Publikationen, Kongressen und Konferenzen begründet. Auf das Forschungs- und Arbeitsgebiet dieser Vereinigung bezieht sich der vorliegende Beitrag. Andere Wissenschaftszweige, die man heute in einem allgemeineren Wortsinn auch als »Archäologien« bezeichnet und die sich zusammen mit der Ethnologie allen geographischen und historischen Räumen zuwenden, bleiben hier außer Betracht.

Die Tatsache, dass sich sein Publikum aus interessierten Laien zusammensetzt, fordert vom Reiseleiter eine doppelte Leistung: wissenschaftliche Information in übersichtlicher, leicht fassbarer Darstellung. Beides verfolgt das Ziel, den Zuhörern die Vermittlung des geschichtlichen Erbes zum Erlebnis und zum Genuss werden zu lassen. Die Pflicht, sich ständig in der Verantwortung vor den Forschungsergebnissen der Archäologie zu wissen, bleibt davon unberührt.

I. Die moderne Archäologie

1. Zur Entwicklung der modernen Archäologie

Für den Ablauf der einzelnen Führungen eines Programms mit seinen täglich wechselnden Aufgaben und Schwerpunkten kann ein einleitender

Reiseleitervortrag[1] über Entwicklung, Aufgabenstellung und Methoden der Archäologie von Vorteil sein. Auf ihn kann dann der Reiseleiter bei der Begegnung mit speziellen Problemen immer wieder zurückgreifen.

Bei der Übersicht über die Geschichte der Erforschung antiker Stätten und ihrer Denkmäler ist von jenem schon ausgangs des 17. Jahrhunderts zu beobachtenden, bis gegen das Ende des 19. Jahrhunderts fortwirkenden Selbstverständnis der Archäologie auszugehen, das die Forschung im wesentlichen auf das Auffinden oder die Wiederentdeckung bedeutender Kunstwerke beschränkte und auf ihre Bergung, das heißt ihre Wegführung ins Ausland – mit oder ohne Erlaubnis der zuständigen Regierungen. Wie lange diese Auffassung vom Zweck archäologischer Forschung vorgehalten hat, mag eine Bemerkung des bedeutenden italienischen Archäologen Ranuccio Bianchi Bandinelli in seinem auch ins Deutsche übersetzten Bändchen über die »Klassische Archäologie« zeigen, nach der »neuerdings durch die Publikation von Dokumenten bekannt« geworden sei, »dass Bismarck die finanzielle Unterstützung der Ausgrabungen in Olympia einstellte, weil sie seiner Meinung nach keine Statuen erbrachten, die genügend ins Auge springen«[2]. Mag diese Nachricht in dieser Form zutreffen oder nicht, sie entspricht sehr genau der Vorstellung, die maßgebliche Kreise noch lange Zeit vertraten.

Es hat lange gedauert, bis die Archäologie sich von diesen einengenden Vorstellungen befreite und sich zu einer selbständigen historischen Wissenschaft entwickelte. Auch wer in den 1875 begonnenen Ausgrabungen in Olympia – vielleicht erstmals – das Streben nach historischer Erkenntnis als Maxime sieht, sollte nicht den Jubelschrei vergessen, der im Frühjahr 1877 von der Grabungsstätte am Heraion in die Welt hinausging, als jene Marmorstatue des jugendlichen Hermes mit dem Dionysosknaben gefunden wurde, die man im Anschluss an den Bericht des Pausanias dem Praxiteles zuschreibt.

2. Der Archäologe im Bild der öffentlichen Meinung

Dem Reiseleiter wird bekannt sein, dass dieses heute überholte Verständnis archäologischen Forschens bis in unser Jahrhundert nachgewirkt hat[3]. Gleichzeitig ist er sich im klaren darüber, dass der Nimbus, der die Entdeckung von Meisterwerken antiker Kunst umgibt, auch heute noch die

---

[1] Zum Folgenden vgl. Hellmut Sichtermann: Kulturgeschichte der klassischen Archäologie, München 1996.

[2] Ranuccio Bianchi Bandinelli: Klassische Archäologie, München 1978, 18.

[3] Vgl. etwa die Definition Adolf Furtwänglers: »Archäologie ist nichts anderes als antike Kunstgeschichte« (zitiert nach Hans Georg Niemeyer: Einführung in die Archäologie, 4. Aufl., Darmstadt 1995, 27).

Archäologie und den Archäologen in der Vorstellung der Menschenmassen verklärt, die sich Tag um Tag über die großen archäologischen Touristikziele, durch die Antiken-Museen und durch die Säle spektakulärer Ausstellungen ergießen. Die publizistische Vorbereitung dieser Veranstaltungen bringt es mit sich, dass die Besucher sich den Objekten zunächst mit dem Gefühl nähern, einer sensationell organisierten Show zugeführt zu werden, deren Möglichkeit und Effekt gemeinhin als Leistung des Archäologen und der Archäologie verstanden wird. Im Bewusstsein der breiten Öffentlichkeit wird der Archäologe ohnehin durch die Gestalt des Ausgräbers repräsentiert[4]. In dieser Gleichsetzung äußert sich eine unzulässige, dem richtigen Verständnis der archäologischen Wissenschaft hinderliche Begriffsverengung. Ihre Richtigstellung ist Aufgabe des Reiseleiters. Die Reiseteilnehmer sollen im Resümee ihrer Eindrücke, Erfahrungen und Erkenntnisse auch eine umfassende Vorstellung von der Weite des Arbeitsfeldes, der Vielfalt der Aufgaben und den differenzierten Methoden einer Wissenschaft mitnehmen, deren Objekte eben nicht nur antike Kunstwerke sind. Die antike Kunstgeschichte ist heute nur mehr ein untergeordneter, wenn auch nach wie vor bedeutender und vor allem höchst anziehender Teil des Gesamtkomplexes »Klassische Archäologie«: »Gegenstand archäologischer Forschung kann ein Ding des täglichen Gebrauchs oder ein Kunstwerk sein, Abwasserkanal oder Tempel, Statue oder Tonkrug«[5].

III. Die Methoden der Archäologie

1. Grabungsgeschichte und Grabungsmethoden

Bei jedem neuen Objekt stellt sich die Frage nach der Grabungsgeschichte, das heißt nach den Initiatoren der Ausgrabung, nach den Inhabern der Grabungsrechte, nach den angewendeten Grabungsmethoden. Für den Reiseleiter ist es deshalb wichtig zu wissen, wann wer welche Ausgrabungen begonnen hat, wie lange und bis zu welchem Ergebnis sie von wem geleitet wurden, von wem welche Publikationen in welcher Sprache vorliegen. Da derart spezielle wissenschaftliche Publikationen kaum in andere Sprachen übersetzt werden, möchte man dem Reiseleiter wie dem jungen Archäologen wünschen, dass er außer den beiden »alten« Sprachen mindestens noch drei moderne Fremdsprachen (Englisch, Französisch, Italienisch) einigermaßen beherrscht.

---

[4] Wolfgang Müller-Wiener: Archäologische Ausgrabungsmethodik, in: Enzyklopädie der geisteswissenschaftlichen Arbeitsmethoden, Bd 10, München/Wien 1974, 253: »Archäologie und Ausgrabung sind ... im Verständnis des heutigen Durchschnittsmenschen zu Synonymen geworden.«
[5] Niemeyer: Einführung 8.

Bei der Darstellung der Grabungsmethoden wird man fürs erste auf die traditionellen Verfahren der Feldbegehung und Landesaufnahme einzugehen haben. Daran schließen sich die neueren Forschungsmethoden an, das Zusammenspiel der Archäologie mit der Technik, mit den Naturwissenschaften und den von diesen – im wesentlichen nach dem Zweiten Weltkrieg – entwickelten Verfahren archäologischer Prospektion, das heißt des Aufsuchens der noch in der Erde verborgenen archäologischen Objekte. Für den Laien ist wohl am leichtesten fassbar die aus der militärischen Luftaufklärung hervorgegangene Luftarchäologie. Erkennungsprinzip ihrer Anwendung ist die farbliche Veränderung des Pflanzenwuchses, der Vegetation in der Landschaft, durch die die noch unter der Erde begrabenen Mauern und Mauerzüge sichtbar werden. Mit Hilfe dieses Verfahrens, das recht zeitraubend und kostspielig ist, konnten beispielsweise bei der Erforschung der unteritalienischen Griechenstadt Sybaris und ihrer Gründung Metapont am Golf von Tarent unter der Leitung des erfolgreichen Sopraintendente der Altertümer von Lukanien, Dinu Adamesteanu, wichtige Erkenntnisse gewonnen werden, unter anderem auch für die Agrarverfassung einer Ackerbauerstadt, wie Metapont es war.

Für das Auffinden der an der Erdoberfläche nicht sichtbaren, durch ständiges Überpflügen oder Erosionsfolgen (oder durch Ablagerungen von Flüssen) unter die Erde geratenen archäologischen Gegenständen (Mauerreste, Mauerzüge, steinerne Werkstücke, Skulpturen, Architekturteile) gibt es Methoden wie die elektronische Messung des Erdwiderstands. Diese arbeitet mit Sonden (in die Erde gesteckte Metallspieße) und in das Erdreich geleitete elektrische Ströme. Schließlich sind hier noch die zur Ermittlung von Objekten aus Metall entwickelten Metalldetektoren zu nennen[6]. An diese Verfahren, die dem Forscher vergebliche Grabungen ersparen, kann man bei der Begehung noch wenig oder unvollständig ausgegrabener Siedlungen oder Stadtanlagen erinnern, man denke an Nikopolis, die Siegesstadt des Augustus am Golf von Ambrakia, oder auch an die noch im Gang befindlichen amerikanischen Grabungen auf dem Ruinenfeld der Stadt Knidos auf der karischen Chersones im südwestlichen Kleinasien, wo der Rundtempel der Aphrodite zutage kam, in dem einst die berühmte Statue der Göttin von Praxiteles stand.

Von Ernst Buschor stammt der Satz, es gebe so viele archäologische Methoden, wie es betrachtete Denkmäler und Denkmälergruppen und forschende Persönlichkeiten gebe[7]. Angesichts der modernen technischen

---

[6] Vgl. zu den neuartigen Forschungsmethoden den vorzüglichen Überblick bei Barthel Hrouda (Hg.): Methoden der Archäologie. Eine Einführung in ihre naturwissenschaftlichen Techniken, München 1978.

[7] Ernst Buschor: Begriff und Methode der Archäologie, in: Ulrich Hausmann (Hg.): All-

Verfahren wird sich diese individualistische, an einer früheren Entwicklungsphase der Archäologie orientierte These von selbst relativieren. Grundsatzfragen wie diese bieten Stoff zu anregenden Gesprächen am Rand einer Reise.

2. Stratigraphie und naturwissenschaftliche Forschungsmethoden

Auf jeder archäologischen Studienreise tauchen Siedlungen auf, die sich über Jahrtausende am gleichen Platz entwickelt haben und nach jeder Zerstörung auf dem Schutt der jeweiligen Vorgängerin wieder aufgebaut worden sind. Wie der Baum seine Jahresringe, so bekunden diese aufeinanderfolgenden Schichten einen unbezwingbaren Lebenswillen. Die Bestimmung und Beschreibung dieser Schichten erfolgt mit Hilfe der von der Geologie entwickelten Methode der Stratigraphie. Sie sollte während der Führung vom Reiseleiter aufgezeigt und den Teilnehmern erläutert werden. Selbstverständlich geht man dabei von der Begriffserklärung aus (lateinisch: stratum = Lager, Schicht; griechisch: graphein = schreiben, zeichnen, bezeichnen). Dabei ist zu unterscheiden, dass es neben der vertikalen, in der Schichtenabfolge sich abzeichnende Stratigraphie auch eine horizontale Stratigraphie gibt, die die Ausdehnung, Verschiebung oder Verlagerung einer Siedlung wiedergibt.

Erste Anwendungen der stratigraphischen Methode kann man schon bald nach der Mitte des vorigen Jahrhunderts beobachten; so bei den Forschungen von Giuseppe Fiorelli, der seit 1860 die Grabungen in Pompeji leitete und den man heute als den Pionier der stratigraphischen Analyse bezeichnet. Als Forschungsprinzip bestimmte diese Methode von vornherein die 1875 beginnenden deutschen Ausgrabungen in Olympia. Populärstes Beispiel vertikaler Stratigraphie ist wohl auch heute noch die Ausgrabung von Troja durch den »genialen Außenseiter«[8] Heinrich Schliemann und den zuvor in Olympia geschulten Architekten Wilhelm Dörpfeld, der 1890-1894 neun Siedlungsschichten zu identifizieren vermochte, und schließlich durch den amerikanischen Archäologen Carl William Blegen (1932-1938), der statt der neun Schichten Dörpfelds nicht weniger als sechsundvierzig Siedlungsphasen unterschied.

Eine einschlägige Führung wird auch Anlass geben, eine weitere Forschungsmethode zu charakterisieren: die Osteoarchäologie (Untersuchung der Funde von Menschen- und Tierknochen, Schalen von Muscheln, Eiern und Schnecken, von Haaren und Fellen usw.). Mit ihrer Hilfe können Lebensweise, Ernährung, Tierhaltung der Bewohner aufeinanderfolgender Siedlungen ermittelt werden. Das Alter solcher Funde ist für die Chronologie der Siedlungsfolge wichtig. In diesem Zusammenhang gehört auch

---

gemeine Grundlagen der Archäologie, München 1969, 5.
[8] Hermann Bengtson: Griechische Geschichte, 7. Aufl., München 1986, 6.

die Untersuchung von Blütenstaubablagerungen (Pollenanalyse) auf dem Grund von Süßwasserseen, mit deren Mitteln sich die Art der Vegetation zu bestimmten Zeiten feststellen lässt; auch das kann zu Erkenntnissen über die sozioökonomischen Verhältnisse der Siedlung einer bestimmten Epoche führen.

Selbstverständlich darf die allgemein bekannte Kohlenstoff-14-Datierungsmethode (Radiocarbon-Datierung bzw. C-14-Methode) von Willard F. Libby nicht übergangen werden, der für diese Erfindung 1960 mit dem Nobel-Preis ausgezeichnet wurde. Erfahrungsgemäß gibt es über Möglichkeiten und Genauigkeit dieses Datierungsverfahrens unter Laien immer wieder falsche Vorstellungen. Es ist daher zu empfehlen, die Methode, die vom Vorhandensein radioaktiven Kohlestoffs C-14 in organischen Substanzen ausgeht, kurz zu erklären und dabei auch hervorzuheben, wo die Grenzen dieses Datierungsverfahrens liegen.

3. Chronologie und Datierung

Die Notwendigkeit, auf Fragen der Chronologie und Datierung einzugehen, ergibt sich bei fast jeder Führung. Wir haben dabei zwischen absoluter und relativer Chronologie zu unterscheiden.

Eine absolute Chronologie liegt dann vor, wenn eine am Denkmal selbst angebrachte Inschrift auf einen bestimmten Zeitpunkt verweist oder eine Urkunde die Entstehung eines Denkmals für einen bestimmten Zeitpunkt bezeugt (so etwa die Einweihung der Ara Pacis Augusti in Rom durch den Rechenschaftsbericht des Augustus, das sogenannte »Monumentum Ancyranum«). Sinnvoll ist es auch hier, die oft anzutreffende Überschätzung der modernen naturwissenschaftlichen Datierungsverfahren zu berichtigen. Man muss klar aussprechen, dass ihre Möglichkeiten begrenzt sind, absolute Daten zu liefern, dass sie für Gegenstände aus Metall noch fehlen, dass für die Radiocarbon-Datierung das erforderliche organische Material selten vorhanden ist und dass auch diese Methode im historisch relevanten Zeitbereich unter erheblichen Unschärfen leidet. Erst recht fällt die Dendrochronologie, die wirklich absolute Datierungen zulässt, für die Klassische Archäologie weitgehend aus; sie spielte bisher bei den Forschungen im Mittelmeerraum keine Rolle.

Im Gegensatz zur absoluten Chronologie gewinnt die relative Chronologie ihre Werte für die zeitliche Einordnung aus ihrem zeitlichen Verhältnis zu chronologisch absolut bestimmten Monumenten. Im Verlauf dieses Verfahrens bildet die Masse der verglichenen Denkmäler ein so dichtes chronologisches Netz, dass das einzelne Objekt sich mit einem erstaunlichen Grad von Genauigkeit in den zeitlichen Ablauf einordnen lässt. Das bei weitem engmaschigste System zeitlicher Zuordnung hat die

relative Chronologie im Bereich der Keramik, insbesondere durch die stil-
vergleichende Untersuchung der Vasenmalerei, erzielt.

Durch gezielte Auswahl von Beispielobjekten können sich auch Reisegruppen in die Grundzüge der relativen Chronologie einüben. Als opti-
maler Ertrag einer Reiseleitung darf es gelten, wenn die Teilnehmer am
Ende der Reise den zeitlichen Rahmen der großen Stilepochen kennen.

4. Restaurierung und Konservierung

Die zunehmende Verbreitung archäologischer Sachbücher und die Popu-
larisierung archäologischer Entdeckungen durch die Massenmedien haben
das Interesse des Publikums für die Restaurierung und Konservierung antiker Kunstwerke geweckt. Es gibt heute wahrscheinlich keine Studienreise mehr, bei der der Reiseleiter nicht auf dieses Thema angesprochen
würde.

Diskussionen über den Sinn der Wiederherstellung zerbrochener
Werke der Plastik oder Keramik und ihre sinnvolle Ergänzung wird es
kaum geben. Die im einzelnen Fall offenen Probleme bleiben dem fachlich nicht vorgebildeten Betrachter ohnehin verschlossen. Anders steht es
mit der Grundsatzfrage, ob man Ruinen oder stark zerstörte Kunstwerke
restaurieren oder im Zustand nach der Ausgrabung belassen und lediglich
Maßnahmen zu ihrer Erhaltung treffen soll. Es gibt Besichtigungen, bei
denen diese Frage geradezu zum Programm gehört: Unvermeidliches Beispiel ist die Restaurierung des minoischen Palastes von Knossos durch Sir
Arthur Evans. Ihr stehen die italienischen Ausgrabungen in Phaistos und
die französischen in Mallia gegenüber, die fast ganz auf Restaurierungen
verzichten.

Angesichts solcher Beispiele scheiden sich die Geister: Die Mehrzahl
der Reisenden wird in der Rekonstruktion einen Zugewinn an Anschaulichkeit sehen. Wenige empfinden sie als übertrieben oder störend. Oft
wird der Reiseleiter aufgefordert werden, direkt Stellung zu beziehen.
Dann gilt es, die Argumente beider Seiten unvoreingenommen zu würdigen und den Dissens, der auch unter Archäologen besteht, zur Sprache zu
bringen. Man wird dabei auch auf das offenkundige Interesse der Stand-
ortländer an auffallenden und imposanten Restaurierungen hinweisen
müssen: Für ein Tourismusministerium ist eine durch Restaurierung geschaffene Touristenattraktion wichtiger als noch so eindrucksvolle Ruinen. Man kann den Kontrast der gegensätzlichen Auffassungen auch an
den beiden allgemein bekannten Ausgrabungsstätten Olympia und Delphi
thematisieren, indem man daran erinnert, dass es die deutschen Ausgräber
in Olympia bis heute abgelehnt haben, die vom Erdbeben nebeneinander
hingestreckten Säulentrommeln des riesigen Zeustempels wieder aufzubauen, während die französischen Archäologen in Delphi die drei jetzt
aufrecht stehenden Säulen der Tholos und die sechs des Apollontempels

wiederaufgerichtet und damit jenes Landschaftsbild geschaffen haben, das wir alle mit dem Namen Delphi verbinden.

Außerhalb aller Kontroversen bleiben in der Regel auf Studienreisen die Aufgaben und Maßnahmen der Konservierung, die an irgend einem Punkte jeder Reisegruppe auffallen werden. Die rapide fortschreitende Zerstörung antiker Denkmäler durch die Einwirkung von Chemikalien aus der Luft und durch verkehrsbedingte Erschütterungen, die Marmorparalyse und der Bronzekrebs, haben die Verantwortlichen alarmiert und zum Handeln bewogen. Doch die rettenden Eingriffe, die vor allem auf die Bergung der noch in situ verbliebenen Werke der Plastik in den Museen hinauslaufen, kamen und kommen bereits reichlich spät.

Die schlimmsten und unheilbarsten Schäden sind häufig erst in den letzten fünfzig Jahren eingetreten. Erschütterndste Beispiele liefert der Skulpturenschmuck der athenischen Akropolis, des Parthenon und des Erechtheion. Zu den Rettungsmaßnahmen gehören die oft zu spät erfolgende Entfernung bedeutender Monumente von ihrem Standort (Koren des Erechtheion auf der Akropolis in Athen, Bronzepferde von San Marco in Venedig, Marc Aurels Reiterstandbild auf dem Kapitolsplatz in Rom), die Schließung der Via della Consolazione in Rom zum Schutz der Ruinen des Forum Romanum vor Abgasen und Erschütterungen, die Errichtung eines Instituts zum Studium und zur Konservierung antiken Baumaterials und anderer antiker Werkstoffe in Athen.

V. Die Aufgaben des Reiseleiters

1. Wissenschaftliche Vorbereitung der Reise

Unverzichtbar ist für jede Studienreise eine lückenlose wissenschaftliche Vorbereitung. Sie soll sich in der Regel auf den aktuellen Stand der Forschung beziehen. Dazu genügt es, wenn man jeweils die neuesten Bände des »Archäologischen Anzeigers«, der Mitteilungen der verschiedenen Zweiganstalten des Deutschen Archäologischen Instituts (Rom, Athen, Madrid, Istanbul, Kairo, Bagdad, Teheran) und auch die Kurzberichte des französischen »Bulletin de Correspondance Hellénique« (BCH) auf einschlägige Nachrichten und Aufsätze hin durchsieht. Veröffentlichungen über aufsehenerregende Funde gelangen stets auch in den Kulturteil großer Tageszeitungen und damit zur Kenntnis zahlreicher Teilnehmer unserer Studienreisen[9]. Sie provozieren Fragen, die alsbald auch dem Reise-

---

[9] Erinnert sei hier nur an die weltweites Aufsehen erregende Entdeckung des (nur inschriftlich nicht gesicherten) Grabes Philipps II. von Makedonien durch den griechi-

leiter vorgetragen werden. Es ist dann hilfreich, wenn dieser nicht auf die Spur der journalistischen Informationen gebannt bleibt, sondern aus seiner Kenntnis der wissenschaftlichen Literatur Auskunft geben kann.

Man soll weiterhin keine Reiseleitung antreten, ohne eine stichwortartig angelegte, in einem Ringbuch zusammengefasste und durch eine Jurismappe mit Plänen, Skizzen, Rekonstruktionszeichnungen sowie Karten ergänzte Sammlung wichtiger wissenschaftlicher Daten im Reisegepäck mit sich zu führen. Niemand wird von einem Reiseleiter ein so übermenschliches Gedächtnis verlangen, dass er alle Zahlen, Maße und Namen, nach denen bei den Besichtigungen gefragt werden könnte, im Kopf hat. Vor einem Verfahren muss in diesem Zusammenhang allerdings dringend gewarnt werden: Bei der Ankunft vor einem Denkmal irgendeinen gedruckten Guide aus der Tasche zu ziehen und daraus vorzulesen, was ein anderer an Informationen gesammelt oder als wissenswert aufgezeichnet hat.

2. Sprachliche Darbietung und Interpretation

Sachkenntnis ist grundlegende Voraussetzung der Führung. Aber Sachkenntnis alleine garantiert noch nicht den Erfolg einer Reiseleitung. Jeder von uns hat Vorträge bedeutender Fachgelehrter gehört, die nur durch stupendes Wissen Bewunderung hervorriefen, in ihrer sprachlichen Darbietung jedoch weder den Fachmann noch den Laien anzusprechen verstanden. Der Reiseleiter kommt mit der nüchterner Vermittlung von Fakten allein nicht weiter.

Lebendig wird ein Denkmal erst durch die Kunst der Interpretation, die mit einer kultivierten und bewegenden Sprache steht und fällt. Lehrstücke für diese unentbehrliche Fähigkeit finden sich auch in der neueren Archäologie: Angehörige der älteren Generation betrachten es als eine glückliche Fügung, wenn sie während ihres Studiums dem Großmeister archäologischer Interpretationskunst, Ludwig Curtius, dem ehemaligen Direktor des Deutschen Archäologischen Instituts in Rom, begegnet sind. Er besaß die Sprachfertigkeit, die ein antikes Kunstwerk gleichsam zu einem neuen Leben erwecken konnte[10].

Die damit bezeichneten Anforderungen sind in der Reisewirklichkeit ständig einer nivellierenden Gefahr ausgesetzt: der Routine. Der Reiseleiter sollte sich hier stets auf die Situation eines Reiseteilnehmers besinnen, der diese Reise zum erstenmal unternimmt und für den sie vielleicht die einzige dieser Art sein wird, die er sich leisten kann. Grundsätzlich hat jeder Reiseteilnehmer Anspruch darauf, dass ihm die archäologischen

---

schen Archäologen Manolis Andrónikos bei dem Dorf Vergina nordwestlich von Thessaloniki.

[10] Vgl. Ludwig Curtius: Interpretationen von sechs griechischen Bildwerken, 2. Aufl., Bern/München 1965 (Dalp-Taschenbücher 382).

Denkmäler der Antike in einem lebendigen, staubfreien Stil erschlossen und aus einer flüchtigen Begegnung zu einem bleibenden Erlebnis gemacht werden. Für den Reiseleiter bedeutet das, dass er das ihm alt erscheinende Programm bei seiner Vorbereitung jedesmal neu durchdenken und akzentuieren sollte, um dadurch der »alten« Reise ihr besonderes Profil zu geben. Damit ist zugleich die eigentlich schöpferische Leistung des Reiseleiters genannt.

3. Hinführung zum richtigen Sehen

Der Reiseleiter öffnet das Verständnis antiker Denkmäler durch genaues, lückenloses Betrachten. Ernst Buschor, der geniale Archäologe, Ausgräber und Übersetzer griechischer Dichtung, hat vehement dieses Grundprinzip vertreten: »Doch bleibt ein Ausgangspunkt unverrückbar: das Anschauen des Objekts. Die archäologische Methode, mag ihre Anwendung sich noch so intensiv im Denkapparat abspielen, geht stets von einem Augenerlebnis aus, vom Sehen«. Und ein paar Zeilen weiter: »Die Aufnahme, die Anschauung des Objekts, vollzieht sich ... unter starker Mitwirkung des Gefühls und der Phantasie. Die Erfahrung lehrt, dass ein Mensch ohne Empfindungs- und Vorstellungskraft dem geformten Werk der Vergangenheit nur ganz Äußerliches ... absehen kann, ja, dass ein so gearteter, gleichsam nur statistisch registrierender Forscher leicht durch einen nicht ausgebildeten Laboranten ersetzt werden kann«[11].

Im Einklang mit diesem »unverrückbaren Ausgangspunkt« sollte die führungsmethodische Praxis stehen. Wo es die Situation zulässt, verharre man mit den Teilnehmern vor dem zu betrachtenden Objekt zunächst einen Augenblick in ruhiger Anschauung, ehe man zu den Details, zu ihrer genauen Beschreibung und schließlich zur Deutung ihrer künstlerischen Aussage übergeht. Was gemeint ist, soll am Beispiel zweier Meisterwerke griechischer Plastik abgehandelt werden: Zuerst an der überlebensgroßen Marmorkopie eines aus Pergamon stammenden Bronzeoriginals aus der Zeit Attalos' I. (241-197 v.Chr.), des »sterbenden Galliers« im Kapitolinischen Museum, und dann an dem sogenannten »Alexandersarkophag« im Archäologischen Museum von Istanbul.

In dem erstgenannten Werk, einer Nachschöpfung in der Folge der pergamenischen Bildhauerschule, sehen wir einen zusammengebrochenen Krieger, der seinen kraftstrotzenden, muskulösen Körper in einer letzten Anstrengung auf den rechten Arm stützt, während er die linke Hand breitflächig gegen den rechten Oberschenkel presst. Dass er ein Sterbender ist, zeigt die blutende Wunde unter der rechten Brustwarze; dass er sich mit

---

[11] Buschor: Begriff und Methode 6.

der Waffe gegen seinen Gegner zu wehren suchte, lässt das Schwert erkennen, das neben der Rechten am Boden liegt. Der weit ausladende Bogen einer mächtigen Tuba liegt ringförmig um den Körper. Soweit die spontan erfassbaren Züge. Dann fallen wichtige zusätzliche Einzelheiten ins Auge, zunächst das drahtig borstige, steife Haar: Man wird darauf hinweisen, dass der sizilische Historiker Diodor (l. Jahrhundert v.Chr.) von den Galliern berichtete, dass sie ihr Haar mit einer kalkhaltigen Salbe einrieben und ihm damit eine auffallend drahtige Steifheit gaben. Die Gesichtszüge erscheinen wild zerfurcht, mit stark hervortretenden Knochen, mit jenem Ausdruck also, der den Griechen als typisch barbarisch erschien. Auf der Oberlippe bemerkt man einen kurzen, struppigen Schnurrbart, während Kinn und Wangen glatt rasiert sind. Nach Diodor ist auch dies für die Edlen unter den Galliern charakteristisch. In dieselbe Richtung weist der gedrehte Bronzereif, die Torques, der typische Schmuck eines gallischen Kriegers, die den Hals des Sterbenden umgibt. Da das verlorene Bronzeoriginal unserer römischen Marmorkopie offenbar die Arbeit eines pergamenischen Künstlers, vielleicht des berühmten Epigonos, des Hofbildhauers Attalos' I., ist, bezieht sich die Kopie auf eine Figur des großen Galliermonuments, das Attalos I. zur Erinnerung an seinen Sieg über die Gallier (Galater), die in Kleinasien eingefallen waren, im Athenabezirk des Burgberges von Pergamon errichten ließ. Der sterbende Feind ist hier zum Zeichen des Sieges, zugleich aber auch mit einem ergreifenden Respekt vor seiner Ehre als Kämpfer und vor der Würde des Todes dargestellt. Der Sieger hat sich selbst geehrt, indem er es vermied, den überwundenen Gegner, auch wenn es sich um einen sogenannten »Barbaren« handelte, verächtlich zu machen. Er stellt ihn in der ungeminderten Originalität und Qualität seiner stammesmäßig geprägten Individualität dar. Damit hat der Weg des richtigen Sehens mit der exakten Erfassung der Details schließlich zum Verständnis der ethischen Aussage des Ganzen, des Kunstwerks, geführt.

Wer viel Zeit hat und es mit der Betrachtung genau nehmen kann, wird mit seiner Gruppe auch einmal an einem solchen Werk die Einübung jenes »technischen Sehens« üben können, das an einem Marmorwerk wie dem »sterbenden Gallier« Beschädigungen und spätere, im Auftrag der Sammler vorgenommene Ergänzungen erkennen und beurteilen lehrt – an unserer Statue etwa die Nasenspitze, die linke Kniescheibe, die Zehen an beiden Füßen, das der am Boden liegenden Tuba anstatt des Mundstücks angefügte zweite Schalloch.

Als zweites Lehrstück für die Vermittlung des eindringlichen Sehens sei der berühmte Istanbuler »Alexandersarkophag« vorgestellt. Die Bezeichnung, so allgemein sie gebraucht wird, ist insofern unzutreffend, als dieser 1887 in der ehemaligen Nekropole der Könige von Sidon gefundene Sarkophag Abdolonymos gehörte, dem letzten von Alexander selbst noch als König von Sidon bestätigten Stadtfürsten persischer Abstammung. Der Name »Alexandersarkophag« kommt von der Darstellung des großen Eroberers auf der einen Langseite mit dem Relief einer Alexanderschlacht. Diese geballte Massenszene kämpfender Krieger kann nur als Huldigung des Sarginhabers an den großen Makedonen verstanden werden, dem Abdolonymos Thron und Land verdankte.

Es wird im Verlauf einer normalen Führung, die ja stets auch auf andere Museumsbesucher Rücksicht zu nehmen hat, selten möglich sein, ein so reiches Werk bis in die Einzelheiten hinein zu erschließen. Deshalb muss der Reiseleiter die durch die Fülle der Figuren gegebene Gefahr des Zerflatterns und Abirrens dadurch zu bannen, dass er sich auf Weniges beschränkt. Im Fall des »Alexandersarkophags« bietet sich die unserem Verständnis von Plastik fremde, ja oft schockierende Polychromie an, die in den bewegten Reliefszenen dieses spätklassischen Meisterwerks lautstark zu uns spricht. »Die Figurenfriese des Sarkophags sind das einzige Werk der antiken Kunst, auf dem Marmorpolychromie in großem vollständigem Zusammenhang erhalten ist,« erklärt Karl Schefold in seinem einzigartigen Bildband über den Sarkophag und fügt wenig später hinzu, »dass der oder die Maler nicht weniger große Künstler waren als die Bildhauer«.

Um das Zusammenspiel von Bildhauer und Maler in einem zunächst so plastisch erscheinenden Werk aufzuspüren, wird man in den Szenen der gestaltenden und charakterisierenden Funktion der Farben nachgehen, die sich seit der Entdeckung immer noch erstaunlich gut erhalten haben. Man wird auf die Objekte eingehen müssen, die ihre Aussage weitgehend der Malerei verdanken: die am Boden unter dem Getümmel der achtzehn Figuren verstreuten Lanzen, Schilde, Helme, die Waffen und Gewänder der Kämpfer, das Zaumzeug, die Schabracken der Pferde. Auch wird man zeigen, wie die Farben den Drang der Szenerie von den Flügeln zur Bildmitte hin unterstreichen, wo ein leuchtendes, ja grell wirkendes Rot, wo Gelb und Blau dominieren. Der Betrachter soll die enge Begrenzung der Farbskala erkennen, die sich auf die Hauptfarben Rot, Gelb, Violett, Blau beschränkt, in der aber Grün ganz fehlt sowie Weiß und Schwarz nur an wenigen Stellen auftauchen. Vor allem soll er feststellen, dass die erhaltene Bemalung die Gesichtslandschaft der Figuren ungeheuer belebt, denn »glücklicherweise ist gerade die Bemalung der Augen vielfach erhalten, die man sonst bei den meisten antiken Marmorwerken schmerzlich vermisst«[12].

---

[12] Karl Schefold: Der Alexander-Sarkophag, Berlin 1968, 23.

V. Die archäologische Führung

1. Vor den Denkmälern

Der Reiseleiter hat es bei archäologischen Studienreisen mit fünf großen Denkmälergruppen zu tun: Architektur, Plastik, Malerei, Kunsthandwerk und Technik, Epigraphik und Numismatik. Im Vordergrund werden freilich die Denkmäler der Architektur stehen: nach Zahl und erforderlichem Zeitaufwand bilden sie den Schwerpunkt des Programms. Das Wesen der antiken Baukunst lässt eine säuberliche Trennung von Plastik und Architektur nicht zu. Wo Architektur auftritt, findet sich so gut wie immer auch die Plastik ein, und sei es auch nur als Ornamentik am Bauwerk. Der Verflechtung von Baukunst und Plastik in der Antike entspricht auf der anderen Seite die Synthese von Architektur und Malerei. Letztere beschränkte sich in der griechischen Architektur keineswegs auf die Innenräume.

Überall dort, wo Bauwerke stehen, begegnet der Betrachter auch den Zeugnissen der Epigraphik in Form von Steinurkunden (Vertragstexte, Volksbeschlüsse, Freilassungsurkunden, Bauabrechnungen usw.) sowie Weihe- oder Ehreninschriften auf Statuenbasen. Oft stehen Inschriftensteine so auffallend am Weg, dass der Reiseleiter schlecht ohne Erklärung daran vorübergehen kann. Dazu ist freilich die Kenntnis des Altgriechischen und des Lateinischen erforderlich; die Zahl der Reiseteilnehmer, bei denen man dies voraussetzen kann, nimmt Jahr um Jahr ab. Um so wichtiger ist es, dass der Reiseleiter dieser Aufgabe gewachsen ist. Wer in Ephesus die Besichtigung am Magnesischen Tor beginnt und seine Teilnehmergruppe die Kouretenstraße hinunterführt, kann unter den Statuen am Weg kaum das Standbild einer männlichen Gewandfigur übersehen, auf deren Basis eine schöne Inschrift besagt, dass »Rat und Gemeinde mit diesem Standbild Alexandros, den Sohn des Alexandros, den Arzt, geehrt« haben. Die Inschrift gibt dem Reiseleiter die Möglichkeit, die Teilnehmer in wesentliche Merkmale der Sozialstruktur einer autonomen, sich selbst verwaltenden hellenistisch-römischen Großstadt einzuführen. Nicht allzu weit entfernt von der Ehrenstatue für den Arzt Alexandros wird man vor den Marmorbalken eines Prunktores zum Handelsmarkt der Stadt Halt machen, das zwei reiche Epheser zu Ehren des Kaisers Augustus und seines Schwiegersohnes Agrippa gestiftet haben. Die Buchstaben der zweisprachigen Widmungsinschrift wurden zunächst in den Stein getieft, danach hatte man vergoldete Bronzebuchstaben aufgesetzt, die natürlich längst verlorengegangen sind. Im lateinischen Text hatte der Steinmetz den Titel »IMPERATOR« als »IMBERATOR« in den Marmor gehauen; bei der endgültigen Ausführung dürfte der richtige Buchstabe in Bronze aufgesetzt worden sein. Man könnte dies als epigraphische Kuriosität abtun, wenn aus ihr nicht kulturgeschichtliche Zusammenhänge abzulesen wären: Außerhalb der Bildungsschichten war man im Osten des Reiches offenbar des Lateinischen so wenig mächtig, dass einem Steinmetz ein derartiger »Schreibfehler« unterlaufen konnte.

2. Führung durch antike Stadtanlagen

Zu den dankbarsten aber auch kompliziertesten Führungsaufgaben gehören archäologische Großanlagen: die Ruinen weiträumige aufgedeckter antiker Städte oder großer Heiligtümer mit stratigraphisch verwickelter Bau- und Entwicklungsgeschichte oder ausgedehnter Nekropolen mit zahlreichen Bestattungsplätzen.

Bei großen Stadtanlagen, in denen während ihrer Blütezeiten Hunderttausende von Menschen wohnten, liefe bereits eine knapp informierende Begehung auf eine mehrstündige Wanderung hinaus. Oberster Grundsatz muss hier eine strikte Zeiteinteilung und eine exakte exemplarische Planung sein. Nicht jede Einzelheit kann bei jeder Besichtigung erwähnt und erörtert werden. Wesentliches und Bedeutendes wiederholt sich in jedem Programm an einem oder mehreren der besuchten Plätze. Man wird deshalb bei jeder Führung Schwerpunkte setzen, die bereits bei der Vorbereitung zu Hause bedacht und in den Besichtigungsablauf eingeordnet werden müssen.

Für die Planung einer Führung durch eine antike Stadt kann es keine generelle, in jedem Einzelfall anwendbare Syntax geben. Am leichtesten wird der Reiseleiter den Einstieg in seine Aufgabe finden, wenn er bei seiner Führung so vorgeht, wie der Ausgräber bei der Lösung seiner Probleme. Einer der präzisesten und praxisbezogensten Darsteller moderner Ausgrabungsverfahren, Sir Mortimer Wheeler, hat in seinem Buch über »Moderne Archäologie« die einzelnen Möglichkeiten des Vorgehens bei der Ausgrabung einer antiken Stadtanlage geschildert[13]. Man sollte dieses Kapitel gelesen haben, ehe man durch das Grabungsgelände einer großen Siedlung führt.

Soweit sich ein geeigneter Beobachtungspunkt anbietet, sollte der Reiseleiter zunächst auf die urbanistische Gesamtanlage eingehen, die sich an dem durch die Ausgrabung sichtbar gemachten Straßennetz und an den zentralen Plätzen und monumentalen Ruinen des Stadtmittelpunktes abzeichnet. Er wird gut beraten sein, wenn er sich für diesen Teil seiner Führung die Fotokopie eines Stadtplanes beschafft hat. Und es wird sich häufig empfehlen, literarische oder epigraphische Zeugnisse zum Vorlesen bereit zu halten.

---

[13] Sir Mortimer Wheeler: Moderne Archäologie. Methoden und Technik der Ausgrabung, Reinbek 1960 (rde 111/112).

Wenn es die topographischen Verhältnisse gestatten, kann sich der
Reiseleiter zunächst dem Befestigungsring zuwenden (sofern er erhalten
ist), weil dadurch die ehemalige Größe und damit auch die politische Bedeutung der Anlage augenfällig wird. Beim anschließenden Gang durch
den Gesamtbereich der Ausgrabung wird man dann auf die Reste der großen Architekturdenkmäler eingehen müssen, die gewissermaßen die Lese-
bücher der politischen, wirtschaftlichen und sozialen Verhältnisse der
antiken Stadt darstellen, so auf die Rathäuser, Gymnasien, Markthallen,
Kultbauten, Wohnviertel, Anlagen der Wasserversorgung (Quellfassun-
gen, Wasserleitungen, Nymphäen).

Wie man eine antike Siedlung wie ein historisches Lehrbuch lesen
kann, sei am Beispiel des kretisch-minoischen Landstädtchen Gournia gezeigt[14]. Um wenige Gässchen drängen sich wabenartig aneinandergebaute,
zweigeschossige, aus Feldsteinen errichtete Häuser; wenige in situ verbliebene Fundstücke bezeichnen sie als Wohnstätten bescheidener Hand-
arbeiter. Ein großer Platz zeichnet sich ab; daran grenzt ein Bau, der an
seinen sorgfältig gearbeiteten Quadern als Palais zu erkennen ist; nicht
weit davon erreicht man über ein ansteigendes Gässchen einen winzigen
Kultbau, ein Kapellchen, das sicher kein Schauplatz großer kultischer Ze-
remonien war. Wie die großen minoischen Paläste ist das Städtchen unbe-
festigt. Die Führung versetzt den Besucher mitten hinein in die politische
und gesellschaftliche Ordnung und rekonstruiert für ihn den Grundriss der
Herrschaftsstrukturen: Ein Kleinfürst oder der Gouverneur eines Gesamt-
herrschers (Königs) gebietet von seinem Amtssitz aus, dem architekto-
nisch dominierenden Palais, über einfache, in schlichten Verhältnissen
lebende Leute, deren wichtigste Eigenschaften wahrscheinlich Fleiß und
Fügsamkeit gegenüber der Obrigkeit gewesen sind. Eine starke Religio-
sität ist anzunehmen. Der große Platz deutet auf Markttage und Markt-
getriebe, die »Schautreppe« davor auf gemeinsame Kultfeiern und Spiele.

Dieser bronzezeitlichen, noch heute im ganzen Mittelmeerraum vorherrschenden Siedlungsform muss dann, in einem Zeitsprung über 1000
bis 1500 Jahre hinweg, eine der nach vorherigem Gesamtplan gegründete
griechisch-hellenistischen Städte gegenübergestellt werden, mit ihren ko-
lossalen Denkmälern, Tempeln, Theatern und Stadien. Dabei wird man
bald dem Namen des milesischen Städteplaners Hippodamos (5. Jahrhundert v.Chr.) begegnen und den ihm zugeschriebenen Gründungen. Das für
den griechischen Städtebau vorbildlich gewordene »Hippodamische System« beruht auf einem Grundplan rechtwinklig sich schneidender und die
Stadt damit in gleichmäßige Wohnviertel gliedernder Straßen und einem
herausgehobenen Stadtkern mit der Agora. Auf jeder Wanderung durch
eine solche Stadtanlage wird sich die Gruppe zur Rast auf den Stufen ei-

---

[14] Vgl. Harriet Ann (Boyd) Hawes: Gournia, Vasiliki and other Prehistoric Sites on the
Isthmus of Hierapetra, Crete, Philadelphia 1908.

nes Theaters, eines Ratssaales oder eines Stadions niederlassen. Zum
Vorlesen an so einzigartigen Rastplätzen eignen sich neben der griechi-
schen Theaterliteratur vor allem ortsbezogene Abschnitte aus antiken
Historikern[15].

Neben der griechisch-hellenistischen gehört auch die römische Stadtanlage zu den Zielen archäologischer Studienreisen. Charakteristisch für
sie sind die überaus exakte Planung, das als erstes vom Feldmesser mit
dem achtstrahligen Visiergerät (Groma) festgelegte Koordinatenkreuz, die
sich rechtwinklig schneidenden Hauptstraßen und das durch parallele
Straßenzüge errichtete Gradnetz, das für die ganze Stadtanlage und ihre
repräsentativen Bauten wie Capitolium, Haupttempel, Amphitheater,
Odeion, Thermen und natürlich auch für den großen Marktplatz, das Forum, bestimmend war. Wo Rom selbst auf dem Programm der Reise steht,
darf Ostia nicht übergangen werden. Hier wird man sein Augenmerk auf
die Bautechnik richten, vor allem auf das so charakteristische Ziegelmau-
erwerk. Hat der Reiseleiter Bandinellis »Klassische Archäologie« gelesen,
so weiß er, dass man in jüngster Zeit die in Ostia verwendeten Tonsorten
genauer untersucht und dabei festgestellt hat, »dass der größte Teil der
Ziegelsteine in der römischen Kaiserzeit aus nordafrikanischen Betrieben
stammt, aus dem Gebiet des heutigen Algerien und Tunesien, wo die großen Massen an Arbeitskräften, die in den landwirtschaftlichen Betrieben
beschäftigt waren, außerhalb der Saison in den Ziegeleien arbeiten konnten. Daraus ergibt sich ein bisher unbekanntes sozioökonomisches Bild,
das sich als Faktum in die Geschichte der Kaiserzeit einfügt«[16]. Derglei-
chen Einsichten werden bei den Teilnehmern dem Missverständnis entge-
genwirken, dass sich die Klassische Archäologie nur mit der Geschichte
der antiken Kunst befasse, und die Erkenntnis fördern, dass diese Wissenschaft eine historische Disziplin ist, auf deren Programm auch die Erforschung der antiken Sozial- und Wirtschaftsgeschichte steht.

3. Besichtigung von Heiligtümern

Differenzierte Aufgaben stellen dem Reiseleiter antike Heiligtümer mit
ihrer oft komplizierten Baugeschichte; die Führung sollte ihr in groben
Zügen nachgehen. Die Tatsache, dass diese Anlagen sich mitunter kom-
pakt und übersichtlich darstellen, darf nicht über die Notwendigkeit bau-
geschichtlicher Erläuterungen hinwegtäuschen. In engem Zusammenhang

---

[15] Die wichtigsten antiken Autoren, die auf einen Ort Bezug nehmen, sind verzeichnet
unter dem betreffenden Stichwort des Kleinen Pauly. Lexikon der Antike, 5 Bde, München 1979 (dtv 5963).

[16] Bandinelli: Archäologie 27.

mit der Baugeschichte steht die Geschichte ihrer archäologischen Erforschung. Als gutes Beispiel für dieses Zusammengehen kann der Aphaia-
Tempel auf Ägina gelten. Die Etappen der Baugeschichte wurden durch
die Ausgrabungen Adolf Furtwänglers (1901) geklärt.

Zu den notwendigen Informationen, die eine Führung durch Heiligtümer und Tempelanlagen zu bieten hat, zählen stets der mythologische und
geschichtliche Hintergrund, die Herkunft und Qualität der Baumaterialien,
Bemalung und plastischer Schmuck, Gründe für die Wahl des Bauplatzes,
Rolle des Heiligtums in Glauben und Kult, der Figurenschmuck des Tem-
pelbezirks, eventuelle Kultmale wie heilige Quellen oder Bäume als Zeugen vorgeschichtlicher Ursprünge.

Ohne die Terminologie der archäologischen Fachsprache wird man bei
diesen Führungen nicht auskommen. Der Reiseleiter wird die einzelnen
Spezialausdrücke erklären, da er nicht voraussetzen kann, dass jedermann
weiß, was der Peribolos (die Umfriedung) eines Heiligtums oder die
Euthynterie (Fundamentoberkante) eines Bauwerks, was an der Säule die
Entasis (konvexe Schwellung), am dorischen Kapitell der Echinus (rundes
Polster), was ein Peripteros (Tempel mit umlaufender Säulenhalle) und
ein Dipteros (Tempel mit doppelter Ringhalle) ist. Ein Hinweis auf Nach-
schlagemöglichkeiten wird den Reiseteilnehmern willkommen sein.

Die bekannten Heiligtümer spielen auch in der antiken Literatur eine
Rolle[17]. Wichtige oder eindrucksvolle Stellen sollten gelegentlich zitiert
werden. Wer durch die Marmormassen der Tempelruine des oben erwähnten Didyma zu führen hat, kann seine Gruppe auf den Stufen der Frei-
treppe des großen Kulthofes versammeln und die an dieser Stelle loka-
lisierte Paktyes-Episode aus Herodot (I 153 ff.) vorlesen. Der leere Platz
belebt sich dann augenblicklich mit uralter menschlicher Gegenwart, mit
den Problemen der Ratsuchenden und ihrer Konfrontation mit rätselhaften
Gottesbescheiden. Ein Wort über das antike Orakelwesen schließt sich
dem von selbst an: Über die Vorgänge der Orakelfindung wissen wir wenig oder gar nichts.

4. Führung durch Nekropolen

Wenig Raum wird in den meisten Programmen den Nekropolen einge-
räumt, die die großen Siedlungen des Altertums umgeben. Sie sind ergie-
bige Fundplätze für religionsgeschichtliche, kunstgeschichtliche und all-
tagsgeschichtliche Einsichten. Es wäre fast banal, auf die allgemein bekannten etruskischen Gräber zu verweisen. Andere, weniger ins Bewusstsein der Massen gedrungene Beispiele lassen sich leicht zusammenstellen:
Die lykischen Nekropolen von Xanthos und Telmessos (türkisch Fethiye)
verkünden mit ihren auf Pfeilern über die Erde emporgehobenen oder an

---

[17] Zum Fundort solcher Zitationen vgl. das in Anmerkung 15 genannte Hilfsmittel.

steilen Felswänden in den gewachsenen Stein geschnittenen Grabkammern den Jenseitsglauben. Sie bezeugen zudem mit den späteren, den Felsgräbern vorgeblendeten griechischen Tempelfassaden (Amyntas-Grab) die fortschreitende Hellenisierung der nichtgriechischen Lykier und die Ausbreitung griechischer Kultur über nichtgriechische Siedlungsgebiete.

Die Ruinen der unbedeutenden Hauptstadt der Kykladeninsel Milos bieten schließlich mit ihren von Felskammergräbern des 7. Jahrhunderts v.Chr. bis zu christlichen Katakomben reichenden Nekropolen ein wahres Geschichtsbuch der Bestattungsformen über ein Jahrtausend hinweg. Vor gewaltige Aufgaben sehen sich künftige Ausgräber von Totenstädten der griechisch-römischen Antike gestellt von dem Ausmaß der großenteils noch unerschlossenen Nekropolen aus der Zeit zwischen dem 5. und 3. Jahrhundert v.Chr., die in einem Umkreis von rund eineinhalb Kilometern die Stadtmauern von Paestum umgeben, mit Tausenden in die Erde gebetteter Kammergräber und einer Fülle prachtvoller Fresken.

Bei der Entscheidung über die Frage, ob die Ausgrabung eines noch in der Erde ruhenden, unbekannten Grabes sich lohne, leistet ein Gerät Hilfe: das archäologische Periskop. Das Gerät ist mit einem System von Linsen und Prismen ausgestattet, hat oben ein Okular, am unteren Ende eine Lichtquelle. Wenn man ein Grab von oben anbohrt und das Periskop in die Kammer einführt, kann man im voraus feststellen, ob dessen Ausstattung mit Gemälden und Grabbeigaben sich wissenschaftlich lohnen würde. Im übrigen ist es mit Hilfe des archäologischen Periskops möglich, ein Grab auch photographisch aufzunehmen und damit der Forschung nutzbar zu machen, ohne es ausgraben zu müssen. Das Verfahren, um dessen Entwicklung sich der italienische Ingenieur C.M.Lerici besonders verdient gemacht hat, führte bisher zu wichtigen Erfolgen bei der Erforschung etruskischer Grabanlagen.

5. Besichtigung technischer Bauten

Zumeist interessieren sich die Reiseleiter selbst am meisten für die großen kunst- und baugeschichtlichen Denkmäler der Antike. Deshalb erscheint hier ein Hinweis auf die Hinterlassenschaften antiker Technik angebracht.

Dass unter den technischen Leistungen des Altertums vor allem die Straßenbauten in archäologische Führungen einbezogen werden sollten, versteht sich von selbst. Ebenso braucht nicht eigens auf die zahlreichen, zumeist römischen Wasserleitungen verwiesen zu werden. Nur eine, dafür aber ungewöhnliche antike Wasserleitung sei hier kurz erwähnt: Es ist der 1045m lange, neuerdings (1971-1974) von deutschen Archäologen ausgegrabene Wasserleitungstunnel, den der Ingenieur Eupalinos aus Megara im 6. Jahrhundert v.Chr. für den Tyrannen Polykrates von Samos (538-522 v.Chr.) waagerecht durch den Stadtmauerberg der Inselhauptstadt legte, ein Wunderwerk antiker Ingenieurkunst.

Wenn von technischen Bauten der Antike die Rede ist, dürfen im Mittelmeerraum die Hafenbauten nicht fehlen. In vielen Fällen sind sie heute im Meer versunken oder im Laufe der Jahrhunderte zugeschwemmt worden. Bekannte Beispiele für den Untergang einstmals blühender Handelshäfen sind die ionischen Handelsmetropolen Milet und Ephesus oder der bereits in der Antike geradezu sprichwörtlich gewordene Hafen von Side in Pamphylien. Samos besitzt aus der Zeit des Polykrates eine Hafenanlage, deren ehemaliges Hafenbecken jetzt durch Verlandung und künstliche Hinausschiebung der Ufermauern fast auf die Hälfte seines antiken Ausmaßes reduziert ist. Auf den Quadern seiner antiken Molen stehen, wie eine 1967 vorgenommene Untersuchung nachgewiesen hat, die modernen Molen, die 1861-1862 Franz Humann, der Bruder des Pergamon-Entdeckers Carl Humann gebaut hat.

Hier sind auch ein paar Worte zur Unterwasser-Archäologie am Platze, die sich in jüngster Zeit aus einer anfangs abenteuerlichen Suche nach versunkenen Schätzen zu einer Spezialwissenschaft entwickelt hat. Eine vorzügliche Darstellung der Geschichte, Probleme, Techniken und Methoden der Archäologie unter Wasser findet sich in dem Buch »Neue Wege in die alte Welt« des Züricher Professors Franz Georg Maier[18].

Unter den wichtigeren technischen Anlagen der Antike sei summarisch noch auf die Bergwerke des attischen Laurion-Gebirges, auf die tief in den Berg hinabgetriebenen Marmorbrüche der Insel Paros zur Gewinnung des feinkörnigen »Lychnites«, (»des beim Schein der Grubenlampe Gewonnenen«), oder auf die Kanalisationsanlagen des minoischen Palastes von Knossos verwiesen. Öfters übergangen wird bedauerlicherweise auf Studienreisen die spätrömische, aus dem 4. Jahrhundert n. Chr. stammende Mühlenanlage von Barbegal beim Dorf Fontvieille in der Umgebung von Arles, unweit der berühmten Mühle von Alphonse Daudet. Mit ihrer Wasserzufuhr aus einem Doppelaquädukt, dessen einer Strang kurz vor dem Eintritt in die Anlage als offener Korridor den Felsen durchschneidet, mit dem daran anschließenden System von jeweils acht stufenartig übereinander angeordneten Wassermühlen beiderseits der abwärts führenden Wasserleitung, stellt sie eine erstaunlich große Anlage industriellen Zuschnitts dar.

---

[18] Franz Georg Maier: Neue Wege in die alte Welt. Methoden der modernen Archäologie, Hamburg 1977.

6. Museumsführungen

Sorgfältige Vorbereitung, strenge Werkauswahl und wohlerwogene Zeit-
ökonomie sind Vorbedingungen für das Gelingen einer Museumsführung.
In erhöhtem Maße gilt das für die großen Museen: die römischen Museen,
das Nationalmuseum in Neapel, die Nationalmuseen in Athen und Irak-
lion, das Archäologische Museum in Istanbul, um ein paar der wichtigsten
zu nennen. Diese sind – wie auch viele andere Museen – so gut wie immer
von Touristenmassen überflutet, die jede Führung erschweren: »Die allgemeine Zugänglichkeit hat viele Dinge unzugänglich gemacht«[19]. Man
muss jedoch zur intensiveren Betrachtung und Interpretation nicht unbedingt die ständig umlagerten Meisterwerke in den Mittelpunkt der eigenen
Führung stellen. Man kann in Delphi den Wagenlenker, das berühmte
Weihgeschenk des Polyzalos von Gela, den Teilnehmern auch einmal zur
persönlichen Betrachtung überlassen und nachher in Ruhe darüber sprechen. Führungen durch kleine Museen können dagegen, wenn die Exponate mit Sinn für Qualität und Übersichtlichkeit aufgestellt wurden, zu
angenehmen Aufgaben werden.

Abschließend eine vielmals erprobte Faustregel für Museumsführungen überhaupt: Eine Dauer von zwei Stunden soll nur ausnahmsweise
überschritten werden. Wer dies missachtet, wird am Ende erkennen, dass
weniger mehr gewesen wäre. Vor überzogenem Zeitaufwand muss vor
allem bei der Besichtigung großer Vasensammlungen mit ihren oft un-
übersehbaren Massen von Exponaten gewarnt werden. Wer sich dagegen
auf wenige, gezielt ausgewählte Stücke beschränkt, eröffnet den Teilnehmern Einsichten in die Hauptepochen der Vasenmalerei und vermittelt
ihnen das Verständnis für die Ergebnisse der stilvergleichenden Methode
der Archäologie.

7. Von Grabräubern, Raubgrabungen und Fälschern

Der Besuch von Nekropolen und Gräberfeldern bedeutet auch die Begeg-
nung mit den Spuren höchst unerwünschter »Ausgräber«, den Grabräu-
bern. Die Zeugnisse ihrer Tätigkeit reichen in Ägypten bis weit in das 3.
Jahrtausend v.Chr. zurück. Jedermann wusste damals von den ungeheuren
Schätzen, die man den Pharaonen in ihre Gräber mitgab. Bedenkenlose
Grabschänder scheuten nicht vor ihrer Ausplünderung zurück. Auch die
Gegenmaßnahme, die Grabräuber durch verwirrende Systeme labyrin-
thisch wirkender Gänge in die Irre zu führen, hatte nur in Einzelfällen Er-

---

[19] Himmelmann: Utopische Vergangenheit 38.

folg, wie bei dem Grab Tut-ench-Amuns, das der Engländer Howard
Carter im Jahre 1922 entdeckte und zu einer Weltsensation machte.

Mit der Neuzeit beginnt ein weiteres Kapitel in der Geschichte der
Grabräuber durch das erwachende Interesse der Gebildeten für antike
Ruinen und die unter ihren Trümmern begrabenen Kunstwerke. In seinem
schönen Buch über »Das antike Italien« stellt Pierre Grimal für die großen
etruskischen Nekropolen fest, dass bereits im 16. Jahrhundert »die Plün-
derung der Gräber ... ein richtiger Industriezweig« geworden[20] sei. Gefördert wurde diese Entwicklung in unserer Zeit durch das immens gewach-
sene Interesse an Antiquitäten und die dafür gezahlten horrenden Preise;
man hat sich daran gewöhnt, in antiken Kunstwerken eine lohnende Ka-
pitalanlage zu sehen. Wo ein Reiseleiter mit seiner Gruppe eine Nekropole betritt, hat er von längst erbrochenen und ausgeraubten Grabkammern und Sarkophagen zu berichten, haben die Reiseteilnehmer, wie etwa
an der prachtvollen Gräberstraße der äolischen Stadt Assos, die Möglichkeit, angesichts der durcheinandergeworfenen und zerbrochenen De-
ckel der Steinsarkophage einen Eindruck von den Schäden zu gewinnen,
die das Grab- und Steinräuberunwesen noch nach den amerikanischen
Ausgrabungen (1881-1883) an den unbewachten Ruinen verursacht hat.
Der Ausgräber und Mitherausgeber der Assos-Publikation, Francis H.
Bacon, musste später resigniert feststellen, »die zahlreichen von uns aus-
gegrabenen Denkmäler haben es den Leuten nur leichter gemacht, an die
Steine heranzukommen«[21].

Die strengen Gesetze, die heute in allen Standortländern die Ausfuhr
von Antiquitäten verbieten, haben eine andere Zunft gewinnsüchtiger
»Altertumsfreunde« auf den Plan gerufen: die Raubgräber. Sie sind für
den Wissenschaftler ein Ärgernis. Denn sie gehen natürlich mit unwissen-
schaftlichen Methoden zu Werke, verheimlichen die Fundorte, verkaufen
zusammengehörige Stücke getrennt und zerreißen dadurch wissenschaftlich wichtige Zusammenhänge, die sich dann in der Regel nie mehr rekonstruieren lassen.

Vielleicht noch facettenreicher als die Geschichte der Grabplünderer
und Raubgräber ist die der Fälscher. »Es wird nur wenige Archäologen
und Museumsleute geben, die nicht auf die eine oder andere Fälschung
hereinfielen und sie als echt veröffentlichen«, bemerkt Sir Mortimer
Wheeler. Er verweist darauf, dass einzelne Museen sogar Fälschungen in
besonderen Vitrinen auszustellen, um so das Publikum über die Methoden
der Fälscher aufzuklären[22].

---

[20] Pierre Grimal: Das antike Italien, Frankfurt 1979, 195.
[21] Joseph Thacher Clarke/Francis H.Bacon/Robert Koldewey: Investigations at Assos,
      Cambridge, Mass./Leipzig 1902-1921.
[22] Wheeler: Moderne Archäologie 232.

VII. Literaturhinweise

Himmelmann, Nikolaus: Utopische Vergangenheit. Archäologie und moderne Kultur, Berlin 1976.

Hölscher, Tonio: Klassische Archäologie. Grundwissen, Darmstadt 2002.

Hans Georg Niemeyer: Einführung in die Archäologie, 4. Aufl., Darmstadt 1995.

Sichtermann, Hellmut: Kulturgeschichte der klassischen Archäologie, München 1996.

Weschenfelder, Klaus/Wolfgang Zacharias: Handbuch Museumspädagogik. Orientierungen und Methoden für die Praxis, 3. Aufl., Düsseldorf 1992.

Ehrenfried Kluckert

Kunst und Kunstgeschichte auf Studienreisen

I. Allgemeines II. Profanbau III. Sakralbau IV. Skulptur V. Gemälde
VI. Literaturhinweise

I. Allgemeines

Der Betrachter bringt einem Kunstwerk nicht nur Erkenntnisinteresse, sondern auch ein »interesseloses Wohlgefallen« entgegen. Didaktik und Methodik einer Kunstführung müssen deshalb vom Erlebnispotential eines Kunstwerkes ausgehen. Denn das Ziel einer Kunstführung ist die Vermittlung von Erkenntnissen, die wiederum über das Erlebnis gewonnen werden. Deshalb stehen Erlebnis und Erkenntnis in einem ähnlichen Wechselverhältnis wie Ursache und Wirkung. Der Reiseleiter muss also zunächst die Erlebnisfähigkeit der Teilnehmer anregen, ihre Emotionen ansprechen. Gegenstand des Erlebens ist das Ästhetische, das die Inhalte überhaupt erst anschaulich macht. Um aber zu ermessen, wann dieser Schritt didaktisch notwendig sein kann, sollte man sich kurz folgendes Interpretationsmodell verdeutlichen: Ein Kunstwerk muss im steten Wechsel von Gesamt- und Detailbedeutung interpretiert werden. So wie das Detail den Gesamtsinn erhellt, so weist dieser wieder zurück auf das Detail, um es seinerseits vertiefend zu erklären. Schrittweise kann so ein Werk von verschiedenen Seiten her beleuchtet werden. Dieser sogenannte »Hermeneutische Zirkel« greift natürlich über das Kunstwerk hinaus, indem es auf die soziokulturellen Bedingungen seiner Entstehung und Wirkung zurückgreift. Die ästhetische Dimension eines Kunstwerkes ermisst sich aus seinem Eindruck auf den Betrachter. Man kann also den ersten visuellen Eindruck von einem Gemälde didaktisch nutzen, indem man die etwas lapidar anmutende Frage nach dem persönlichen Geschmack stellt: »Gefällt Ihnen das Gemälde?« Die Antworten legen dann zumeist ein Zeugnis über den individuellen und den allgemeinen Geschmack ab – wobei es zu durchaus erwünschten Kontroversen kommen kann. Diese führen nicht selten zur Frage, ob und warum dieses Bild auch den Menschen der damaligen Zeit gefallen hat. Der Reiseleiter kann somit den soziokulturellen Hintergrund der Zeit an dem Gegenstand selbst reflektieren und gleichzeitig die historisch-ästhetischen Maßstäbe im kunsthistorisch-stilistischen Bereich erörtern.

Die Stilmerkmale einer Epoche spiegeln die soziokulturellen Zeitverhältnisse. Der Reiseleiter kann nun diese geschichtlichen Situationen und geistigen Strömungen zum Thema machen. Auch hier bieten sich wieder

Möglichkeiten, die Teilnehmer direkt anzusprechen. Die Frage nach allgemein bekannte Geschichtsdaten könnte sie anregen, ihrerseits weitere Daten und Einfälle auszusprechen. Auch hier kommt es auf die rhetorische Kompetenz des Reiseleiters an:»Was hat sich alles im 17. Jahrhundert ereignet?«,»Der Dreißigjährige Krieg ... und ...?«. In der eben geschilderten Abfolge der Fragestellungen – der ästhetischen, der stilistischen und der geistesgeschichtlich-historischen – kann man ein methodisches Konzept für Kunstführungen während einer Studienfahrt sehen.

Die vorgestellte Interpretationsmethode, die das Besondere im Allgemeinen und umgekehrt anschaulich machen will, verlangt vielfach Erläuterungen, die sich nicht unmittelbar aus dem zu erklärenden Kunstobjekt ableiten lassen. Bei einem»Caspar David Friedrich« wird man beispielsweise auf romantische Landschaftsmalerei, auf Unendlichkeitssehnsucht oder auf die Literatur der Romantik zu sprechen kommen. Diese Informationen dürfen aber nicht vom Objekt getrennt werden. Das heißt, sie sollten nicht die Ausmaße eines Referates annehmen, das den»Caspar David Friedrich« vergessen lässt. Die Hintergrundinformationen sollten auf der anderen Seite auch nicht zu knapp ausfallen. Auf jeden Fall sollte der soziokulturelle Radius, in dem das Objekt zu erklären ist, immer wieder auf das Objekt selbst verweisen. Sollte aber eine allgemeine Einführung notwendig sein, so kann diese im Hotel, während der Fahrt oder sogar in der Vorhalle des Museums gehalten werden.

Bei jeder Führung stellt sich die Frage, wo sich der Reiseleiter vor einem Kunstobjekt hinstellen soll. Er kann sich nicht ausschließlich dem Objekt zuwenden – der Teilnehmer würde auf seinen Rücken blicken und seinen Ausführungen kaum folgen. Dann kann er sich aber auch nicht nur der Gruppe zuwenden – so als ob er das Objekt, über das er spricht, ignorieren würde. Er muss nicht nur verbal, sondern auch gestisch zwischen dem Kunstwerk und dem Betrachter vermitteln. Die Gestik sollte allerdings nicht allein auf den Zeigegestus reduziert sein. Denn das, was man beispielsweise auf einem Gemälde zeigen will, sollte nicht durch Gesten, sondern durch Worte geschehen. Dabei lernen die Teilnehmer das Bildthema intensiv kennen, da er verbale Informationen auf visuelle Phänomene überträgt. Die Vortragsgestik sollte dagegen auf rhetorische Gesten beschränkt bleiben.

Zur Veranschaulichung seiner Vorträge sollte der Reiseleiter Medien einsetzen; so vor allem Pläne, Skizzen und Grundrisse. Sie sollen entweder so großformatig sein, dass alle Teilnehmer sie bequem sehen können, oder in ausreichender Zahl photokopiert vorliegen. Ferner empfiehlt sich photographisches Vergleichsmaterial, um kunsthistorische Verflechtungen und Entwicklungen besser demonstrieren zu können.

II. Profanbau

Unter Profanbauten versteht man alle Arten von öffentlichen und privaten
Gebäuden, die nicht sakralen Zwecken dienen. Die auf Studienreisen am
häufigsten besuchten Profanbauten sind Schlösser, Burgen, Rathäuser,
Paläste, Villen und Wehranlagen. Dieser Aufzählung entsprechen die
»denkmalwürdigen Epochen« vom Mittelalter zum Barock, Klassizismus
und Historismus,

Welche gemeinsame didaktische und methodische Ansätze gelten nun
für diese unterschiedlichen Bautypen? Zunächst ist der Standort vor oder
in dem Bauwerk zu bedenken. Der erste Standort ist so zu wählen, dass
man das Gebäude gut überblickt. Hier kann man die Gesamtanlage erklären, Baugeschichte und gegenwärtige Funktion referieren. In der Analyse
der Architektur soll man dem Außen-Innen-Schema folgen: Das Äußere,
die für den Betrachter sichtbare Architektur wurde für den Innenraum –
das heißt für die Bestimmung des Gebäudes – gebaut. Oder anders: Die
Aufgabe eines Gebäudes prägt seine architektonische Struktur. Der Aus-
senbau, die Fassade eines Palastes oder die Fensterwand eines Hochhau-
ses spiegeln demnach die Funktionen eines Gebäudes wider.

Die Stilanalyse des Außenbaues verrät aber auch spezielle Eigenschaften des Innenraumes: Die neben einem Renaissance-Portal ange-
brachten, aufsteigenden Fensterreihen weisen auf ein Treppenhaus im Inneren des Gebäudes. Der über dem Portal angebrachte Balkon eines Ba-
rockschlosses deutet auf einen prächtigen Empfangssaal usw. Das im Er-
klärungsprozess anberaumte Wechselspiel zwischen Außen- und Innenraum fordert den Betrachter auf, das Gebäude von möglichst vielen Seiten
aus zu betrachten. Es ist häufig nicht möglich, Profanbauten auch innen zu
besichtigen. Gelegentlich kann man aber den Hof betreten. Er sagt bei einem Renaissancepalast schon viel über die Verteilung der Innenräume
aus. In einem Palasthof kann man zum Beispiel weitere Aufgaben und
Funktionen des Gebäudes aus architektonischen Details ablesen. Ja, man
sollte mit den Teilnehmern zusammen eine höfische Szene im Geiste inszenieren – sich also verbal vorstellen, wie der Mensch damals seinen
Alltag oder Festtag verbracht hat.

Die ästhetische Wirkung eines Baues im Kontext der Umgebung ergibt
sich aus dem Standort, von dem er am besten zu fotografieren ist. Die
Diskussion um die ästhetische Perspektive – beispielsweise vor einem barocken Pavillon – sollte mit der Frage verknüpft werden, ob man einen
Bahnhof oder ein Hochhaus auch von einem ähnlichen Standort aus fotografieren würde. Die zu erwartenden kontroversen Argumente machen
deutlich, auf welche Art und Weise ästhetische Kriterien gewonnen werden. Je deutlicher der Nutzen eines Gebäudes abzulesen ist, desto weniger
ist man geneigt, etwas Ästhetisches an ihm zu entdecken. Das historisch

Fernliegende ist dagegen durch seinen Denkmalcharakter entfunktionalisiert, so dass es fast ausschließlich ästhetisch wirkt.

Auf einer Studienfahrt werden viele Profanbauten besichtigt. Ihre stilistische Merkmale prägen sich ein und helfen, den jeweils folgenden Bau besser zu verstehen. Der Reiseleiter nennt jeweils die wichtigsten Stilmerkmale und grenzt sie gegen die der jeweils voran- und nachfolgenden Epochen ab. Dies sollte möglichst konkret und damit unter Bezug auf das Objekt selbst geschehen. Vor einer Renaissance-Fassade, deren flache Behandlung der Horizontal-Vertikal-Gliederung er hervorgehoben hat, kann man folgende Frage stellen: »Was müsste man verändern, um aus dieser Fassade eine Barockfassade zu gestalten?« Unter »Barock« kann sich jeder etwas vorstellen, so dass die Assoziationen leicht fallen. Die spätere Besichtigung einer Barockkirche dürfte den Teilnehmern nun schon vertrauter sein. Im Zusammenhang mit den Stilmerkmalen müssten natürlich auch die für die jeweilige Epoche geltenden Bauprinzipien oder »architektonischen Gesetze« erläutert werden: Die Struktur eines Gebäudes spiegelt nicht nur seine Ästhetik, sondern auch seine Statik wider. Die formale Anordnung der Gebäudeteile erfolgt auch nach bestimmten mathematischen Prinzipien. So galt beispielsweise für den Renaissance-Palast die architektonische Verjüngung der Baumasse nach oben. Die immer flacher werdende Behandlung der Rustika-Quadern und das Ausdifferenzieren der Baudetails machen diese Maxime anschaulich.

Aus den vorgenannten Gründen ist es gut, wenn man Vergleichs- und Anschauungsmaterial mitführt. Ein Vergleich von verschiedenen Auf- oder Grundrissen sowie zeitgenössische Darstellungen der einzelnen Bauphasen wird die Konstruktion anschaulich machen.

III. Sakralbau

Der Sakralbau dient kultischen Zwecken, deren kultureller Charakter stets gleich geblieben ist: die Devotion und ihre Rituale. Deshalb steht der Glaube der Menschen bei der Erklärung eines religiösen Gebäudes im Mittelpunkt. Unter Sakralbau versteht man Kirchen, Kapellen, Tempel oder Moscheen. Als exemplarisches Beispiel für die methodischen und didaktischen Anregungen wähle ich den Kirchenbau – nicht zuletzt, weil er auf Studienreisen unter den Sakralbauten wohl am häufigsten vorkommt.

Im Unterschied zum Profanbau ist der Sakralbau stärker nach innen orientiert. Der Außenbau findet jedoch seine konzeptionelle und ideelle Fortsetzung im Innenraum. Diese Vermittlung zwischen Innenraum und Außenraum berührt die sakrale Funktion: Während der Außenbau als Bedeutungsträger weitgehend der irdischen Zone entspricht, versucht der

Innenraum diesen irdischen Bereich zu transzendieren. Das Gotteshaus wird zum Haus, in dem man sich Gott, der himmlischen Zone also, nähert.

Wie beim Profanbau sucht man sich einen günstigen ersten Standort, um den Baukörper zu beschreiben. Da eine Kirche fast immer an einem besonderen Ort, entweder in der Stadt oder in der Landschaft, erbaut worden ist, sollte man die Bedeutung dieses besonderen Ortes klären. Die am Ende einer Straßenflucht aufragende Kuppel verdient dabei gleiche Beachtung wie die auf einem fernen Hügel sich erhebenden Kirchtürme. Die Kirche als Wahrzeichen einer Stadt oder einer Landschaft sollte von der Perspektive aus erfahren werden, für die sie erbaut wurde.

Wenn auf einer Studienfahrt mehrere oder viele Kirchen besichtigt werden – und daher immer wieder das Zentralthema »Gläubigkeit« zur Sprache kommt – dann sollte man nicht versäumen, auf die geschichtlichen Wurzeln des Sakralbaues im allgemeinen einzugehen. Die Ritualstruktur einer jeden Kirche besteht aus dem Zugang oder Eingang (Portal) zu dem Prozessionsweg (Mittel-/Längsschiff) und dem Allerheiligsten (Altar/Chor). Diese Struktur ist schon in der ägyptischen Kultur nachzuweisen. Im ägyptischen Tempelbezirk des Alten Reiches (2600-2000 v. Chr.) wird zum Beispiel der Vortempel mit der Pyramide (Totenkammer/Allerheiligstes) durch einen Prozessionsweg verbunden. Die Akropolis in Athen (erbaut 5./4. Jahrhundert v.Chr.) zeigt der Struktur nach eine ähnliche Anlage. Zwischen den mächtigen Eingangspylonen und den Propyläen – dahinter öffnet sich dann der eigentliche Tempelbezirk – ragt eine riesige Treppenanlage auf. (Die Propyläen könnte man gewissermaßen mit den christlichen Chorschranken in Verbindung bringen.) Vergleicht man die griechischen und die ägyptischen Tempelanlagen mit altchristlichen Kirchen (zum Beispiel Alt-Sankt Peter in Rom), so fällt wiederum eine gleiche Konzeption der Anlage auf. Es wäre natürlich auch hier wünschenswert, wenn man zur Demonstration dieses Sachverhaltes einige Skizzen oder Fotos vorzeigen oder aber vervielfältigt austeilen könnte.

Sollte ein Rundgang um den Außenbau einer Kirche möglich sein, dann beginnt man ihn vor der Westfassade. Zunächst sollte man die Symbolik der Himmelsrichtungen erläutern: Im Westen geht die Sonne, steigt die Nacht auf und mit ihr die Dämonen. Im Norden wohnen Kälte und Erstarrung, es ist deshalb die Richtung des Todes und des Unglaubens. Der Osten gilt als Zeichen der Erlösung (Sonnenaufgang) und der Süden ist die Richtung der Wärme und damit der Kirche als der Gemeinschaft der Erlösten. Da jede Kirche geostet ist – wenn nicht topographische Bedingungen eine andere Ausrichtung erzwungen haben –, liegen einander Chor und Westfront gegenüber. Man nähert sich also dem Altar (Auferstehung, Erlösung von der Erbsünde) durch das Westportal.

Der thematische Ablauf einer Führung kann folgendermaßen ausse-hen[1]: Westseite: Baugeschichte und politische Geschichte, sowie kunsthi-storische Einordnung; Südseite: eingehende kunsthistorische Erklärungen zur Architekturästhetik; Ostseite: Ikonologie des Kirchenbaus (Sakralar-chitektur als Bedeutungsträger); Nordseite: Erläuterungen der architekto-nischen Bauprinzipien. Als Ergebnis dieser Führung soll der Kirchenbau zum einen als Ausdruck einer bestimmten Gläubigkeit während einer bestimmten historischen Periode verstanden werden und zum anderen als Symbol eines Herrschaftsanspruchs der Kirche über die Gläubigen. Denn das Skulpturenprogramm eines gotischen Domes sowie die riesig aufra-genden Türme suggerieren die Macht der Kirche über den Gläubigen. Die an den Portalen, Gewänden, Pilastern und Türmchen herabschauenden Skulpturen versinnbildlichen den Kanon der Heilswahrheiten, unter die der gläubige Bürger gewissermaßen »gezwungen« wird.

Vor dem Betreten der Kirche sollte man sich vergewissern, ob gerade ein Gottesdienst abgehalten wird. Ist das der Fall, darf man auf keinen Fall durch eine Führung stören. Im Innern sollten die Teilnehmer zunächst Gelegenheit haben, den Raum auf sich wirken zu lassen. Dann kann der Reiseleiter dazu übergehen, die Konstruktion und Statik des Innenraumes zu erläutern. Zu diesem Zweck begibt man sich in die Vierung, den Ort also, an dem Längs- und Querschiff einander durchdringen. Von hier aus kann man die Kirchenschiffe, die Kuppel und den Chor betrachten. Man-che Vierungskuppeln erscheinen von innen kleiner als von außen. Hier handelt es sich um eine zweischalige Kuppelanlage, wie sie seit Brunel-leschis Florentiner Dornkuppel (1424) häufig konstruiert worden ist. Im Gegensatz dazu hat die Innenkuppel des römischen Pantheons (1. Jahrhun-dert n.Chr.) viel größere Ausmaße als von außen sichtbar. Denn hier sind die Rotundenwände weit nach oben gezogen worden, um die abwärts verlaufenden statischen Kräfte der Kuppel seitwärts abzufangen.

Nachdem man auf neuzeitliche An- und Umbauten sowie auf moderne Restaurierungen aufmerksam gemacht hat (auch in diesem Fall kann nach der persönlichen Stellungnahme der Teilnehmer gefragt werden), begibt man sich in den Chor. An dieser Stelle, dem liturgischen Zentrum des Sakralraumes, beginnt man mit der Erklärung der Ausstattungsstücke. Dabei sollte man zwischen dem unterscheiden, was zum ursprünglichen Kirchenraum gehört und dem, was später oder »museal« hinzugefügt worden ist. Zum ersteren gehören Dekor, mit der Architektur verbundene Skulpturen und Fresken oder Wandmalereien, sowie Tafelbilder. Hierbei ist die Baugeschichte der Kirche zu berücksichtigen, denn viele mittelal-

---

[1] Sollte ein Rundgang – was häufig wegen Anbauten der Fall ist – nicht möglich sein, dann kann man diesen vor dem Eintritt in die Kirche beschreiben.

terlichen Kirchen wurden beispielsweise barockisiert. Man kann die Naht-
stellen zwischen alten und neueren Teilen verdeutlichen: Altäre, Chor-
gestühl, Kanzel, Freiskulpturen, Bilder und Fresken gehören in den sel-
tensten Fällen zur historischen Grundausstattung einer Kirche: Mit dem
Wandel der Frömmigkeitsformen, der liturgischen Konzeptionen sowie
des Stilempfindens veränderte sich auch die Ausstattung einer Kirche.

Welche methodischen Möglichkeiten stehen nun dem Reiseleiter bei
Kirchenführungen zur Verfügung? Um beispielsweise den gotischen Stil
zu erklären, kann man die Teilnehmer fragen, wie der Innenraum umge-
staltet werden muss, soll er einer romanischen Kirche gleichen. Diese
Fragestellung kann man im Zusammenhang mit jeder Stilstufe vorbringen.
Um die Wirkung einer Kirche anschaulich zu machen, kann der Reiseleiter weiterhin Assoziationsübungen vorschlagen. Ein Kirchenraum ist als
Meditationsraum gebaut worden. Hier wird man – je nach Stil – seine eigenen Stimmungen entfalten können. Diese Stimmungsfarben können
dem Teilnehmer einen gewissen Eindruck von mittelalterlicher oder baro-
cker Gläubigkeit vermitteln.

Wir haben eben die Kirche als Erlebnisraum vorgestellt. Ein Erlebnis
kommt aber nicht nur über Assoziationen zustande. Die Phantasietätigkeit
des Besuchers einer Kathedrale wird im entscheidenden Maße auch durch
das Ästhetische angeregt. Diesen Vorgang kann man den Teilnehmern
bewusst machen. Man fragt sie, auf welche architektonische Zone ihr
Blick zuerst gefallen sei, oder:»Was zieht den Blick besonders auf sich?«
Ob es die steil aufragenden Bündelpfeiler oder die lichten Glasfenster des
Chores sind, immer ist das ästhetisch Auffällige nicht nur Stimmungs-,
sondern auch Bedeutungsträger. Die den Gläubigen in eine andächtige
Stimmung versetzende Architektur will ihm eine Botschaft vermitteln.
Glasfenster in der Chorpartie verweisen auf die Auferstehung, ihr maleri-
sches Programm wird dann auch die Erlösungsthematik zeigen. Die nach
oben strebenden Pfeiler weisen auf die zwölf Apostel, die das Kirchen-
schiff, also die Glaubenswelt der Gemeinde, stützen.

Die Lokalisation der Bedeutungsträger ist also augenfällig, das heißt
dem Auge gefällig, also ästhetisch bedeutsam. Man muss dabei berücksichtigen, dass die ästhetische Dimension für den Gläubigen des Mittelalters und der Frühen Neuzeit in einem viel größeren Maße funktional bestimmt war als heute. Für ihn war das ästhetische Phänomen ein Infor-
mationsträger, dessen Gehalt sich ihm auch über die Stimmung, die es
suggerierte, mitteilte. Da unsere metaphorische und ikonologische Wahrnehmung anders strukturiert ist, empfinden wir ein mittelalterliches Gemälde weniger als Bedeutungsträger denn als »auratisches Objekt« – also
als Kunstwerk.

IV. Skulptur

Die Skulptur lässt sich in folgende Haupttypen aufgliedern: Denkmal, Reiterstandbild, Tier, Triumphrelief, Brunnen, Kruzifix, Grabmal. Aus dieser Unterteilung wird deutlich, dass fast jeder Skulpturentypus nach einem eigenen methodischen und didaktischen Konzept verlangt. Ein Denkmal betrachtet man in einem anderen thematischen Rahmen als ein Grabmal. Es gilt also herauszufinden, welche Gemeinsamkeiten die unterschiedlichen Typen in Bezug auf Kunstführungen auszeichnen. Dafür wird eine weitere typologische Unterscheidung hilfreich sein. Diese orientiert sich nicht nach thematischen, sondern nach formalen Merkmalen: Das Relief, die Vollplastik, die freistehende Skulptur, die Skulptur im Ensemble, die Skulptur am Bau.

Eine Skulptur steht in einem ständigen Wechselverhältnis mit dem Raum, in dem sie aufgestellt wurde. Ja man kann sagen, dass die Skulptur den Raum, der sie umgibt und den sie einnimmt, definiert. Das betrifft natürlich auch die Skulptur in einem Ensemble. Hier wird die Bedeutung der Einzelskulptur erst im Zusammenhang mit den anderen Skulpturen verständlich. Ähnlich ist das Wechselverhältnis von Architektur und Skulptur zu definieren: Die Skulptur sagt über die Architektur aus und umgekehrt. Die als »Bauschmuck« in Erscheinung tretende Skulptur hat nicht nur dekorative, sondern auch repräsentative oder informative Funktionen.

Diese sehr allgemeinen Unterscheidungen haben bereits ein weit angelegtes Spektrum didaktischer Möglichkeiten eröffnet. Aus methodischen Gründen ist es zunächst aber sinnvoll, sich weiter auf zwei Skulpturentypen zu beschränken, die, wenn auch in modifizierten Formen, auch in den anderen Typen enthalten sind: das Relief und die Vollplastik. Das Relief oder besser noch: das Bildrelief kann nur von einer Seite – von vorn – betrachtet werden. Es handelt sich hier also um eine »Bildbetrachtung«. Um eine freistehende Vollplastik, ob Einzelfigur oder Gruppe, kann man herumgehen. Das bedeutet nun nicht, dass sie auch von allen Seiten gleich auf den Betrachter wirkt. Meistens hat der Künstler einen bestimmten Blickwinkel für den Betrachter bewusst einkalkuliert. Diesen Standpunkt gilt es ausfindig zu machen. Das bedeutet, dass die Teilnehmer zunächst einmal versuchen sollten, herauszufinden, ob die betreffende Skulptur »allansichtig« ist oder nur von einer Seite aus gesehen werden soll. Dazu eignet sich die Frage: »Von wo aus würden Sie die Skulptur fotografieren?«. Die Entscheidung für einen oder mehrere Standpunkte weist für die ästhetische Interpretation der Skulptur bereits eine Richtung. Hat man sich für einen Standpunkt (oder auch mehrere) entschieden, kann man erörtern, ob der Künstler ihn beabsichtigt hat oder nicht. Man kann gewiss davon ausgehen, dass der Künstler mit der Wahl des Blick- oder Betrachterstandpunktes auf eine bestimmte Bedeutungsebene seiner Skulptur verweisen wollte. Das Reiterstandbild eines Herrschers wird immer so aufgestellt, dass man es gleichzeitig von vorn und von unten betrachtet. Auf diese Weise vermittelt es den Eindruck von Herrlichkeit und Macht. Die Herrscherpose kommt also erst dann zur Geltung, wenn der Betrachter den richtigen Standpunkt gefunden hat.

Dabei ist zu beachten, dass manche Skulpturen heute nicht mehr in dem Raum oder in der Umgebung anzutreffen sind, für den oder für die sie einst ausgeführt worden sind. Dies betrifft vor allem die Skulpturen im Museum. Deshalb sind antike Giebelfiguren oder gotische Portalfiguren im Museum besonders widersprüchlich und ästhetisch entfunktionalisiert: Da ihre Proportionen nach dem Blickpunkt des Betrachters gestaltet wurden, können sie eben nur von unten und nicht von vorn oder von oben betrachtet werden. Sie erscheinen also im Museum deplaziert, weil deformiert!

Anders als in der Malerei wird das Geschehen in der Skulptur in einem Augenblick zusammengezogen. Die Apollo und Daphne-Gruppe von Bernini (1625, Rom: Villa Borghese) beispielsweise handelt vom Apoll-Mythos – verdichtet in der Metamorphose der Daphne. An dieser Skulptur genießt man nicht nur die dynamischen Anmut des Paares, sondern verlangt auch nach der Kenntnis des Inhalts. Dieser ist zu referieren oder aus Ovid vorzulesen. Während die Darstellung selbst inhaltlich eng begrenzt ist, reicht der mythologische Hintergrund sehr viel weiter. Skulpturen oder Skulpturengruppen, die in dieser Weise nur einen kurzen Augenblick in einer weiten inhaltlichen Ereigniskette vertreten, stellen andererseits im Rahmen dieser Ereigniskette einen wichtigen Augenblick dar. Ähnlich hat es Lessing in seiner Schrift »Laokoon« (1766) mit der Forderung beschrieben, der bildende Künstler müsse aus einer fortlaufenden Handlung einen Augenblick wählen, der das Vorhergehende und Nachfolgende ahnen lasse. Dieser »fruchtbare Augenblick« muss nicht unbedingt einem szenischen Ablauf entnommen sein. Die Venus von Milo (1. Jahrhundert v.Chr., Paris: Louvre) zeigt bereits in ihrer Gestik Anmut und Würde, wobei sich diese Bewegungen in einem entscheidenden Augenblick zu einem ästhetischen Erlebnis verdichtet hat. Man könnte die Teilnehmer nach der Art jenes Bewegungsablaufes fragen, der eine solche Stellung ermöglicht hat. Diese Fragestellung ist umso interessanter, als die Venus fragmentarisch überliefert ist und deshalb in ihrer Anmut ergänzt werden muss.

V. Gemälde

Im Unterschied zur Skulptur ist die Typologie des Gemäldes unter methodisch-didaktischem Aspekt verhältnismäßig leicht zu bestimmen. Man kann ganz allgemein Tafelbild, Wandbild und Fresko unterscheiden. Hierbei hat man es vorwiegend mit malerischen oder grafischen Darstellungen oder mit dem Mosaik zu tun. Obwohl es sich dabei um die zweidimensionale Projektion auf eine Fläche handelt, besteht hier die Frage nach dem didaktisch sinnvollen Standpunkt zum Objekt fort. Manche manieristischen und/oder barocken Deckenfresken verlangen oft mehrere Standpunkte, damit das Bildmotiv und seine ästhetische Wirkung erkannt werden.

Lag bei der Skulptur die methodische Problematik auf der Reflexion des Wechselverhältnisses von Figur und Raum sowie auf der Interpretation des »fruchtbaren Augenblicks«, so liegt sie bei einem Gemälde oder Mosaik in der Schwierigkeit beim Lesen des Bildtextes – damit ist die durch die Bildgegenstände ausgedrückte Erzählung gemeint. Während die Skulptur größtenteils eindeutige visuelle Situationen veranschaulicht, kann ein Gemälde sich aus vielen, zunächst unentzifferbaren Chiffren zusammensetzen. Das symbolische Potential und die Möglichkeit, Begriffliches darzustellen, sind beim Gemälde weitaus größer als bei der Skulptur.

Das methodisch-didaktische Problem kreist also um die Frage: Wie kann der Reiseleiter die Teilnehmer mit dem ikonografischen Gehalt eines Gemäldes oder Mosaiks bekannt machen? Der erste Schritt besteht also darin, das Bildgeschehen formal und inhaltlich – also nach Kompositionsmustern und Motiven – so zu ordnen, dass es als eine bestimmte Folge vermittelt werden kann. Durch das sukzessive Lesen des Bildgeschehens wird dem Teilnehmer die für die Interpretation vorauszusetzende Integration der Bildzeichen erleichtert. Erste Hinweise für eine solche Ordnung bieten natürlich die einzelnen Bildarten und Gattungen.

Hierbei lassen sich erzählende und allegorisierende Darstellungen unterscheiden, die sowohl Sakrales als auch Profanes aussagen. Diese beiden Bildarten lassen sich weiter in verschiedene Bildgattungen aufteilen: Personendarstellungen, Gruppenbilder, Konversationsstücke, Landschaften, Stilleben und Tierstücke. Wenn mit dieser Unterscheidung längst noch nicht sämtliche Bildarten und Gattungen genannt sind, so haben wir es hier doch mit den wichtigsten zu tun, zumindest hinsichtlich didaktischer und methodischer Überlegungen.

Die erste methodische Frage stellt sich im Blick auf das Erfassen des Bildgegenstandes. Wie kann sich also der Betrachter am ehesten und intensivsten in das Bildgeschehen einlesen? Der Reiseleiter kann entweder den Bildinhalt beschreiben und dadurch die Teilnehmer zum nachvollziehenden Sehen anhalten. Er kann aber auch ein Gespräch mit der Gruppe beginnen, das die Teilnehmer zu eigenem Suchen und Interpretieren aktiviert.

Nun kann der zweite Schritt erfolgen: Welche Möglichkeiten bieten
sich an, den Gehalt, die Aussage, die Bedeutung eines Bildes dem Teilnehmer nahe zu bringen? Zunächst kann man das Vorher und Nachher
einer figürlichen Szene rekonstruieren, um den Szenenablauf im Gemälde
zu schildern. Bei einem Konversationsstück kann man sich das Zusammentreffen der Personen und den Verlauf ihres Gespräches ausmalen. Ein
niederländisches Genrebild – das fast immer eine besondere Alltagsszene
festhält – kann ebenfalls auf diese Weise »dramaturgisch« aufgelöst werden. Der Teilnehmer erhält somit einen Einblick in das Atelier des Künstlers und kann vielleicht nachvollziehen, was den Maler gerade an dieser
Personenkonstellation interessiert haben mag. Das nicht formulierte, aber
vom Künstler immer mitgedachte Umfeld der Darstellung gibt somit Auskunft über die Intention des Künstlers.

Mit der Diskussion solcher Fragen wird bereits auf den geschichtlichen
Hintergrund des Bildthemas eingegangen. Meistens sind es ganz vorder-
gründige und oberflächliche Merkmale, die die Stilstufe eines Gemäldes
deutlich machen. An der besonderen Kleidung, der Themenwahl und
künstlerischen Ausführung können die Teilnehmer manchmal bereits eine
– wenn auch grobe – Datierung vornehmen. Es geht ja meistens nur darum, dieses Gemälde dem Mittelalter, der Renaissance, dem Barock oder
dem 19. Jahrhundert zuzuordnen. Der Reiseleiter wird die Datierung dann
»verfeinern« und zwar aufgrund einer Analyse der entsprechenden stilistischen Merkmale.

Wenn man nach dem Interesse des Künstlers an seinem Bildsujet fragt,
wird man meist auf Interessen und Ereignisse der Zeit, in der der Künstler
gelebt hat, stoßen. Weil ein Bild eine bestimmte Spiegelung seiner Epoche
ist, kann man auch nach den heutigen Zeitinteressen fragen und danach,
ob ein solches Thema heute ebenfalls möglich wäre. Die Aktualisierung
eines Kunstwerkes, die Frage also, welchen Stellenwert die Aussage des
Bildes heute einnehmen kann, ist immer mit einem historischen Themen-
transfer verbunden: Nach welchen Gestaltungsmitteln müsste der Künstler
heute greifen, um eine entsprechende historische Szene im Gewand der
heutigen Zeit zu malen? Die Geschichte der Genre- oder der Landschaftsmalerei ist ja seit Jahrhunderten bis heute zu verfolgen. Häufig wird man
auch zu dem Ergebnis kommen, dass manche Themen und Motive der
älteren Malerei heute nicht mehr dargestellt werden könnten – eben weil
eine entsprechende Interessenverlagerung stattgefunden hat (oder die Pho-
tographie vielfach Aufgaben der Malerei übernahm). Durch diese Art der
Aktualisierung wird man nicht nur dem alten Gemälde gerecht, sondern
fördert das Verständnis für die aktuelle Kunst.

Entweder jetzt (oder bereits bei der Besprechung des Bildinhalts) sollte
der Reiseleiter die Gruppe auf die Gestaltungsmittel des Künstlers hinweisen: Auf Verlauf und Komposition von Linien und Formen, auf Entspre-

chung und Kontrast der Farben, auf die Verteilung von Hell und Dunkel, auf Farb- und Raumperspektive.

Bei der Beschreibung eines Gemäldes – sei es gegenständlich oder abstrakt – soll man vom Allgemeinen zum Besonderen, vom Gesamteindruck zum Detail fortschreiten. Das entspricht den Wahrnehmungsvorgängen des Betrachters. Er erkennt ein visuelles Phänomen zunächst als Gesamterscheinung, ohne deren Struktur zu durchschauen. Erst wenn er diese durch die Detailbeobachtung erkannt hat, kann er das Geschehen identifizieren und beurteilen. Die Abfolge »Allgemeines – Besonderes« oder »Gesamteindruck – Detail« kann durch die Beschreibungsrichtung von »Außen nach Innen« konkreter gefasst werden. Meistens konstituieren die äußeren Bildzonen den Rahmen oder Bildraum, in dem das eigentliche Bildereignis abläuft. In dieser Beschreibungsrichtung können die Kompositionen, Strukturen und die Farbwerte berücksichtigt werden. Der folgende Schritt ist dem »Form-Inhalts-Transfer« vorbehalten. Wie kann dem Betrachter deutlich gemacht werden, dass jede Form und jedes Kompositionsmuster ein Bedeutungsträger ist? Zu diesem Zweck müssen die Themen und Motive, Symbole und Allegorien genau erklärt und in dem entsprechenden kulturgeschichtlichen Raum reflektiert werden.

Wenn man davon ausgehen will, dass sich nicht nur im Bildthema – konstituiert durch Symbole und Motive – sondern auch schon in der Bildstruktur der soziokulturelle Hintergrund spiegelt, dann empfiehlt es sich, die Erklärungen in bestimmte Phasen zu unterteilen:

1. Die Bildbeschreibung macht mit der Bildstruktur bekannt.

2. Das Bildthema wird mit Hilfe einzelner Motive und/oder Symbole erklärt.

3. Das Interesse der Zeit an einem solchen Bildthema wird aufgrund sozialer und politischer Verhältnisse dargelegt.

4. Die Reflexion der Zeit im Bildthema wird in der Komposition – das heißt in der besonderen Verwendung von Farbe und Form – aufgezeigt.

VI. Literaturhinweise

Bering, Cornelia: Konzeptionen der Kunstdidaktik. Dokumente eines komplexen Gefüges, Oberhausen 1999.

Criegern, Axel von: Bilder interpretieren, 2. Aufl., Düsseldorf 1990.

Gaiser, Gerd: Umgang mit Kunst: Konzept, Mittel, Kommunikation, Tübingen 1974.

Grasskamp, Walter: Museumsgründer und Museumsstürmer. Zur Sozialgeschichte des Kunstmuseums, München 1981 (Beck'sche Schwarze Reihe 234).

Kluckert, Ehrenfried: Kunstführung und Reiseleitung. Methodik und Didaktik, Oettingen 1981.

Teil IV

ORGANISATION UND DURCHFÜHRUNG
VON STUDIENREISEN

Volker Kienast

Der Studienreiseleiter – ein Berufsprofil

I. Was ist eigentlich ein Studienreiseleiter?

Die Tätigkeit eines Reiseleiters wechselt je nach Reiseveranstalter: Einmal ist er der Animateur am Swimmingpool, dann wieder der deutschsprachige Empfang am Zielort und schließlich ein All-round-Könner, der eine Reisegruppe vom Anfang bis zum Ende der Reise begleitet, die Organisation managt, seinen Gästen das Land näher bringt, gruppendynamische Prozesse steuert – und dies alles auf eine unauffällig- unterhaltsame Weise. Um diesen letzteren Typus, den Studienreiseleiter also, soll es bei der folgenden Erörterung gehen. Es handelt sich um die umfassendste und anspruchvollste Form des Reiseleitens.

Der Reiseleiter gehört zwar zum Leistungsumfang einer Reise, doch den Wert seiner Arbeit kann kein Katalog richtig beschreiben. Der Reiseleiter ist jenes Element einer Reise, das sie zu einem Erlebnis werden lässt[1]. Sein Berufsprofil verlangt ein Multitalent. Er ist zunächst der Organisator einer Reise und dafür verantwortlich, dass der Reisevertrag zwischen Veranstalter und Kunde Punkt für Punkt erfüllt wird und die Reise reibungslos verläuft. Er weiß aber auch, dass es nicht ausreicht, ein Land und dessen Kultur gut zu kennen und zu vermitteln, dass es beispielsweise nicht genug ist, gute Vorträge zu halten und gleichzeitig eine kühle Distanz zur Gruppe zu wahren. Der Reiseleiter muss sich vielmehr als ein Mittler verstehen, der mit einer Fülle von Gesten und Dienstleistungen den Reisegenuss seiner Mitreisenden erhöht. Dieses Reisevergnügen vermittelt er auf recht unterschiedliche Weise – durch brillante Führungen und animative Einfälle, durch einfühlsame Gespräche, durch Kontaktarrangements mit Einheimischen oder auch schlicht durch die Höflichkeit, auch mal einen Koffer zu tragen oder einem Gast in den Mantel zu helfen.

Als Kulturvermittler will der Reiseleiter Verständnis zwischen den Gästen und den Gastgebern schaffen. Eine echte Begegnung zwischen den Menschen kann aber nur dann stattfinden, wenn beide Seiten es wirklich wollen. Deshalb ist es schwierig, dieses Anliegen als »Programmpunkt« zu institutionalisieren. Der Reiseleiter wird vor allem versuchen, spontane

---

[1] Torsten Kirstges/Christian Schröder/Volker Born: Destination Reiseleitung. Leitfaden für Reiseleiter – aus der Praxis für die Praxis, München/Wien 2001, 236.

Kontakte zu ermöglichen, wo immer dies möglich ist: Die Gäste können sich beispielsweise auf dem Markt mit einem Standbetreiber unterhalten, den Busfahrer und den örtlichen Führer interviewen, in einer Synagoge den Rabbi befragen. Vielleicht lädt der Reiseleiter auch im Land lebende Bekannte zu einem gemeinsamen Abendessen ein. Oder er besucht mit seiner Gruppe besondere Entwicklungsprojekte, sofern dies ohne deren Störung möglich ist.

Ein guter Reiseleiter will weniger professoral dozieren als vielmehr Verständnisbrücken schlagen. Er vermittelt sein Wissen und seine Einsichten über das bereiste Landes auf vielfältige, anregende und manchmal auch ungewöhnliche Weise. Dabei ist der frontale Vortrag keineswegs die einzige Form der Vermittlung. Denn wer nur zuhört, vergisst schnell wieder. Wenn der Reiseleiter seine Gäste aber dazu bringt, das Land zu »erleben«, es mit ihren Sinnen erfahren, seine Köstlichkeiten zu schmecken, seine Gewürze zu riechen, seine Kunstgegenstände zu verinnerlichen, ortsüblichen Tänze zu tanzen und seine Lieder zu singen, dann haften diese Eindrücke und das, wofür sie stehen, dauerhaft im Gedächtnis.

Der Reiseleiter arrangiert deshalb Erlebnisse auf die unterschiedlichsten Weisen. Er spielt Theater (sofern ihm dies liegt) und schlüpft in historische Rollen. Er lässt seine Gäste auf einem Markt unbekannte Leckereien kaufen und veranstaltet anschließend ein Picknick. Er führt die Gäste in besondere Restaurants oder zu ungewöhnlichen Plätzen. Oder er improvisiert eine abendliche »Bottle-Party« an einer reizvollen Stelle. Er schweigt, um den Anblick eines Sonnenuntergangs oder den Frieden einer Landschaft nicht zu stören. Er animiert seine Mitreisenden, Neues auszuprobieren. Er weiß aber auch, was ein geruhsamer Tag am Strand für eine gelungene Studienreise bedeuten kann. Er öffnet für seine Gruppe Kontakte zu den Menschen des Landes, wo immer dies unverkrampft möglich ist. Und er bleibt stets freundlich und gelassen und lässt sich nicht anmerken, dass seine Arbeit wirkliche Schwerarbeit ist.

Darüber hinaus sind es die Kleinigkeiten, die eine gute Reiseleitung ausmachen: kleine Extras und Zugaben beispielsweise; oder eine präzise vorausschauende Zeitplanung, damit das Licht besser als zu einem anderen Zeitpunkt ist oder das zu besuchende Museum leerer. Wohlgemerkt: Der Reiseleiter ist nicht befugt, das eigentliche Reiseprogramm zu ändern und Programmpunkte zu streichen. Aber er hat Einfluss auf die Reihenfolge des Programmablaufes und sollte dies sensibel nutzen.

II. Der Reiseleiter im Spannungsverhältnis von Erwartungen

Die Erwartungen an eine moderne Studienreise haben ihre Rückwirkungen auf die Arbeit des Reiseleiters. Sie bestimmen seine Arbeit, stellen ihn aber auch in ein permanentes Spannungsverhältnis, das aus den jeweils unterschiedlichen Erwartungen der Gäste, der Vertragspartner im bereisten Land und des Reiseveranstalters entsteht.

1. Reisegäste

Für seine Gäste ist der Reiseleiter zunächst Partner einer Dienstleistungsbeziehung, in der er diverse Rollen und Pflichten übernommen hat[2]. Generell gilt: Auch wenn das Reiseleiten ein Beruf ist, der gelegentlich Einzelkämpferqualitäten erfordert, so muss der Reiseleiter grundsätzlich offen für seine Mitreisenden sein. Soziales »Feeling« und Empathie gehören zu seinen wichtigsten Tugenden. Dies hat seine Schwierigkeiten: Die heutige Gesellschaft betont nachdrücklich den Wert der Individualität. Die Abgrenzung des Einzelnen gegenüber seiner Mitwelt scheint zum »guten Ton« zu gehören. Und ausgerechnet in seiner wichtigsten Zeit, dem Urlaub, soll sich das Individuum einer Gruppe unterordnen? Allerdings: Mit Freunden verreist jeder gerne. Deshalb muss der Reiseleiter zu seinen Gästen wie ein Freund sein. Er kann nicht nur gut reden, sondern auch gut zuhören, wird auf individuelle Wünsche der Reisegäste eingehen. Dabei versucht er, auch unvorhergesehene Probleme zu lösen und die Individualität und den gewünschten Freiraum der Gäste zu respektieren. Auf diese Weise kann der Reiseleiter eine ausgewogene Balance zwischen den Bedürfnissen des Individuums und den Interessen der Gruppe finden und sie zu einer Gemeinschaft von Gleichgesinnten formen.

2. Arbeitgeber

Der Reiseleiter muss seine Firma loyal und seriös nach außen hin vertreten. Für die Gäste ist er der Repräsentant des Unternehmens. Er muss dessen Firmen-Philosophie sowie dessen Konzeption von einer Studienreise vor Ort umsetzen, die Vermittlung – wie oben beschrieben – kurzweilig und interaktiv gestalten und möglichst ungezwungen-freundliche Kontakte zwischen Gästen und Gastgebern herstellen. Für den Veranstalter ist wiederum die Arbeit des Reiseleiters die beste Werbung; seine Qualität das beste Argument, weitere Reisen bei derselben Firma zu buchen.

Der Reiseleiter führt nicht nur Reisen durch, sondern arbeitet dem Veranstalter auch bei deren Planung und Verbesserung zu. Dies stellt einen kontinuierlichen Prozess dar: Wenn es um die Neukonzeption einer Reise geht, ist der Reiseleiter als Länderexperte gefragt. Er weist den Veranstalter auf bislang ungenutzte Möglichkeiten hin, kennt lohnende Be-

---

[2] Kirstges/Schröder/Born: Destination Reiseleitung 17.

sichtigungspunkte, landschaftliche Sehenswürdigkeiten aber auch die Infrastruktur eines Landes und stellt dieses Wissen dem Veranstalter zur Verfügung. Ist die Reise in das Programm aufgenommen, dann soll der Reiseleiter kontinuierlich den Standard der Unterkünfte und Verkehrsmittel sowie die allgemeine Verkehrssituation prüfen und dem Veranstalter gegebenenfalls Verbesserungen vorschlagen. Die meisten Veranstalter führen zu diesem Zweck Beurteilungsformulare, in denen der Reiseleiter die Qualität der Mahlzeiten, der Zimmer und auch die Umsetzung von umweltschonenden Konzepten vor Ort gewissenhaft bewertet. Dadurch wird vermieden, dass die Kunden auf den nächsten Reisen dieselben Unzulänglichkeiten hinnehmen müssen. Daneben ist die ständige Überprüfung von Unterkunft, Restaurants und Programmpunkten ein betriebswirtschaftlicher Faktor, der nicht nur die Qualität zu sichern hilft, sondern auch die Kosten unter Kontrolle hält.

3. Leistungspartner

Der Reiseleiter vertritt den Reiseveranstalter bei den Vertragspartnern im Ausland. Er achtet darauf, dass alle vereinbarten Leistungen vollständig und qualitätsgerecht erbracht werden. Er überprüft sorgfältig jede Rechnung, bevor er sie bestätigt oder den Betrag ausbezahlt und verhält sich bei allen übrigen geschäftlichen Abwicklungen so, dass die Interessen des Veranstalters und der Reisegruppe bestmöglich gewahrt bleiben. Auch wenn dem Reiseleiter an einem guten Verhältnis zu den ausländischen Leistungsträgern gelegen sein muss, so darf es doch keinem Zweifel unterliegen, dass seine Loyalität im Zweifels- oder Streitfall ausschließlich dem Veranstalter gilt. Er wird sich insbesondere vor eventuellen »Kungeleien« mit Leistungsträgern hüten – die im übrigen ernste arbeitsrechtliche Folgen haben können – und diesbezügliche »Angebote« unverzüglich seinem Veranstalter mitteilen.

Ausländische Leistungsträger, besonders lokale »Handling Agents«, bilden eine wertvolle Brücke zum Reiseland. Sie können dem Reiseleiter Tipps für lokale Restaurants und urige Kneipen geben, auf Ereignisse und besondere Veranstaltungen hinweisen, Kontakte zu Einheimischen knüpfen und gegebenenfalls auch Wege zu Behörden oder lokalen »Opinion-Leaders« ebnen. Ihre Hilfe ist in der Regel dann unentbehrlich, wenn besondere und unvorhergesehene Ereignisse den vorgesehenen Fahrtverlauf stören oder gar gefährden. Es ist in aller Regel sinnvoll, wenn der Reiseleiter den einheimischen Leistungsträgern die Unternehmensphilosophie und Studienreise-Konzeption seines Veranstalters und die besonderen Erwartungen seiner Gruppe so erläutert, dass diese »kreativ mitdenken« und ihrerseits durch Vorschläge das Programm der Studienreise bereichern können.

Der Reiseleiter achtet auch darauf, wie die Vertragspartner vor Ort mit der Umwelt und der sozialen Verantwortung im Tourismus umgehen. So sollten zum Beispiel die Reiseleiter Busfahrer davon überzeugen, dass es nicht nötig ist, den Busmotor auch während der Wartezeiten laufen zu lassen. Er weist die Hotels gegebenenfalls darauf hin, dass ein täglicher Handtuchwechsel in den Zimmern nicht nötig ist, aber die Umwelt belastet, oder dass Portionspackungen im Frühstücksraum unnötig sind, aber große Müllberge produzieren. Der Reiseleiter soll vor Ort allerdings nicht als Großinquisitor der Umwelt auftreten, sondern die Leistungspartner geduldig von der Richtigkeit dieser Ziele überzeugen.

III. Die Ausbildung zum Studienreiseleiter

Generell benötigt ein Reiseleiter ein gediegenes Fachwissen über sein Land. Er muss die dort gängige Verkehrssprache sprechen, über ein breites Allgemeinwissen verfügen, die relevanten touristischen Organisationsabläufe kennen sowie Maßnahmen der ersten Hilfe beherrschen. Darüber hinaus muss er psychologisches Einfühlungsvermögen besitzen und gruppendynamische Prozesse steuern können. Vor allem sollte er über die Fähigkeit verfügen, Wissen auf anregend-unterhaltsame Weise zu vermitteln.

Diese Qualifikationen werden niemandem in die Wiege gelegt. Sie erfordern vielmehr eine Ausbildung, die sich in Deutschland – im Unterschied zu Ländern wie Griechenland beispielsweise – im Rahmen und unter der Obhut der Veranstalter entwickelt hat. Über das umfangreichste Ausbildungsprogramm verfügt derzeit der Branchenführer Studiosus-Reisen, München. Deshalb werden im Folgenden an dessen Ausbildungsprogramm exemplarisch die Grundzüge firmeninterner Ausbildung zum Studienreiseleiter erläutert.

1. Auswahlverfahren und Ausbildung

Jeder Bewerber muss zunächst ein aufwändiges Auswahlverfahren bestehen, das in verschiedene Stufen gegliedert ist.

Während eines ersten Treffens in München stellen die Bewerber ihre Sprach- und Landeskenntnisse unter Beweis. Wer in dieser Vorstellungsrunde alle Kriterien erfüllt und als Person überzeugt, wird zu einem zweitägigen Seminar eingeladen. Hier überprüfen Mitarbeiter der Abteilung Aus- und Weiterbildung erneut das Fach- und Allgemeinwissen sowie in praktischen Übungen Organisationstalent und soziale Kompetenz der Bewerber. Wer hier besteht, wird zu einem fünftägigen Grundkurs eingeladen, der die wichtigsten Methoden des Reiseleitens vermittelt: Rhetorik und Präsentationsmethoden, die Gestaltung von Führungen sowie soziale und psychologische Kenntnisse und Fertigkeiten.

Die anschließende Einweisungsfahrt mit einem erfahrenen Kollegen vermittelt den jungen Reiseleitern die Spezialkompetenz für ihr Zielland. Dazu gehören die Abläufe am Bahnhof, Flughafen oder in den Hotels, Öffnungszeiten (Museen, Banken oder Post), Kosten (z.B. Eintritte, Porti), besonders aber die Wegstrecken in den Städten und Landschaften. Sie absolvieren unter Aufsicht und Beratung des erfahrenen Kollegen ihre ersten Führungen, organisieren dann den Ablauf einzelner oder mehrerer Tage. Regelmäßig besprechen die beiden Reiseleiter die gerade ablaufenden Prozesse der Gruppenintegration und Gruppendynamik.

Nach Abschluss der Reise verfassen die Jungreiseleiter einen Einweisungsbericht (auch »Fahrtenbuch« oder »Reisebericht« genannt), der dann die Organisationsgrundlage für ihre erste selbständige Fahrt bildet. Während dieser erste Reise stehen sie zudem in telefonischem Kontakt mit einem erfahrenen Kollegen. Das letzte Element in der Ausbildungskette von Studiosus-Reisen ist dann ein Nachbereitungstreffen am Ende der Saison. Hier werden Erfahrungen ausgetauscht und gemeinsam regelmäßig auftauchende Probleme erörtert.

2. Die Weiterbildung

Nach Abschluss der Ausbildung lädt Studiosus seine reisenden Mitarbeiter regelmäßig zu Seminaren ein. Diese Weiterbildungsseminare sind in drei Kategorien gegliedert: In themenspezifischen Kursen lernen die Reiseleiter Sachbereiche kennen, die nicht zu ihren Studienschwerpunkten gehört haben. So finden beispielsweise Seminare über Geologie, Pflanzenkunde, Kunstgeschichte, Religion oder Philosophie statt. Ein weiterer Schwerpunkt gilt Besonderheiten der einzelnen Produktlinien der Firma.

Der wichtigste Teil des Angebots umfasst jedoch mittlerweile die psychologisch-pädagogischen Fortbildung. Dazu gehören Kurse zur Konfliktbewältigung, Gruppendynamik, nonverbalen Kommunikation oder zur Entspannung. Ein eigener Seminarkurs widmet sich den verschiedenen Methoden, Inhalte interessant, unterhaltsam und interaktiv zu vermitteln.

Damit gute Reiseleiter kein Zufall sind, arbeitet Studiosus in seiner Auswahl, Aus- und Weiterbildung mit einem Qualitäts-Management-System und hat sich diese Methode auch zertifizieren lassen.

3. Das Reiseleiterzertifikat

In der Bundesrepublik gibt es kein anerkanntes Berufsbild, keine formalen Zugangsvoraussetzungen und keine öffentliche Ausbildung für den Beruf des Reiseleiters.

Seit 1990 bietet das Präsidium der Deutschen Touristikwirtschaft den Reiseleitern an, eine Prüfung zu absolvieren, deren Bestehen mit einem Reiseleiterzertifikat honoriert wird. Seit 2001 wird diese Prüfung zusammen mit der Hochschule Bremen abgenommen[3]. Das Präsidium der Deutschen Touristikwirtschaft plant offenbar für die Zukunft analoge Zusammenarbeiten auch mit anderen Fachhochschulen. Ob und inwieweit dann das Reiseleiterzertifikat in Zukunft auch von solchen Ländern anerkannt wird, die ihrerseits öffentliche Zugangsqualifikationen für den Reiseleiterberuf institutionalisiert haben, wie beispielsweise Griechenland oder Italien[4], wird sich voraussichtlich in nicht allzu ferner Zukunft auf den dafür zuständigen Ebenen der Europäischen Union entscheiden.

---

[3] Vgl. die Prüfungsordnung im Anhang dieses Handbuches.
[4] Zur Problematik vgl. in diesem Handbuch auch Bartl: Studienreiseleitung und Recht 343.

Werner Kubsch, Oskar Weiskopf

Planung, Vorbereitung und Durchführung von Studienreisen

I. Einleitung II. Planung und Vorbereitung von Studienreisen III. Durchführung von Studienreisen

I. Einleitung

Studienreisen wollen Wissen, Erkenntnis und Erfahrung der Teilnehmer bereichern. Sie können jeden Bereich aus Kultur und Natur zum Thema haben. Ihre Dauer reicht von wenigen Tagen bis hin zu mehreren Wochen. Dank der modernen Verkehrsmittel ist ihnen nahezu jeder Winkel der Erde zugänglich. Tagesexkursionen, Städtereisen, musische Reisen (mit Theater, Konzert- und Festivalbesuch), naturkundliche oder kunsthistorische Studienreisen, Reisen zu religiösen Festen und oder zu Folklore-Veranstaltungen, Wander- oder Fahrradstudienreisen – dies alles sind konkrete Möglichkeiten des abstrakten Begriffs »Studienreise«. Im Folgenden sprechen wir einfach von der »Studienreise«, denn die Planung, Vorbereitung und Durchführung ist bei allen Varianten ähnlich.

Die folgende Darstellung verfolgt ein dreifaches Ziel:

- Sie will einmal die komplexen Vorgänge der Planung, Vorbereitung und Durchführung von Studienreisen geschlossen darstellen und damit dem Reiseleiter jene Informationen bieten, die er zum Verständnis seiner eigenen Tätigkeit – und manchmal auch zur Information der Gäste – benötigt.
- Sie will darüber hinaus das ebenso komplexe Zusammenspiel von Veranstalter und Reiseleiter beim erfolgreichen Zustandekommen einer Studienreise aufzeigen.
- Und schließlich will sie dem Reiseleiter die Konstanten, das heißt den unverrückbaren Rahmen, und die Variablen, das heißt seine Freiräume, in Vorbereitung und Durchführung einer Studienreise, sichtbar machen.

II. Planung und Vorbereitung von Studienreisen

1. Die Reiseidee

Die Idee zu einer neuen Studienreise entsteht aus dem Zusammenspiel unterschiedlicher Faktoren: Marktbeobachtungen spielen dabei eine Rolle, ebenso die systematische Analyse neuer touristischer Möglichkeiten. So weisen etwa Reiseleiter und Mitarbeiter auf bislang ungenutzte Möglichkeiten hin. Wertvolle Anregungen kommen auch von außen: Kunden melden Programmwünsche an (besonders in den Beurteilungsbögen, die die Teilnehmer jeweils am Ende einer Fahrt erhalten). Journalisten und Reiseschriftsteller veröffentlichen Berichte über einzelne Länder, berichten über neue Entdeckungen (etwa im Bereich der Archäologie oder Völkerkunde), über Renovierungen und Ausstellungen. Hinzu kommen Anregungen von touristischen Dienstleistern: Nationale Fremdenverkehrsinstitutionen versorgen die Veranstalter ständig mit Neuigkeiten über nahezu jedes Reiseland der Erde; ebenso informieren die Fluggesellschaften, die Fachpresse oder das Internet. Besondere Veranstaltungen wie Messen, religiöse Feste und folkloristische Festivals, Staatsfeiertage usw. können Anlässe für besondere Themenstudienreisen sein.

Bereits im Planungsstadium wird man eine Vorkalkulation erstellen. Denn die beste Reiseidee nützt nichts, wenn die Reise am Markt nicht zu verkaufen ist. Deshalb ist der voraussichtliche Reisepreis – verglichen mit vergleichbaren Angeboten von Mitbewerbern – ein wichtiges Kriterium für die Fortsetzung oder den Abbruch der Planung.

In der Regel unterhalten die Veranstalter ein Gremium firmeninterner (und manchmal auch externer) Fachleute, das diese neuen Reiseideen überprüft und weiterentwickelt. Wird ein Projekt schließlich für gut und realisierbar befunden, geht die weitere Planungsverantwortung an den zuständigen Referenten über. Mit Hilfe weiterer firmeneigener Experten (zu denen auch landeskundige Reiseleiter gehören), der einschlägigen Literatur sowie des firmeneigenen »Know-hows« erarbeitet dieser sodann Thematik, Routenführung und Programm der neuen Fahrt.

2. Zeitliche Terminierungen

Die zeitliche Terminierung von Studienreisen folgt bestimmten Regeln und einer bestimmten Reihenfolge: Zunächst legt man die Reisedauer fest, dann die Anzahl der Reisetermine, dann die Zeiträume, in denen die Reisen stattfinden sollen, und schließlich die Anreisetage.

a) Reisedauer

Die Dauer der Reise richtet sich nach Thema und Inhalt sowie nach dem geographischen Rahmen der Reise. Fahrten, die einen Überblick über ein ganzes Land oder eine größere Region vermitteln wollen, benötigen in der Regel zwei bis drei Wochen. Für eine Reise in ein enger begrenztes Gebiet (z.B. Burgund, Peloponnes, Umbrien) kann eine Woche ausreichen. Für die Reisenden spielen in Bezug auf die Reisedauer unterschiedliche Argumente eine Rolle: die Verfügbarkeit von Urlaubstagen, das Reisebudget, Gesundheitszustand oder Alter, Rücksicht auf mitreisende oder daheim bleibende Angehörige usw.

Abgesehen von Kurzreisen haben sich Wochentermine (Turnusreisen) eingespielt und damit Reisen, die an denselben Wochentagen starten, um eine möglichst optimale Ausnutzung der gegebenen Kapazitäten zu ermöglichen. Ein Samstag- oder Sonntag-zu-Sonntag-Turnus ergibt also 8, 15 oder 22 Reisetage.

Die Nachfrage nach Dreiwochenreisen ging deutlich zurück. Eine Woche erscheint vielen als zu kurz, weil sie die An- und Rückreise nicht als Urlaub betrachten und der Tagesdurchschnittspreis hier höher liegt als bei längeren Fahrten. Die meisten Reisenden bevorzugen zweiwöchige Studienreisen. Sie eröffnet häufig die Möglichkeit, eine erholsame Badewoche anzuhängen oder gibt finanziellen Spielraum für eine weitere Reise im selben Jahr.

b) Anzahl der Reisetermine

Die richtige Planung der Häufigkeit von Reiseterminen ist ein entscheidender Faktor für den wirtschaftlichen Erfolg des Veranstalters. Plant er zu optimistisch, dann muss er zahlreiche Reisetermine absagen. Damit verärgert er seine Kunden, die zubuchenden Reisebüros, seine Leistungspartner und die eigenen Mitarbeiter. Zudem führen Fluggesellschaften und Hotels eine Auslastungsstatistik pro Veranstalter und berücksichtigen solche mit schlechter Realisierungsquote in Zukunft weniger oder überhaupt nicht mehr.

Reisen, die in den Hauptreisezeiten (z.B. Osterferien, Beginn der Sommerferien, Herbstferien) besonders gefragt sind, wird der Veranstalter nicht im Abstand von Wochen, sondern von Tagen beginnen und enden lassen. Dies kann dann über einen längeren Zeitraum hinweg zur durchgehenden Belegung von Hotels führen (»back to back«). Bei der Reservierung kann dies von Vorteil sein, aber auch von Nachteil, insbesondere dann wenn ein Hotel nicht von einem einzigen Veranstalter abhängig sein will.

c) Reisezeiträume

Bei der Wahl der Reisezeiträume müssen sich die Planer zunächst am Klima des Ziellandes orientieren: Ägyptenreisen sind im Hochsommer nicht zu empfehlen; in Asien müssen die Monsunzeiten, in der Ägäis die Sommerstürme berücksichtigt werden.

Daneben verdient die Ferien- und Feiertagsordnung des Ziellandes Beachtung. Denn Ferien führen zu größerer Belastung der Straßen, Flughäfen und der Verkehrsmittel allgemein, aber auch zu größerem Ansturm auf Sehenswürdigkeiten und Museen. Zudem sind dann die Hotelkapazitäten in den touristischen Zentren des Landes zusätzlich belastet. Nationalfeiertage, Jubiläen oder religiöse Feiertage können den Zugang zu bestimmten Örtlichkeiten, Kirchen, Tempeln, Moscheen, öffentlichen Gebäuden usw. behindern. Museen und Ausgrabungsstätten sind an solchen Feiertagen zumeist geschlossen. Umgekehrt sind aber sogenannte »Special Events« im Gastland mit interessanten, folkloristisch-farbenfrohen Veranstaltungen für die Planer von besonderem Interesse. Ihr Besuch wird regelmäßig eingeplant, auch wenn dies Umwege zur Folge haben sollte.

Der wichtigste Faktor für die Terminplanung ist jedoch die Ferien- und Feiertagsordnung im Ausgangsland. Denn Ferienzeiten sind bekanntlich die wichtigsten Reisezeiten. Ein Reiseveranstalter mit überregionaler Kundenklientel wird deshalb die Ferienordnung in den bevölkerungsreichsten Bundesländern seiner Planung zugrunde legen. Daneben spielt die jeweilige Verteilung der Feiertage eine Rolle: Je mehr freie Tage (Ostern, Pfingsten, Allerheiligen, Weihnachten) in einen Reiseturnus fallen, um so weniger Urlaubstage benötigen die Kunden für eine Fahrt. Daher sind solche Ferientermine als Reisezeiten beliebt, besonders für Kurz- und Städtereisen.

d) Abreisetage

Reisende bevorzugen Fahrten, die jeweils an einem Wochenende beginnen und enden. Beim Abreisetag Sonntag haben die berufstätigen Reiseteilnehmer den vorausgehenden Samstag zur Vorbereitung, bei Rückkehr am Samstag bleibt ihnen der Sonntag zum Entspannen. Auch die Schulferien beginnen und enden in der Regel am Wochenende.

Mitunter sind die Flugpreise innerhalb der Woche günstiger als am Wochenende, was wiederum den Reisepreis verbilligt. Umgekehrt bieten Großstadthotels in der Regel am Wochenende günstigere Preise als während der Woche.

Nach Möglichkeit wird ein Veranstalter für den Reisebeginn immer den gleichen Wochentag wählen, weil er dadurch im Zielland Überschneidungen bei Bussen, Hotels und Reiseleitern vermeidet. Zwar übernachten bei den meisten Reisen die Gruppen nacheinander an verschiedenen Orten, so dass keine durchgehende Belegung der Hotels möglich ist. Es ist jedoch in jedem Fall leichter, über einen gewissen Zeitraum hinweg ein Hotel z.B. immer an einem Mittwoch zu reservieren als an wechselnden Wochentagen.

e) Auslastungsstatistik

Eine wichtige Rolle– besonders für die Festlegung der Reisetermine und der Reisezeiträume – spielt für die Planer die Auslastungsstatistik. Dabei werden sie sowohl die Statistik des laufenden Jahres als auch die Mehrjahresstatistik berücksichtigen, an der abzulesen ist, wie jeweils variable Feiertage sowie vorhersehbare als auch unerwartete Ereignisse das Buchungsaufkommen beeinflusst haben (z.B. Heiliges Jahr, Olympische Spiele, Maul- und Klauenseuche, 11. September 2001, Reisewarnungen des Auswärtigen Amtes).

3. Kalkulation des Reisepreises

a) Kostenarten

Als Abschluss der Planungsarbeiten wird der Reisepreis kalkuliert. Dabei sind verschiedene Kostenarten zu berücksichtigen:

Personenbezogene Kosten

Sie fallen an für Flug, Bahn, Schiff, Hotel, Mahlzeiten, Eintritte, Transfers, Gepäckbeförderungen, Reiseführer und Versicherung. Die Kosten für Verkehrsmittel und Hotels können saisonabhängig sein. Der Veranstalter bildet dann entweder einen Mischpreis oder erstellt für jede Saison eine eigene Kalkulation. Bei Charterflugketten sind zudem die Leerflüge am Anfang und am Ende der Saison sowie die voraussichtliche Kontingentauslastung zu berücksichtigen. Zu den Flugkosten gehören auch die Sicherheits- und Flughafengebühren, zu den Schiffskosten die Hafentaxen. Zu den Hotelkosten kommen noch Kosten für die Gepäckbeförderung sowie Gruppentrinkgelder.

Gruppenbezogene Kosten

Sie fallen an für Bus, Taxis, Transfers, Reiseleitung, örtliche Führer. Zu den Buskosten gehören auch Park- und Mautgebühren sowie die Kosten für Unterkunft und Mahlzeiten des Fahrers, sofern die Leistungsträger keinen Freiplatz gewähren, sowie Trinkgelder für tageweise Fahrer. Die Reiseleiterkosten enthalten dessen Honorar oder Gehalt, die Sozialleistungen, Prämien, Unterkunft und Verpflegung (sofern die Leistungsträger keinen Freiplatz gewähren), die Reisekosten zum Abreiseort der Gruppe sowie Gruppentrinkgelder für örtliche Führer.

Mehrwertsteuer

Beim Ansatz der Mehrwertsteuer sind gegebenenfalls unterschiedliche Bestimmungen für EU-Länder und Nicht-EU-Länder zu beachten.

Deckungsbeitrag

Der Deckungsbeitrag umfasst die Kosten für Verwaltung (Personal, Raum, Kommunikation, EDV), Marketing, Werbung, Reisebüroprovisionen, Schulungen, Reisekosten, Beiträge, Versicherungen, Steuern und den Unternehmergewinn.

b) Kalkulatorische Teilnehmerzahl

Bei neuen Reisen muss die Kalkulation von einer geschätzten Teilnehmerzahl ausgehen. Diese Schätzung muss realistisch sein; denn auch eine neue Reise sollte von Anfang an einen Deckungsbeitrag abwerfen. Zudem darf die Gefahr einer Absage der Reise wegen Nichterreichen der Mindestteilnehmerzahl nicht größer sein als bei eingeführten Reisen.

Gerade bei neuen Reisen ist eine exakte Kalkulation wichtig: Denn wenn die Reise im ersten Jahr unterkalkuliert war, kann sie ab dem zweiten Jahr wegen der notwendigen sprunghaften Preiserhöhung unverkäuflich werden. Bei allen weiteren Reisen befindet man sich hinsichtlich der kalkulatorischen Teilnehmerzahl auf sichererem Boden: Man orientiert sich an der Auslastungsstatistik.

c) Saisonpreise oder Saisonzuschläge

Saisonpreise oder Saisonzuschläge können das Ergebnis unterschiedlicher Einkaufspreise für verschiedene Zeiträume des Jahres sein. Unabhängig davon hat der Reiseveranstalter aber die Möglichkeit, den Reisepreis für schwache Nachfragezeiträume zu senken und zum Ausgleich für begehrte Zeiten zu erhöhen. Zur Festlegung der Saisonzeiten gehört Fingerspitzengefühl und Realitätssinn, will man bei der Nachkalkulation keine unangenehmen Überraschungen erleben. Die Rechnung geht nur auf, wenn alle Saisontermine in etwa gleich stark gebucht wurden.

d) Nachkalkulation vor Reisebeginn und Reiseabsage

Nach dem Reisevertragsrecht kann ein Veranstalter die Reise bis spätestens zwei Wochen vor Reisebeginn absagen, wenn die Mindestteilnehmerzahl nicht erreicht wurde und er dies in der Reiseankündigung vermerkt hat. Mit Rücksicht auf seine Kunden wird ein seriöser Veranstalter diese gesetzliche Frist jedoch freiwillig ausweiten. Er wird die Entwicklung der Teilnehmerzahl jedes Reisetermins kontinuierlich beobachten und sein besonderes Augenmerk auf Termine mit einer zögerlichen Buchungsentwicklung richten. Chancenlose Termine wird er frühzeitig – mitunter mehrere Monate vorher – absagen. Eine Absage kann im übrigen auch durch eine problematische Entwicklung der Sicherheitslage im Zielgebiet erforderlich werden.

Bei Nichterreichen der Mindestteilnehmerzahl oder bei Problemen mit der Sicherheitslage im Zielgebiet wird der Veranstalter spätestens eine Woche vor Ablauf der in der Reiseankündigung festgelegten Frist eine Nachkalkulation der Reise zu diesem Termin vornehmen. Bei der Nachkalkulation müssen auf der Einnahmeseite auch die Reisebüroprovisionen sowie eventuell gewährte Ermäßigungen für bestimmte Teilnehmerkreise berücksichtigt werden. Auf der Ausgabenseite müssen gegebenenfalls die seit der Kalkulation veränderten Kosten oder Wechselkurse angesetzt werden. Der Veranstalter muss dann entscheiden, ob er die Reise trotz eines negativen Deckungsbeitrages durchführen will. Dabei wird er folgende Gesichtspunkte berücksichtigen:

- Die Chancen für die Umbuchung der Reisenden auf andere Reisen des Veranstalters (aufnahmefähige Reisen während dieses Zeitraums ins Zielgebiet, mit ähnlichem Preis sowie vergleichbarer Thematik und Reisedauer?),
- Zahl der Stammkunden, denen eine Absage nur schwer zuzumuten ist,
- Zahl der Neukunden, die möglicherweise für immer verloren sind,
- Risiko von Stornierungen, die die derzeitige Teilnehmerzahl weiter vermindern,
- Chance von Neubuchungen, die die derzeitige Teilnehmerzahl noch erhöhen.

Ringt sich der Veranstalter zur Absage einer Reise durch, dann informiert er unverzüglich die Reisenden, die Leistungsträger und natürlich auch den Reiseleiter. Nach Möglichkeit wird er den Reisenden und dem Reiseleiter dabei zugleich eine Ersatzreise anbieten.

3. Marketing und Werbung

Studienreiseveranstalter bedienen nur eine Nische des touristischen Gesamtangebots. Das zwingt sie dazu, ständig neue Ideen für Marketing und Werbung zu entwickeln. Dazu gehört zunächst eine eigene »Unternehmensphilosophie«, ein eigenes Studienreisekonzept und ein spezifisches Veranstalter-Image, das ihn von Mitbewerbern unterscheidet, ihm zugleich seine Zielgruppe erhält und neue Kunden zuführt. Er muss weiterhin eine eigene Marketing-Strategie für die von ihm angesprochenen Zielgruppen entwickeln. Eigene Marktforschung wird ihm zudem die Aus-

wahl solcher Zielgruppen erleichtern, die er mit jeweils neuen Reise-
projekten ansprechen kann.

Die beste und zugleich billigste Werbung ist die »Mundpropaganda«,
die Weiterempfehlung durch zufriedene Reiseteilnehmer. Sie wird dann
eintreten, wenn der Veranstalter ihre Erwartungen erfüllt oder gar übertrifft. Deshalb ist es wichtig, dass die Reiseankündigung, der Katalog also,
keine falschen Erwartungen weckt: Er muss die Leistungen genau beschreiben (»Katalogklarheit«) und zutreffend sein (»Katalogwahrheit«).
Die Leistungen müssen zudem ihre hohe Qualität ständig beibehalten.
Viele Teilnehmer unternehmen nur einmal im Jahr oder gar nur alle paar
Jahre eine Studienreise. Bis sich deshalb Weiterempfehlungen auswirken,
kann ein längerer Zeitraum verstreichen.

Als Werbemaßnahme verdient die Reiseberatung besondere Aufmerksamkeit. Deshalb ist die Personalschulung des Counterpersonals von
Reisebüros in Form von Katalogvorstellungen, Seminaren, Schulungen
und Informationen immer wichtiger geworden. Die Veranstalter setzen –
zumal in der saisonschwachen Zeit – häufig Reiseleiter bei solchen zumeist regional organisierten Fortbildungen als Experten ein. Reiseleiter
sollten aber auch während ihres Reiseeinsatzes gegenüber ihren Gästen
die besten Verkäufer für künftige Reisen seines Veranstalters sein.

III. Durchführung von Studienreisen

1. Verkehrsmittel

a) Das Flugzeug

Bei den meisten Reisen dient das Flugzeug zur An- und Rückreise. Bei
Fernreisen benutzt man das Flugzeug vielfach auch zum Überbrücken von
Zwischenstrecken. Der Aufenthalt an einem Ort beginnt oder endet am
Flughafen. Deshalb kann hier ein örtlicher Agent nützlich sein, der die
Gruppe mit Gepäckträgern, Verkehrsmitteln und gegebenenfalls auch ei-
nem örtlichen Reiseleiter erwartet.

Charterflüge

Charterflugketten gibt es nicht nur zu Badezielen wie Antalya, Malaga
oder Teneriffa, sondern auch zu Plätzen wie Athen, Neapel oder Kath-
mandu, die wiederum für Studienreisen von Interesse sind. Der Veranstalter hat in Bezug auf Charterflüge zwei Möglichkeiten: Er kann für die
gesamte Saison ein Kontingent in gleichbleibender Größe ordern. Dies
kommt allerdings nur dann in Frage, wenn er für dieses Zielgebiet über

den ganzen Zeitraum hinweg mit einem gleichbleibenden Buchungsaufkommen rechnen kann. Daneben besteht aber bei fast allen Charterfluggesellschaften auch die Möglichkeit, über »Amadeus«, dem Reservierungssystem der Fluggesellschaften, Einzelplätze zu buchen. Der Veranstalter zahlt dann einen höheren Preis als bei einer Kontingentabnahme, trägt aber dafür auch kein Auslastungsrisiko. Problematisch kann manchmal die Platzverfügbarkeit werden, denn der Veranstalter wird die Flugbuchung erst dann vornehmen, wenn sich die Reisenden angemeldet haben. Unter Umständen muss der Veranstalter dann mehrere Charterfluggesellschaften kontaktieren, um die gewünschten Plätze zu erhalten. Die Charterfluggesellschaften verlangen zu einem bestimmten Zeitpunkt (in der Regel bereits drei Wochen vor dem Abflug) das Ausstellen der Tickets. Danach fallen zum Teil beträchtliche Stornogebühren an.

Linienflüge

Studienreiseveranstalter planen für einen großen Teil ihrer Reisen Linienflüge ein, sei es um das Charterrisiko zu meiden, sei es, weil es zu zahlreichen Studienreisezielen keine Charterflüge gibt. Der Veranstalter reserviert in diesem Fall viele Monate im voraus von einem zentralen deutschen Flughafen Gruppenkontingente zu den gewünschten Zielen. Bei der Zuteilung der Kontingente durch die Fluggesellschaften spielt das bisherige Auslastungsergebnis eines Veranstalters eine große Rolle.

Zahlreiche deutsche Flughäfen unterhalten direkte Flugverbindungen zu ausländischen Zielen, meist innerhalb von Europa. Deshalb wird ein Veranstalter mit überregionalem Einzugsgebiet zu solchen Zielen kein Kontingent von einem zentralen Abflugort aus reservieren, sondern die Flüge von den verschiedenen Flughäfen aus einzeln buchen. In diesem Fall muss dann allerdings wegen der unterschiedlichen Ankunfts- und Abflugszeiten der Teilnehmer der erste und letzte Tag einer Studienreise programmfrei sein.

Die Fluggesellschaften gewähren den Veranstaltern Sonderpreise. Diese Tarife dürfen allerdings nur für Pauschalreisen verwendet werden und sind häufig an weitere Kriterien gebunden (z.B. Mindest- und Maximalaufenthaltsdauer oder bestimmte Wochentage). Ebenso schreiben die einzelnen Fluggesellschaften genau Freiplatzvergaben, Rückgabefristen für die Kontingente, Termine für die Übermittlung der Namenslisten und für Stornierungen sowie die Modalitäten beim Ausstellen der Tickets vor. Allerdings besteht manchmal auch hier ein gewisser Verhandlungsspielraum.

Bei Fernreisen kann der Veranstalter in der Regel zusammen mit der Flugbuchung auch Sitzplätze reservieren. Manche Fluggesellschaften bieten hierbei geschlossene »Sitzblöcke« an. Bei Reisen im Bereich Europa/Mittelmeer sind derzeit allerdings keine Platzreservierungen möglich.

b) Die Bahn

Die Bahn eignet sich als Transportmittel für die An- und Rückreise von Deutschland in ein Nachbarland sowie für Teilstrecken innerhalb eines Landes (z.B. von Kairo nach Luxor, vom Titicaca-See nach Cuzco oder mit dem Blue Train von Kapstadt nach Johannesburg). Nach einer Nachtfahrt im Liege- oder Schlafwagen erreicht man relativ ausgeruht das Reiseziel und spart damit einen ganzen Reisetag. Treffpunkte und Treffzeiten sind rechtzeitig bekannt zu geben. Die Gruppe sollte sich in der Regel 45 Minuten vor Abfahrt am Treffpunkt einfinden, da die Züge meist eine halbe Stunde vor Abfahrt eingesetzt werden. Der Veranstalter wird – sofern möglich – Plätze reservieren.

Im Reisepreis wird häufig die Bahnanreise innerhalb von Deutschland zum Ausgangspunkt einer Flug-, Bus- oder Bahngruppenreise ins Ausland eingeschlossen. Im Vergleich zum Einzelfahrschein ergibt sich für die Reisenden dadurch eine beträchtliche Ersparnis. Speziell zur Anreise für Flugreisen bietet die Bahn außerdem den ermäßigten Tarif »Rail & Fly« an.

Gepäckträger sind auf den meisten Bahnhöfen »Mangelware«. Gelegentlich lassen sich über Gepäckträgervereinigungen im voraus Gepäcktransfers bestellen. Häufig muss aber der Reiseleiter selbst tätig werden und zusammen mit einigen Teilnehmern das Beschaffen von Gepäckkarren organisiert.

c) Das Schiff

Linienschiffe und Fähren

Studienreisen benutzen Linienschiffe und Fähren, um Inseln zu erreichen (z.B. von Genua nach Sardinien), um ein Meer zu überqueren (z.B. von Athen nach Alexandria), um eine Landstrecke abzukürzen oder um ein Land von der Seeseite her kennen zu lernen (z.B. entlang der norwegischen Küste). Der Reiseleiter wird sich hier jeweils an das Reglement der Reedereien halten und insbesondere deren Vorschriften in Bezug auf Rückbestätigungen einhalten.

Kreuzfahrten

Schiffe erfreuen sich für Kreuzfahrten als bequeme Verkehrsmittel besonderer Wertschätzung. Hochseekreuzfahrten gibt es besonders auf dem Mittelmeer, in der Ost- und Nordsee, der Karibik, an der Westküste Alaskas und Kanadas und zur Antarktis. Flusskreuzfahrten können entweder eine ganze Studienreise abdecken (z.B. Rheinfahrt von Basel nach Rotterdam) oder Teil einer Studienreise sein (z.B. Donaufahrt von Wien nach

Budapest, in Ägypten von Luxor nach Assuan oder in China auf dem Yangzi).

Wichtigster Bestandteil von Studienkreuzfahrten sind die Landausflüge. Sie werden vom Veranstalter vorgeplant und als wesentlicher Teil des Programms veröffentlicht. Der Studienreiseveranstalter führt sie zumeist in eigener Regie und mit eigenen Reiseleitern durch. Der Einsatz von Agenten an Land ist dabei hilfreich. Die Schiffsleitung, die an den vom Schiff veranstalteten Ausflügen profitiert, sieht in den vom Reiseveranstalter organisierten Ausflügen dagegen oft eine unliebsame Konkurrenz.

Der Reiseveranstalter informiert rechtzeitig die örtlichen Agenten über die Ankunftszeiten und das gewünschte Ausflugsprogramm. Diese stellen die entsprechenden Verkehrsmittel und gegebenenfalls auch örtliche Reiseleiter bereit. Der Reiseleiter stimmt seine Gruppe vorher durch Vorträge auf die Landausflüge ein und informiert während längerer Fahrtstrecken durch Überblicksvorträge über weitergefasste Themenbereiche.

d) Der Reisebus

Ein Reisebus ist das geeignetste Verkehrsmittel für Studienreisen und dies sowohl für Rundfahrten als auch für Ausflüge und Transfers. Ein moderner Reisebus bietet hohen Reisekomfort: bequeme, verstellbare Sitze mit genügend Beinfreiheit und Bewegungsspielraum, Panoramascheiben, Mikrofon, Klimaanlage mit Düsenbelüftung, erstklassige Federung, lei stungsstarke Motoren, ausreichender, staubfreier Gepäckraum sowie in vielen Ländern auch WC und Kühlschrank.

Was den Bus zum idealen Transportmittel für Studienreisen macht, sind:

- seine Sitzkapazität, die für Gruppengrößen zwischen 10 und 40 Teilnehmern ideal ist,

- seine Größe, die im Überland- und Stadtverkehr gleichermaßen eingesetzt werden kann,

- sein großer Stauraum zum Mitführen des Reisegepäcks und sonstiger nützlicher Dinge (Reisebibliothek, Picknickausstattung, usw.),

- die ständige Kommunikationsgelegenheit zwischen Reiseleiter und Gruppe mit Hilfe des Busmikrofons (für Programmankündigungen, fahrtbegleitenden Kommentar, Vorträge oder kurze Vorlesungen, »Sprachkurse«, Erläuterungen bei Stadtrundfahrten usw.),

- die soziale Komponente zur Förderung integrierender Gruppenprozesse,

- letztlich die Lösung fast aller Transferprobleme, sofern nur Straßen reichen.

Allerdings muss sich der Reiseleiter auch der Nachteile des Busses bei der Durchführung von Studienreisen bewusst sein:

- Die Unabhängigkeit von Fahrplänen kann zur Unpünktlichkeit reizen. Der Reiseleiter muss dieser Gefahr vom ersten Tag an energisch begegnen (»Busfahren nach Eisenbahnfahrplan!«).

- Anfälligkeit gegenüber Störungen des Straßenverkehrs (Umleitungen, Verkehrsstaus). Der Reiseleiter sollte sich deshalb – soweit möglich – jeweils im voraus über die aktuellen Straßenverhältnisse informieren.

- Anfälligkeit gegen Wettereinflüsse (Regen, Schnee, Glätte).

Das Reisen mit dem Bus muss eine ständige Herausforderung für das Improvisationstalent des Reiseleiters sein, um den entscheidenden Vorteil des Busreisens zu nutzen: Anhalten, wo es den Teilnehmern gefällt oder wo sich anbietende Spiel- oder Erlebnissituationen es nahe legen.

Die in Deutschland geltenden Lenk- und Ruhezeiten des Busfahrers müssen auch dann eingehalten werden, wenn man im Ausland mit einer deutschen Gruppe unterwegs ist.

Der Bus sollte aus Sicherheitsgründen möglichst auf bewachten Parkplätzen abgestellt werden. Auch tagsüber besteht immer Diebstahls- und Aufbruchgefahr (vor allem in südlichen Ländern). Der Fahrer muss deshalb bei Besichtigungspausen im Bus oder in dessen Nähe bleiben. Sollte der Bus einmal unbeaufsichtigt sein, hat der Reiseleiter die Reisenden vorher darauf hinzuweisen, dass sie keine Gegenstände (nicht nur keine Wertsachen) im Bus zurück lassen dürfen. Auch die Kofferräume und das abschließbare Handschuhfach des Fahrers bieten keine ausreichende Sicherheit. Beim Be- und Entladen vor den Hotels ist das Sicherheitsrisiko erfahrungsgemäß besonders groß. Jeder Teilnehmer sollte deshalb hier auf sein Gepäck selbst achten.

In den Städten hat die Einrichtung von Fußgängerzonen und besonderen Busparkplätzen häufig eine neue Situation für die Durchführung von Stadtrundfahrten, Führungen und Besichtigungen geschaffen. Rundfahrten müssen deshalb zumeist mit Rundgängen verbunden werden. Für den Fall des Verirrens sind den Teilnehmern im voraus leicht auffindbare Treffpunkte (Kirchen, öffentliche Gebäude, Hotel usw.) und genaue Treffzeiten anzugeben, am besten jene, an denen der Fahrer die Gruppe nach Abschluss des Rundganges ohnehin wieder abholt. Das Halten zum Be- und Entladen ist überall limitiert. Daher müssen die Treffzeiten genau eingehalten werden.

Die Kalkulation von Fahrtzeiten ist für Planer und Reiseleiter gleich wichtig. Man beachte dabei folgende Grundwerte:

Durchschnittliche Fahrtgeschwindigkeit auf der Autobahn . . 80 km/h,

auf Straßen 1. Ordnung . . . . 70 km/h,

auf Nebenstraßen . . . . 50 km/h,

auf nicht asphaltierten Straßen . . . . 40 km/h

auf Pisten . . . . 25-30 km/h

auf Berg- und Passstrecken . . . . 35-40 km/h

Essenspausen: vorbestelltes Menü . . . . 1 Stunde

nicht vorbestelltes Menü . . . . 1 ½ Stunden

Erfrischungspause . . . . ½ Stunde

Einkaufspausen (mindestens) . . . . 1 Stunde

Fotopausen (ad hoc) . . . . 5-10 Minuten

Bei Stadtein- und -ausfahrten sowie an Grenzübergängen müssen eventuelle Stoßzeiten berücksichtigt werden. Bei langen Reisestrecken sollte man möglichst alle zwei bis drei Stunden eine Pause einlegen.

e) Das Taxi

Das Taxi kommt für schnelle Transfers, aber auch für Ausflüge und gelegentlich sogar für Überlandfahrten in Frage. Um das Fahren in einer Kolonne zu vermeiden, muss der Reiseleiter die einzelnen Fahrer in Bezug auf Ziel und Zeitplan informieren. Ein weiteres Problem ist die Reiseleitung unterwegs. Der Reiseleiter kommt hier nicht ohne »Assistenten« aus. Er muss für jedes Fahrzeug einen solchen aus dem Kreis der Reiseteilnehmer gewinnen und diesem Straßen- und Zeitpläne mitgeben. Der fahrtbegleitende Kommentar muss hier durch entsprechende Einweisungsvorträge vor der Fahrt und durch Zusammenfassungen nach jeder Fahrtetappe ersetzt werden.

f) Öffentliche Verkehrsmittel

Reisebusse sind für kurze Einsätze (z.B. Fahrt vom Hotel zum Museum) oftmals zu teuer. Deshalb benutzen – zumal umweltbewusste Veranstalter – in solchen Fällen gerne Linienbusse oder die U-Bahn.

2. Der Reiseleiter

Der Reiseleiter ist nicht nur Erfüllungsgehilfe des Veranstalters, sondern zugleich auch die Schlüsselfigur einer Studienreise. Er setzt die Unternehmensphilosophie vor Ort in die Tat um, vermittelt die Sehenswürdigkeiten, die Kultur und Geschichte des Zielgebietes, informiert über Land und Leute (Religion, Traditionen, Sozialsystem, Erziehungswesen, Sprache, Musik, Literatur), vermittelt Entspannung und Erholung, zeigt Respekt und Verantwortungsbewusstsein gegenüber dem Gastland und seinen Bewohnern und überträgt dies auf die Reiseteilnehmer.

3. Einheimische Reiseleiter und örtliche Führer

Wegen der dortigen Rechtslage ist in südeuropäischen und nahöstlichen Ländern die Durchführung von Studienreisen vielfach nur mit einheimischen Reiseleitern möglich. So verständlich dies im Hinblick auf die Beschäftigungssituation in diesen Ländern auch ist – Studienreiseveranstalter können diese Situation nur mit Einschränkung akzeptieren, vor allem deswegen, weil einheimische Reiseleiter einer anderen Bildungs- und Kulturwelt entstammen als die Reisenden. Der deutsche Reiseleiter partizipiert an der gleichen Bildungstradition wie seine Reiseteilnehmer, kennt deren Erwartungen, Wünsche und Interessen und hat es deshalb leichter, die richtigen Schwerpunkte oder das angemessene Niveau zu finden. Vor allem kennt er durch Ausbildung und Firmenkontakt das Studienreisekonzept und die »Unternehmensphilosophie« seines Veranstalters. Dies alles trifft auf Reiseleiter nicht zu, die beliebig austauschbar, heute für diese Gruppe, morgen für jenen Veranstalter tätig sind.

Einschränkungen sind allerdings bei Ländern wie Griechenland oder der Türkei angebracht, in denen es zahlreiche gut ausgebildete Reiseleiter mit deutschen Sprachkenntnissen gibt, die sie im übrigen oft während eines längeren Aufenthalts in Deutschland erworben haben. Der Veranstalter, der solche einheimische Reiseleiter unter Vertrag nimmt, wird ihnen im übrigen durch Schulungen in Deutschland und/oder im Zielland die Erwartungen seiner Kunden, sein Konzept und seine Philosophie nahe bringen.

Zu Problemen kommt es dagegen häufig in Ländern, in denen das Ausbildungsniveau und das Verständnis für die kulturellen Hintergründe deutscher Reisenden geringer sind – und zwar insbesondere dann, wenn hier das Buchungsaufkommen zu niedrig ist, als dass sich eine spezielle Schulung lohnen würde. Problematisch ist die Situation auch in Ländern, in denen die einheimischen Reiseleiter nur für einen begrenzten Bereich oder Bezirk lizenziert sind. In letzterem Fall ist z.B. der Veranstalter einer Reise nach Kastilien gezwungen, in Madrid, Toledo und im Escorial drei verschiedene örtliche Führer einzusetzen, die er nicht kennt. Das gleiche gilt für Andalusien mit Sevilla, Cordoba und Granada oder für die Toskana mit Florenz, Siena und San Gimignano.

Die Fremdenverkehrsbehörden verschiedener Länder werden in ihrem eigenen Interesse früher oder später einsehen müssen, dass hier trotz gewerkschaftlicher Widerstände Ausnahmeregelungen angebracht sind. Innerhalb der Europäischen Union gilt zudem der Grundsatz der Dienstleistungsfreiheit. Und einzelne Länder wurden schon vor Jahren durch Gerichtsurteile zur Einhaltung der EU-Richtlinien angehalten, ohne dass dies die Lage bislang grundsätzlich geklärt hätte.

4. Der Agent

Ein Agent (»Handling Agent«) ist eine selbständige örtliche Reiseagentur, die der Veranstalter mit der Wahrnehmung gewisser Aufgaben betraut. Da er den Veranstalter vertritt, muss er bei einheimischen Behörden und innerhalb der einheimischen Tourismuswirtschaft angesehen sein. Denn ein Veranstalter wird von seinen ausländischen Leistungsträgern auch am Image seines Agenten und dessen finanzieller Zuverlässigkeit gemessen. Deshalb wird ein seriöser Veranstalter stets große Sorgfalt in die Auswahl geeigneter Agenten setzen.

Häufig wird der Agent bereits in der Vorbereitungsphase mit Hotelreservierungen, mit der Auswahl von örtlichen Führern sowie mit der Buchung von Verkehrsmitteln befasst. Ein guter Agent kann, selbst wenn er neben den Vermittlungsprovisionen für Hotels und Verkehrsmittel noch eine Bearbeitungsgebühr pro Teilnehmer berechnet, die Reisekalkulation entlasten, weil er häufig günstiger einkaufen kann als der Veranstalter. Hinzu kommen als weitere Vorteile seine Orts- und Sprachkenntnisse sowie die im eigenen Lande erworbenen Branchen- und Menschenkenntnisse hinzu.

Der Agent ist auch für den Reiseleiter eine wertvolle Hilfe, weil er zur einheimischen Bevölkerung geeignete Kontakte herstellen kann sowie lokale Besonderheiten, folkloristische Raritäten, Restaurants usw. am besten kennt und darüber hinaus auch über gute Beziehungen zu einheimischen Behörden verfügt.

5. Unterkunft und Verpflegung

Der Veranstalter orientiert die Hotelreservierung an folgenden Kriterien: Die Lage des Hotels, etwa
- in idyllischer, landschaftlich eindrucksvoller Erholungslage,
- in sehenswerter Altstadtmitte (mit typischer Architektur),
- bei Märkten und Basaren (Alltagsleben, Kunstgewerbe),
- bei spezifischen Kulturdenkmälern (lädt zur individuellen Nachbesichtigung ein),
- in günstiger Entfernung zu Bahnhöfen, Flug- oder Seehäfen.

Anfahrt- und Parkmöglichkeiten für den Reisebus, Fußgängerzonen und sonstige Behinderungen müssen ebenfalls berücksichtigt werden.

Komfort und Stil des Hotels muss zur Art der Studienreise passen. Der Komfort soll – soweit möglich – dem internationalen Standard entsprechen und dem Studienreisenden für die programmfreie Zeit Freiräume sowie die Möglichkeit zur Erholung bieten. Die Zimmer sollten über WC, Bad oder Dusche verfügen. Ist dies ausnahmsweise einmal nicht möglich (z.B. in wenig entwickelten Gebieten), sollte die jeweils bestverfügbare

Unterkunft gebucht werden. In jedem Fall müssen alle Gegebenheiten vor Ort die Sicherheit der Kunden gewährleisten.

Als Auswahl-Kriterium sollte – wenn möglich – weniger der internationale Standard dienen, sondern es sollte sich um möglichst traditionelle, gepflegte, landestypische Häuser handeln, die auch von Einheimischen frequentiert werden. Dadurch kann die Atmosphäre landestypischer Gastlichkeit und auch die Chance zur Begegnung mit Einheimischen vermittelt werden.

Aus logistischen und kalkulatorischen Gründen bietet sich die Halbpension als die praktikabelste Form der Verpflegung an. Halbpension heißt: Übernachtung, Frühstück und eine mindestens aus drei Gängen bestehende Hauptmahlzeit pro Tag. Die Hauptmahlzeit wird an den Reisetagen gewöhnlich als Abendessen, bei längeren Aufenthalten in den Städten mitunter auch als Mittagessen gereicht. Dadurch ergibt sich die Chance zum abendlichen individuellen Restaurantbesuch, um dabei die kulinarischen Spezialitäten der einheimischen Küche selbst zu entdecken. Auch hierin muss der Reiseleiter soweit orientiert sein, dass er die Reisenden beraten kann.

Die meisten Hotels verfügen über ein Frühstücksbuffet im amerikanischen Stil mit reichhaltigem Angebot. Andere Hotels – zumal im Süden – servieren dagegen vielfach nur ein sogenanntes »Continental Breakfast«, bestehend aus Kaffee, Tee, Milch oder Kakao und Butter, Brot oder Brötchen sowie Marmelade. Hier sollte der Reiseleiter darauf achten, dass diese Zutaten auch in ausreichender Menge auf den Tisch kommen.

Gelegentlich gibt es im Landesinnern (besonders in Spanien) Probleme, da dort das Frühstück meist nicht vor acht Uhr morgens serviert wird, aber aus organisatorischen Gründen eine frühere Abfahrtszeit angezeigt sein kann. Deshalb sollte der Reiseleiter die gewünschten Servierzeiten möglichst bei Ankunft der Gruppe im Hotel nennen. Dies gilt im übrigen auch für das Abendessen, das in südlichen Ländern häufig nicht vor 21 Uhr (in Spanien oft auch später) gereicht wird.

Zumeist wird der Veranstalter schon bei der Reservierung Menüangebote einholen, um eine variable und den Teilnehmern zumutbare landesübliche Kost zu gewährleisten. Wurde jedoch die Menüauswahl nicht bereits bei der Reservierung getroffen, dann sollte der Reiseleiter jeweils einen Tag vorher dem nächsten Hotel telefonisch seine Wünsche vortragen, um zu verhindern, dass seiner Gruppe zum wiederholten Mal die sonst übliche Einheitskost aus Huhn oder Schnitzel vorgesetzt wird.

6. Das Besichtigungsprogramm

Das im Katalog veröffentlichte und möglicherweise durch besondere Mitteilungen an die Reisenden ergänzte Besichtigungsprogramm ist für den Reiseleiter in allen Punkten verbindlich. Jeder einzelne Reisende hat durch den Reisevertrag einen Rechtsanspruch auf die Erbringung der zugesagten Leistungen und die Durchführung des angebotenen Programms erworben. Deshalb sind Mehrheitsentscheidungen der Gruppe über die Frage, ob eine vorgesehene Besichtigung stattfinden oder ausfallen solle, rechtlich unerheblich (und psychologisch falsch). Selbstverständlich kann der Reiseleiter die Reihenfolge der Besichtigungen ändern, falls sich dadurch die Besichtigungsbedingungen nicht verschlechtern (etwa wegen Stoßzeiten in Museen oder schlechten Lichtverhältnissen zum Fotografieren). Es bleibt dem Reiseleiter aber unbenommen, der Gruppe zusätzliche Besichtigungen als Extras anzubieten, wenn dadurch das vorgesehene Programm nicht gestört oder überfrachtet wird und wenn dem Veranstalter und den Reisenden keine zusätzlichen Kosten entstehen. In der Regel schließt der Veranstalter aus Haftungsgründen allerdings zusätzliche, vom Reiseleiter organisierte Ausflüge aus.

Das Tagesprogramm sollte am Tag zuvor bekannt gegeben und bei mehrtägigem Aufenthalt im gleichen Hotel auch an geeigneter Stelle öffentlich ausgehängt werden. Der Reiseleiter muss dabei auf die eventuell benötigte Kleidung, Ausrüstungsgegenstände oder Dokumente hinweisen (z.B. Badezeug für einen Strandaufenthalt, dezente Kleidung für den Besuch von Kirchen und Moscheen, feste Schuhe für die Besichtigung von Ausgrabungen oder Wanderungen, Pässe und Impfzeugnisse für Grenzübertritte usw.). Es empfiehlt sich eine kurze Erinnerung vor der jeweiligen Abfahrt.

7. Das Fahrtenbuch

Der Reiseleiter benötigt als Hilfsmittel für die Reiseorganisation stets ein detailliertes Fahrtenbuch (auch »Reisebericht« genannt). Es handelt sich dabei um eine Lose-Blatt-Sammlung (um bequem Berichtigungen und Ergänzungen einfügen zu können), die je nach Betriebsgepflogenheiten vom Planungsreferenten oder von einem Reiseleiter nach der ersten Fahrt auf dieser Route verfasst worden ist. Es enthält in lückenloser Geschlossenheit die Zeitabläufe während eines Tages vom Programmbeginn bis zum Programmschluss, organisatorische Hinweise (z.B. Verhalten beim Grenzübertritt, Öffnungszeiten, Parkplätze in der Nähe von Besichtigungsobjekten, empfehlenswerte Restaurants usw.) sowie Anschriften und Telefonnummern deutscher Konsulate und Botschaften sowie anderer Personen oder Institutionen, die hilfreich sein können. Es sollte so detailliert und spezifiziert sein, dass es auch als Anleitung für einen Reiseleiter dienen kann, der auf dieser Reiseroute bislang noch nicht unterwegs gewesen war. Das Original des Fahrtenbuchs befindet sich beim Veranstalter und wird laufend ergänzt. Der Reiseleiter erhält vor Reisebeginn ein Duplikat nach dem jeweils neuesten Stand.

Der Reiseleiter sollte durch fortlaufende Aufzeichnungen (meist ist er vom Veranstalter dazu auch per Dienstanweisung verpflichtet) das Fahrtenbuch korrigieren und ergänzen. Wichtig sind vor allem Hinweise auf veränderte Verkehrsführungen in den Städten (Einbahnstraßen), veränderte oder neue lokale Feste, Märkte, Veranstaltungen, geänderte Öffnungszeiten, Schließung von Museen, Kirchen usw. wegen Restaurierungsarbeiten (mit Angabe der voraussichtlichen Dauer), Umleitungen wegen Straßenbauarbeiten, Eröffnung neuer Straßen, Tunnels und Brücken, Erfahrungen mit dem Hotelpersonal, dem Agenten oder mit örtlichen Führern sowie Trinkgeldhinweise (etwa um außerplanmäßigen Zugang zu Besichtigungsobjekten zu erhalten).

8. Reiseleiterunterlagen

Vor Reisebeginn erhält der Reiseleiter die Unterlagen, die er zur Durchführung dieser Reise benötigt. Dazu gehören in der Regel:

Reisegeldkalkulation und Reisekasse

Die Reisegeldkalkulation enthält alle Beträge, die der Reiseleiter unterwegs pro Person und Objekt zu bezahlen hat. Ebenso wird hierbei die Art der Bezahlung vermerkt. Dementsprechend erhält der Reiseleiter Voucher, von einer Bank ausgestellte Schecks, vom Veranstalter ausgestellte Schecks (teilweise auf Konten im Zielland und in Landeswährung bezogen), Reiseschecks und Banknoten. Die Bankschecks und Veranstalterschecks sind auf den Empfänger ausgestellt. Die Reiseschecks sind – sobald sie unterschrieben worden sind – versichert und bieten daher Sicherheit gegen Diebstahl oder Verlust. Sie haben allerdings den Nachteil, dass sie gelegentlich nur bei Banken einlösbar sind. Ansonsten werden sie aber von den meisten Leistungsträgern wie Bargeld akzeptiert.

Hotelliste

Sie bietet eine chronologische Aufstellung der reservierten Hotels mit Anschrift, Telefon- und Faxnummer, E-mail-Adresse, sowie den vereinbarten Preisen, der Freiplatzregelung sowie eventuelle Vorauszahlungen.

Busvertrag

Kopie der Vereinbarung zwischen dem Busunternehmen oder Agenten und dem Veranstalter über die Busanmietung, aus der auch die Nebenkostenregelung (Straßengebühren, Parkgebühren, Fahrerunterhalt) hervorgeht.

Buchungsplan

Liste mit den Namen der Reiseteilnehmer, den von ihnen bezahlten Beträgen und Sonderleistungen (z.B. Einzelzimmer, Anreise, Ausflüge, Kabinenzuschläge) sowie – nach Möglichkeit – ihren bereits früher mit dem Veranstalter unternommenen Reisen.

Teilnehmerlisten

Listen zur Verteilung an die Teilnehmer zum gegenseitigen Sich-Kennen-Lernen mit Vor- und Zunamen, Abreiseort sowie Wohn- oder Buchungsort.

Beurteilungsbogen für die Teilnehmer

Fragebogen zur Verteilung an die Teilnehmer gegen Ende der Reise, in denen diese die Leistungen des Veranstalters beurteilen können. Die Antworten sind in der Regel vorstrukturiert, und die Bogen vielfach maschinenlesbar. Um möglichst objektive Beurteilungen zu erhalten, verteilt der Reiseleiter zusätzlich Umschläge, die an den Veranstalter adressiert sind und die die Teilnehmer zum (portofreien) Rücklauf verwenden können.

Beurteilungsbogen über Hotels und Verkehrsmittel

Fragebogen, in denen der Reiseleiter die Hotels und die Verkehrsmittel beurteilt und die er unmittelbar nach Reiseende dem Veranstalter zustellt, damit dieser im Bedarfsfall die Möglichkeit zu schnellen Reaktionen hat.

Reiseleiterbericht

Das Formular ist in der Regel vorstrukturiert und enthält z.B. Abschnitte über die Zusammensetzung der Gruppe, über das, was gelobt, was bemängelt wurde, über zu erwartende Reklamationen, über Teilnehmern geschuldete Rückzahlungen (Einzelzimmer, Ausflüge, Reiseabbruch), besondere Vorkommnisse, Beurteilung der örtlichen Reiseleiter.

Abrechnungsformulare

Die Abrechnungsformulare sind vorstrukturiert und nach Währungen getrennt. Sie können chronologisch oder nach Kostenarten aufgebaut sein. Es ist zudem von Vorteil, wenn die Formulare bereits die entsprechenden Kalkulationsansätze für diese bestimmte Reise und diese Teilnehmerzahl enthalten, weil die optische Gegenüberstellung die Kontrolle erleichtert.

Mögliche weitere Unterlagen

Visa-Listen mit den Personalien der Reisenden, Kofferanhänger, Tischkarten, Umschläge für die Reiseabrechnung, Formulare für Teilnehmer-Nachbelastungen/Gutschriften, Faxformulare, Schadens-/Verlustanzeigen, Formulare für Personenschäden, für Verbesserungsvorschläge sowie für nicht bezahlte Hotelrechnungen.

8. Leistungskontrolle und Auswertung

Ein qualitätsbewusster Studienreiseveranstalter sorgt für eine ständige Leistungskontrolle. Dazu gehören unangekündigte und unregelmäßige Inspektionsbesuche bei Leistungsträgern sowie bei Reiseleitern unterwegs, die Auswertung der Reiseleiterberichte und die daraus resultierende Korrektur der beim Veranstalter aufbewahrten Reiseberichte sowie - als wichtigste Informationsquelle – die Auswertung der am Ende der Reise an die Teilnehmer ausgegebenen Beurteilungsbögen. Hinweise auf notwendige Programmänderungen sind vom Reiseleiter grundsätzlich immer in den Reiseleiterbericht aufzunehmen, um zu gewährleisten, dass die Verantwortlichen umgehend reagieren.

Horst Martin Müllenmeister

Das Programmkonzept des Reiseleiters

I. Einleitung

Die Freiheit des Reiseleiters ist beschränkt. Seiner Kreativität, seinem Einfallsreichtum, seiner Spontaneität sind feste Grenzen gesetzt. Diese Grenzen sind manchmal eng und starr und manchmal weit und flexibel. Sie können eine hilfreiche Stütze sein oder ein steifes, hinderliches Korsett. Jedenfalls sind sie sakrosankt und unverrückbar. Die Grenzlinien sind die Routen und Stationen des Reiseverlaufs, den der Veranstalter publiziert hat. Sie stehen im Reisekatalog und vielleicht ausführlicher in einer Fahrtbeschreibung, die der Kunde nach der Buchung oder bei Reiseantritt erhält. Sie sind damit Vertragsbestandteil und einklagbar, eine Leistung, auf die der Reisende Anspruch hat. Der Reiseleiter darf also keine vorgeschriebene Station weglassen, auch wenn sie ihm noch so falsch, überflüssig oder schädlich erscheint.

Eine solche erzwungene Zurückhaltung mag im Einzelfall frustrierend sein; es wird jedoch jedem einleuchten, dass sie notwendig ist: Sie schützt den Reisegast vor der Gefahr, dass ihm etwas vorenthalten wird, was er vorweg pauschal bezahlt hat. Es versteht sich, dass man ihm nicht weniger bieten darf, als ihm zugesagt wurde. Aber selbstverständlich kann man ihm mehr geben, als ihm zusteht. Was bedeutet, dass dem Reiseleiter Annullierungen nicht erlaubt sind, dass Zugaben jedoch in seinem Belieben stehen (sofern sie dem Veranstalter keine Kosten verursachen). Dass er nicht wegnehmen und streichen darf, durchaus jedoch weiterführen, ausfüllen, komplettieren. Und das ist nicht nur eine Möglichkeit, es ist eine Forderung und Aufgabe. Es ist der Anspruch, der dem Reiseleiter gestellt ist.

Das Programm, das der Reiseleiter vom Veranstalter übernimmt, ist kein Fertigprodukt, das er dem Gast nur weiterzureichen braucht, es ist eine Halbware, die noch einer endgültigen Bearbeitung bedarf. Wobei es Fabrikate gibt, die schon weitgehend vorgeformt sind bis in die Einzelteile, und andere, die eben erst den groben Umriss erkennen lassen und der Kreativität des Weiterverarbeiters reichlich Spielraum lassen.

Es sind die grober gefügten Programme, die dem Reiseleiter mehr Chancen geben, seine eigenen Vorstellungen zu verwirklichen. Sie geben ihm auch mehr Möglichkeiten, sich auf die Besonderheiten der speziellen Situation einzustellen, auf die Wetterverhältnisse, die Zusammensetzung der Reisegruppe, die Interessen der Reiseteilnehmer. Sie stellen an den Reiseleiter allerdings auch höhere Ansprüche und laden ihm eine größere Verantwortung auf. Eine gute Rundfahrt jedenfalls wird nur dann zustande kommen, wenn sich die Planungsabteilung des Veranstalters und der Reiseleiter als Partner verstehen, als Co-Produzenten, die sich gegenseitig zuarbeiten. Was am Schreibtisch des Planers Projekt wurde, muss sich in der Praxis bewähren, und die Erfahrungen in der Praxis müssen zurückwirken auf die künftige Planung. So ist eine Reise nie fertig, sie befindet sich vielmehr in einer kontinuierlichen Entwicklung, in einem nie endenden Wandlungsprozess, der gespeist wird durch die Spannung zwischen theoretischem Ansatz und dem Feedback aus der Realisierung.

Es ist notwendig, dass der Reiseleiter seine Rolle in diesem Prozess erkennt. Wenn er seine Aufgabe wahrnehmen will, darf er das ihm auferlegte Programm nicht hinnehmen wie eine unbegreifliche Verordnung oder ein blindes Schicksal, er muss sich an der Konzeption beteiligen. Das heißt, er muss sich mit dem, was ihm die Planer übergeben haben, auseinandersetzen, er muss es gedanklich nachvollziehen. Darauf aufbauend wird er dann seine Strategie entwickeln. Die richtige Strategie wird er nämlich nur dann finden, wenn er die Stärken und die Schwächen des Planungskonzepts kennt. Wenn er also weiß, wo er einen positiven Trend unterstützen darf und wo er gegensteuern und absichern muss. Wobei es Schwächen gibt, die unabänderlich sind, weil sie sich aus organisatorisch-technischen Notwendigkeiten ergeben.

II. Maßstäbe und Urteile: Was bezweckt die Studienreise?

Wenn wir Reiseprogramme beurteilen wollen, stellt sich zunächst einmal die Frage nach den Maßstäben, an denen sich ein Urteil ausrichtet. Um Maßstäbe zu gewinnen, benötigen wir eine grundsätzliche Orientierung, eine Zielvorgabe: Was sind und zu welchem Zweck veranstalten wir Studienreisen? Der Begriff ist schillernd und durchaus geeignet, uns in die Irre zu führen. Wenn wir ihn beim Worte nehmen, so handelt es sich um Reisen, die zu Studienzwecken unternommen werden. Semantisch hat das zwei Konsequenzen! Es klingt erstens nach ernsthafter Arbeit. Man denkt an Studenten, die ihr Wissen komplettieren, an Universitätsseminare auf Rädern, an Wissenschaftler, die sich mit einem Auslandsprojekt beschäftigen, die sich mit Kollegen in befreundeten Ländern beraten. Jedenfalls an Leute, die ihre Pflicht erfüllen und ihrem Broterwerb nachgehen. Zweitens denkt man an Fachthematik. Man vermutet, dass sich die Reisenden mit einem klar definierten Gegenstand beschäftigen werden, mit archäologischen Ausgrabungen etwa, mit Bewässerungssystemen in semiariden Gebieten oder mit mikroprozessorgesteuerter Zugfolge in U-Bahnen.

Dass diese Assoziationen gefährlich sind, ist – hoffentlich – einleuchtend. Der Urlauber nämlich hat nicht die Absicht, sich an einem wissenschaftlichen Projekt oder an einer wirklichen Fachdiskussion zu beteiligen; er bringt dafür auch keinerlei Voraussetzungen mit. Er spürt keineswegs das Verlangen, sich einem Leistungsdruck zu unterwerfen, er hat im Gegenteil das Bedürfnis, sich vom alltäglichen Leistungszwang zu erholen. Er ist in der Regel keineswegs daran interessiert, sich zwei oder drei Wochen lang auf ein einzelnes Thema zu konzentrieren, auf den Ausschnitt, den eine wissenschaftliche Disziplin liefert, auf einen Teilaspekt des Landes, das er bereist. Er ist vielmehr auf Abwechslung erpicht, auf neue Eindrücke, bunte Bilder und vielerlei Erlebnisse.

Die Studienreise, die in Reisebüros gehandelt wird, ist keine wissenschaftliche Unternehmung, auch dann nicht, wenn sie von einem Wissenschaftler geleitet wird. Weshalb es auch schwer vorstellbar wäre, dass ein Archäologe eine Klassische-Hellas-Reise buchen würde, ein Student der Ägyptologie eine Pyramiden-Tour oder ein Ethnologe einen Kurz-Trip nach Sulawesi. Die hier behandelte »Studienreise« ist eine touristische Veranstaltung, sie gehört nicht in die Arbeitssphäre sondern in die Freizeitsphäre. Freizeit jedoch wird in unserer Kultur deutlich als Gegenwelt zur Arbeitswelt empfunden und weist in allen wesentlichen Determinanten konträre Positionen auf:

ARBEIT	FREIZEIT
Fremdbestimmung	Selbstbestimmung
Leistung	Spiel
Streß	Entspannung
Unlust	Freude
Zwang	Freiwilligkeit
Konvention	Zwanglosigkeit
Pflichterfüllung	Kreativität

Wer ein Programm für eine derartige Veranstaltung entwickelt, sollte das ständig im Auge behalten. Er sollte immer beherzigen, dass er mit dieser »Studienreise« nichts erreichen und bezwecken darf, was über den Urlaubsrahmen hinausweist, Er muss darauf verzichten, ein Freizeitvergnügen durch irgendwelche nützliche Auswirkungen auf die »ernsthafte« Alltagswelt zu legitimieren. Er muss der Versuchung widerstehen, ein Seminar auf Rädern zu veranstalten. Maßstab des Erfolges ist nicht die

Menge des Wissens, das er vermittelt, nicht die Fülle der Sehenswürdigkeiten, die er vorführt, nicht die Zahl der Kulturdenkmäler, die er interpretiert. Den Erfolg wird er daran messen müssen, ob es ihm gelungen ist,
seinen Gästen einen schönen Urlaub zu verschaffen.

Bei der Konzeption von Rundreiseprogrammen gibt es zwei prinzi-
pielle Fehler, die ebenso schädlich wie weit verbreitet sind. Der eine besteht in einer thematischen Einseitigkeit, einer Beschränkung etwa auf
historisierende Thematik oder auf kunsthistorische Inhalte. Der andere beruht auf einer Überfütterung und Überforderung der Teilnehmer, einer
Maßlosigkeit, die nichts auslassen kann, die eine Besichtigung nach der
anderen in den Tagesablauf hineinstopft, bis die letzte freie Minute ver-
plant ist und keine Gelegenheit zum Atemholen mehr verbleibt. Nicht
selten treten die beiden Fehler gemeinsam auf.

III. Zeitaufwand und Gewinn: Eine Kosten-Nutzen-Rechnung

Der zweite Fehler wirkt zweifellos noch verderblicher als der erste. Weil
die Überforderung, wenn eine gewisse Grenze überschritten ist, unausweichlich zum Misserfolg der Reise führt. Die Gefahr der Überforderung
allerdings ist mitunter bereits durch die festgelegte Fahrtroute und die un-
abänderlichen Tageskilometerleistungen vorausbestimmt. Gerade in diesen Fällen ist die Sensibilität und Geschicklichkeit des Reiseleiters besonders wichtig.

Wenn man sich ein Bild machen will von den Vorzügen und Schwach-
stellen eines Reiseverlaufs, empfiehlt es sich, eine nüchterne Analyse mit
dem Rechenstift anzustellen. Man nehme von Reisebeginn bis Ende eine
Zeitkontrolle vor und registriere täglich vom Frühstück bis zum Abendessen präzise, wofür die kostbaren Stunden des Tages verwendet werden.
Am Abend sortiere man die verlebten Stunden in vier Blöcke, die folgende Überschrift tragen:

1. BESICHTIGUNGEN
2. FREIZEIT
3. TRANSFERE/FAHRTEN
4. TECHNISCHE PAUSEN.

Bei dieser Aufteilung geht es zunächst einmal darum, »nutzbare« Zeit ab-
zugrenzen gegenüber dem Zeitaufwand, der erforderlich ist, um den gewünschten Nutzen zu erzielen. Es dürfte Übereinstimmung darüber bestehen, dass der Nutzen einer derartigen Unternehmung im Erlebnisertrag
besteht. Man unternimmt eine solche Reise, weil man »fremde Länder und

Menschen kennen lernen« will, weil man »seinen Horizont erweitern« möchte und Kontakt mit anderen Kulturen sucht.

Zweck der Reise wäre also Kommunikation mit der Umwelt. Und als »nutzbar« wären alle Stunden und Minuten einzustufen, die diesem Ziele dienstbar gemacht werden können. Das wären zunächst einmal die im Programm vorgesehenen Besichtigungen, Stadtrundfahrten, Rundgänge oder vergleichbare Unternehmungen, die von der Gruppe unter der Führung des Reiseleiters absolviert werden. Das sind weiterhin die Stunden, die zur freien Verfügung verbleiben und dem Reiseteilnehmer die Gelegenheit bieten, sich individuell und selbständig zu bewegen und nach Lust, Laune und eigenem Ermessen Informationen und Impressionen einzusammeln. Damit wäre die eine Waagschale gefüllt. Auf die andere Seite müssen nun die Stunden gelegt werden, die aufgewendet werden müssen, um diesen Gewinn zu erzielen. Das sind also die Stunden, die man in Flugzeugen, Bahnen, Bussen, in Schlafwagen und Liegesitzen, in Wartesälen und auf Transferen verbringt, um jene Sehenswürdigkeiten zu erreichen, um derentwillen man alle diese Strapazen auf sich nimmt.

Verbleibt jener Zeitaufwand, der auf die unvermeidlichen Aufenthalte entfällt: Zimmerverteilung, Kofferpacken, Morgen- und Abendtoilette, die Mahlzeiten. Zum größten Teil also Tätigkeiten, die kaum beeinflusst und verändert werden können. Allerdings gehört auch jene halbe Stunde dazu, die zwischen Kofferpacken und Abfahrt in einem isoliert gelegenen Hotel am Stadtrand verbleibt und die man nicht einmal zu einem Straßenbummel verwenden kann. Da sie im Sinne des hier anvisierten Nutzens unbrauchbar ist, kann sie nicht der Freizeit zugerechnet werden. Ob in den technischen Pausen also vergeudete Zeitreserven stecken, ist eine Frage, der man sich widmen muss. Es geht dabei im wesentlichen um jene verschenkten Minuten oder gar Stunden des Herumsitzens, die auch für die Erholung wertlos sind.

Darüber hinaus braucht man sich um die technischen Pausen nicht mehr zu kümmern. Sie weisen bei verschiedenen Reisen und in unterschiedlichen Ländern immer wieder ähnliche Werte auf und können fast als Konstante betrachtet werden. Variabel dagegen, mit extremen Unterschieden von einem Fall zum anderen, sind die drei anderen Faktoren. Ihre Relationen bestimmen die große Linie des Fahrtrhythmus und damit das Strukturgrundraster des Programmverlaufs.

Entscheidend dafür ist zunächst einmal das Verhältnis zwischen nutzbarer Zeit und Zeitaufwand. Wenn wir die Variablen PROGRAMM + FREIZEIT einerseits und TRANSFERE andererseits zueinander in Beziehung setzen, so ergibt sich eine Formel, mit deren Hilfe sich eine Nutzen-Kosten-Relation der Reise mit einer Ziffer darstellen lässt. Die Ziffer ist der Effizienzwert E.

Die Formel lautet:

$$F = \frac{PROGRAMM + FREIZEIT}{TRANSFERE}$$

Man sieht auf den ersten Blick, dass ein hoher Effizienzwert großen Nutzen, ein niedriger Wert geringen Nutzen bedeutet. Man erkennt auch gleich, dass ein Wert 2 beispielsweise bedeutet, dass die Reisegruppe für je zwei Stunden Urlaubserlebnis durchschnittlich eine Stunde im Verkehrsmittel zubringen muss.

Nun fragt man sich natürlich, ob ein derartiges Missverhältnis zwischen Gewinn und Aufwand überhaupt diskutabel ist. Nichtsdestoweniger werden Rundfahrten durchgeführt, deren Messwerte noch erheblich tiefer liegen. Der Marge 2 jedoch kommt anscheinend eine besondere Bedeutung zu: Bisherige Erfahrungen lassen vermuten, dass unterhalb dieser Grenze die Belastung und die im Verlauf der Reise zunehmende Ermüdung die Konzentration und die Erlebnisfähigkeit in erheblichem Maße mindern und somit einen Urlaubsgenuss verhindern.

Ein deutlicheres Bild ergibt sich, wenn man die Effizienzwerte der einzelnen Reisetage in der Aufeinanderfolge betrachtet. Der Gesamtwert allein ist wenig aussagekräftig. So beruht vielleicht ein erfreulicher Durchschnittswert auf ein paar ungewöhnlich hohen Tageswerten, während die Werte der anderen Tage extrem niedrig sind (Beispiel A). Die Teilnahme an dieser Reise war natürlich keineswegs ein Vergnügen: Man darf nicht erwarten, dass vier extrem strapaziöse Tage aufgewogen werden durch zwei unverhältnismäßig positive Programmteile. Die Verteilung von belastenden Faktoren und Erholungsmomenten spielt erwartungsgemäß ebenso eine Rolle wie die absoluten Quantitäten. Der Rhythmus, das Muster der Abfolge von Spannung und Entspannung, hat hier eine wichtige Funktion.

So ergab sich bei einer teilnehmenden Beobachtung mehrerer Rundfahrten, der die hier aufgeführten Beispiele entstammen, dass eine hohe Fahrleistung an einem Tag durchaus akzeptabel ist, wenn am folgenden Tag ein entsprechender Ausgleich erfolgt. In allen Fällen jedoch, in denen der Effizienzwert an zwei aufeinanderfolgenden Tagen unter die Marge 2 fiel, traten Ermüdungserscheinungen auf, mehr oder weniger verbunden mit depressiven oder aggressiven Stimmungen.

Ein überzeugendes Beispiel dafür bietet Beispiel B. Hier war der Fahrtrhythmus, die Streckeneinteilung und die Zeitplanung teilweise exzellent. Die Resonanz bei den Teilnehmern war gut und wurde fast kontinuierlich besser; es war offensichtlich, dass die Gruppe die Rundfahrt erholt, in Ferienstimmung und strahlender Laune beendete. Gerade deshalb jedoch fiel auf, dass sich an einem Tage Erschlaffung bemerkbar machte, ein Stimmungstief. Es war der Abend des vierten Tages. Ein Blick auf die Tageswerte zeigt, dass am dritten und vierten Tag Tageswerte unter 2 gemessen wurden. Die Rettung für die Reise war, dass dieses Tief in der Mitte und nicht am Ende lag.

Die Reise B, besonders nachdem der Planungsfehler für den vierten Tag korrigiert worden war, gehört zu jenen vorzüglich programmierten Reisen, deren Erfolg nur durch außerordentliche Unfähigkeit des Reiseleiters verhindert werden kann. Das Beispiel C dagegen zeigt eine Fahrt, bei der selbst überragende Kompetenz und unermüdlicher Einsatz des Reiseleiters nur das Schlimmste verhüten konnte. In einem solchen Fall verbleibt dann noch eine Pflicht: der Planungsabteilung mit Eilbrief die Messdaten zu senden.

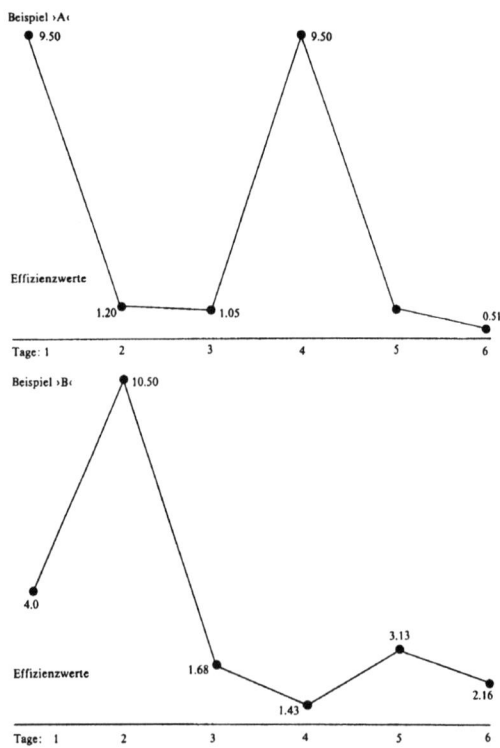

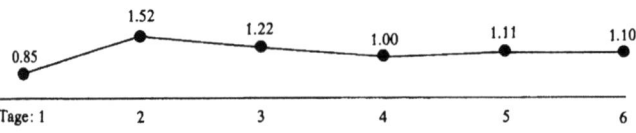

IV. Auch Gemeinschaft macht müde: Der Wert persönlichen Freiraums

Die Berechnung der Tageseffizienzwerte bringt nützliche Erkenntnisse, erklärt jedoch immer noch nicht alle Gruppenreaktionen. Anders gesagt: Auch bei akzeptablen Effizienzwerten kann es zu Ermüdungserscheinungen, zu Unlust, Missmut, progressiver Lethargie und Reizbarkeit kommen. Das zwingt uns dazu, eine zweite Messsonde zu suchen und die Analyse weiter zu treiben. Dabei bietet sich an, die beiden Faktoren gesondert zu betrachten, die wir bisher nur summiert benutzt haben: nämlich PROGRAMM und FREIZEIT. Beide dienen zwar, wie wir gesehen haben, dem Reisezweck und sind als nutzbare Zeit folgerichtig zusammengefasst worden. Einen anderen Aspekt jedoch eröffnet die Frage, wieviel individueller Freiraum dem Reiseteilnehmer verbleibt, wieviel Spielraum für Eigeninitiative, für Einzelunternehmungen, für ganz persönliche Erkundungen, Erlebnisse und Begegnungen. Der Faktor könnte von größter Bedeutung sein, sowohl für die Wünsche, Bedürfnisse und Erwartungen des Einzelnen wie für die Gruppenatmosphäre.

Der Messwert, der hier benötigt wird, betrifft also die Relation zwischen der individuell nutzbaren Zeit und der Zeit, die im Gruppenrahmen verbracht wird. Die Freizeitziffer F errechnet sich folglich durch die Gleichung:

$$F = \frac{PROGRAMM + TRANSFERE}{FREIZEIT}$$

Bei den als Beispiel erwähnten Reisen lagen die Freizeitziffern zwischen 0.22 und 0.65. Bei Fahrtverlauf B, der sich als besonders positiv erwies, war F = 0.41. Es scheint, dass niedrigere Freizeitziffern Gefahr signalisieren.

Diese Gefahr dürfte umso größer sein, je geringer gleichzeitig der Effizienzwert ist. Anders gesagt: Je größer die Strapazen der Reise, desto notwendiger ist offensichtlich ein privater Freiraum zur Regeneration. Ist er nicht in genügendem Maße vorhanden, bleiben die Teilnehmer allzu viele Stunden täglich in die Gruppe eingebunden, so können sich Spannungen und allgemeine Unlust entwickeln. Dazu kommt eine zweite Beobachtung: Es hat den Anschein, dass das überdehnte Zusammensein mit den anderen Gruppenmitgliedern die Kommunikation eher hindert als begünstigt. Das würde bedeuten, dass ein gewisses Maß an individuell nutzbarer Zeit nötig ist, um Kontakte innerhalb der Gruppe zu fördern. Das Gruppenklima wäre damit auch eine Funktion der Freizeitziffer.

Diese Feststellung ist keineswegs überraschend. Räumliche Enge nämlich führt zu gleichen Konsequenzen, und es ist eine einleuchtende soziologische Hypothese, dass nur ein ausgeglichenes Verhältnis zwischen öffentlichem und privatem Raum Kontaktaufnahme möglich macht.

V. Abwechslung und Aktivierung: Das Programm ist so gut wie sein Rhythmus

Ein erfolgreiches Programmkonzept für einen befriedigenden Reiseverlauf beruht demnach auf zwei Voraussetzungen:

- einer vernünftigen Relation zwischen Fahrtzeiten und Verweilzeiten, zwischen Kilometerleistung und Erlebnisgewinn,
- einem bekömmlichen Rhythmus von Transferen, Programmteilen und Freizeit, verbunden mit einem Optimum an persönlichem Freiraum.

Auf die erste Bedingung hat der Reiseleiter keinen direkten Einfluss, für die zweite dagegen ist er im wesentlichen verantwortlich. Die vorgeschriebenen Fahrtstrecken muss er zwar bewältigen, die angekündigten Sehenswürdigkeiten hat er zu absolvieren. Die Abfolge jedoch, die Gewichtung, die Zurichtung sind in seine Hand gegeben.

Besichtigungen lassen sich dehnen oder straffen, in Museen mag man Stunden oder Viertelstunden verbringen, vor Monumenten kann man knappe Erläuterungen geben oder umfängliche Vorträge halten. Man kann einen Stadtrundgang in einem gehetzten oder in einem angenehmen Tempo absolvieren. Man kann der Versuchung erliegen, immer noch etwas Bedeutendes, Wesentliches, Kostbares zusätzlich in das Programm hineinzupacken, und man kann der Versuchung widerstehen. Man kann immer wieder übersprudeln vor mitteilsamer Beredsamkeit oder man kann dort, wo die Grenze der Aufnahmefähigkeit erreicht ist, auf die wunderschönste Rede verzichten. Es gibt vermutlich mehr Studienreiseleiter, die ihre Gruppen überfüttern, als solche, die sie an Unterernährung leiden lassen.

Offensichtlich macht es dem Reiseleiter große Schwierigkeiten, sich in die Rolle des Geführten hineinzufühlen. Während er ständig tätig ist, seine Aktivität kontinuierlich gefordert wird, überlegt er nicht, welches Maß passiver Rezeptivität, wie viele Stunden Stillsitzen und Zuhören täglich den Reisegästen zugemutet werden. Wer sich dieses Volumen jedoch einmal vor Augen führt, wer sich dann einmal ehrlich prüft, wie lange er selbst einem Vortrag konzentriert folgen kann, der ist auf dem Wege zur Einsicht und zu einer besseren Programmgestaltung. Er wird dann zugeben, dass seine grundlegende Tätigkeit darin bestehen muss, die Erlebnisbereitschaft, die Aufnahmefähigkeit der Teilnehmer zu erhalten, zu wecken und zu fördern. Dafür aber hat er im wesentlichen zwei Mittel: Abwechslung und Aktivierung.

Konkret heißt das beispielsweise, dass er seiner Gruppe Bewegung gönnt, nicht nur geistige sondern auch körperliche Bewegung und frische Luft. Nicht jeden Weg muss man mit dem Bus fahren, ein Rundgang ist meist in jeder Beziehung ersprießlicher als eine Rundfahrt, und eine erfrischende Stunde kräftiger Muskeltätigkeit am Morgen kann eine Gruppe so gutgelaunt und lebendig machen, dass sie einen strapaziösen Transfertag in erträglicher Verfassung übersteht. Bei langen Fahrtstrecken lässt sich solche Bewegungstherapie gezielt einbauen: Indem man etwa die Gruppe am Anfang eines langen Straßendorfes auszusteigen bittet und den Bus zum Dorfende vorschickt. Eine solche Aktivpause trägt mehr zur Rekreation bei als die übliche Verlegenheitspause, die man im Café herumsitzend verbringt. Oder indem man den Bus in der Ortsmitte anhalten und die Teilnehmer eine halbe Stunde zur Erkundung ausschwärmen lässt. Was zudem den Vorteil hat, dass es nicht nur den Bewegungsapparat sondern auch die Sinne aktiviert.

Durch eine einfallsreiche Anordnung von Fahrtunterbrechungen, durch einen guten Rhythmus von Fahren und Pausieren lässt sich auch eine lange Fahrtstrecke so gestalten, dass sie nicht ermüdend sondern anregend und lebendig wirkt. Als Beispiel sei hier jene Tagesetappe aus der erwähnten Rundreise B aufgeführt, die den größten Transferanteil hatte, nämlich 3,6 Stunden Busfahrt. Durch eingeschobene Besichtigungen, Freizeit mit Gelegenheit zu individuellem Rundgang und Erfrischungspausen war die Fahrt so aufgelockert, dass an diesem Tag keine Ermüdungserscheinungen bemerkbar wurden (Beispiel D).

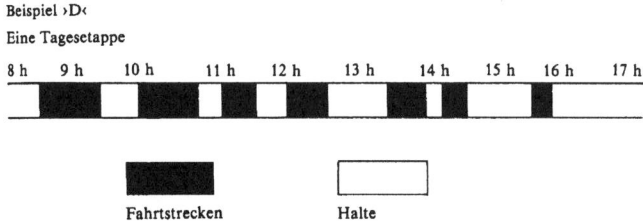

Wie man sieht, beträgt die längste Fahrtstrecke 50 Minuten, nur ein einziger Halt dauert weniger als 25 Minuten. Wesentlich ist, dass hier keine Zeit vergeudet wird. Kurzpausen nämlich, die berühmten »Fotopausen«, können so gut wie nicht genutzt werden und haben keinen Erholungswert, man kann mit ihnen jedoch eine Menge kostbarer Zeit verkleckern. Bei einer halben Stunde dagegen wird eine Pause brauchbar und nützlich. Wenn dieser Tag nicht ermüdend wirkte, so hat das zweifellos einen

Grund: der Tag war nicht eintönig. Es hat einen zweiten Grund: der Tag bot genügend Bewegungsmöglichkeit, genügend persönlichen Freiraum. Wir sollten uns immer wieder ins Gedächtnis rufen, dass es keine besseren Schlafmittel gibt als Eintönigkeit und Bewegungslosigkeit.

Wenn wir diese Einsicht ernst nehmen, wird sie uns dazu bringen, dass wir auf einen dritten oder vierten Tempel bei einem Stadtrundgang verzichten zugunsten eines Fabrikationsbetriebes oder einer Markthalle, auch wenn wir den vierten Tempel für künstlerisch und historisch wertvoll halten. Sie wird uns veranlassen, eine Besichtigungsfahrt abzukürzen, damit vor dem Abendessen noch eine Stunde Zeit bleibt für einen Stadtbummel. Und sie wird uns daran erinnern, dass wir nach jeder Führung grundsätzlich Gelegenheit geben zu einem privaten Rundgang, zu selbständiger, ungestörter Betrachtung, auch wenn das die Darlegungen des Reiseleiters erheblich beschneidet.

Denken wir daran: Maßstab für die Qualität einer Rundfahrt kann nicht die Fülle der vorgezeigten Kunstgegenstände sein, nicht die Dichte der absolvierten Sehenswürdigkeiten und nicht die Lückenlosigkeit des demonstrierten Kulturmusters, Maßstab ist lediglich das Urlaubserlebnis der Reiseteilnehmer.

Angela D. Bartl, Harald Bartl

Studienreiseleitung und Recht

I. Rechtsstrukturen und Reisearten

Nach deutschem Recht hat der Reisende folgende Möglichkeiten, eine Auslandsreise zu organisieren:

1. Selbstorganisation

Der Reisende plant und realisiert seine Reise selbst und auf eigenes Risiko. Dazu schließt er eine Reihe von Verträgen mit unterschiedlichen Vertragspartnern ab (z.B. Beherbergung, Beförderung, Verpflegung, Sport-, Sprachprogramme, Gästeführer). Unter rechtlichen Aspekten ist dieser Weg besonders bei Auslandsreisen riskant (ausländisches Recht, Gerichtsstand im Ausland, Sprachprobleme, vgl. hier § 17 ZPO, Art. 16 EuGVÜ zum Gerichtsstand).

2. Einschaltung eines Reisevermittlers

Weiterhin hat der Reisende die Möglichkeit, sich die einzelnen Reiseleistungen durch einen Reisevermittler (Reisebüro) vermitteln zu lassen (Geschäftsbesorgungsvertrag nach den §§ 675, 631 ff BGB). Zur Vermittlung gehören zum Beispiel die Reisevorbereitung, die Auswahl und Beschaffung der Reiseleistungen, Informationen über Einreisebestimmungen, über gesundheitspolizeiliche Vorschriften usw[1]. Diese Vermittler haften lediglich für Vermittlungsfehler, aber nicht für die vermittelten Leistungen selbst (falsche Auswahl der Vertragspartner, unterlassene oder falsche Information, unzutreffende Auskünfte, Nichtweiterleitung von Nachrichten

---

[1] BGH, Urteil vom 16.4.2002 – X ZR 17/01 (Incentive-Reise); NJW 2000, 1639 (Sicherungsschein).
Im folgenden Artikel werden die üblichen Abkürzungen der juristischen Fachsprache benutzt, wie sie beispielsweise im Abkürzungsverzeichnis von Palandt-Sprau: BGB-Kommentar, 61. Aufl., München 2002, aufgeführt und erklärt sind.

usw). Der Reisende kann allerdings bei Pflichtverletzungen vom Reisevermittler Schadensersatz verlangen[2].

3. Reiseveranstalter – Pauschalreise

Am sichersten ist für den Reisenden das Buchen der Pauschalreise eines
Reiseveranstalters zu einem Gesamtpreis[3] (Reisevertrag [§ 651a ff BGB
und BGB-Informationsverordnung – BGBInfV])[4]. Die Vorteile sind hier
insbesondere:

- nur ein Vertragspartner,
- nur ein Vertragstyp, nämlich den Reisevertrag (§§ 651a ff
  BGB),
- grundsätzliche Anwendbarkeit deutschen Rechts,
- Gerichtsstand in Deutschland.

Deshalb kann der Reisende bei Reisemängeln nach deutschem Recht vor
einem inländischen Gerichtsstand klagen. Den Reiseveranstalter trifft das
Risiko, weil er nach deutschem Recht für die von ihm gewählten Leistungsträger (Beförderungsunternehmen, Hotels, Gastronomie, Reiseleiter
usw) einzustehen hat. Der Reisende ist zudem gegen eine mögliche Insol-
venz des Reiseveranstalters durch den Sicherungsschein (Reisepreis und
Mehrkosten bei Reiseabbruch) geschützt[5].

4. Der Reiseleiter im Risikosystem der Pauschalreise

Die Teilnehmer einer Studienfahrt können erwarten, dass der vom Veranstalter beauftragte Reiseleiter die Fahrt organisatorisch und didaktisch
so durchführt, wie dies den zu erwartenden Standards entspricht und wie
dies im Reisevertrag vereinbart war. Fehlleistungen des Reiseleiters eröffnen den Reisenden verschiedene rechtliche Möglichkeiten gegen den Veranstalter, die teilweise recht teuer werden können. Schwerwiegende
Verstöße des Reiseleiters (z.B. vorsätzliches Nichtbeachten des Reiseprogramms oder sonstiger Dienstanweisungen) begründen wiederum Schadensersatzansprüche des Veranstalters gegenüber dem Reiseleiter. Reise-

---

[2] Vgl. BGH, Fn. 1; KG NJW-RR, 1991, 1017; OLG Hamm NJW-RR 1998, 1668, LG
     Hamburg NJW-RR 1998, 1670; BGH BGHZ 62, 71; LG Offenburg NJW-RR 1998,
     503.

[3] LG München, RRa 2002, 29 (Pauschalreise/Reisevermittlung); AG Ebersberg, NJW-
     RR 1999, 1066 (Geschuldetes Inkasso: Vollmacht eines Reisebüros); LG Duisburg,
     NJW-RR 1999, 1067 (Kosten für Rückflugbegleitung); AG München, NJW-
     RR 2001, 1497 (Falschauskunft des Reiseveranstalters).

[4] Palandt-Sprau: BGB-Kommentar, 61. Aufl. München 2002, Einf. v. § 651a Rn. 3; zur
     Abgrenzung Pauschalreise-Individualreise Klaus Tonner: Der Reisevertrag, 4. Aufl.,
     Neuwied 2000, 19 f.

[5] Palandt-Sprau: BGB-Kommentar, § 651k Rn. 1.

veranstalter und Reiseleiter sollten deshalb ihre jeweilige Rolle im Risikosystem der Pauschalreise genau kennen.

II. Studienreisen und wissenschaftliche Studienreisen

Der Begriff »Studienreise« ist rechtlich trotz mancherlei Bemühungen nicht eindeutig. Mangels einer durch die Rechtsprechung gesicherten Begriffsbestimmung wird man eine Studienreise als eine touristische Veranstaltung definieren, die das Erschließen von Sehenswürdigkeiten unterschiedlicher Art (Kunst, Archäologie, Geschichte, Natur, Technik usw.) auf »gehobenem Niveau« und mit »qualifizierter« Vermittlung durch einen fachkundigen Reiseleiter zum Ziel hat. Eine Studienreise verfolgt unter anderem auch Bildungsziele; ihr Hauptzweck liegt deshalb nicht allein in der Erholung.

Unter rechtlichen Aspekten kann auf eine genaue Definition schon deshalb verzichtet werden, weil die Studienreise zweifelsfrei zu den Pauschalreisen im Sinne des § 651 a ff BGB gehört. Entscheidend ist hier die verbindliche Leistungsbeschreibung (Katalog, Programm). Auch wenn der Katalog zur Qualifikation des Reiseleiters keine genauen Angaben macht, muss ein Studienreiseleiter die erforderlichen Fachkenntnisse aufweisen und sie professionell (d.h. didaktisch sinnvoll, inhaltlich richtig und vollständig) vermitteln können. Rechtserheblich sind die Prospektbeschreibung und/oder die Verwendung der Begriffe »Studienreise« und »Studienreiseleitung«[6].

Wenn keine Angaben zur Qualifikation des Studienreiseleiters gemacht werden, ist ein Fachstudium usw. kein notwendiges, sondern nur ein mögliches oder erwünschtes Qualifikationskriterium. Entscheidend ist, dass der Studienreiseleiter über die für eine Studienreise notwendigen Kenntnisse verfügt und nicht, wie er sie sich verschafft hat. Allerdings werden Fachkenntnisse alleine jetzt und in Zukunft nicht mehr genügen. Die Entwicklung der Studienreise bewegt sich in Richtung »Bildungsentertainment«. Der Reiseleiter muss deshalb zusätzlich über die hierfür erforderlichen organisatorischen, psychologischen und didaktische Kenntnisse und Fähigkeiten verfügen.

Eine als »wissenschaftliche Studienreise« ausgeschriebene Fahrt bedingt allerdings die wissenschaftliche Qualifikation des Reiseleiters für die jeweilige Reise und das Beherrschen des wissenschaftlichen Diskussionsstandes, was in der Regel ein Hochschulstudium voraussetzt. In Be-

---

[6] Vgl. Harald Bartl: Qualifizierte Reiseleitung, 2. Aufl., München 1987, Rn. 30 f.

tracht kommen auch hier Autodidakten, die sich dann allerdings an wissenschaftlichen Ansprüchen messen lassen müssen[7].

III. Das Reisevertragsrecht

1. Allgemeines

Entsprechend der §§ 651 a ff BGB enthalten Pauschalreisen eine Gesamtheit von Reiseleistungen aus einer Hand und zu einem Gesamtpreis. Die Studienreise mit ihren Leistungsmerkmalen Beförderung, Unterkunft, Verpflegung und Studienreiseprogramm gehört unstreitig zu den Pauschalreisen[8]. Dies bedeutet u.a., dass das vereinbarte Programm durchzuführen ist. Programmänderungen sind deshalb grundsätzlich nicht zulässig und begründen rechtliche Ansprüche des Reisenden. Die »Änderungsklausel« der »Allgemeinen Geschäftsbedingungen« deckt derzeit nach dem Trend der Rechtsprechung fast keine Änderungen mehr ab.

2. Die Rechte des Reisenden

Grundsätzlich hat der Reisende im Rahmen einer Pauschalreise folgende Rechte, wobei die nachfolgend beschriebenen Verfahrensrichtlinien einzuhalten sind:

---

[7] Vgl. Bartl: Qualifizierte Reiseleitung, Rn. 1 ff. Am Berufsbild des Reiseleiters wird derzeit seitens verschiedener Institutionen gearbeitet, ohne dass bislang – soweit ersichtlich – Ergebnisse vorlägen.

[8] Vgl. EuGH, NJW 2002, 1255 – Leitner./.TUI; BGH, Urt. v. 16.4.2002 – X ZR 171 (Incentiv-Reisen); BGH, NJW 2000, 1639 (Sicherungsschein - so grundsätzlich schon BGH in NJW 1985, 906 ff); OLG München, LG Hannover, RRa 2002, 91 (deutsche Sprachkenntnisse); OLGZ 1983, 83 (Jordanien); OLG Düsseldorf, NJW-RR 1998, 709 (Besichtigungsprogramm: fachkundige Reiseleitung); LG Heidelberg, NJW 1984, 133 = VersR 1984, 344 (Exkursionsreise); LG Frankfurt MDR 1984, 141 (USA); AG Frankfurt VersR 1988, 812 = TranspR 1988, 165 (Japan); AG Hamburg, NJW-RR 1989, 564; LG Mönchengladbach NJW-RR 1990, 317 (Rundreise); LG Hildesheim NJW-RR 1988, 1333 (Vorbereitungsliteratur); LG Bonn NJW-RR 1994, 884 (Nilreise); LG Heidelberg, NJW 1984, 13 (Griechenland-Exkursion: körperliche Anstrengungen); LG Frankfurt, NJW-RR 1992, 566 (Städtereise: Reiseleiterqualifikation); LG Heidelberg, RRA 1995, 13 (deutsche Sprache); AG Bad Homburg, RRa 2001, 184 (Expedition Sudan: keine Studienreise, sondern Expeditionsreise: Routenänderungen).

Rechte   *Voraussetzungen*

	Man-gel	Erhebli-cher Man-gel	Mangel-anzeige[1]	Angemes-sene Abhil-fefrist	Nichtab-hilfe
§ 651 c III BGB: Selbstabhilfe und Aufwendungsersatz	X		X	X	X
§ 651 d BGB: Minderung/Rück-zahlung eines Teils oder des ganzen Reisepreises	X		X		
§ 651 e BGB: Kündigung bei er-heblichen Reise-mängeln; Reise-abbruch		X	X	X	X
§ 651 f I BGB: Schadensersatz	X		X	X	X
§ 651 f II BGB: Schadensersatz we-gen beeinträchtigter Urlaubstage		X	X	X	X

Der Reiseleiter muss wissen:

- Was ist ein »Reisemangel«?
- Was ist eine »Mangelanzeige«?
- Was ist eine »angemessene Abhilfefrist«?
- Was versteht man unter »Abhilfe«?
- Welche Ansprüche greifen ein, wenn keine Abhilfe erfolgt?

Grundsätzlich sollte dem Reiseleiter jedoch stets bewusst bleiben, dass es in aller Regel besser ist, wenn der Reisegast als Kunde zufrieden bleibt, als wenn er oder der Veranstalter Recht behält. Deshalb sollten im Be-schwerdefall rasch praktikable und für alle befriedigende Lösungen ge-sucht und gefunden werden.

Die Rechtssprechung unterscheidet bei Reisemängeln zwischen

- »bloßen Unannehmlichkeiten« (für Gewährleistungsansprüche nicht relevant),
- »geringfügigen Beeinträchtigungen« (meist nicht oder kaum für Gewährleistungsansprüche relevant),
- »normalen/einfachen Reisemängeln« (begründen Gewährleis-tungsansprüche) und

- »erheblichen Reisemängeln« (rechtfertigen die Kündigung der Reise und gegebenenfalls auch Schadensersatzansprüche einschließlich des Ausgleichs für beeinträchtigte Urlaubstage. Hierbei können die Ansprüche des Reisenden den zurückzuzahlenden Reisepreis deutlich übersteigen)[9].

Als Berechnungsmaßstab ist auf dieser Grundlage die sogenannte »Frankfurter Tabelle« entwickelt worden[10]. Daneben taucht in der neueren Literatur der »Mainzer Minderungsspiegel« auf[11]. Die »Frankfurter Tabelle« und der »Mainzer Minderungsspiegel« bieten nur Anhaltspunkte für eine entsprechende Minderung[12]. Die Frankfurter Tabelle eignet sich zudem kaum für Spezialreisen, insbesondere nicht für Studienreisen[13].

Begrifflich sind in diesem Zusammenhang zu unterscheiden:

a) »Fehler«: Diese liegen vor bei Beeinträchtigungen der Reise durch Abweichungen vom üblichen Standard, wie ihn der Reisende aus seiner Sicht erwarten darf (Zimmermindestgröße [Einzel: 8 qm, Doppel: 12 qm gem, GaststVO der Länder – ist freilich ein heute nicht mehr aktueller Maßstab], Sauberkeit, keine defekten Einrichtungsgegenstände, keine mangelhafte Verpflegung [versalzen, verkocht, verdorben, Schnecken im Salat usw.], Ungeziefer, Servicemängel unter Berücksichtigung der Unterkunftskategorie usw.).

b) »Fehlen zugesicherter Eigenschaften«: Diese können entweder individuell oder im Prospekt zugesichert worden sein. »Individuelle« Zusicherungen sind Vertragsinhalt, sofern der Reisende sie beweisen kann. Zugesicherte Eigenschaften können bei Studienreisen neben den üblichen Angaben über Hotels z.B. umfassen: bestimmte Programmpunkte, Ablaufvarianten, Besuch besonderer Sehenswürdigkeiten, ein bestimmter Reiseleiter oder dessen Qualifikation usw. Alle Angaben, die dem Prospekt/Katalog sowie individuellen Zusagen zu entnehmen sind, sind objektiv auszulegen. Verschleiernde Angaben sind in der Regel rechtlich irrelevant (beispielsweise »Flughafennähe« = Einflugschneise; »naturbelassener Garten« = Steinwüste; »aufstrebender Ort« = rege Bautätigkeit usw.).

---

[9] Tempel: Reiserecht, differenziert weiterhin noch zwischen Vereitelung und Beeinträchtigung der Reise und spaltet die Reise auf in Beförderung, Unterkunft, Verpflegung usw.

[10] Hierzu Tempel: NJW 1980, 113. 1885; kritisch Müller-Langguth: NJW 1985, 900, 1885.

[11] Siehe hierzu ausführlich mit Abdruck des sehr detaillierten »Mainzer Minderungsspiegels« in Paul Kaller: Reiserecht, München 1999, 141 ff.

[12] Tempel: NJW 1980, 113. 1885 unter Einbeziehung der Rechtsprechung der 24. Zivilkammer des LG Frankfurts; kritisch Müller-Langguth: NJW 1985, 900, 1885.

[13] Hierzu LG Hamburg, RRa 1998, 76 (Seekreuzfahrt); auch LG Hamburg NJW-RR 1996, 117/118; Vgl. zur Praxis des LG Frankfurt NJW-RR 1992, 51 (41,25 % Minderung).

Keine Mängel sind:

- rein optische Störungen (stillgelegte Baustelle, sofern hierdurch nicht der zugesicherte Meerblick versperrt wird; der Anblick behinderter Menschen[14]),
- landestypische Speisen (sofern sie hygienisch einwandfrei und nicht nur geschmacklich ungewohnt sind),
- landestypische Möbel (sofern sie nicht defekt und in ausreichender Anzahl vorhanden sind),
- einmalige nächtliche Ruhestörung ohne Auswirkungen auf die Reise usw.,
- allgemeine Lebensrisiken (wie z.B. Wetter usw.),
- Programmverschiebungen/Programmaustausch (statt am Tag X am Tag Y, sofern keine weiteren Nachteile entstehen),
- Zumutbare Unannehmlichkeiten (z.B. kurze Wartezeiten, aber einzelfallbezogen)[15].

Einfache Mängel (zeitlich, qualitativ, betroffene Leistung) sind beispielsweise:

- nicht durchgängige Mängel im Servicebereich, der Verpflegung, der Unterkunft (bis zu etwa 30% der Gesamtzeit),
- sogenannte Hin- und Wiederstörungen (zweimal wöchentlich Ruhestörung, dreimal in der Woche mangelhaftes Essen, schlechter Zimmerservice usw.),
- Wegfall einer nicht erheblichen Sehenswürdigkeit bei Studienreisen,

---

[14] Verfehlt ist das sog. „Behinderten-Urteil" des LG Frankfurt, NJW 1980, 1169: »Anblick von schwer Behinderten als Reisemangel«.

[15] Zu allgemeinen Gefahren vgl. LG Hamburg, RRa 1995, 8 (Überfall auf eine Trekking-Tour als allgemeines Lebensrisiko); OLG Celle, RRa 2002, 16 (Skireise: Sturz aus dem Stand als allgemeines Lebensrisiko); siehe hierzu ferner m.w. Nachw. Palandt-Sprau: BGB, § 651c Rn. 3; zu Reisemängeln Ernst Führich: Reiserecht, 4. Aufl., München 2002, § 9; Tonner: Reisevertrag, S.121 ff; OLG Frankfurt, RRa 2002, 56 (Baulärm, Wasserversorgung, Freizeiteinrichtungen); LG Düsseldorf, RRa 2002, 67 (Wartezeiten beim Essen); LG Hannover, RRa 2002, 71 (fehlendes Animationsprogramm); LG Frankfurt NJW-RR 1994, 375; LG Frankfurt NJW-RR 1992, 890; LG Frankfurt NJW-RR 1987, 566; LG Frankfurt NJW-RR 1987, 495; LG Frankfurt NJW-RR 1992, 630; AG Essen NJW-RR 1991, 53; AG Düsseldorf MDR 1985, 232; LG Frankfurt NJW-RR 1987, 826; AG Frankfurt NJW-RR 1993, 60; LG Frankfurt NJW-RR 1992, 566; LG Frankfurt NJW-RR 1989, 566; OLG Karlsruhe VersR 1984, 795; OLG Düsseldorf NJW-RR 1991, 148; OLG Düsseldorf NJW-RR 1993, 315; OLG Düsseldorf MDR 1992, 351. Zur Vergewaltigung durch Hotelgärtner und Haftung des Reiseveranstalters AG Neuss, RRa 2000, 181.

- Ausfall von Nebenleistungen aus dem Sport-, Unterhaltungs-, Hobbybereich bei reinem Erholungsurlaub usw[16].

Erhebliche Mängel sind durchgängige Störungen im »Produktkernbereich« (Verpflegung, Unterkunft), vor allem mit Ausstrahlung auf den Erholungszweck der Reise, auch bei einer Studienreise (z.b. ganztägiger Baulärm, Ruhestörungen die ganze Nacht hindurch).

Bei Studienreisen sind dies zusätzlich:

- fehlende Qualifikation des Studienreiseleiters (z.b. fehlende deutsche Sprach- oder Fachkenntnisse),

- Ausfall wesentlicher Sehenswürdigkeiten oder angekündigter Programmpunkte einer Studienreise,

- Wegfall des Hauptzwecks oder Ausfall von mehr als 20-30% der wesentlichen Programmpunkte usw. sowie

- Reiseleiterfehler (falsche Informationen, Verletzung von Obhutspflichten, Organisationsmängel hinsichtlich des Ablaufs der Reise oder der Koordination von Leistungen)[17].

Nur bei erheblichen Mängeln kann eine Reise gekündigt werden (§ 651e BGB). Und nur bei erheblicher Beeinträchtigung der Studienreise, die grundsätzlich auch Erholungszwecken zu dienen hat, kommen Ansprüche wegen »beeinträchtigter – vertaner Urlaubszeit« in Betracht (§ 651f II BGB)[18]. Die Grenzen in der rechtlichen Einschätzung der Mängel sind

---

[16] Zu allem Palandt-Sprau: BGB-Kommentar, § 651c Rn. 3; sowie AG Frankfurt NJW-RR 1993, 1328; LG Frankfurt NJW-RR 1994, 178; LG Frankfurt NJW-RR 1987, 826; LG Frankfurt NJW-RR 1993, 61; AG Frankfurt NJW-RR 1991, 1144; AG München NJW-RR 1990, 760; LG Hannover NJW-RR 1989, 1389; LG Frankfurt NJW-RR 1990, 760; AG Hannover NJW-RR1990, 1210; AG Essen NJW-RR 1993, 53; AG Frankfurt NJW-RR 1993, 633; AG Frankfurt, RRa 7/2001, 142 m.w. Nachweisen.; OLG Frankfurt, NJW-RR 2002, 272 (gescheiterte Kilimandscharo-Überquerung: Regen/Nebel); AG Bad Homburg, RRa 2001, 164 (Baulärm: Geruchsbelästigung); AG Düsseldorf, RRa 1/2002, 20 (Beförderung in Komfort-Klasse: Sitzplatzbreite); AG München, RRa 2002, 25 (Kreuzfahrt: Swimmingpool/Flugverspätung); LG Frankfurt, NJW-RR 2001, 1497 (Wegschwemmen eines Strandes durch Hurrikan); AG München, NJW-RR 1999, 1146 (Schwimmen im Meer/Baulärm); AG Düsseldorf, NJW-RR 1999, 1147 (Mangel: Unterkunft); AG Kleve, NJW-RR 1999, 1148 (Mangel: Fehlendes Kinderbecken); AG Bad Homburg, RRa 2001, 205 (Katalogbeschreibung: Strandentfernung); AG München, RRa 2001, 212 (Swimmingpool: Qualitätszusicherung); AG Hamburg, RRa 2001, 210 (Mangelanzeige: Wartezeit).

[17] Vgl. AG Nürnberg, RRa 1995, 189 (falsche Abfluginformationen/mitwirkendes Verschulden des Reisenden); AG Bielefeld, RRa 1995, 152 (mangelhafte Organisation); LG Duisburg, RRa 1995, 150 (ungeeignete Sicherheitsmaßnahmen gegen Dienstahl); LG Frankfurt, RRa 1995, 104 (Pflicht der Reiseleitung zur Sorge für einen reibungslosen Ablauf der Reise, Koordination der örtlichen Leistungsträger, Abwehr unberechtigter Forderungen der Leistungsträger gegenüber Gästen, Vermeidung und Aufklärung von Irrtümern, Umgang mit »schwierigen Reisenden«: Sache des Reiseleiters).

[18] EuGH, RRA 2002, 117 (Leitner./.TUI); OLG München, RRa 2002, 57, 62 (Lawinen-

fließend. Eine Kündigung kann deshalb für den Reisenden in einem Grenzfall riskant sein. Bei unberechtigtem Reiseabbruch können ihm im Rahmen einer hypothetischen Berechnung auf der Basis fiktiver Reisedurchführung nur Minderungs- (§ 651 d I BGB) oder »kleine« Schadensersatzansprüche nach § 651 f I BGB zustehen.

3. Besonderheiten in bestimmten Bereichen

Einzelne Teilleistungen wie Luftbeförderungen können zu besonderen Problemen (Ausfall, Flugzeitenänderungen, Wechsel der Fluggesellschaft, Verspätungen sowie Gepäckverluste) führen – auch für die Reiseteilnehmer (verspätetes Erscheinen usw.). Flugverspätungen, die zu Minderungsoder Schadensersatzansprüche führen können, sind in der Regel ab vier Stunden rechtlich relevant[19]. Ähnliche Probleme ergeben sich bei der See-

---

unglück: Entschädigung in Höhe des Reisepreises); LG Köln, RRa 2001, 180 (Überbuchung: Schadensersatz wegen nutzlos vertaner Urlaubstage); LG München, RRa 7/2001, 138; LG Düsseldorf, NJW-RR 2002, 269 (Kataloghinweis auf Lärm); LG Frankfurt, NJW-RR 2002, 270 (psychische Beeinträchtigung: Verkehrsunfall/Bustransfer); AG München, RRa 9/2001, 189 (Schadensersatz wegen nutzlos aufgewendeter Urlaubszeit); LG Frankfurt, RRa 2001, 202 (Schadensersatz wegen nutzlos aufgewendeter Urlaubstage).

[19] Hierzu Ronald Schmid: Rechtsprechung zum Charterflug, Neuwied 1997, 71 (Flugverspätung); 81 (Verlegung der Flugzeiten); 91 (Zwischenlandung); 100 (Rückflugbestätigungserfordernis durch den Reisenden - sehr problematisch); 102 (Umbuchung); 104 ff (sonstige Mängel: Absinken des Luftdrucks, Tubulenzen, Rücktransport nach Erkrankung); 96 (Gepäckverlust); siehe dort S. 3 ff auch zum Warschauer Abkommen bei internationalen Flügen. Im übrigen z.B. AG Düsseldorf, NJW-RR 2002, 561 (siebenstündige Flugverschiebung bei Luftbeförderungsvertrag – Nichterfüllung); AG Hamburg, RRA 2000, 197 (26-stündige Flugverspätung durch zwei unplanmäßige Zwischenlandung usw.); AG Düsseldorf, RRa 2002, 20 (First-Comfort-Class: Sitzplatzbreite und Verpflegungsmängel); AG Frankfurt, RRa 2002, 22 (verspätet eintreffendes Reisegepäck); AG Frankfurt, RRA 2002, 23 (Rückbeförderung mit einer der drei angekündigten Gesellschaften zulässig); AG Hamburg, RRA 2002, 77 (Flug als Gattungsleistung, kein Anspruch auf bestimmte Fluggesellschaft); ferner LG Kleve, RRA 2001, 204 (Einsatz einer anderen als der angekündigten Fluggesellschaft: Rücktritt vor Reisebeginn berechtigt); AG Frankfurt, RRa 2001, 209 (Zwischenlandung: Reparatur eines technischen Defekts des Flugzeugs: Buchung einer anderen Fluggesellschaft unberechtigt); AG Kleve RRa 2001, 144 (zweistündige Verschiebung: 5 % des Tagesreisepreises); AG Frankfurt, RRa 2001, 144 (13 Stunden Abflugverspätung sind entschädigungslos hinzunehmen); AG Bad Homburg, RRa 2001, 145 (Flugverspätung von knapp 9 Stunden: Werkmangel); AG Frankfurt, RRA 2001, 142 (vorübergehender Kofferverlust für vier Tage 20 – 25 % des betroffenen Reisepreises pro Urlaubstag – wie OLG Frankfurt, NJW-RR 1993, 1147; LG Frankfurt NJW-RR 1986, 216). Zur Haftung bei Transferleistungen und Verkehrsfällen Tempel: RRa 2002, 4 (fehlendes Reisegepäck: Pflicht des Reiseleiters sich darum zu kümmern); AG Nürnberg, RRa 1995, 189 (falsche Informationen über Abflugzeiten: mitwirkendes Verschulden nach § 254 BGB).

schiffahrt, vor allem bei Fähren (Verspätung, Anschluss, Überbuchung). Der Reiseleiter hat hier – ebenso wie bei Abflugsverzögerungen – zumeist keine Einwirkungsmöglichkeiten. Immerhin muss er versuchen, die Belastung der Reisenden durch sinnvolles Überbrücken der Wartezeiten sowie durch flankierende organisatorischer Maßnahmen[20] usw. nach Möglichkeit zu reduzieren.

4. Abhilfeverlangen

Nach § 651 c II BGB kann der Reisende bei Reisemängeln zunächst Abhilfe verlangen. Dies ist nicht mit der Mangelanzeige zu verwechseln (s.u.), wird aber im Ergebnis zumeist damit identisch sein. Die Abhilfe kann verweigert werden, wenn sie einen unverhältnismäßigen Aufwand erfordert. Maßgeblich ist hierfür der Einzelfall. Das Verweigerungsrecht des Veranstalters lässt die Rechte des Reisenden auf Minderung unberührt. In der Praxis dürfte das Abhilfeverlangen keine große Rolle spielen, da der Reisende nur durch die Mangelanzeige (s.u.) seine Rechte nach den §§ 651 c III, 651 e, 651 f BGB erhalten kann.

5. Mangelanzeige

Die Mangelanzeige gegenüber dem Reiseleiter oder anderen Erfüllungsgehilfen des Veranstalters – vom Abhilfeverlangen zu unterscheiden (s.o.) – ist grundsätzlich die Voraussetzung für Gewährleistungsansprüche. Ohne Mangelanzeige stehen dem Reisenden keine Ansprüche oder Kündigungsrechte zu[21].

Die Mangelanzeige muss grundsätzlich während der Reise vor Ort erhoben werden (Möglichkeit zur Abhilfe) und ein Mindestmaß an Konkretheit aufweisen: Allgemeine Unmutsäußerungen ohne objektive Erkennbarkeit des »Beschwerdekerns« sind nicht ausreichend.
Ist dem Reisenden die Mangelanzeige nicht möglich ist oder unterlässt er sie unverschuldet (z.B. wegen Nichterreichbarkeit des Reiseleiters oder des Reiseveranstalters), bleiben seine Rechte erhalten. Das gilt auch dann, wenn sich die Mangelanzeige auf den Reiseleiter selbst bezieht (z.B. dessen fachliche oder sprachliche Qualifikation usw.). Die Mangelanzeige ist sinnlos bei Unmöglichkeit der Mangelbeseitigung (z.B. infolge des Zeit-

---

[20] Zum Beweiswert der Property Irregularity Reports (PIR): AG München, RRA 2001, 151 (Klagabweisung); AG Bad Homburg, Ra 2001, 143 (Gepäckschaden und Abrechnung nach dem Warschauer Abkommen).

[21] Vgl. etwa AG Kleve, RRa 1998, 140, zum Verhältnis von Mängelanzeige vor Ort und der Geltendmachung nach Reisende; AG Hamburg, RRA 2001, 210 (Mängelanzeige am Tag vor der Abreise: verspätet, Anstellen zur Mängelanzeige zumutbar).

ablaufs, der Unabänderbarkeit der Verhältnisse im Hotel, dem Ausfall von Programmpunkten).

5. Angemessene Nachfrist

Die »angemessene Abhilfe-/Nachfrist« soll dem Veranstalter die Möglichkeit geben, den Mangel zu beseitigen. Die Angemessenheit der Frist richtet sich nach dem Einzelfall (Art des Mangels, objektiv erforderliche Zeit zur Mangelbeseitigung oder Beschaffung einer gleichwertigen Ersatzleistung). Als Faustformel für die Praxis kann festgehalten werden: Bei aktuellen Störungen erheblicher Art (Zimmer nicht gereinigt, aber Reisender will/muss sich im Zimmer aufhalten), ist der Mangel in etwa der Hälfte der üblicherweise notwendigen Zeit zu beseitigen, (z.B. Zimmerservice: 20 Minuten = Abhilfefrist ca. 10-15 Minuten; verschmutzter Bungalow: Reinigung 1 Stunde = Abhilfefrist ca. 30-40 Minuten usw.; auch hier ist der Einzelfall entscheidend).

Ist die Störung erfolgt und nicht mehr aktuell, so muss der Mangel bis zu dem Zeitpunkt beseitigt sein, an dem sich die Leistung wiederholt. Wenn sich der Reisende also um 14.00 Uhr über das Mittagessen beschwert, muss die nächste Verpflegungsleistung, das Abendessen, mangelfrei sein[22].

7. Entbehrlichkeit der Fristsetzung

Eine Fristsetzung ist in den Fällen der §§ 651 c III, 651e, 651f II BGB entbehrlich, wenn

- der Reiseleiter die Abhilfe verweigert (Bestreiten des Mangels, Ablehnung der Reklamationsbearbeitung),
- eine Abhilfe unmöglich ist (z.B.wenn ein Besichtigungsobjekt deshalb ausfällt, weil eine Kirche wegen Bauarbeiten nicht betretbar ist),
- dem Reisenden ein Abwarten nicht zumutbar ist (z.B. bei Ankunft in der Nacht ein völlig verschmutzter Bungalow, dessen Reinigung mehrere Stunden in Anspruch nehmen würde usw.).

Allerdings muss auch in den zuletzt genannten Fällen dem Reisenleiter der Mangel angezeigt werden.

---

[22] LG Düsseldorf, RRa 0/2001, 201 (Rügefrist); AG Hamburg, RRa 10/2001, 210 (Mangelanzeige: Wartezeit); AG Bielefeld, RRa 10/2001, 208 (Mangelanzeige: Baulärm); LG Düsseldorf RRa 10/2001, 200 (Entbehrlichkeit der Mängelanzeigen).

8. Abhilfe

Die Abhilfe besteht in der Mangelbeseitigung oder in einer gleichwertigen Ersatzleistung. Gleichwertigkeit liegt nur bei weitgehend ähnlichen oder übereinstimmenden Leistungen vor (Ersatzhotel derselben Kategorie im selben Ort in zumindest ähnlicher Lage). Studienreisen werfen hier wegen ihres differenzierten Programms erhebliche Probleme auf. Schwerwiegend ist stets der Ausfall der Hauptsehenswürdigkeit oder des »Hauptzwecks« der Reise. Fallen wichtige Sehenswürdigkeiten oder gar die »Attraktion« der Reise aus, so wird in der Regel ein nicht behebbarer erheblicher Mangel anzunehmen sein, der den Reisenden auch zur Kündigung berechtigt.

9. Selbstabhilfe

Der Reisende kann den Mangel nach Mangelanzeige und Ablauf einer angemessen Abhilfefrist selbst beseitigen (§ 651c III BGB) und vom Reiseveranstalter Ersatz für die dafür erforderlichen Aufwendungen verlangen (z.B. Kosten für Ungezieferspray, Taxi- und Telefonkosten, Kosten des Ersatzhotels usw.). Keiner Fristsetzung bedarf es auch hier, wenn der Reiseleiter den Mangel bestreitet (Abhilfeverweigerung) oder die Mangelbeseitigung unmöglich ist.

10. Kündigung wegen erheblichen Reisemangels

Voraussetzung ist, dass die Reise oder der Zweck der Reise durch den Mangel »erheblich« gestört oder es dem Reisenden nicht zuzumuten ist, die Reise nach Ablauf einer angemessenen Abhilfefrist (Sonderfall § 651e II BGB) weiter fortzusetzen[23].

Ferner muss der Reisende dem Veranstalter eine angemessene Frist zur Mangelbeseitigung setzen (zur Fristsetzung vgl. oben). Sie kann auch hier unter den bereits zuvor dargestellten Voraussetzungen entfallen (Unmöglichkeit, Verweigerung usw.). Nach erfolgloser Fristsetzung kann der Reisende kündigen. Der Veranstalter verliert dann den Anspruch auf den vereinbarten Reisepreis (§ 651e III BGB), kann aber eine nach § 651e III BGB zu bemessende Entschädigung für erbrachte Leistungen verlangen. Letzteres gilt nicht, wenn die Leistungen für den Reisenden kein Interesse (»wertlose Reiseleistungen« wie z.B. Hin- und Rückbeförderungen ohne Eigenwert) haben. Darüber hinaus ist der Reiseveranstalter verpflichtet, den Reisenden zurückzubefördern, wenn der Vertrag die Rückbeförderung

---

[23] Palandt-Sprau: BGB-Kommentar, § 651e Rn. 2 ff; LG München, RRa 2001, 138; LG München, NJW-RR 2002, 168 (Kündigung bei Überbuchung: unzureichende Ersatzunterkunft); LG Düsseldorf, NJW-RR 2002, 269 (Kündigung: Kataloghinweis auf Lärm); AG Bad Homburg, RRa 2001, 182 (Kündigung: Reiseleitung); AG Bad Homburg, RRa 2002, 17 (Ersatzquartier: Kündigung/Entschädigung).

einschließt. Die hierfür anfallenden Mehrkosten fallen dem Reiseveranstalter zur Last (§ 651e IV BGB). Der Veranstalter hat nach § 651 e IV BGB die erforderlichen organisatorischen Maßnahmen zu treffen (Aussuchen einer geeigneten Rückbeförderungsmöglichkeit, Hilfe bei der Beschaffung von Flugtickets oder auch einer zusätzlichen Hotelübernachtung usw.). Der Reiseleiter ist hierbei verpflichtet, die Interessen des Veranstalters zu wahren und die kostengünstigste Lösung anzustreben.

Bei Studienreisen kommen – zusätzlich zu den üblichen Reisemängeln (Hotel, Beförderung, Umgebung, Service usw.) – als »erhebliche Mängel« noch der Ausfall von studienreisespezifischen Leistungen wie wichtigen Programmpunkten oder Qualifikation des Studienreiseleiters usw. hinzu.

11. Schadensersatz wegen nutzlos aufgewendeter Urlaubszeit

Neben den dargestellten Ansprüchen/Rechten kommt der Anspruch wegen »nutzloser Urlaubstage«[24] (vgl. § 253 BGB: für Ärger an sich z.B. stehen dem Reisenden grundsätzlich keine Ansprüche zu) nach § 651 f II BGB in Betracht. Der Anspruch soll abhängig sein von Reisepreis und Einkommen des betroffenen Reisenden, der Intensität der Störung sowie den subjektiven Verhältnissen[25]. Hier ist der Einzelfall entscheidend. Die Höhe des Anspruchs ist problematisch[26]. Anhaltspunkt soll auch hier die schon für Minderungsansprüche heranzuziehende Frankfurter Tabelle sein (ab 50 % Minderung pro Tag gilt eine grundsätzliche Obergrenze von etwa 75 €).

IV. Beweissicherung und Reklamationsbearbeitung

Reklamationen stellen – rechtlich gesehen – Mängelanzeigen dar. Der Reisende muss Mängelanzeigen und Fristsetzungen nicht schriftlich vorbringen. Ausreichend ist die mündliche Anzeige, sofern der Reisende sie

---

[24] Palandt-Sprau: BGB-Kommentar, § 651f Rn. 5 m.w.Nachweisen. Vgl. etwa OLG Frankfurt RRa 2002, 56 (bei Übersteigen der Minderung um mehr als 50 %); OLG München, RRa 2002, 57, 62 (Lawinenunglück: angemessene zusätzliche Entschädigung in Höhe des Reisepreises).

[25] Palandt-Sprau: BGB-Kommentar, § 651f Rn. 5 m.w.Nachweisen.; LG München, RRa 7/2001, 138; LG Düsseldorf, NJW-RR 2002, 269 (Kündigung: Kataloghinweis auf Lärm); LG Frankfurt, NJW-RR 2002, 270 (psychische Beeinträchtigung: Verkehrsunfall/Bustransfer); LG Köln, RRa 9/2001, 180 (Verjährung: Schadensersatz wegen beeinträchtiger Urlaubstage); AG München, RRa 9/2001, 189 (Schadensersatz: nutzlos aufgewendete Urlaubszeit); LG Frankfurt, RRa 10/2001, 202 (Schadensersatz: nutzlos aufgewendete Urlaubstage).

[26] Hierzu mit vielen Nachweisen Palandt-Sprau: BGB-Kommentar, § 651f Rn. 5.

beweisen kann[27]. Der Reiseleiter muss die Reklamation mittels des vom Veranstalter gestellten internen Formulars unter Beachtung der Beweissicherungsgrundsätze bearbeiten (Wer reklamiert? Wann? Wie? Allein oder in Anwesenheit von Zeugen? Mündlich oder schriftlich? Was wurde wann, durch wen und mit welchem Ergebnis veranlasst?). Schriftliche Mängelanzeigen dürfen nur mit dem – ebenfalls schriftlichen – Vermerk »Unter Vorbehalt der Überprüfung zur Kenntnis genommen« entgegengenommen werden, weil sonst Gerichte in der Empfangsbestätigung eine Anerkenntnis sehen könnten. Wenn der Reisende mit Hilfe des Reiseleiters bereits vor Ort Ansprüche gegenüber der Zentrale des Veranstalters geltend machen will, soll sich der Reiseleiter nicht zum Boten machen lassen. Die Bearbeitung nach Reiseende ist nicht mehr Sache des Reiseleiters[28].

Bei der Reklamationsbearbeitung hat der Reiseleiter die Interessen des Veranstalters zu wahren. Die Anerkennung von Reisemängeln oder von Ansprüchen sind dem Reiseleiter grundsätzlich verwehrt. Problematisch sind auch Vergleichsabsprachen während einer Reise. Sie werden von der Rechtsprechung im Hinblick auf den halbzwingenden Schutzcharakter der §§ 651 c ff BGB nicht akzeptiert[29].

Versagende Leistungsträger müssen vom Reiseleiter in sachlicher und bestimmter Form auf ihre Vertragspflichten hingewiesen werden. Kopien der Vertragsunterlagen (z.B. Hotelbuchungen usw.) gehören deshalb in sein Gepäck. Einen Leistungsträger kann der Reiseleiter grundsätzlich nur in Abstimmung mit dem Reiseveranstalter wechseln, sofern er dafür nicht im voraus Vollmacht hat. Eigenmächtigkeiten können hier Ansprüche des Reiseveranstalters gegen den Reiseleiter auslösen, sofern der Reiseleiter nicht durch »zwingende Not« und Nichterreichbarkeit des Veranstalters entschuldigt ist.

Die Beweislast für die Erstattung einer Mangelanzeige hat der Reisende, während der Reiseveranstalter die Beweislast für fehlendes Verschulden trägt: Er muss darlegen, dass er den Mangel nicht zu vertreten

---

[27] BGH, BB 1984, 2221 (Mängelanzeige); BGH NJW 1985, 1132 (keine Schriftform für Mängelanzeige); BGH NJW 1987, 1938 (Schiffsbrand).

[28] LG Cleve, RRa 1999, 160 (kein Geltendmachung, wenn auch nach der Rechtsprechung bereits während der Reise Ansprüche nach § 651 g I BGB geltend gemacht werden können), vgl. BGHZ 102, 80, 84. Zur Geltendmachung nach Reiseende OLG Frankfurt, RRA 1998, 219.

[29] Vgl. Tempel: RRa 1999, 107, zur Zulässigkeit von Vertragsänderungen und Verzichtserklärungen unter Betonung des Schutzzwecks. Im Grunde sollen nach ihm nur Änderungen während der Reise möglich sein, wenn dies auf Wunsch des Reisenden geschieht oder als Alternative bereits im Prospekt enthalten ist. Zu einer Verzichtserklärung nach Reiseende vgl. AG Ludwigsburg, RRA 1998, 74; ferner AG Königstein, RRA 1996, 162 (wirksamer Verzichtsvertrag); vgl. auch LG Hamburg, RRa 1994, 95. AG Essen, RRA 1995, 192 (Verzichtserklärung und deren Reichweite).

hat[30]. Deshalb ist die Beweissicherung eine wichtige Aufgabe des Reiseleiters.

Schwere Fehler bei der Reklamationsbearbeitung sind insbesondere:

- Fehlerhafte oder falsche Einschätzung der Beschwerde (Nichterkennen des Beschwerdekerns),
- Störendes Verhalten des Reiseleiters während des Reklamationsgesprächs (Sprache, Gestik, Mimik, Überheblichkeit, Unsachlichkeit usw.),
- Solidarisierung mit dem Reisenden gegen den Reiseveranstalter (auch Vertragsverstoß des Reiseleiters gegen seinen Arbeitgeber),
- Juristische Diskussionen mit den Reisenden.

V. Der Umgang mit schwierigen Reisenden

1. Pflichtverletzungen des Reisenden

Reisende, die das Gruppenleben, andere Mitglieder der Reisegruppe, Organisation und Ablauf der Reise stören sowie durch ihr Verhalten (Ruhestörungen, Belästigungen, Pöbeleien, Beleidigungen, übermäßigen Alkoholgenuss usw.) Konflikte verursachen, verletzen ihre Mitwirkungspflichten. Pflichtverletzungen des Reisenden (Störung der Mitreisenden, Gefährdung der Mitreisenden usw.) begründen gegen ihn Ansprüche nach den §§ 280, 241 II, 282, 324, 325 BGB auf Schadensersatz bzw. auf Vertragsrücktritt seitens des Veranstalters. Auch kommt bei schwerwiegender Pflichtverletzung nach nachweisbarer Abmahnung eine fristlose Kündigung in Betracht. Der Ausschluss von der Reise ist allerdings immer nur letztes Mittel. Extreme Störer müssen vor Ausschluss im Regelfall zunächst mündlich vom Reiseleiter angehört werden und dann unter Androhung der Konsequenzen beweisgesichert – nach den meisten Reisebedingungen schriftlich – abgemahnt werden. Bei unbegründetem Aus-

---

30 So schon BGH NJW 1987, 1938; Palandt-Sprau: BGB-Kommentar, § 651f Rn.2-6; LG München, RRa 2001, 138; ablehnend: AG Bad Homburg, RRa 2001, 141 (rutschige Badezimmerfliesen); LG München, NJW-RR 2002, 168 (Kündigung bei Überbuchung: unzureichende Ersatzunterkunft); OLG Frankfurt, NJW-RR 2002, 351 (Deliktshaftung eines Leistungsträgers); AG Rüdesheim, RRa 9/2001, 189 (Verschiebung: Abflugzeit/Schadensersatz); Auch: LG München, RRa 8/2001, 160 (Lawinenunglück: Deliktsrecht/Schadensersatz); AG Bad Homburg, RRa 1/2002, 17 (Ersatzquartier: Kündigung/Entschädigung); AG Frankfurt, RRa 2002, 22 (Gepäckverlust: Schadensersatz; Gepäckverspätung: Minderung); LG Frankfurt, RRa 2001, 202 (Flugverspätung/Schadensersatz).

schluss oder fehlendem Nachweis des wichtigen Grundes kann der Reisende im Einzelfall Schadensersatzansprüche gegen den Reiseveranstalter geltend machen (vgl. § 280, 282 BGB) – ebenso bei unbegründeter Zurückweisung von der Reise[31].Der Veranstalter ist im übrigen dafür verantwortlich, dass von seinen Reisenden keine Störung für Außenstehende ausgeht. Andernfalls muss der Reiseleiter einschreiten[32].

2. Mitwirkungspflichten des Reisenden

Der Reisende hat sich so zu verhalten, dass die Reise reibungslos durchgeführt werden kann (Pünktlichkeit, Beachtung der sachlich gebotenen Anweisungen, Beachtung von Warnungen, erforderliche geeignete Ausrüstung usw.). Handelt es sich z.B. um Wanderstudienreisen, trifft ihn die zusätzliche Pflicht, dafür Sorge zu tragen, dass er den körperlichen Leistungsanforderungen gemäß den Angaben des Veranstalters auch entspricht (Pflicht zur ärztlichen Untersuchung usw.)[33].

---

[31] Vgl. AG Bielefeld Fn. 31.

[32] OLG Frankfurt, NJW 1983, 235 (Schiffskabinenstreit); im übrigen AG Bad Homburg, RRa 2000, 228 (Verlust des Beförderungsanspruchs bei nicht rechtzeitigem Erscheinen am Schalter); LG Frankfurt, RRa 2000, 72, 173; (Tapetenschaden im Hotelzimmer durch Hund); LG Bonn, RRa 2000, 157 (Bordgewalt: Alkoholisierung: Verweigerung der Beförderung durch Kapitän); AG Charlottenburg, RRa 1999, 181 (Nichtbeachtung der Sitzhaltung: Ausschluß durch Kapitän); AG Bielefeld, RRa 1999, 174 (Haschischkonsum bei Jugendreise); AG Bad Homburg, RRa 1998, 101 (verspätetes Erscheinen bei Flug). Zum unberechtigten Ausschluss vgl. AG Bielfeld, RRa 1997, 136 (fehlende schriftliche Abmahnung); AG Hamburg, RRa 1996, 166 (Erscheinen in kurzer Hose in Hotel der gehobenen Mittelklasse). Zu den Pflichten, ein Plastikarmband zu tragen bei All-Inclusive-Reisen z.B. LG Frankfurt, RRa 1997, 52 (nein, ohne Hinweis im Prospekt), auch LG Frankfurt, RRA 2000, 95, m.w. Nachweisen; auch LG Köln, RRa 1999, 212; auch AG Köln, RRa 1998, 193 (Reisemangel bei fehlendem Hinweis im Prospekt usw.). Zur »rüden Behandlung« der Reisenden vgl. LG Arnsberg, RRa 1996, 144 (im Einzelfall kein Reisemangel). Zum alkoholisierten Gast bei Linienbusfahrt und Zurücklassung auf Parkplatz OLG Celle, RRa 2002, 86 (Verwirkung des Beförderungsanspruch: keine Verletzung der Fürsorgepflichten).

[33] Vgl. AG Bad Homburg, RRa 2000, 228 (rechtzeitiges Erscheinen am Schalter der Fluggesellschaft); LG Bonn, RRa 2000, 157 (Abweisung alkoholisierter Passagiere) AG Charlottenburg, RRA 1999, 181 (Verweisung); z.B. AG München , RRA 1997, 195 (geeignetes Schuhwerk und wetterfeste Kleidung); AG Stuttgart-Bad Cannstadt, RRA 1996, 240 (Tibettour: bis zu 7-stündige Wanderungen in bis zu 5200 m Höhe); LG Frankfurt, RRA 1994, 67, 70 (Aktivurlaub und grundsätzliche Verpflichtung zur Prüfung der persönlichen Eignung); LG Kempten, RRA 1995, 64,65 (nicht genaue Beachtung der Weisung des Tourenleiters bei Raftingtour). Zu den Voraussetzungen des mitwirkenden Verschuldens OLG Celle, NJW-RR 2000, 1438, 1439 (Beweislast: Veranstalter); vgl. im übrigen auch vorherige Fn.

VI. Verhalten in außergewöhnlichen Situationen

1. Beeinträchtigung der Reise durch höhere Gewalt

Die Anschläge von Djerba oder Bali 2002 haben ein weiteres Mal gezeigt, dass auf Reisen mit schwerwiegenden und unvorhergesehenen Störungen zu rechnen ist. Für solche Fälle von »höherer Gewalt« sieht § 651 j BGB einen Risikoausgleich zwischen Reisendem und Reiseveranstalter vor[34]. Strittig sind die Folgen höherer Gewalt vor Reisebeginn – darum geht es beim Einsatz des Reiseleiters allerdings nicht[35]. Eine Kündigung nach Reisebeginn oder während der Reise ist zulässig bei erheblicher Erschwerung, Beeinträchtigung oder Gefährdung der Reise durch höhere Gewalt. Hier greifen § 651e III S. 2, 3 IV S. 1 BGB mit ihren Folgen (s.u.) ein[36].

Höhere Gewalt liegt vor, wenn der Umstand – von den Parteien unbeeinflussbar und unverschuldet – bei Vertragsschluss nicht vorhersehbar war (vgl. § 651 j I BGB). Letztlich wird der Reiseleiter nach Absprache mit dem Veranstalter darüber zu entscheiden haben, ob der Reisevertrag gekündigt oder aufrechterhalten wird. Daneben können aber auch die Reisenden kündigen. Wird nicht gekündigt, muss die Reise fortgesetzt werden. Den Reisenden kommt in diesen Fällen zumindest ein verschuldensunabhängiger Minderungsanspruch (Veranstalter trägt das Erfolgsrisiko) zu. Schadensersatzansprüche scheiden infolge fehlenden Verschuldens grundsätzlich aus.

Wenn die Reise allerdings gekündigt wird, ist der Vertrag in Übereinstimmung mit § 651 j BGB abzuwickeln. Der Reiseveranstalter erhält dann auch für wertlose erbrachte Reiseleistungen eine Entschädigung, verliert aber den Anspruch auf den Reisepreis. Entstehende Mehrkosten hat der Reisende zu tragen – mit Ausnahme der Mehrkosten für Rückbeförderung, die hälftig zu tragen sind. Der Reiseveranstalter hat dann durch den Reiseleiter alle erforderlichen organisatorischen Maßnahmen zu tref-

---

[34] Vgl. hierzu (nicht unstreitig !) Führich: Reisevertragsrecht, § 15 Rdnr. 435, m.w. Nachweisen. Im übrigen wird auf Dirk Glaeßer: Krisenmanagement im Tourismus, Frankfurt 2001, 81 ff, m.w. Nachweisen verwiesen. Vgl. ferner die neuere Literatur z.B. Schmid/Tonner: Der Terroranschlag auf Djerba aus rechtlicher und rechtspolitischer Sicht, RRa 2002, 113; Frank Struppi: RRa 2002, 54 (11. September 2001).

[35] Hierzu Führich: Fn. 33, im übrigen BGH NJW 1990, 572. Zum Wegfall der Geschäftsgrundlage vgl. § 313 BGB; man beachte allerdings die Entscheidung des AG Hamburg, RRA 1999, 157 (Hotelrenovierung !) mit zutreffender kritischer Anmerkung von Teichmann/Schröder m.w. Nachweisen. Vgl. auch OGH, RRa 2002, 131 (Öçalan-Drohungen in der Türkei) mit kritischen Anmerkungen von Wukoschitz.

[36] LG Köln, NJW-RR 2001, 1094 (Kündigung: Höhere Gewalt: Erdbeben in Mexiko); OLG Frankfurt, RRa 9/2001, 178 (Kündigung: Höhere Gewalt/Wirbelsturm); AG Hamburg, NJW-RR 2001, 1496 (Kündigung: PKK/Verhaftung Öçalans).

fen (Organisation von zusätzlichen Übernachtungen bei Flugunterbre-
chung, Umbuchung der Tickets usw.). Nach Kündigung durch den Veranstalter haben die Reisenden keinen Anspruch mehr auf die weitere Durchführung der Reise.

2. Rücktritt, Erkrankung, Verletzung oder Tod eines Reisende; Warn- pflichten

Kann der Reisende seine Reise vor Reisebeginn nicht antreten, so kann er
von der Reise zurücktreten (§ 651i BGB). Allerdings ist dann eine entsprechende Stornopauschale an den Reiseveranstalter zu entrichten. Bei
Tod des Reisenden, Erkrankungen[37], Verletzungen, Unfällen oder dessen
Abschiebung durch Behörden des Gastlandes kann der Reiseveranstalter
grundsätzlich nur einen Teil des Reisepreises von dem Reisenden oder
seinen Erben verlangen. Bei Verschulden des Reisenden kommen Schadensersatzansprüche des Veranstalters in Betracht (z.B. verauslagte Mehr-
aufwendungen usw.).

Bei schweren Erkrankungen oder beim Tod von Teilnehmern sollte
der Reiseleiter unverzüglich den Veranstalter zu informieren. Der Veranstalter wird dann alle erforderlichen Maßnahmen ergreifen und insbesondere die Angehörigen benachrichtigen. Bei schwerer Erkrankung entscheidet letztlich der zugezogene Arzt über die weitere Versorgung oder einen
eventuellen Rücktransport des Reisenden nach Deutschland. Die bei Erkrankung oder Tod erforderlichen organisatorischen Maßnahmen (Hinzu-
ziehung eines Arztes, Transport/Rücktransport sowie Beratung) gehören
zu den Betreuungspflichten des Reiseleiters. Bei Todesfällen hat er zudem
ie entsprechenden Rechtsbestimmungen des Gastlandes einzuhalten, die
vom Arzt oder von der örtlichen Polizeidienststelle erfährt.

Trotz Erkrankung oder Todesfall ist die Reise mit den verbleibenden
enden programmgemäß fortzusetzen, da Abweichungen vom Pro-
n den Reiseerfolg insgesamt gefährden und damit Ansprüche der
gsträger und der Mitreisenden auf den Reiseveranstalter auslösen
Wenn der Reiseleiter wegen der Vorfälle zunächst nicht in der
die Reise weiter zu begleiten und der Veranstalter nicht unver-
en Ersatzreiseleiter schicken kann, muss er gegebenenfalls eine
e Notlösung finden. Grundsätzlich sollte er jedoch die Gruppe
en.

---

en infolge Speisen- und Getränkegenusses: Hier fehlt es meist an der
n Ursächlichkeit (vor allem dann, wenn auch außerhalb des Hotels Es-
wurden). Vgl. hierzu LG Frankfurt, RRA 2000, 222 (Ursächlichkeit
r die Erkrankung: verneint); AG Bad Homburg, RRA 2000, 137
ung: kein Nachweis der Ursächlichkeit); OLG München, RRa
hr infolge mangelhafter Reinigung des Schwimmbeckens: Aus-
s mehrere oder zahlreichen Personen). Vgl. hierzu auch
9 Rdnr. 286 ff mit zahlreichen. Nachweisen.

In vielen Fällen (z.B. Schwierigkeiten mit einheimischen Behörden, Strafverfolgung von Gruppenmitgliedern, Verlust von Pässen, Visaprobleme usw.) leisten die deutsche diplomatischen Vertretungen (Botschaften und Konsulate) rechtliche, organisatorische und gegebenenfalls auch finanzielle Hilfe (deren Anschriften und Telefonnummern gehören ins Handgepäck des Reiseleiters!).

Der Reiseleiter ist im übrigen verpflichtet seine Gäste auf aktuelle Gefahren hinzuweisen, insbesondere auf solche, die für sie nicht erkennbar sind[38]. Wenn es also zu Verletzungen usw. kommt, kann sich die Frage stellen, ob der Reiseleiter seine grundsätzlich anzunehmenden Kontroll- und Warnpflichten erfüllt hat. Hier ist es in der Regel besser, eher mehr als zu wenig zu tun.

3. Spezielle Pflichten des Reiseleiters (Verkehrssicherungspflicht – Warnpflicht)

Mehrere Grundsatzentscheidungen des BGH (z.B. das Balkonsturzurteil)[39] haben verdeutlicht, dass dem Reiseleiter als Erfüllungsgehilfen des Ver-

---

[38] Vgl. hierzu LG Baden-Baden RRa 1997, 148 (abendliches Baden in stürmischem Meer: Gefahr des Ertrinkens); LG Frankfurt; RRa 1997 (Giftschlange im Schrank); LG Frankfurt, RRa 1995, 62 (Undichtigkeit von Wasserleitungen: Ausrutschen auf nassen Bodenfliessen); LG Frankfurt, RRa 2000, 22 (defekter zusammenbrechender Plastikstuhl); LG Frankfurt, RRA 2002, 43 (Hinweis auf Thrombose-Gefahr bei Langstreckenflügen: zu weitgehend); OLG Celle, RRA 2001, 16 (Gefahren bei Skiunfällen); LG Frankfurt, RRa 1996, 128 (keine generelle Überwachungspflicht des Reiseleiters hinsichtlich des Busfahrers eines selbständigen Busunternehmens); AG Bad Homburg, RRA 1996, 126 (Tanz auf zusammenbrechender morscher Holzbank).

[39] BGH, NJW 2000, 1188. In diesem Fall ging es um einen Reitunfall im Rahmen der Sportmöglichkeiten eines Clubs, die nicht im Preis enthalten war und vor Ort gebucht wurde, aber auf die im Prospekt hingewiesen wurde. In der Entscheidung heißt es u.a.: »Bei Pauschalreisen ist zur Bestimmung der Leistungsverpflichtungen des Reiseveranstalters neben der Reisevertragsbestätigung auch der von diesem herausgegebene Reiseprospekt heranzuziehen, in dem sich die detaillierten Angaben über die Gestaltung und die Leistungen des Veranstalters befinden. Dieser ist als Allgemeine Geschäftsbedingung Vertragsgrundlage«. Im übrigen werden dem Veranstalter hinsichtlich des »ungeeigneten Pferdes« (Reisemangel!) eigene Sorgfaltspflichten auferlegt. Der R. muss nachweisen, dass er den Reisemangel nicht hätte erkennen können – im übrigen sind Ansprüche wegen Verletzung eigener Verkehrssicherungspflichten des Veranstalters nach § 823 I BGB denkbar: Auswahl-, Kontroll- und Überwachungspflichten hinsichtlich des Leistungsträgers (Reitstallbetreiber). Schon im »Balkonsturzfall« hatte der BGH hinsichtlich der Verkehrssicherungspflichten Jahre zuvor die Weichen in dieser Frage gestellt. Insofern war das »Reitunfall-Urteil« für die Fachleute nicht überraschend. Vgl. die erwähnte »Leitentscheidung« zur Verkehrssicherungspflicht des Veranstalters: BGH BGHZ 103, 298 = NJW 1988, 1380 = TranspR 1988, 239 = BB 1988, 722, m. Anm. v. Schmid (Gran-Canaria-Fall: Balkonsturz); auch Beschluß des BGH v. 16.3.1989 - VII ZR 111/88. Vgl. ferner OLG Celle, NJW-RR

anstalters spezielle Verkehrssicherungspflichten zum Schutz der Reisenden (Kontrollen durch Reiseleiter bei Ankunft und bei Reklamationen) zukommen. Die Stichproben und Kontrollen sind zu dokumentieren. Die Ansprüche der verletzten Reisenden können sich bei mitwirkendem Verschulden nach § 254 BGB häufig verkürzen oder ganz entfallen. Ferner beziehen sie sich in nicht wenigen Fällen lediglich auf das »allgemeine Lebensrisiko«[40].

VII. Arbeits-, steuer- und sozialrechtliche Aspekte der Reiseleitung

Der Vertrag zwischen Reiseleiter und Veranstalter wirkt sich zivil-, steuer- und sozialversicherungsrechtlich aus. Es würde allerdings den Umfang dieses Beitrags sprengen, wollte man über die folgenden Hinweise im Sozialversicherungs- und Steuerrecht hinaus weiter in die Breite gehen. Bei derartigen Problemen empfiehlt sich ohnehin stets, kompetente Experten um Rat zu fragen.

2000, 1438 (Swimmingpool: 30 bis 40 cm hohe Abschlussmauer zur Steilküste: Verletzung der Verkehrssicherungspflicht: mitwirkendes Verschulden). Abweisend OLG Düsseldorf, 25.4.2001 – 18 U 203/00 – RRa 2001, 157 (Verkehrssicherungspflicht: Rutschfestigkeit der Umrandung des Swimmingpools: Ablehnung auch wegen mitwirkenden Verschuldens); LG Kleve, 25.5.2000 – 6 S 60/00 (Ziegenbockangriff auf Reisende auf der Hotelterrasse); NJW-RR 2001, 52 (kein Anspruch); OLG Frankfurt, 25.6.1999 – 6 U 206/98 – NJW-RR 2001, 53 (vermittelter Flugausflug vor Ort: keine Haftung); AG Bad Homburg, RRa 2001, 141 (rutschige Badezimmerfliesen: Benutzung ohne Mängelanzeige über 6 Tage: keine Ansprüche); LG München I, 21.11.2000 – 6 O 11871/00 – RRa 2001, 160 mit krit. Anm. v. Tonner (Skiwanderung: Lawinenunglück). Ferner OLG Düsseldorf, RRA 1997, 220: »Dabei durfte sich die Beklagte (Veranstalter) nicht darauf beschränken, das [es handelte sich um eine Glastür] lediglich bei Vertragsschluss zu kontrollieren. Vielmehr oblag es ihr, den Zustand regelmäßig durch einen erfahrenen Reiseleiter zu überprüfen und sich davon zu überzeugen, dass z.B. von Treppen, elektrischen Anlagen und sonstigen Einrichtungen des Hotels keine Gefahren für die Reisenden ausgehen. Davon ausgehend ist auch der allgemeine bauliche Zustand eines Hotels und dazu gehören naturgemäß Fenster- und Türanlagen, in die pflichtgemäße Kontrolle einzubeziehen. Eine Überprüfung brauchte sich aber nicht darauf zu erstrecken, Erkundigungen über die genaue Art des verwendeten Glases in den Türen der Hotelanlage einzuholen. Eine andere Bewertung der erforderlichen Kontrollmaßnahmen würde die an den Reiseveranstalter zu stellenden Anforderungen überspannen. Denn von Reiseveranstaltern wird nicht die Suche nach verborgenen Mängeln erwartet, die erst bei eingehender Untersuchung zu Tage treten, sondern lediglich die Feststellung von Sicherheitsrisiken, die sich bei genauem Hinsehen jedermann offenbaren«. Diese Hinweise sollten den Studienreiseleiter allerdings nicht davon abhalten, hier lieber etwas mehr zu unternehmen als zu wenig. Vgl. ferner LG Frankfurt, RRa 1998, 241 (Unfall bei Überschreiten eines Steges bei Dunkelheit: Klagabweisung).

[40] Vgl. z.B. LG Frankfurt, RRa 2000, 59 (Angriff eines Ziegenbocks); vgl. im übrigen vorhergehende Fn.

1. Zivilrecht

Zwischen Veranstaltern und Reiseleitern kommen Dienstverträge nach den §§ 611 ff BGB zustande. Dienstverträge sind dadurch gekennzeichnet, dass der Dienstverpflichtete seine versprochenen Dienste gegen eine vereinbarte Vergütung erbringt. Anders als beim Werkvertrag ist hier ein Erfolg der Tätigkeit nicht geschuldet. Hieraus folgt unter anderem, dass die Vergütung stets bis zum Ende des Dienstvertrags zu zahlen ist[41].

Dienstverträge können unterschiedlich gestaltet werden: als Arbeitsverträge, als Verträge mit arbeitnehmerähnlichen Personen und als Verträge mit freien Mitarbeiter. Arbeitnehmer im Sinne von Arbeitsverträgen sind alle Personen, die im Rahmen eines Arbeitsverhältnisses für den Arbeitgeber eine fremdbestimmte Leistung gegen Vergütung erbringen[42]. Arbeitnehmerähnliche Personen (vgl. § 12 a Tarifvertragsgesetz) sind Personen, die wirtschaftlich vom Veranstalter abhängig sind, weil dessen Vergütungen ihre wesentliche Existenzgrundlage darstellt[43].

Reiseleiter müssen in der Regel fremdbestimmte Leistungen erbringen, bei denen kaum die Möglichkeit besteht, eigene gestaltende Entscheidungen einzubringen. Denn sie haben vorgegebene Organisations- und Betreuungsaufgaben zu erfüllen. Charakteristisch für das Arbeitsverhältnis ist ferner ihre arbeitsorganisatorische Einbindung in den Betriebsablauf des Veranstalters und in dessen Kontrolle. Es handelt sich um eine weisungsgebundene Leistung mit teilweise wirtschaftlicher (nur ein Indiz) Abhängigkeit. Nicht relevant ist dagegen die Dauer der Tätigkeit[44].

Werden solche Verträge als »Verträge mit freien Mitarbeitern« bezeichnet, so sind die tatsächlichen Umstände und deren objektive Betrachtung maßgeblich. Bei Standortreiseleitern, Rundreiseleitern usw. werden im Regelfall Arbeitsverhältnisse vorliegen. Ob in den Fällen der Studienreiseleitung bzw. der wissenschaftlichen Studienreiseleitung ein freier Mitarbeiterstatus vorliegt, kann nicht ausgeschlossen werden. Eine klärende Rechtsprechung ist, soweit ersichtlich, nicht bekannt[45]. Studienreiseveranstalter sollten diese Frage gegebenenfalls mit einem Fachanwalt für

---

[41] Hierzu Palandt-Putzo: BGB, Einf. v. § 611, Rdnr. 1 ff. Zur Abgrenzung von Dienst- und Arbeitsvertrag vgl. Hunold: NZA-RR 1999, 505 ff.

[42] Palandt-Putzo: BGB, Einf. v. 611 Rdnr. 7, m.w. Nachweisen. Hierzu Hromadka: NZA 1997, 569; Buchner: NZA 1999, 1144; Reinicke: NZA 1998, 581 – jeweils m.w. Nachweisen.

[43] Palandt-Putzo: Einf. v. § 611, Rdnr. 9, m.w. Nachweisen. Auch Hunold: Fn. 43; zu Umgehungsgeschäften Keller: NZA 1999, 1311.

[44] Wenn die Voraussetzungen vorliegen, ist die Einordnung als Arbeitnehmer zwingend, vgl. Palandt-Putzo: Einf. V. § 611 Rdnr. 7, mit weiteren Nachweisen.

[45] Zu den Beispielen für Arbeitnehmer Palandt-Putzo: BGB, Einf. v. 611 Rdnr. 12, 16 ff.

Arbeitsrecht besprechen, zumal hier auch Probleme wie Kettenarbeits-
verhältnisse[46] oder Scheinselbständigkeit[47] berührt sein können.

Verletzung von Pflichten aus dem Arbeitsvertrag (vgl. §§ 241 II, 280,
282, 324, 325 BGB sowie § 626 BGB) können zu Schadensersatzansprü-
chen und fristlosen Kündigungen führen. Das gilt vor allem für schwerwiegende vorsätzliche (bewusstes Übergehen von konkreten Vorgaben)
oder grob fahrlässige Pflichtverletzungen, wobei das mitwirkende Verschulden des Arbeitgebers zu berücksichtigen ist. Schwerwiegende
Pflichtverletzungen ergeben sich auch z.B. bei sexueller Belästigung von
Reisenden, der Verletzung von Obhutspflichten (unsichere Verwahrung
mitgeführter Gelder) oder bei Alkoholmissbrauch im Dienst[48].

2. Sozialrecht

Das Sozialrecht knüpft – ähnlich wie das Zivilrecht – an der persönlichen
Abhängigkeit des versicherungspflichtigen Arbeitnehmers an (vgl. § 7 I
Sozialgesetzbuch IV). Betroffen ist die »nicht selbständige Arbeit, insbesondere in einem Arbeitsverhältnis«. Hierüber liegen vereinzelte Gerichts-
entscheidungen vor, die zur Sozialversicherungspflicht tendieren[49] und damit den gesamten Bereich der Arbeitslosen-, Kranken-, Renten- und
Unfallversicherung einschließen. Als Reiseleiter wie als Veranstalter sollte man jedoch auf solche einzelnen Entscheidungen nicht vertrauen[50]. Hier
ist gegebenenfalls eine Abklärung mit einem Fachmann für Sozialversicherungsrecht sinnvoll.

3. Steuerrecht

In steuerrechtlicher Hinsicht stellt sich die Frage, ob es sich um Einkünfte
aus nichtselbständiger oder selbständiger Tätigkeit handelt (vgl. § 18

---

[46] Hierfür gilt das TzBfG seit dem 1.1.2001; vgl. hierzu § 620 III BGB; ferner Preis/Gott-
hardt: DB 01, 145; Hromadka: NJW 2001, 400. Zum Teilzeitarbeitsverhältnis
vgl. auch Palandt-Putzo: Einf. v. § 611, Rdnr. 41 ff.

[47] Hierzu Palandt-Putzo: BGB, Einf. v. § 6111 Rdnr. 19 ff; auch Bauer/Diller/Lorenzen:
NZA 1999, 169; Buchner: DB 1999, 146; Hopt: DB 1998, 863; Reiserer: BB 1998,
1285.

[48] Zur Schädigung des Arbeitgebers durch Pflichtverletzungen vergl. Palandt-Putzo:
§ 611, Rdnr. 156 ff, m. zahlr. Nachweisen.; vgl. ferner AG Göttingen, RRa 1996, 16
(Ersatz unverschlossen aufbewahrter und gestohlener Ausflugsgelder durch Reiseleiter). Zur sexuellen Belästigung durch den Reiseleiter vgl. AG Bad Homburg, RRa
1996, 8; vgl. ferner LG Frankfurt, NJW-RR 1993, 632; auch LG Frankfurt NJW 1984,
1762.

[49] BSG FVE, Sozialversicherungsrecht, Nr. 9 (gewisse Freiheit des Reiseleiters tritt hinter der Weisungsgebundenheit zurück); vgl. auch BGH BB 1988, 2061 (zur Betriebs-
zugehörigkeit eines Reiseleiter). Zum Auslandszielort-Reiseleiter BSG FVE,
Sozialversicherungsrecht, Nr. 2.

[50] Vgl. vorhergehende Fn.

EStG). Freiberufliche Tätigkeiten sind durch selbständig ausgeübte schriftstellerische, künstlerische, wissenschaftliche, unterrichtende oder erzieherische Aktivitäten geprägt. Die Reiseleitung gehört überdies nicht zu den sogenannten »Katalogberufen« (u.a. Arzt, Anwalt, Unternehmensberater, Journalist, Bildberichterstatter usw.), sondern könnte unter die Kategorie »ähnliche Berufe« fallen. Auch hier liegen einige Entscheidungen vor, die überwiegend eine freiberufliche Tätigkeit verneinen, in Einzelfällen allerdings auch bejahen[51].

VIII. Das EG-Recht und nationale Führungsbedingungen

Einige Länder – auch Mitglieder der EU – behindern deutsche Reiseleiter bei ihren Führungen. Im Hinblick auf den freien Dienstleistungsverkehr stellen sich diese Behinderungen als unzulässig heraus, wie der Europäische Gerichtshof in mehreren Urteilen festgestellt hat, die die Grenzen möglicher Behinderungen eindeutig aufzeigen. Die Verbände (BTW, DRV, RDA – vgl. den Geschäftsbericht 2001/ 2002, S. 199 ff zu den diversen Aktivitäten) bemühen sich laufend, weitere Diskriminierungen zu vermeiden. Während in Deutschland der Zugang zur Reiseleitertätigkeit frei ist, sehen andere Länder für diese Tätigkeit Zulassungsschranken vor[52]. Die Reiseleitertätigkeit ohne eine entsprechende Zulassung des Gastlandes führt teilweise zu schwerwiegenden Sanktionen, die nicht hingenommen werden dürfen. In Deutschland wurde zu diesem Zweck das Reiseleiterzertifikat geschaffen, das als »gleichwertiger Befähigungsnachweis« dienen soll[53]. Bislang haben sich für Reiseleiter, die über dieses Zertifikat verfügen, noch keine Probleme bei Führungen ergeben. Sie können allerdings für die Zukunft auch nicht ausgeschlossen werden. Einige Bereiche (Museen usw.) bleiben auf jeden Fall örtlichen Führern mit entsprechenden Ausweisen vorbehalten. Dies ist auf jeden Fall zu respektieren. Bei weiteren Problemen und Schwierigkeiten sollten sich die Reiseleiter oder die Veranstalter an ihre Verbände wenden. In jedem Fall sollte der Veranstalter vor einem Einsatz der Studienreiseleiter im Aus-

---

[51] Vgl. insofern z.B. FG Berlin, Urt. v. 29.7.1976, EFG 77, 316 (»Informationsfahrtbegleiter«); BFH, - I R 85/83 – 9.7.1986 – BStBl. I, 86, 851 = BFHE 147, 245 (Fremdenführer); weitere Nachweise bei Blümlich: EStG, Kommentar, Lsbl., § 18 Rdnr. 103 ff (»Unterrichtende Tätigkeit«); ferner Littmann/Bitz/Hellwig: EST – das Einkommensteuerrecht, Lsbl., § 18 Rdnr. 22. 236,.S. 2428/6/15 (Reiseleiter ist gewerblich tätig): FG Nürnberg, EFG 63, 69., Rdnr. 235 m.w. Nachweisen.

[52] Zum Problemkreis vgl. auch Martin Schmidt/Wolfgang Nahrstedt (Hg.): Der Reiseleiter in Europa '93. Arbeitsfeld-Berufsbild-Ausbildung, Bielefeld 1993.

[53] Vgl. die Prüfungsordnung im Anhang dieses Handbuches.

land überprüfen, ob und gegebenenfalls welche Zulassungsbedingungen in welchem Land erforderlich sind.

IX. Literaturhinweise

Bartl, Harald, Reisevertragsrecht, 6. Aufl., Köln 2002 (RDA-Veröffentlichung).

Führich, Ernst, Reiserecht, 4. Aufl., Heidelberg 2002.

Kaller, Paul, Reiserecht, München 1999.

Palandt-Sprau: BGB-Kommentar, 61. Aufl. München 2002, §§ 651a-m BGB.

Tonner: Klaus, Der Reisevertrag, 5. Aufl., Neuwied 2002.

Gerd Enderle, Alfred Groner

Medizinische Probleme auf Studienreisen

I. Einleitung

Studienfahrten müssen auch unter medizinischen Gesichtspunkten durchdacht und vorbereitet werden. Leider decken sich die Belastungen nicht immer mit den Erwartungen der Teilnehmer. Daraus resultieren mancherlei Urlaubspannen: Zwischenfälle, wenn die Teilnehmer den körperlichen oder klimatischen Strapazen der Fahrt nicht gewachsen sind; Interventionen seitens der Ein- oder Durchreiseländer, wenn Impfbestimmungen oder sonstige medizinische Vorschriften nicht eingehalten werden; schließlich gruppeninterne Spannungen oder persönliche Frustrationen, wenn einzelne Teilnehmer zur Belastung für die Reisegruppe werden oder wenn sich Erwartungen bezüglich der Urlaubs- oder Erholungsansprüche nicht erfüllen.

II. Sorgfaltspflichten des Reiseleiters

Jeder Reiseleiter sollte bei plötzlichen Zwischenfällen (Unfälle, akute Erkrankungen) innerhalb seiner Reisegruppe notwendige und zweckmäßige Hilfsmaßnahmen einleiten und durchführen können. Dazu braucht er bestimmte Basis- und Spezialkenntnisse, die im Folgenden beschrieben werden und die den Rahmen der üblichen Sorgfaltspflicht abstecken.

1. Kenntnisse in Erster Hilfe

Der Reiseleiter sollte grundsätzlich in der Lage sein, Erste Hilfe bei Unfällen, einschließlich der »lebensrettenden Sofort-Maßnahmen« zu leisten. Voraussetzung hierfür ist die Teilnahme an einem der Acht-Doppelstunden-Lehrgänge einer Unfallhilfsorganisation (z.B. DRK) mit Absolvierung praktischer Übungen. Die Kenntnisse aus diesem Kurs sollten in zweijährigem Abstand durch einen vierstündigen Kurs wieder aufgefrischt werden.

2. *Ärztliche Hilfe im Ausland sowie die Organisation von Rettung, Bergung, Rückflug*

Der Reiseleiter muss weiterhin in der Lage sein, für seine Reisegruppe bei Bedarf schnellstmöglich professionelle medizinische Hilfe zu organisieren. Bei Bedarf vermitteln die Hotelrezeptionen den Kontakt zu Ärzten und informieren über die Öffnungszeiten sowie Tag- und Nachtdienste der Apotheken. Ebenso vermitteln die deutschen Botschaften und Konsulate bewährte (und in der Regel auch deutsch sprechende) Ärzte, was besonders dann eine wertvolle Hilfe sein kann, wenn die Art der Erkrankung einen kompetenten Facharzt erfordert. Bei Unfällen, die rasche Hilfe oder gar die Bergung von Verunglückten erforderlich machen, empfiehlt sich grundsätzlich der sofortige Kontakt zur nächsten Polizeidienststelle, die am schnellsten alle erforderlichen Hilfsmaßnahmen einleiten kann.

Sollte ein Heimtransport des Erkrankten notwendig werden, wendet sich der Reiseleiter entweder telephonisch an den Veranstalter (der die hieraus entstehenden finanziellen Folgen am besten überblickt) oder – falls dies nicht möglich sein sollte – direkt an die nächste Agentur der zuständigen Fluggesellschaft. Jede Fluggesellschaft besitzt Erfahrungen im Krankentransport und wird alles übrige – einschließlich des Weitertransports in Deutschland – veranlassen. In Dringlichkeitsfällen kann der Krankenflugtransport einer deutschen Hilfsorganisation in Frage kommen. Aus der Vielzahl von Flugdiensten seien genannt:

- German Air Rescue (Deutsche Zentrale für Luftrettung), Echterdinger Straße 89, D-70794, Filderstadt, Tel. *49-711-701070.

- ASB Arbeiter-Samariter-Bund Deutschland e.V. (ASB-Rückholdienst – weltweit), Sülzburgstraße 140, D-50937 Köln, Tel. *49-221-4760555.

- ADAC, Am Westpark 8, D-81373 München, Tel. *49-89-222222.

In der Regel findet der Reiseleiter in seinen Unterlagen ein Verzeichnis wichtiger Notrufnummern (Veranstalter, betreuende Agenturen und Korrespondenzbüros im Ausland, zuständige Konsulate usw.) oder sogar einen ausgefeilten »Alarmplan« für Notfälle.

3. *Kenntnisse von Sicherheitsvorschriften*

Der Reiseleiter sollte die Sicherheitsvorschriften und Rettungseinrichtungen von Flugzeug und Schiff kennen und sie der Gruppe erläutern, sofern dies nicht durch das Bordpersonal in einer allen Gruppenmitgliedern verständlichen Sprache geschieht. Im Bus sollte er sich über den Standort von Verbandskasten und Feuerlöscher informieren. Als zweckmäßig hat sich überdies erwiesen, wenn sich der Reiseleiter in den Hotels diskret nach den Sicherheitsvorkehrungen umsieht und sich ein Bild über mögliche Fluchtwege macht.

III. Verbandsmaterial und Medikamente

Als Basisausrüstung sollte der Reiseleiter in seiner Reiseapotheke stets mitführen:

Verbandkasten

Der Verbandskasten sollte in der Regel enthalten: Verbandszeug zur Wundversorgung mit Blasenpflaster, Schere, Pinzette, Fieberthermometer, elastischen Binden, Staubinden, Rettungsfolien, mehreren sterilen Kanülen und Spritzen, Einmalhandschuhen.

Medikamente

Zu einer gut ausgestatteten Reiseapotheke gehören in der Regel:
- Mittel gegen Durchfall, Verstopfung, Erbrechen,
- Mittel gegen Schmerzen, Fieber,
- Mittel gegen Reisekrankheit,
- Mittel gegen Allergien (Tabletten ,Gel),
- Insektenabwehrende Mittel,
- Salbe für Prellungen, Verstauchungen,
- Wunddesinfektionsmittel,
- Salbe zur Behandlung von Wundsein,
- Halslutschtabletten,
- Hustenmittel,
- gegebenenfalls Malaria-Mittel und Antibiotika.

Der endgültige Umfang der Reiseapotheke und die Auswahl der einzelnen Präparate sollte mit einem erfahrenen Arzt im Hinblick auf die besonderen Anforderungen der Fahrt abgesprochen werden. Diese Medikamentenauswahl soll weder zur Selbstbehandlung anregen noch den Reiseleiter verleiten, seine Gruppe unbefugterweise medizinisch zu behandeln. Sie ist für den Fall gedacht, dass ärztliche Hilfe nicht zu erlangen ist und darf nur in Verbindung mit den Dosierungsanleitungen an Reiseteilnehmer weitergegeben werden.

IV. Probleme der Reisekrankheit, des Orts- und Klimawechsels

1. Reisekrankheit

Die »Reisekrankheit« ist eine Bewegungskrankheit. Ihre Ursache ist der ständige Richtungs- und Intensitätswechsel von Beschleunigungskräften, denen der menschliche Körper in Fahrzeugen, Schiffen und Flugzeugen ausgesetzt ist. Durch die wechselnden Bewegungen werden bestimmte Sinnesorgane des Körpers irritiert (Augennerven und Gleichgewichtsorgan im Innenohr), ferner die Rezeptoren für Tiefensensibilität in der Haut und in den Aufhängebändern der inneren Organe. Alle diese Funktionen wirken normalerweise bei der Aufrechterhaltung des Körpergleichgewichts mit. Ihre Meldungen werden einer Schaltzentrale im Kleinhirn zugeleitet. Von dort aus werden die Lage- und Haltungskorrekturen des Körpers dirigiert, die zur Anpassung an die jeweiligen Umweltbedingungen erforderlich sind.

Während der Bahnfahrt stört manche vor allem das Rückwärtsfahren oder das Rangieren. Im Omnibus und im PKW bringt das oft wechselnde Fahrtempo oder eine Kurvenfahrt vor allem dann Übelkeit mit sich, wenn das optische System des Auges gleichzeitig mit Lesen strapaziert wird. Im Flugzeug sind es die Steig- und Landevorgänge sowie Erschütterungen durch Luftböen und »Luftlöcher«. Auf einem schaukelnden Schiff wechseln alle Bewegungssignale des Körpers ständig.

Die Reisekrankheit führt meist zuerst zu Müdigkeit und Gähnen, zu zunehmender Blässe und zu Frösteln (infolge des Blutdruckabfalls). Dann folgt häufig ein Widerwillen gegen bestimmte Speisen, der Geruchssinn wird überempfindlich. Schließlich folgen Übelkeit und Erbrechen sowie allgemeine Ermattung bis zur Apathie. Nach Erreichen festen Bodens unter den Füßen erholt sich der Reisekranke meist rasch wieder an der frischen Luft.

2. Verhaltensregeln bei Reisekrankheit

Reisekrankheitsanfällige sollten stets folgende Regeln beachten: Im Zug und im Bus, wenn möglich, in Fahrtrichtung sitzen, Umdrehen oder Umhergehen vermeiden, möglichst auch nicht lesen. Etwa eine Stunde vor Fahrtbeginn eine leichte Mahlzeit einnehmen, aber nie mit vollem Magen starten! Unterwegs nur kleine Portionen essen oder trinken, wenn man sich wohlfühlt. Auf Schiffen sollte man sich möglichst in der Mitte des Decks oder der Schiffsräume aufhalten und Öl- und Abgasgeruch vermeiden! Möglichst nicht viel umhergehen, sondern entspannt sitzen oder zugedeckt liegen (Liegestuhl). Ein Ausblick auf die Landschaft in Fahrtrichtung erleichtert oft die Anpassung an Fahrzeugbewegungen. Aber auf Schiffen nicht auf nahe Wellen sehen, sondern in die Ferne. Gegen Reise-

krankheit gibt es Arzneimittel, die man möglichst eine Stunde, bevor es
»ernst« wird, einnehmen sollte. Es ist jedoch zu bedenken, dass Arzneien
gegen Reisekrankheit allgemein sedieren, d.h. müde machen und die Re-
aktionsfähigkeit und Aufmerksamkeit dämpfen. Wenn die Übelkeit bereits
eingesetzt hat, helfen keine Tabletten mehr, sondern nur noch Zäpfchen.
Alkohol sollte auf jeden Fall vermieden werden. Die Tageshöchstdosis für
den Wirkstoff Dimenhydrinat (Vomex A®, Reisetabletten ratiopharm®)
beträgt für Erwachsene 300 mg (6 Tbl. zu 50 mg oder 2 Supp., für Kinder
die Hälfte), bei Meclozin (Peremesin N®, rezeptpflichtig) maximal
4 Dragees oder 1 Suppositorium pro Tag.

3. Höhenkrankheit

Bereits ab einer Höhe von über 2000 Metern kann es zum Auftreten von
ersten Anzeichen einer Höhenkrankheit kommen, die ihre Ursache in dem
mit der Höhe abnehmenden Sauerstoffangebot hat. Problematisch ist vor
allem der rasche Aufstieg ohne ausreichende Anpassungszeit (Anreise mit
dem Flugzeug oder der Seilbahn). Bis zu einer Höhe von 4000 Metern
kann sich der Körper noch gut anpassen, z.B. durch Erhöhung der Zahl
der roten Blutkörperchen. Dennoch ist die Leistungsfähigkeit in diesem
Höhenbereich bereits reduziert und nimmt mit zunehmender Höhe weiter
ab. Oberhalb von 7000 Metern beginnt dann die kritische Zone für den
zum Gasaustausch in der Lunge erforderlichen Sauerstoffmindestdruck
(»Todeszone«). Da die Höhenkrankheit unabhängig vom Lebensalter und
Trainingszustand auftritt und sich rasch Lebensgefahr einstellen kann,
müssen ihre Symptome immer ernst genommen werden. Als leichte
Symptome gelten Kopfschmerzen, Übelkeit, Leistungsabfall und Pulsbe-
schleunigung um mehr als 20%. Kommt dann noch nächtliche Schlaf-
losigkeit, Atemnot, Herzrasen, Hustenreiz, Schwindel oder Erbrechen hinzu, dann ist ein sofortiges Absteigen (und nicht erst am nächsten Morgen!)
und – wenn möglich – eine Sauerstoffgabe erforderlich. Akute Lebensgefahr besteht, wenn sich die Höhenkrankheit zu einem Lungen- oder Hirn-
ödem (Wasseransammlung) ausweitet. Zur Vorbeugung ist ein langsames
Aufsteigen (mit etwa 300 bis 500 Höhenmeter pro Tag) zu empfehlen
sowie reichliches Trinken. Detaillierte Informationen zur Vorbeugung findet sich in der angegebenen Literatur (vgl. Literaturverzeichnis).
    Nicht zu vernachlässigen ist auch, dass in großer Höhe die Abwehr-
kraft des Körpers nachlässt, so dass sich die Anfälligkeit für Infektionen,
z.B. der oberen Luftwege, erhöht oder sich das Abheilen von Verletzungen verzögert. Schließlich sei ausdrücklich auch auf die Gefahren durch
starke Sonneneinstrahlung, Unterkühlung oder Erfrierungen in großer Höhe hingewiesen. Wer hier Bergtouren durchführen will, sollte sich grund-

sätzlich vorher ärztlich untersuchen lassen, insbesondere ältere und nicht regelmäßig sportlich aktive Personen.

4. Reisen in die Tropen

In den Tropen machen dem Reisenden die höhere Temperatur sowie die hohe Luftfeuchtigkeit zu schaffen. Der Aufenthalt in den Tropen (und Subtropen) erfordert eine funktionsgerechte Kleidung. Die Bekleidungsindustrie bietet eine breite Palette an Funktionswäsche und Oberbekleidung (»Outdoor«) an, die eine hohe Durchlässigkeit für Schweiß und kurze Trocknungszeit (wichtig beim Waschen der Unterwäsche) garantiert. Gutbelüftete Regenschutzkleidung ist ebenso unerlässlich wie eine Kopfbedeckung als Sonnenschutz. Ein Taschenschirm kann selbst bei Bergwanderungen gute Dienste leisten. Im übrigen erhalten die Reiseteilnehmer vom Veranstalter in aller Regel Hinweise zur angemessenen Bekleidung im Hinblick auf die besonderen klimatischen und technischen Anforderungen der Reise.

Durch die ungewohnte Hitze, noch mehr durch den häufigen jähen Wechsel zwischen klimatisierten Hotels und hohen Außentemperaturen, erkranken viele Neuankömmlinge leicht an Erkältungskrankheiten (Angina, Bronchitis, Blasenentzündung). Der Reiseleiter sollte deshalb strikt darauf achten, dass die Klimaanlagen in Hotels und Bussen nicht zu stark abkühlen. Ebenso ist vor dem Genuss eisgekühlter Getränke auf leeren Magen zu warnen.

Insbesondere Reisende mit hellem Hauttyp sollten sich nur allmählich (anfangs maximal eine halbe Stunde täglich) der Sonne aussetzen. Ein Sonnenschutzmittel mit Lichtschutzfaktor >20 ist empfehlenswert. Beim Aufenthalt im Freien ist unbedingt eine Kopfbedeckung zu tragen.

Die Flüssigkeits- und Salzverluste müssen stetig ausgeglichen werden. Deshalb sollte man täglich 2-3 Liter Flüssigkeit zu sich nehmen, das Essen (besonders die Suppe) ist gut zu salzen.

5. Zeitverschiebungen

Zeitverschiebungen bis zu etwa 1.500 km nach Westen oder Osten werden von gesunden Reisenden ohne Beschwerden vertragen (dies entspricht einer Flugzeit von etwa zwei Stunden). Längere Zeitverschiebungen, besonders solche, die den Tag-/Nachtrhythmus verändern, beeinflussen dagegen nachhaltig das vegetative Nervensystem (Reisen nach Nord- oder Südamerika oder nach Fernost). Erfahrungsgemäß werden Langstreckenflüge in Richtung Westen besser verkraftet als solche in die umgekehrte Richtung.

Einige Tage vor dem Flug können bereits die Schlaf- und Essenszeiten allmählich so verschoben werden, dass sich der zu erwartende Zeitsprung verkleinert. Nach der Ankunft empfiehlt es sich, möglichst sofort den dortigen Tag-/Nachtrhythmus aufzunehmen. Hilfreich könnte deshalb bei einer westlichen Flugrichtung die Unterstützung durch Tee, Kaffee, Cola sein. In umgekehrter Richtung sollte man hingegen auf »Muntermacher« verzichten. Da unsere innere Uhr wesentlich vom Sonnenlicht gesteuert wird, sind am Zielort Spaziergänge an der Sonne empfehlenswert. Müssen regelmäßig Medikamente (z.B. gegen Diabetes mellitus oder die »Pille«) eingenommen werden, sollte die zeitliche Anpassung der Einnahme mit dem behandelnden Arzt abgesprochen werden.

Zum Einsatz von Melatonin zur Linderung des »Jetlags« gibt es unterschiedliche Erfahrungsberichte. Es handelt sich bei Melatonin um ein körpereigenes Hormon, das Einfluss auf den Schlaf-/Wachrhythmus nimmt. Die Wirkungen und Nebenwirkungen dieser Substanz sind allerdings noch nicht ausreichend getestet, so dass man ihre Anwendung derzeit nicht generell empfehlen kann.

6. Reisethrombose

Jede vielstündige Reisedauer in überwiegend sitzender Position (Flugzeug, Bus) kann zum Entstehen von Blutgerinnseln im Venensystem der Beine führen. Dieses Risiko wächst mit höherem Alter, bei Schwangerschaft, Herzkrankheiten, Venenerkrankungen und bereits überstandenen Thrombosen beziehungsweise Embolien. Außer ausreichender Flüssigkeitszufuhr (aber Zurückhaltung bei Alkohol!) empfehlen sich zur Vorbeugung Bewegungsübungen (z.B. Fußwippen, An- und Entspannen der Beinmuskulatur) und das gelegentliche Gehen auf dem Gang des Flugzeuges oder Busses. Eine Prophylaxe mit Heparin kommt nur nach Absprache mit dem Hausarzt in Frage.

V. Reisen in tropischen und subtropischen Länder

1. Allgemeines

Jeder Tropenreisende sollte seine Reisefähigkeit (»Tropentauglichkeit«) durch eine ärztliche Untersuchung klären lassen. Dies gilt besonders für Reisende mit chronischen Erkrankungen wie z.B. Blutarmut, koronarer Herzkrankheit und Bluthochdruck, Diabetes mellitus, Leber- und Nierenfunktionsstörungen. Reiseleiter, die die Tropenreise aus beruflichen Gründen und unter dem Versicherungsschutz der gesetzlichen Unfallver-

sicherung durchführen, sollen sich auf Kosten des Arbeitgebers einer ar-
beitsmedizinischen Vorsorgeuntersuchung nach dem berufsgenossen-
schaftlichen Grundsatz G 35 unterziehen.

Die gesundheitlichen Belastungen und Gefahren in den Tropen unterscheiden sich je nach Reiseart stark voneinander. Eine Rundreise in Tou-
ristenbussen und mit Übernachtung in komfortablen Hotels ist meist
risikoarm. Foto- und Jagdsafaris sowie Expeditionstouren sind dagegen
belastender: Insektenstiche, infiziertes Wasser und kontaminierte Lebensmittel sowie Verletzungen stellen ein ernstes Risiko dar. Die Präventiv-
maßnahmen müssen deshalb genau eingehalten werden. Und es ist die
Aufgabe des Reiseleiters, diese einzuschärfen. Das größte Gesundheitsri-
siko ergibt sich dann, wenn die Gruppe in das einheimische Milieu »eintaucht«, mit örtlichen Verkehrsmitteln reist, sich in einheimischen Lokalen verköstigt und in Einfachherbergen übernachtet. Neben den bereits
beschriebenen Risiken besteht hier vor allem die Gefahr von Infektionskrankheiten sowie von Parasitenbefall.

2. Schutzimpfungen

Cholera

Obwohl die WHO von Cholera-Impfungen abrät, wird sie noch von einzelnen Ländern verlangt. Die Cholera-Impfung ist nur bedingt empfehlenswert. Stattdessen sollte die Krankheitsvorbeugung (Hygiene) im
Reiseland im Vordergrund stehen. Eine Impfung gilt formal nach sechs
Tagen für sechs Monate.

Diphtherie

Die Diphtherie ist in Deutschland eine seltene Krankheit geworden, tritt
aber in verschiedenen Reiseländern immer noch recht häufig auf. Besonders betroffen sind die Staaten der ehemaligen Sowjetunion. Die meisten
Mitteleuropäer wurden schon als Kinder geimpft (kann im Erwachsenenalter nachgeholt werden). Die Auffrischung (alle 10 Jahre) geschieht am
besten zusammen mit einer Tetanus-Impfung (Kombinationsimpfstoff).

FSME

Die »Frühsommer-Meningoenzephalitis« (FSME) ist eine durch Zecken
übertragene Viruserkrankung (Hirnhautentzündung). Die Schutzimpfung
besteht aus drei Injektionen (Monate: 0, 1-3, 9-12). Wenn es schnell gehen
soll, kann man auch zwei Impfungen im Abstand von einer Woche geben
und eine dritte zwei Wochen später (Tage: 0, 7, 21). Der Impfschutz beginnt ungefähr 14 Tage nach der zweiten Impfung und hält 1-3 Jahre an.

Gelbfieber

Gelbfieber kommt vor allem in Afrika und Südamerika vor (nicht in
Asien). Die Impfung ist für bestimmte Länder vorgeschrieben (Auskunft

erteilen die Gesundheitsämter und Tropeninstitute). Die Impfung sollte mindestens 10 Tage vor der Reise durchgeführt werden. Die Schutzimpfung ist formal ab dem zehnten Tage nach der Impfung für zehn Jahre gültig. Es gibt gesundheitliche Gründe, die eine Gelbfieberschutzimpfung nicht zulassen (vor der Impfung sind deshalb Vorerkrankungen anzugeben). Gegen Gelbfieber dürfen nur speziell lizenzierte Impfärzte impfen, deren Anschriften vom Gesundheitsamt zu erfragen sind. Eine längere Wartezeit ist deshalb unter Umständen einzukalkulieren.

Hepatitis A

Hepatitis A ist eine Entzündung der Leber. Die Erkrankung wird durch das Hepatitis A-Virus (HAV) verursacht. Hepatitis A wird durch Lebensmittel übertragen, die mit Kotrückständen verunreinigt sind. Die Impfung gegen Hepatitis A ist sinnvoll für Reisen unter einfachen Lebensbedingungen, in Ländern mit unzureichender Hygiene und Trinkwasserversorgung. Es sind zwei Injektionen erforderlich (im Abstand von 6-12 Monaten). Zwei bis vier Wochen nach der ersten Dosis ist der Impfschutz zwar schon recht zuverlässig, doch erst die Auffrischung nach sechs bis zwölf Monaten sorgt für den Langzeitschutz von 5-10 Jahre.

Hepatitis B

Hepatitis B ist ebenfalls eine Entzündung der Leber, die in 5-10% der Verläufe chronisch werden kann und dann häufig zu einer Leberzirrhose führt. Die Krankheit wird durch das Hepatitis-B Virus übertragen. Die Übertragung erfolgt durch Blutkontakt und Geschlechtsverkehr. Reisende, die beabsichtigen, sich längere Zeit in Ländern mit hoher Durchseuchung aufzuhalten oder engen Kontakt zur einheimischen Bevölkerung aufzunehmen, sollten sich impfen lassen. Die ersten beiden Impfungen erfolgen im Abstand von vier Wochen, die dritte Impfung sechs Monate nach der ersten Impfung. 2-4 Wochen nach der zweiten Dosis ist der Impfschutz zwar schon recht zuverlässig, doch erst die Auffrischung nach sechs Monaten sorgt für einen Langzeitschutz. Soll es schnell gehen, gibt es zwei beschleunigte Impfschemata (Monate: 0, 1, 2 oder Tage: 0, 7 und 21). Für den Langzeitschutz müssen beide 12 Monate nach der letzten Injektion aufgefrischt werden.

Pocken

Die Pocken gelten seit 1980 als weltweit ausgerottet. Die Impfpflicht ist deshalb überall aufgehoben worden.

Polio (Kinderlähmung)

Die Impfung gegen Kinderlähmung wird für alle Kinder und Jugendliche empfohlen. Erwachsene sollen die Impfung alle 10 Jahre auffrischen, insbesondere wenn man Fernreisen durchführt. Die Impfung wird mit einem Totimpfstoff gespritzt, das heißt der Impfstoff besteht aus abgetöteten Poliomyelitis-Viren, die die Krankheit nicht mehr auslösen können. Die früher übliche Schluckimpfung wird nicht mehr durchgeführt, da dies ein Lebendimpfstoff war, der in einer von fünf Millionen Impfungen selbst eine Kinderlähmung ausgelöst hat.

Tetanus (Wundstarrkrampf)

Der Tetanusschutz ist nicht nur bei allen Fernreisen, sondern auch hier im mitteleuropäischen Alltag unverzichtbar. Eine dreimalige Schutzimpfung hält etwa zehn Jahre vor, eine einmalige Auffrischungsimpfung verlängert den Schutz um weitere zehn Jahre.

Tollwut

Gegen Tollwut sollten Reisende geimpft werden, die in bestimmte Länder (z.B. tropisches Afrika, Indien, Sri Lanka, Thailand, Vietnam, Nepal, Bangladesch) reisen und dort Abenteuer-Reisen unternehmen. Kinder sind auf Grund ihrer fehlenden Vorsicht im Umgang mit Tieren besonders gefährdet. Eine Impfung ist besonders dann anzuraten, wenn im Falle eines Tierbisses im Reiseland eine sichere und nebenwirkungsarme Tollwutbehandlung nicht möglich ist. In Ländern mit einer entwickelten medizinischer Infrastruktur ist dagegen auch nach einer Bissverletzung durch tollwutverdächtige Wild- oder Haustiere noch eine Impfung möglich.

Typhus

Eine Typhus-Impfung ist empfehlenswert bei Reisen in Länder mit niedrigem Hygienestandard und unsauberem Trinkwasser, besonders wenn sich das Programm abseits der Luxus-Touristik bewegt. Die Schutzimpfung sollte vor Einreise in ein gefährdetes Gebiet mit Typhoral L® vorgenommen werden. Die Kapseln werden am Tag 1, 3 und 5 unzerkaut etwa 1 Stunde vor dem Essen eingenommen. Die Schluckimpfung muss allerdings vor Beginn der Malaria-Prophylaxe abgeschlossen sein. Die Schluckimpfung gegen Typhus muss jährlich wiederholt werden. Als Alternative gibt es eine einmalige intramuskuläre Impfung, die nur alle 3 Jahre wiederholt werden muss.

3. Malaria

Die Malaria ist eine akute Infektionskrankheit. Ihr Erreger ist ein einzelliger Parasit (Plasmodium), der durch den Stich einer Mücke (Anopheles) übertragen wird. Es gibt verschiedene Plasmodienarten, die unterschiedliche Krankheitsbilder auslösen:

- Malaria tropica (schwerste Verlaufsform),
- Malaria tertiana (Fieber alle 48 Stunden),
- Malaria quartana (Fieber alle 72 Sunden)

Die Zeit vom Mückenstich bis zum Auftreten einer Malaria beträgt meistens 9-16 Tage. In manchen Fällen können aber auch Jahre bis zum Krankheitsausbruch vergehen. Die Krankheitserscheinungen sind (wiederkehrendes) Fieber, Schüttelfrost, Kopf- und Gliederschmerzen, Rücken- und Bauchschmerzen, Durchfall.

Bei jeder fieberhaften Erkrankung, die in den Tropen oder nach der Rückkehr aus den Tropen auftritt, muss unverzüglich durch einen Arzt eine Malaria ausgeschlossen werden (Blutuntersuchung). Dies gilt auch für Personen, die während ihrer Reise Medikamente zur Malaria-Vorbeugung (Prophylaxe) eingenommen haben.

4. Malariaprophylaxe

Ein absoluter Schutz vor Malaria ist durch Vorsorgemaßnahmen nicht erreichbar. Die Befolgung konsequenter Mückenschutzmaßnahmen sowie die regelmäßige Einnahme der für diese Region empfohlene medikamentöse Vorbeugung (Prophylaxe) verhindern jedoch fast immer eine Malaria. Die Wirksamkeit der eingenommen Medikamente kann durch Erbrechen, Durchfall und unregelmäßige Einnahme beeinträchtigt werden. Eine vergessene Dosis muss baldmöglichst nachgenommen werden. Feste Einnahmetage (beispielsweise sonntags nach dem Frühstück oder Abendessen) sind empfehlenswert. Im allgemeinen werden die Medikamente nach Mahlzeiten eingenommen, da sie den Magen belasten. Die Malariaprophylaxe in der Schwangerschaft, Stillzeit und für Kinder ist mit dem Arzt abzuklären. Schwangere Frauen sollten – wenn möglich – Malariagebiete meiden. Die sogenannte »Homöopathische Malariaprophylaxe« ist unwirksam. Sie wird von der Deutschen Homöopathischen Union (DHU) auch gar nicht empfohlen.

Das Standardmedikament (auch für Kinder) zur Prophylaxe von Malaria ist Mefloquin (Lariam®). Nur in Südostasien sind andere Medikationen üblich, da sich hier Resistenzen gegen Mefloquin ausgebildet haben. Erwachsene erhalten eine Tablette pro Woche. Die Behandlung sollte 10 bis 21 Tage, spätestens aber einen Tag vor der Abreise einsetzen. Die Behandlung darf erst vier Wochen nach Verlassen des Malariagebietes abgebrochen werden. Wegen der genauen und auf das Zielgebiet abgestimmten Prophylaxe sowie wegen eventueller Nebenwirkungen und Wechselwirkungen mit anderen Medikamenten (z.B. der »Pille«) sollte man stets den (gegebenenfalls telefonischen) Rat eines der Tropeninstitute suchen.

Die verfügbaren Malaria-Schnelltests werden nur unter Vorbehalt empfohlen. Denn einerseits sind Anwendungsfehler möglich, andererseits schließt ein negatives Testergebnis eine Malaria nicht sicher aus. Der Test muss daher stets (spätestens im Abstand von 24-48 Stunden) wiederholt werden. Bei jedem Malariaverdacht sollte unabhängig vom Testergebnis ärztlicher Rat in Anspruch genommen werden, denn das verspätete Aufsuchen eines Arztes kann lebensgefährlich sein.

5. Notfallbehandlung von Malaria

Eine Selbstbehandlung sollte bei Malariaverdacht wegen des hohen Komplikationsrisikos nur im äußersten Notfall erfolgen, beispielsweise dann, wenn in einem Malariagebiet hohes Fieber ausbricht und ein Arzt nicht innerhalb von 2-3 Tagen erreichbar ist. Zur Soforttherapie sind in Deutschland unter anderem zugelassen:

- Chloroquin (zB Resochin®, Weimerquin®). Aufgrund der Resistenzlage ist Chloroquin (das klassische Malaria-Medikament) nur noch in Teilen Mittelamerikas geeignet.
- Mefloquin (Lariam®) als Standardmedikament zur Therapie in Gegenden mit Chloroquin-Resistenz.

Eine Malariabehandlung sollte, wenn immer dies möglich ist, stationär durchgeführt werden. Denn im Rahmen der Therapie können schwerwiegende Nebenwirkungen auftreten oder sich Resistenz gegen das eingesetzte Medikament zeigen.

6. Rückkehr vom Tropenurlaub

Eine abschließende Arztkontrolle nach Rückkehr aus dem Tropenurlaub ist stets zu empfehlen. Dabei soll dem Arzt die Reiseroute mitgeteilt werden. Ferner ist zu beachten, dass die Inkubationszeit vieler Tropenkrankheiten auch nach der Rückkehr weiterläuft. Deshalb ist bei jeder fieberhaften Erkrankung stets in Erwägung zu ziehen, ob es sich hierbei nicht um eine eingeschleppte Tropenkrankheit handeln könnte. Bei Magen-Darmbeschwerden ist an Hepatitis oder an Wurmbefall zu denken. Bei Hautveränderungen besteht die Möglichkeit einer Pilzerkrankung.

VI. Hygiene und Ernährung in südlichen Ländern

»Reise-Durchfälle« sind bei allen Fernreisen stets das häufigste Gesundheitsproblem. Bis zu 50% aller Reisenden erleben während ihres Urlaubs eine solche Beeinträchtigung. Ursachen können Reisestress, Unverträglichkeit von Nahrungsmitteln, das Klima und vor allem Darminfektionen mit Viren, Bakterien oder Parasiten sein. Die Aufnahme von Mikroorganismen erfolgt über verunreinigte Nahrungsmittel und Wasser. Deshalb gilt noch immer die alte Regel: »Koch es, schäl es oder vergiss es!«

Grundsätzlich sollten keine offenen (z.B. Milchprodukte, Speiseeis) oder rohen Speisen (z.B. Salate, Meeresfrüchte) sowie kein aufgewärmtes Essen verzehrt werden. Das Risiko einer Nahrungsmittelinfektion kann man weiterhin dadurch vermindern, dass man jeweils nur kleine Portionen verzehrt und beim Essen auf Getränke verzichtet, so dass die Magensäure unverdünnt bleibt. Von erheblichem Risiko ist auch das nicht oder nur schlecht desinfizierte Wasser, das in vielen subtropischen oder tropischen Ländern aus der Leitung rinnt. In solchen Ländern empfiehlt sich die Verwendung von Wasserentkeimungstabletten oder Mineralwasser – und zwar beides nicht nur gegen den Durst, sondern auch zum Zähneputzen. Heißer Tee und abgefüllte Getränke sind in der Regel problemlos. Zu bedenken ist ferner, dass auch die Eiswürfel für Getränke aus kontaminiertem Wasser bestehen können.

Kommt es trotzdem zu leichten Durchfällen (ohne Blut/Schleim im Stuhl, ohne Fieber, Erbrechen, starken Bauchkrämpfen, Kreislaufkomplikationen), so reicht zur Behandlung Nahrungskarenz und Zufuhr von viel Tee in kleinen Portionen aus. Kommt es zu größeren Wasser- und Salzverlusten durch wässrigen Durchfall oder Erbrechen, so muss eine Wasser-Salz-Lösung (orale Rehydratationslösung = ORS) eingenommen werden, die es als Fertigpräparat in der Apotheke gibt oder die man selbst herstellen kann (auf 1 Liter Orangensaft oder Tee 1 Teelöffel Kochsalz und 2 Esslöffel Zucker). Sollten die Beschwerden über drei Tage anhalten und/oder die oben beschriebenen Komplikationen hinzukommen, dann muss ein Arzt zugezogen werden.

VII. HIV-Infektion und Geschlechtskrankheiten

Die HIV-Infektion (Human Immuno-Deficiency-Virus) wurde seit Beginn der 80er Jahre durch den internationalen Reiseverkehr weltweit verbreitet. Etwa 40 Millionen Menschen sind mit HIV infiziert und täglich kommen etwa 14.000 Neuinfektionen hinzu (Stand 2001). In besonderem Maße ist Schwarzafrika betroffen, wo 2/3 aller Infizierten leben. Die Erkrankung verläuft in verschiedenen Stadien, an deren Ende AIDS steht (Aquired Immuno-Deficiency Syndrome). Die HIV-Infektion ist bis heute unheilbar. Durch Fortschritte mit medikamentöser Kombinationstherapie haben sich jedoch Lebensdauer und Lebensqualität der Betroffenen deutlich verbessert. Eine vorbeugende Impfung steht derzeit noch nicht zur Verfügung. Vor diesem Hintergrund kommt der Prophylaxe eine unverändert große Bedeutung zu.

»Das HI-Virus macht niemals Urlaub!« und »Eine HIV-Infektion bekommt man nicht, die holt man sich!« Diese beiden Slogans haben also ihrer Bedeutung beibehalten. Die häufigste Infektionsquelle ist unge-schützter Geschlechtsverkehr (vaginal, anal, oral). Hauptrisikogruppen sind Homosexuelle, Süchtige und Prostituierte. Heterosexualität schützt nicht vor Ansteckung. Dagegen ist eine Übertragung des HI-Virus durch die üblichen Sozialkontakte, durch Hautkontakte, Benutzung von Ge-schirr, Bad, Schwimmbad, Toilette, Handtücher usw. sowie durch Insek-tenstiche oder Haustiere nicht zu befürchten. Jedweder Kontakt mit infi-ziertem Blut ist hingegen hoch gefährlich. Solange das AIDS-Stadium nicht erreicht ist, sieht man niemandem eine HIV-Infektion an. Deshalb bleibt als wichtigste Konsequenz, Sexkontakte mit Zufallsbekanntschaften zu meiden – »wenn trotzdem«, dann nur mit qualitätsgesicherten Kondo-men. Kondome schützen überdies vor der Ansteckung mit Geschlechts-krankheiten (Syphilis, Gonorrhoe, Trichomonaden, Ulcus molle) sowie vor Pilzinfektionen, vor Herpes sowie vor Hepatitis-B. Dennoch bleibt auch bei deren sachgerechtem Gebrauch ein Restrisiko, das letztlich nur durch Enthaltsamkeit ausgeschlossen werden kann.

VIII. Umgang mit Alkohol

Neueren Untersuchungen (Stand 2002) zufolge beziffert sich die Zahl der Alkoholabhängigen in Deutschland auf etwa 1,6 Millionen. Dies ent-spricht 5% der Männer und knapp 2% der Frauen. Weitere 2,7 Millionen Menschen konsumieren Alkohol in einem Ausmaß, bei dem Gesundheits-schäden entweder schon vorhanden oder alsbald zu erwarten sind, ohne dass jedoch bereits Abhängigkeit besteht. Weitere 5 Millionen betreiben einen riskanten Konsum, der in individuell unterschiedlichem Umfang bereits die Gesundheit gefährdet.

Auch ein Reiseleiter wird mit Alkoholproblemen konfrontiert: Be-kanntlich wird im Urlaub häufiger und mehr getrunken als zu Hause. Zwänge und Hemmungen entfallen und Urlaubsentspannung wird häufig als mehr Freiheit zum Alkohol missverstanden. Hinzu kommt die Grup-pensituation: Häufiges »Gemütliches-Beisammen-Sitzen« animiert zum Trinken und wertet zugleich den Ablehnenden als Außenseiter ab (»sozi-aler Trinkzwang«).

Der Reiseleiter wird hier gelegentlich mit etwas Geschick dafür zu sorgen haben, dass bei Geselligkeiten auch alkoholfreie Getränke »gesell-schaftsfähig« sind. Bei Wanderfahrten, Expeditionen, Safaris und Touren wird er eingreifen müssen, wenn Teilnehmer ihre Leistungsfähigkeit und Sicherheit durch allzu große Trinkfreude gefährden. Ebenso muss er in den Tropen und Subtropen die Gruppe darauf hinweisen, dass Alkohol hier wegen des Klimas schlechter vertragen wird (Slogan früherer briti-scher Kolonialbeamter: »Never before sun-down!«). Ebenso ist Zurück-haltung bei Touren in großer Höhe und auf Langstreckenflügen ratsam.

Alkohol eignet sich schlecht dazu, den hier erhöhten Flüssigkeitsbedarf zu decken, da er die Nierentätigkeit anregt und die Gefäße erweitert.

Grundsätzlich muss ein erheblich Angetrunkener während des Ausnüchterungsschlafes überwacht werden. Denn es besteht die Gefahr, dass Erbrochenes in die Luftröhre gerät. Darüber hinaus birgt ein schwerer Rausch die zusätzliche Gefahr von Atmungs- und Herz-Kreislauf-Komplikationen, so dass eine Krankenhausüberwachung geraten erscheinen kann. In Zweifelsfällen sollte man einen Arzt zu Rate ziehen.

IX. Psychische Störungen bei Urlaubsreisen

1. Das Problem

Die Reisesituation entlastet einerseits vom Stress der Alltagsroutine, belastet aber andererseits – und dies zumeist unvermittelt – mit neuen Formen von körperlichem und seelischem Stress. Dies liegt an einem raschen Klimawechsel, an der plötzlich hereinbrechenden Flut neuer Eindrücke mit unterschiedlicher affektiver Qualität, am strikten Reiseprogramm und am engen Zusammensein mit einer Gruppe, auf deren Zusammensetzung die Teilnehmer keinen Einfluss haben, die aber alsbald ihre eigene Dynamik entfaltet, in der wiederum der Einzelne seine Rolle und Stellung erst finden muss. Das Taktgefühl, die psychische Flexibilität, soziale Kompetenz und Toleranz der einzelnen Teilnehmer sind in aller Regel unterschiedlich entwickelt. Dies alles begünstigt das Aufbrechen verborgener seelischer Konflikte, die bisher von der Alltagsroutine überformt wurden, insbesondere dann, wenn die betreffende Person alleine und ohne vertraute Bezugsperson reist.

2. Depressionen

Depressive Verstimmungen sind in Reisegruppen nicht selten. Die Grenzen zwischen einer nachvollziehbaren Traurigkeit (z.B. aus Liebeskummer), einem Herabgestimmtsein mit pessimistischer Grundhaltung und negativen Verallgemeinerungen (»alles macht doch keinen Sinn«) und einer schweren depressiven Phase mit Teilnahmslosigkeit und Realitätsverlust sind fließend. Wenn dem Reiseleiter ein vertrauter Kontakt zum Erkrankten gelingt, sollte er versuchen, ihn abzulenken und seinen Blick nach vorne zu richten. Bei anhaltend depressiver Verstimmtheit sollte er ihm zudem das Gefühl vermitteln, von der Solidarität der Gruppe getragen und nicht zum Außenseiter gestempelt zu werden. Treten zu einer depressiven Grundstimmung jedoch Schlafstörungen hinzu, Appetitlosigkeit, apathisches Verhalten oder deutliche Äußerungen von Realitätsverlust, bedarf es einer ärztlichen Intervention. Zudem ist der Reiseabbruch des Betreffenden in Erwägung zu ziehen, da Medikamente Tage bis Wochen brauchen, bevor eine einschneidende Besserung eintritt. Schwere Depressionen sind mit einem erhöhten Suizidrisiko behaftet. Auch aus diesem Grund empfiehlt sich eine schnelle professionelle Behandlung.

3. Neurotische Störungen

Außer Depressionen können im Urlaub auch Zwangsstörungen, Angst-erkrankungen und Persönlichkeitsstörungen aufbrechen. Auch hier gibt es ein breites Spektrum an Auffälligkeiten von harmlosen Verhaltensweisen (»Habe ich eigentlich das Licht beim Verlassen meines Zimmers gelöscht?«) bis zu Kontrollzwängen (z.B. zwanghaftes Waschen, zwanghaftes Nachfragen), Phobien (z.B. vor Plätzen, geschlossenen Räumen, unterirdischen Anlagen), Ängsten (z.B. vor bestimmten Tieren, Gewitter, Höhe, Infektionen) oder gravierenden Konflikten zwischen Reiseteilnehmern. Der Reiseleiter wird einem auffälligen Reiseteilnehmer einerseits mit einfühlendem Verständnis begegnen, andererseits verpflichtet ihn aber auch seine Position dazu, einen Ausgleich der Interessen innerhalb seiner Gruppe anzustreben. Spätestens dann, wenn eine unerträglich gewordene Dauerbelastung eine Beschwerdeflut innerhalb der Gruppe auszulösen beginnt, sollte der Reiseleiter fachärztlichen Rat aufsuchen und gegebenenfalls einen Rücktransport des Betreffenden in Betracht ziehen.

X. Stichworte zur Notfallbehandlung akuter Erkrankungen

Alkoholvergiftung: Vgl. Kapitel VIII

Allergische Reaktionen:
Allergien kommen auf Urlaubsreisen häufig vor und können verschiedene Ursachen haben: ungewohnte Lebensmittel, Kontakt mit fremdartigen Pflanzen, Arzneimittel sowie Insektenstiche (Wespen, Hornissen, Spinnen, Skorpione). Letztere können zu schweren, im Extremfall sogar lebensgefährlichen Schockzuständen führen *(vgl. Schock)*. Allergien sind entweder lokal begrenzt (Hautrötung, Quaddelbildungen) oder treten als Ausschlag am ganzen Körper auf, eventuell auch mit Schleimhautsekretion, Juckreiz, Atemnot, Erbrechen.
 Behandlung: Bei lokalen Allergien kalte Kompresse auflegen, antiallergische Salben auftragen (nie mehr als zwei bis drei Handteller!). Bei Allgemeinreaktionen, vor allem bei Kreislaufkomplikationen, sollte baldmöglichst ein Arzt gerufen werden! Nur wenn kein Arzt erreichbar ist, cortisonhaltige Mittel nach Gebrauchsanweisung verabreichen (z.B. Ultra-

lan®). Bei schweren Schockzuständen kann die intramuskuläre Injektion eines Adrenalin-Autoinjektors (Fastjekt®; Anaphylaxie-Besteck Bencard®; Epipen®) lebensrettend sein!

Baucherkrankungen:

Schmerzen im rechten Unterbauch, harte Bauchdecken, Loslass-Schmerz beim Eindrücken der Bauchdecken, ausgeprägter Druckschmerz in der Mitte einer Linie zwischen Nabel und vorderem oberen Beckenknochenhöcker, Fieber im After gemessen erhöht (meist 38° bis 39°), unter dem Arm gemessen dagegen normal – bei dieser Symptomatik besteht Verdacht auf Blinddarmentzündung. Arzt rufen!

Tritt Übelkeit, Erbrechen/Durchfall, Fieber, zusammen mit heftigen Leibschmerzen, einer außerordentlich berührungsempfindlichen, hartgespannten Bauchdecke, Schocksymptomen, insbesondere beschleunigtem Puls und kaltem Schweiß auf, besteht Verdacht auf Bauchfellentzündung oder innere Verletzungen. Bei Frauen besteht zusätzlicher Verdacht auf Unterleibserkrankungen. Arzt rufen!

Im rechten Oberbauch starke Schmerzen, die krampfartig an- und abschwellen, besondere nach fettreicher Mahlzeit? Die Symptomatik legt den Verdacht auf eine Gallenkolik (Gallenblasenentzündung oder Steine) nahe. Strahlen die Schmerzen rechts oder links vom Rippenbogen aus ins Kreuz oder in Richtung Blase, kann es sich auch um eine Nierenkolik handeln. In beiden Fällen ist zur Diagnosesicherung und Schmerzbehandlung ein Arzt hinzuzuziehen!

Bei Schmerzen im oberen Bauch oder um den Nabel herum kommt eine Magen-Darm-Entzündung *(vgl. Lebensmittelvergiftung)*, aber auch ein Magen-/Zwölffingerdarmgeschwür in Frage. Arzt konsultieren!

Blasen am Fuß:

Zuerst kommt es zu Rötungen (in diesem Stadium kann man bei einer Wanderung noch Leukoplast darüber kleben). Wenn die Blase gefüllt ist, vom Rand her mit steriler Injektionskanüle mehrere gegenüberliegende Stiche setzen, wässriges Sekret auslaufen lassen, dann Wundverband anlegen (am besten spezielles Blasenpflaster), darüber Tapeverband. Haut nicht abtragen, sie soll mit der Wundbasis verkleben. Abends Pflaster entfernen und Blase trocknen lassen. Nur bei Infektionszeichen (Umgebungsrötung und Überwärmung, Ruheschmerz, trübe Sekretion) soll die Blase abgetragen und die Wunde desinfiziert werden (z.B. mit Betaisodona®).

Depressionen:

Eine ausgeprägte depressive Störung mit emotionaler Erstarrung, Vermeidung sozialer Kontakte und erheblichen Schlafstörungen muss ärztlich behandelt werden. Suizidgefahr! *(Vgl. Kapitel X/2)*

Durchfall: Vgl. Kapitel VI

Epileptischer Anfall:

Unter Epilepsie versteht man durch Funktionsstörungen des Gehirns ausgelöste Krämpfe regionaler Muskelgruppen, die zu Stürzen, und/oder unkontrollierten Muskelbewegungen führen. Maßnahmen: Betroffene nicht festhalten, weiche Unterlage unter den Kopf schieben und zur Verminderung der Verletzungsgefahr Gegenstände im Umfeld wegräumen. Arzt rufen oder Rettungsdienst alarmieren!

Fieber:

Leitsymptom verschiedenster Infektionskrankheiten aber auch Symptom zahlreicher anderer Erkrankungen. Ursache ermitteln! Bei hohem Fieber (über 39° C) stets einen Arzt hinzuziehen.

Furunkel, Abszess:

Lokaler Entzündungsknoten in der Haut, in der sich später Eiter sammelt. Behandlung: Spontane Entleerung abwarten, im Gesichtsbereich jede Manipulation vermeiden. Die Reifung kann beschleunigt werden, z.B. durch Ilon-Abszess-Salbe®.

Grippaler Infekt:

Behandlung: Acetylsalizylsäure (Aspirin®) oder Paracetamol (Benuron®), schleimlösende Medikamente, Nasentropfen. Bei hohem Fieber (über 39° C) oder vorbestehenden chronischen Erkrankungen (z.B. des Herz-Kreislauf-Systems, Nierenerkrankungen, Diabetes mellitus) einen Arzt konsultieren!

Halsentzündung:

Schmerzen beim Schlucken, Fieber über 38° C, druckschmerzempfindliche Halslymphknoten sowie Gaumenmandeln mit weißlichen Eiterstippchen sind Anzeichen einer Mandelentzündung. Arzt konsultieren, da zumeist ein Antibiotikum erforderlich ist. Bei nur leichtem Kratzen im Hals reichen Lutschtabletten aus.

Harnblasenentzündung:
Leitsymptome sind häufiger Harndrang mit wenig Urin, Schmerzen beziehungsweise Brennen beim Wasserlassen, eventuell trüber Urin, Fieber. Arzt konsultieren (Antibiotikumbehandlung)! Viel trinken (2-3 Liter pro Tag), um die Harnwege zu spülen.

Herzanfall:
Druck-, Schmerz- und Engegefühle über der Brust können Ausdruck einer mangelnden Sauerstoffversorgung des Herzmuskels sein, meist ausgelöst durch körperliche oder seelische Überbelastung. Bei bereits bekannter koronarer Herzkrankheit führen die Betroffenen in der Regel Nitrospray oder Nitrokapseln bei sich (2 Mal in den Mund sprayen oder 1-2 Kapseln zerbeißen lassen). Achtung: Gefahr des Blutdruckabfalls! Ohne Blutdruckmessgerät die Dosis nur unter ärztlicher Aufsicht steigern!). Wenn sich die Beschwerden damit nicht in kurzer Zeit deutlich bessern und ein schwerer Brustschmerz mit Vernichtungsgefühl, Schmerzausstrahlung in die linke Halsregion oder den linken Arm, kalter Schweiß, Pulsunregelmäßigkeiten auftritt, besteht Verdacht auf einen akuten Herzinfarkt. Sofort Notarzt alarmieren! Lagerung mit leicht erhöhtem Oberkörper, Patienten nicht allein lassen.

Herz-Kreislauf-Wiederbelebung (Reanimation):
Bei Bewusstlosigkeit, fehlender Atmung (keine Brustkorbbewegung, kein fühlbarer Atem), unverzüglich Reanimation einleiten und Notarzt alarmieren. Reanimation: Patienten auf dem Rücken und auf fester Unterlage flach lagern, Brustkorb von Kleidung befreien, seitlich neben den Patienten knien und zweimalige Mund-zu-Mund-Beatmung versuchen. Bei fehlender Reaktion Herzdruckmassage beginnen. Nach 15 Kompressionen erfolgen zwei Atemspenden. Bis zum Eintreffen des Notarztes fortsetzen. Niemals versuchen, einem Bewusstlosen Flüssigkeit einzuflößen!

Mund-zu-Mund-Beatmung: Eine Hand am Kinn, mit der anderen an der Stirn den Kopf nackenwärts strecken, die Nase des Patienten mit zwei Fingern zuhalten, einatmen und in den geöffneten, mit einem Taschentuch bedeckten Mund des Patienten ausatmen. Die Lippen schließen dabei dicht um den Mund. Anschließend beobachten, ob sich der Brustkorb hebt und wieder senkt.

Herzdruckmassage: Mit gestreckten Armen Handballen übereinander auf das untere Ende des Brustbeins aufsetzen, dann die Brust 4-5 cm tief eindrücken, mindestens etwa 100 Mal pro Minute.

Hitzschlag:

Bei großer Hitzezufuhr und bei gleichzeitigem Hitzestau (durch Kleidung, hohe Luftfeuchtigkeit, Flüssigkeitsmangel) bildet sich eine Wärmeregulationsstörung, die zum Kreislaufzusammenbruch führt. Symptome: Kopfschmerzen, Übelkeit, Bewusstseinsstörung, schneller Puls und stoßweise Atmung, die Körpertemperatur kann über 41° C liegen. Maßnahmen: kühle Umgebung, flach lagern, bei Bewusstlosigkeit stabile Seitenlage, kalte Umschläge an Armen und Beinen.

Höhenkrankheit: Vgl. Kapitel IV/3

Kreislaufkollaps (Ohnmacht):

Kurzzeitiges Versagen der Kreislaufregulation bei zu schnellem Aufstehen, Hitzestau oder starken Emotionen (z.B. Anblick von Blut) oder nach langem Stehen (Blut versackt in den Beinvenen). Maßnahmen: Patienten flach legen, Kopf tief und Beine hoch lagern, Patienten ansprechen, eventuell zusätzliche Hautreize durch leichtes Beklopfen. Kehrt das Bewusstsein nicht alsbald zurück, ist ein Arzt zu rufen!

Lebensmittelvergiftung:

Chemische, bakterielle (z.B. Salmonellen) oder toxische Ursachen (z.B. Pilze) lösen Übelkeit, Erbrechen, Bauchkrämpfe und Durchfall aus. Die Symptome treten sofort oder bis zu mehreren Stunden nach der Giftaufnahme ein. Maßnahmen: Erbrechen lassen, wenn Giftaufnahme wenige Stunden zurückliegt, reichlich zu trinken geben, Arzt konsultieren.

Nasenbluten:

Maßnahmen: Entspannt sitzen, den weichen Teil der Nase mit 2 Fingern sanft komprimieren, Blut nach Möglichkeit ausspucken, kalte Umschläge in den Nacken und ans Handgelenk legen. Wenn die Blutung länger als 20 Minuten andauert, Arzt konsultieren.

Reisekrankheit: Vgl. Kapitel IV/2

Schock:

Schock entsteht durch die mangelnde Sauerstoffversorgung der Organe als Folge einer Minderdurchblutung. Sie kann zum Organversagen führen. Ursachen sind starker Blutverlust (nach innen oder nach außen), Versagen der Herzpumpkraft (Herzinfarkt) oder allergische Blutgefäßerweiterungen (Anaphylaxie). Blutdruckabfall, flacher, schneller Puls und schnelle Atmung, kalter Schweiß, allgemeine Unruhe und Bewusstseinstrübung bis zur Bewusstlosigkeit sind die wichtigsten Symptome. Ein Schockzustand ist ohne rasches Eingreifen stets lebensgefährlich! Deshalb sofort den

Notarzt rufen! Patienten flach lagern, Beine erhöhen (außer bei Herzinfarkt). Bei sichtbarer Blutung Kompression, bei allergischer Reaktion Adrenalin-Injektion beziehungsweise Inhalation *(vgl. Allergische Reaktionen)*.

Sonnenstich:

Ein Sonnenstich entsteht als Reizung der Hirnhäute durch intensive direkte Sonnenbestrahlung des ungeschützten Kopfes. Symptome sind Kopf- und Nackenschmerzen, Nackensteife, Übelkeit, roter Kopf, Bewusstseinsstörung. Maßnahmen: Lagerung mit erhöhtem Oberkörper in kühler Umgebung, kalte Umschläge am Kopf. Bei Bewusstseinsstörung immer Arzt rufen! Stabile Seitenlagerung bei Bewusstlosigkeit.

Unter- und Überzuckerung:

Beide Zustände entstehen aus Stoffwechselentgleisungen als Folge einer Zuckerkrankheit (Diabetes mellitus). Eine Unterzuckerung (< 50 mg/dl im Blut) entsteht durch einen Überschuss an Insulin im Blut (Insulin zu hoch dosiert und/oder zu geringe Nahrungszufuhr, starke körperliche Anstrengung, reichlicher Alkoholgenuss). Es kommt zu Unwohlsein, Unruhe, Heißhunger, Schweißausbruch, Wahrnehmungsstörungen bis hin zum Bewusstseinsverlust und zu Krämpfen. Die Haut ist meist feucht und kühl. Maßnahmen: Etwas zu essen geben, z.B. eine Scheibe Brot und ein Glas (süßen) Safts. Bei Bewusstseinsstörung schnellstmöglich einen Arzt rufen, der mit der Injektion einer hochprozentigen Glucoselösung Abhilfe schaffen kann. Bei Überzuckerung erfolgt die Entwicklung meist langsam: Die Haut ist überwärmt und trocken, starker Durst stellt sich ein, Übelkeit, Erbrechen folgen, in der Atemluft liegt Acetongeruch. Verhaltensauffälligkeiten sind möglich, ebenso Bewusstseinsverlust. Maßnahmen: Falls vorhanden, kann ein Blutzuckerteststreifen die Situation klären. Auf jeden Fall ist eine ärztliche Intervention erforderlich.

Verbrennungen, Verbrühungen:

Man unterscheidet:

- Verbrennungen 1. Grades: Rötung der Haut
- Verbrennungen 2. Grades: Blasenbildung
- Verbrennungen 3. Grades: Zerstörung der Haut bis in tiefere Schichten.

Ab 15% Verbrennungsfläche 3. Grades besteht bei Erwachsenen Lebensgefahr. Maßnahmen: Entfernen des Betroffenen aus dem Brandbereich, Kleidung ablöschen, Entfernen von Kleidungsresten, Kaltwasserbehandlung (viele Minuten andauernd), Schocklagerung, bei erhaltenem Bewusstsein zu trinken geben, falls ein sofortiger Abtransport in die Klinik nicht möglich ist. Wundflächen mit sterilem Material abdecken.

Wundversorgung:

Erstversorgung aller Wunden erfolgt immer durch eine sterile Abdeckung. Bei starker Blutung Kompressionsverband anlegen. Bei Brandverletzungen schnellstmöglich abkühlen, z.B. durch kaltes Wasser, keine Salben usw. Entzündete Wunden machen sich durch Rötung, Schwellung, Überwärmung, verstärkte Schmerzen und eventuelle Eiterbeläge bemerkbar. Dabei können regionale Lymphknoten schmerzhaft anschwellen. Bei Auftreten eines roten Streifens ist die Lymphbahn miteinbezogen, was wiederum eine drohende Ausweitung der Infektion auf den ganzen Körper hin andeutet (Sepsisgefahr). Ärztliche Versorgung und Einsatz von Antibiotika sind erforderlich.

XI. Literaturhinweise

Berghold, Franz/Wolfgang Schaffert: Höhenakklimatisation und Höhenmedizin, Balingen 1997.

Knobloch, Jürgen: Tropen- und Reisemedizin, Stuttgart 1996.

Landgraf, Helmut: Flugreisemedizin, Berlin 1996.

Werner, Günther: Kleine Touristik- und Tropenmedizin, Stuttgart 1999.

Wirth, Armin: Erste Hilfe unterwegs, Bielefeld 2002.

Internetadressen:

www.gesundes-reisen.de [Bernhard Nocht-Institut für Tropenmedizin, Hamburg]

www.die-reisemedizin.de [Koordinationsstelle Reisemedizin der LTU]

www.bzga.de [Bundeszentrale für gesundheitliche Aufklärung]

www.frm-web.de [Forum Reisen und Medizin e.V.]

www.dtg.mwn.de/impfen/impf.htm [Deutsche Gesellschaft für Tropenmedizin und Internationale Gesundheit]

www.netdoktor.de

www.fit-for-travel.de

Reiseleiterzertifikat
des Bundesverbandes der Deutschen Tourismuswirtschaft und der Hochschule Bremen

Einführende Erläuterungen

Der Bundesverband der Deutschen Tourismuswirtschaft mit den darin zusammengeschlossenen Verbänden und die Hochschule Bremen fördern mit dem Reiseleiterzertifikat die Qualität der Dienstleistung Reiseleitung. Sie schaffen objektive Vorgaben für die Reiseleitung und umreißen damit das Tätigkeitsfeld sowie das Aufgabengebiet des Reiseleiters.

Bisher waren deutsche Reiseleiter in mehreren Ländern Behinderungen durch Behörden (häufig auf Veranlassung ortsansässiger Fremdenführerorganisationen) ausgesetzt. Das widerspricht dem Recht der freien Berufsausübung in der EU. Allerdings wird in den betreffenden Ländern darauf verwiesen, dass der Zugang zur Tätigkeit des Fremdenführers dort von dem erfolgreichen Besuch längerer Schulungskurse bzw. einer Fachhochschule abhängig gemacht wird, während die Berufsbezeichnung Reiseleiter in der Bundesrepublik nicht geschützt ist. Es gibt in der Bundesrepublik Deutschland weder ein anerkanntes Berufsbild noch entsprechende Berufzugangsvoraussetzungen für den Bereich Reiseleitung.

Es ist zu bedenken, dass die Touristik ein vielfältiges Spektrum umfasst, das bezüglich der Reiseleitung von der Gästebetreuung in einem Ferienort bis zur Studienreiseleitung reicht. Darüber hinaus gilt es, auch in Saisonspitzen den Bedarf an Reiseleitern abzudecken. Der Abschluss eines einschlägigen Ausbildungsberufs (analog dem des Reiseverkehrskaufmanns/der Reiseverkehrskauffrau) oder eines speziellen Studiums entspricht daher weder den Bedürfnissen der Reiseleiter (speziell der bereits langjährig als Reiseleiter tätigen Praktiker) noch den Interessen der Kunden und der Branche.

Für den Reiseleiter – und dabei insbesondere auch für den erfahrenen Reiseleiter – stellte sich bisher daher die Situation so dar, dass er keinen formalen Nachweis seiner Qualifikation erbringen konnte, einer Qualifikation, die in vielen Fällen mindestens dem Niveau seiner ausländischen Kollegen entspricht.

Die einschlägigen Studiengänge im Ausland konzentrieren sich meist auf die Informationen über Sehenswürdigkeiten, Kunst, Kultur und Geschichte. Der Bundesverband der Deutschen Tourismuswirtschaft und die Hochschule Bremen erachten jedoch die Bereiche Organisation, Qualitätssicherung und Kontrolle, qualifizierte Reklamationsbearbeitung, didaktisch richtige Führung von Gruppen bzw. die Vermittlung von Wissen, den Abbau von Konflikten – somit die soziale Kompetenz – sowie die zielgruppenorientierte Länderkunde als gleichrangig. In den Anlagen sind die für den Qualifikationsnachweis erforderlichen Schwerpunkte dieser Bereiche aufgeführt.

Der Reiseleiter muss über ein interdisziplinäres Wissen zu diesen Bereichen verfügen. Um den deutschen Reiseleitern eine Gelegenheit zu geben, diese Qualifikation nachzuweisen, wurde das Reiseleiterzertifikat des Bundesverbandes der Deutschen Tourismuswirtschaft geschaffen. Es ist eine freiwillige Qualifikation der deutschen Touristikwirtschaft.

Schwerpunkte für den Qualifikationsnachweis

Länderkunde

Der Reiseleiter ist Vermittler zwischen Urlaubsgast und Urlaubsland. Er befriedigt das Bedürfnis des Touristen nach Informationen und Orientierungen, er gibt Anregungen und erteilt Auskünfte, er erklärt und erläutert Aspekte fremder Kulturen, und er trägt damit zur Bereicherung des Weltbildes, zum Abbau von Vorurteilen und zum Verständnis zwischen den Nationen bei. Um diesen Aufgaben gerecht zu werden, benötigt er ein nicht unbeträchtliches Wissen über das bereiste Land, seine Bevölkerung und seine Kultur.

Dieses Wissen muss mehr gegenwartsbezogen sein als vergangenheitsbezogen, mehr universell als fachspezifisch, eher auf konkrete Phänomene als auf wissenschaftliche Theorien gerichtet. Erforderlich sind umfangreiche landeskundliche Kenntnisse. Dass verschiedene Reiseveranstalter von ihren Reiseleitern zusätzliche Qualifikationen verlangen, z.B. ein kunsthistorisches Studium, dient der unternehmerischen Profilierung und ist in diesem Zusammenhang nicht relevant.

Die geforderten Kenntnisse beziehen sich auf das Land als Lebensraum, sie betreffen ein Volk und seine Umwelt. Einbezogen sind folglich alle Bereiche menschlicher Organisation, die miteinander in Wechselbeziehung stehen: also sowohl Wirtschaft, Gesellschaft und Politik als auch Kunst, Religion und Bildung. Das heißt, der Reiseleiter muss die grundlegenden Daten und Fakten wissen über Geographie, Bevölkerung und ihre Struktur, Wirtschaft, Politik, Sozial- und Bildungswesen, Geschichte, Kunst- und Kulturgeschichte.

Dabei geht es weniger um die Quantität als um die Qualität der Kenntnisse. Die Fähigkeit, Wesentliches auszuwählen, Sachverhalte zu begründen und die Zusammenhänge herzustellen, ist höher zu bewerten als die Anhäufung von ungeordneten Einzelinformationen. Er soll diese aber auch in Beziehung setzen können zu Daten und Ereignissen in Deutschland bzw. der Bundesrepublik Deutschland und Vergleiche damit anstellen können. Ebenso werden Grundkenntnisse über die Europäische Union von einem Reiseleiter erwartet.

Der Prüfling kann aus der Reihe folgender Länder sein Prüfungsgebiet benennen:

> Belgien, Dänemark, Deutschland, Finnland, Frankreich, Griechenland, Großbritannien und Nordirland, Irland, Italien, Luxemburg, Niederlande, Norwegen, Österreich, Portugal, Spanien, Schweden, Schweiz.

Es ist davon auszugehen, dass ein Reiseleiter, der die hier gestellten Anforderungen erfüllt, in der Lage ist, sich den notwendigen Wissensstoff bei Bedarf auch für andere Länder zu erarbeiten.

Organisation

Der organisatorisch einwandfreie Ablauf ist eine Grundvoraussetzung für die erfolgreiche Reise. Dies setzt der moderne Verbraucher voraus. Fehler im organisatorischen Bereich strahlen negativ auf die gesamte Reise aus. Meist führen sie zu teuren Abhilfemaßnahmen und Kundenreklamationen.

Der organisatorische und abwicklungstechnische Bereich ist ein Kern der Reiseleitung. Eine Vielzahl der Tätigkeiten, Aufgaben und Abläufe, die der Reiseleiter beherrschen muss, sind allgemeiner Natur trotz des hohen Maßes an betriebsspezifischen Organisationsabläufen.

Speziell durch die Übernahme organisatorischer Aufgaben hebt sich der Reiseleiter vom Gästeführer/Fremdenführer ab, der lediglich Informationen über das Zielgebiet und dessen Sehenswürdigkeiten abgibt, aber keine Verantwortung trägt. Der Reiseleiter ist der verlängerte Arm des Reiseveranstalters unterwegs und offizieller Ansprechpartner des Kunden.

Recht, Reiserecht und Reklamationsbearbeitung

Der Reiseleiter soll nicht einen aus rechtlichen Fehlern resultierenden Prozess führen können – vielmehr soll er durch seine Tätigkeit dies zu vermeiden helfen durch vorbeugende Maßnahmen, Qualitätskontrolle und -sicherung sowie durch qualifizierte Reklamationsbearbeitung. Dazu muss er (Haftungs-) Risiken erkennen und die Folgen mangelhafter Leistungserstellung beurteilen können. Der Reiseleiter steht dabei stellvertretend für den Reiseveranstalter im Verhältnis zu Kunden, Leistungsträgern und Behörden.

Grundkenntnisse werden benötigt u.a. zu den folgenden Bereichen: Reiserecht, Hotelreservierungsvertrag, Beförderungsrecht zu den jeweils eingesetzten Verkehrsmitteln, Haftungs- und Versicherungsfragen sowie Grundzüge des allgemeinen Rechts (Strafrecht, Zivilrecht, Arbeitsrecht), soweit sie die Aufgaben des Reiseleiters gegenüber Kunden, Mitarbeitern, Leistungsträgern und Behörden betreffen.

Didaktik, Methodik, soziale Kompetenz

Die Vermittlung von Informationen über ein Zielgebiet und über Besichtigungsobjekte an Reisende, die sich während eines Urlaubs erholen wollen, erfordert eine besondere Form der Präsentation. Zur sozialen Kompetenz des Reiseleiters gehören auch die Motivation der Reisenden sowie der Abbau von Konflikten und Spannung innerhalb von Reisegruppen, die Förderung der Kommunikation und die Betreuung beim Erleben der Urlaubsregion. Eine wichtige Aufgabe ist die Förderung des Umweltbewusstseins, des Respektes gegenüber Menschen, Natur und Kultur des Gastlandes.

Tourismuskunde

Die Kenntnis der Grundzüge der Tourismuskunde ist ein unabdingbares Muss für die Tätigkeit des Reiseleiters. Hierunter fällt zum Beispiel das Wissen um die Arbeit von Reisebüros, Reiseveranstaltern, Fluggesellschaften, Hotels, Busunternehmen, Schiffahrtsagenturen, Fremdenverkehrsämtern u.a. In den Zielgebieten soll der Reiseleiter über Beherbergungsarten, touristische Einrichtungen jeder Art, touristische Infrastruktur und Umweltschutzmaßnahmen informiert sein.

Die Prüfung

1. Schriftliche Prüfung

Die Prüfung zum Reiseleiterzertifikat besteht aus fünf schriftlichen Teilen und einem mündlichen Teil.

Prüfungsteil	*Gewichtung*	*verfügbare Zeit*
Länderkunde	30,0 %	70 Minuten
Organisation	30,0 %	70 Minuten
Methodik, Didaktik, soziale Kompetenz	15,0 %	30 Minuten
Recht	12,5 %	20 Minuten
Tourismuskunde	12,5 %	20 Minuten
	100 %	210 Minuten

- Jeder schriftliche Prüfungsteil muss mit mindestens 50 % der Punkte bestanden werden. Die Gesamtprüfung ist erst bestanden bei insgesamt mindestens 60 % der Punkte.

- Schriftliche Prüfung (Dauer 210 Minuten) und mündliche Prüfung (Dauer 30 bis 45 Minuten) finden an zwei aufeinanderfolgenden Tagen statt.

2. Mündliche Prüfung

- Die mündliche Prüfung kann sich auf alle Bereiche beziehen, der Schwerpunkt liegt auf methodisch-didaktischem Gebiet.
- Die mündliche Prüfung gibt darüber Auskunft, ob der Kandidat eine der wichtigsten Reiseleiterqualifikationen besitzt: das Geschick, klare und verständliche Informationen zu vermitteln, folglich die Fähigkeit, Wesentliches auszuwählen, Sachverhalte zu begründen, Zusammenhänge herzustellen und seinen Vortrag zu strukturieren.

Prüfungsordnung

§ 1 *Aufgabenstellung*

(1) Die Einführung eines Reiseleiterzertifikats und eines darauf basierenden, zeitlich befristeten Reiseleiterausweises, einer Prüfung, die die Befähigung zur Tätigkeit des Reiseleiters nachweist und einer Prüfungsordnung haben das Ziel, die Qualität der Dienstleistung Reiseleitung zu fördern, objektive Vorgaben für die Reiseleitung zu schaffen und das Tätigkeitsfeld sowie die Aufgabengebiete des Reiseleiters zu umreißen.
(2) Der Bundesverband der Deutschen Tourismuswirtschaft bemüht sich um Anerkennung des auf dem Zertifikat basierenden Reiseleiterausweises in- und außerhalb der Bundesrepublik Deutschland und führt die entsprechenden Verhandlungen mit den zuständigen Stellen im In- und Ausland.

§ 2 *Aufgaben und Fähigkeiten des Reiseleiters*

Zu den Aufgaben und Fähigkeiten eines Reiseleiters gehören u. a.
- organisatorische Fachkenntnisse,
- landeskundliche Kenntnisse,
- rechtliche Kenntnisse, speziell zum Reiserecht,
- Grundkenntnisse der Touristik,
- Kenntnisse der Organisationen und Einrichtungen des Fremdenverkehrs und der Touristik,
- soziale Kompetenz, Methodik, Didaktik.

Die Prüfung hat den Zweck, die Eignung des Kandidaten für die Tätigkeit als Reiseleiter im In- und Ausland festzustellen.

§ 4   *Zulassungsvoraussetzungen*

Zur Prüfung sind Kandidaten zuzulassen, sofern sie folgende Voraussetzungen erfüllen:

(1) Der Bewerber muss das 18. Lebensjahr vollendet haben.

(2) Der Bewerber muss Abitur, Fachhochschulreife oder eine vergleichbare Schulausbildung und fachpraktische Reiseleitererfahrungen durch Vorlage geeigneter Belege nachweisen.

(3) Ersatzweise können Bewerber aufgrund langjähriger touristisch-fachspezifischer Tätigkeit, die durch Vorlage geeigneter Belege nachgewiesen werden muss, zur Prüfung zugelassen werden. Auch hierbei müssen fachpraktische Reiseleitererfahrungen nachgewiesen werden.

(4) Ebenfalls zugelassen werden können Studenten des Internationalen Studienganges Angewandte Freizeitwissenschaft der Hochschule Bremen mit dem Schwerpunkt Reiseleitung/Gästebetreuung.

§ 5   *Zulassungsverfahren*

(1) Die Anmeldung zur Prüfung hat schriftlich, nach den von der zuständigen Stelle bestimmten Anmeldefristen und Formularen, durch den Prüfungsbewerber zu erfolgen.

(2) Für Prüfungsbewerber nach § 4 (2) und (3) ist die vom Bundesverband der Deutschen Tourismuswirtschaft eingerichtete Stelle zuständig.

(3) Die Zulassungsstelle gibt die Prüfungstermine einschließlich der Anmeldefristen mindestens drei Monate vorher bekannt.

(4) Bei Prüfungen für geschlossene Gruppen von Prüfungsbewerbern kann diese Frist verkürzt werden.

(5) Der Bundesverband der Deutschen Tourismuswirtschaft behält sich in Abstimmung mit der Hochschule Bremen vor, die Teilnehmerzahl zu begrenzen. Die Vergabe der Prüfungsplätze erfolgt in der Reihenfolge der eingehenden Anmeldungen.

§ 6   *Prüfungsinhalte*

(1) Die Prüfungsunterlagen werden jährlich durch ein Gremium des Bundesverbandes der Deutschen Tourismuswirtschaft und der Hochschule Bremen zusammengestellt.

(2) In dieses Gremium sind geeignete und ausgewiesene Personen der Tourismuswirtschaft und der Hochschule Bremen zu berufen, die mit Fragestellungen der Reiseleitung befasst sind und die in der Lage sind, Fragenkataloge und Anforderungen zusammenzustellen.

§ 7 *Prüfungsausschuss*

(1) Zur Durchführung der Prüfungen wird vom Bundesverband der Deutschen Tourismuswirtschaft ein Prüfungsausschuss gebildet, in dem Fachleute der Hochschule Bremen mitwirken.

(2) Der Prüfungsausschuss besteht aus mindestens zwei Vertretern des Bundesverbandes der Deutschen Tourismuswirtschaft und zwei Vertretern der Hochschule Bremen.

(3) Der Prüfungsausschuss beruft die Prüfer.

(4) Der Prüfungsausschuss wählt einen Prüfungsvorsitzenden und einen Stellvertreter.

(5) Der Prüfungsvorsitzende leitet die Prüfung. In Streitfällen entscheidet die Mehrheit des Ausschusses, bei Stimmengleichheit zählt die Stimme des Prüfungsvorsitzenden doppelt.

(6) Der Prüfungsausschuss ist beschlussfähig, wenn 2/3 der Mitglieder mitwirken.

(7) Die Prüfungsprotokolle sind vom Protokollführer und dem Vorsitzenden zu unterzeichnen.

(8) Die schriftlichen Prüfungsarbeiten und die Berichte über den mündlichen Teil sind zwei Jahre, die Anmeldungen und Niederschriften vier Jahre aufzubewahren.

(9) Die Mitglieder des Prüfungsausschusses und die Prüfer haben über alle Prüfungsvorgänge gegenüber Dritten Verschwiegenheit zu bewahren.

(10) Hat ein Prüfungsbewerber die Prüfung nicht bestanden, so kann sich der Kandidat an den Bundesverband der Deutschen Tourismuswirtschaft wenden und um eine Anerkennung ersuchen. Diese Eingabe muss innerhalb einer Ausschlussfrist von einem Monat nach Bekanntgabe des Prüfungsergebnisses schriftlich per Einschreiben bei den zuständigen Stellen eingegangen sein.

(11) Der Prüfungsausschuss bestimmt eine zuständige Stelle, dessen Geschäftsführung insbesondere Einladungen, Protokollführung und Durchführung der Beschlüsse regelt.

§ 8 *Prüfung*

(1) Die Prüfung besteht aus einem schriftlichen und einem mündlichen Teil.

(2) Beide Prüfungsteile sollen an zwei aufeinanderfolgenden Tagen stattfinden.

(3) Die schriftliche Prüfung ist anhand der Prüfungsunterlagen innerhalb der festgesetzten Zeit zu absolvieren. Die Prüfungszeit wird vom Prüfungsausschuss bestimmt.

(4) Die Prüfungsteilnehmer haben sich gegenüber den Aufsichtsführenden über ihre Person auszuweisen. Sie sind vor Beginn der Prüfung über den Prüfungsablauf, die zur Verfügung stehende Zeit, die erlaubten Arbeits- und Hilfsmittel, die Folgen von Täuschungshandlungen und Ordnungsverstößen zu belehren.

(5) Die schriftliche Prüfung ist zu überwachen. Der Ablauf ist durch geeignete Maßnahmen sicherzustellen.

(6) Teilnehmer, die sich einer Täuschungshandlung oder einer erheblichen Störung des Prüfungsablaufes schuldig machen, kann der Aufsichtsführende von der Prüfung vorläufig ausschließen. Über den endgültigen Ausschluss und die Folgen entscheidet der Prüfungsausschuss. In schwerwiegenden Fällen, insbesondere bei vorbereitenden Täuschungshandlungen, kann die Prüfung für nicht bestanden erklärt werden. Das gleiche gilt bei innerhalb eines Jahres nachträglich festgestellten Täuschungen.

(7) Der Prüfungsteilnehmer kann nach erfolgter Anmeldung vor Beginn der Prüfung durch schriftliche Erklärung zurücktreten. In diesem Fall gilt die Prüfung als nicht abgelegt. Tritt der Bewerber nach Beginn der Prüfung zurück, so können bereits erbrachte, in sich abgeschlossene Prüfungsleistungen anerkannt werden, wenn ein wichtiger Grund für den Rücktritt vorliegt. Erfolgt der Rücktritt nach Beginn der Prüfung oder nimmt der Prüfungsbewerber an der Prüfung nicht teil, ohne dass ein wichtiger Grund vorliegt, so gilt die Prüfung als nicht bestanden. Über das Vorliegen eines wichtigen Grundes entscheidet der Prüfungsausschuss.

(8) Die mündliche Prüfung wird von mindestens jeweils zwei Prüfern durchgeführt. Sie beträgt mindestens 30, höchstens 45 Minuten. Die mündliche Prüfung kann sich auf alle in § 2 angegebenen Bereiche beziehen. Der Schwerpunkt liegt auf methodisch-didaktischem Gebiet.

(9) Kandidaten, die die erforderlichen Kenntnisse für eine qualifizierte Reiseleitung in schriftlicher und mündlicher Prüfung nicht nachweisen konnten, haben die Prüfung nicht bestanden. Jeder schriftliche Prüfungsteil muss mit mindestens 50 % der Punkte bestanden werden. Die schriftliche Prüfung ist bestanden, wenn insgesamt mindestens 60 % der Punkte erreicht wurden.

(10) Die mündliche Prüfung ist bestanden, wenn sie von beiden Prüfern mit mindestens ausreichend bewertet wird.

(11) Eine nicht bestandene Prüfung kann zweimal wiederholt werden.

(12) Hat der Prüfungsteilnehmer bei nicht bestandener Prüfung in einem Prüfungsteil ausreichende Leistungen erbracht, so kann der Prüfungsausschuss beschließen, dass bei einer Wiederholungsprüfung auf diesen Prüfungsteil verzichtet werden kann, sofern die Wiederholungsprüfung innerhalb eines Jahres stattfindet.

(13) Die Prüfungen sind nicht öffentlich. Der Prüfungsausschuss kann im Einvernehmen mit dem Prüfling Öffentlichkeit zur mündlichen Prüfung

zulassen. Bei der Beratung über das Prüfungsergebnis dürfen nur die Prüfer und die Mitglieder des Prüfungsausschusses anwesend sein.

(14) Die Bekanntgabe der Prüfungsergebnisse erfolgt nach Auswertung der Prüfungsunterlagen durch den Prüfungsausschuss. Dies kann auch in angemessener Zeit nach Abschluss der Prüfung durch die zuständige Stelle erfolgen.

(15) Der Prüfungsausschuss entscheidet über das Bestehen der Prüfungen.

§ 9 *Reiseleiterzertifikat*

(1) Kandidaten, die die Prüfung erfolgreich bestanden haben, erhalten das Reiseleiterzertifikat und einen Reiseleiterausweis des Bundesverbandes der Deutschen Tourismuswirtschaft und der Hochschule Bremen.

(2) Der Reiseleiterausweis hat drei Jahre Gültigkeit. Er bleibt Eigentum des Bundesverbandes der Deutschen Tourismuswirtschaft.

(3) Die Verlängerung des Reiseleiterausweises kann beantragt werden. Voraussetzung ist der Nachweis einer einschlägigen Tätigkeit während dessen Gültigkeitsdauer. Ansonsten hat der Reiseleiter in einer gesonderten Prüfung die Qualifikation erneut nachzuweisen. Über deren Gestaltung beschließt der Bundesverband der Deutschen Tourismuswirtschaft. In besonderen Ausnahmefällen kann der Bundesverband die Benutzung des Ausweises untersagen sowie seine Rückgabe verlangen oder eine Verlängerung verweigern.

§ 10 *Widerspruchsausschuss*

(1) Werden Prüfungsentscheidungen angefochten, entscheidet, soweit der Prüfungsausschuss diesem nicht abhilft, ein vom Bundesverband der Deutschen Tourismuswirtschaft zu bildender Widerspruchsausschuss.

(2) Der Widerspruchsausschuss setzt sich aus vier unparteiischen Personen zusammen, von denen jeweils zwei vom Bundesverband der Deutschen Tourismuswirtschaft und der Hochschule Bremen zu bestimmen sind. Mindestens eines der Widerspruchsausschussmitglieder muss die Befähigung zum Richteramt haben.

(3) Wird Misstrauen gegen die unparteiische Amtsausübung eines oder einer Prüfenden behauptet, ist dies schriftlich gegenüber dem oder der Vorsitzenden des Prüfungsausschusses zu begründen. Der Prüfungsausschuss entscheidet.

(4) Der Rechtsweg ist ausgeschlossen.

§ 11   *Anerkennung durch die Kandidaten*

(1) Kandidaten werden zur Prüfung nur zugelassen – abgesehen von den Zulassungsvoraussetzungen in § 4 der Prüfungsordnung –, wenn sie die Prüfungsordnung anerkennen und die Prüfungsgebühren entrichtet haben.

(2) Abgelaufene Reiseleiterausweise sind an den Bundesverband der Deutschen Tourismuswirtschaft zurückzugeben.

(3) Weigert sich ein Reiseleiter, den Reiseleiterausweis zurückzugeben, so kann der Bundesverband der Deutschen Tourismuswirtschaft u.a. die betroffenen Unternehmen sowie die einschlägigen Stellen im Ausland unterrichten.

§ 12   *Prüfungsentgelt*

(1) Das Prüfungsentgelt für Bewerber nach § 4 (2) und (3) wird vom Bundesverband der Deutschen Tourismuswirtschaft festgesetzt und bei Ausschreibung bekannt gegeben.

(2) Bewerber nach § 4 (4) sind vom Prüfungsentgelt befreit.

§ 13   *Fristen*

Die Anmeldung zur Prüfung muss mindestens 30 Tage vor dem Prüfungstermin auf den vorgeschriebenen Formularen zusammen mit den vorgesehenen Unterlagen bei der zuständigen Stelle eingegangen sein.

§ 14   *Änderungen*

Änderungen der Prüfungsordnung werden einvernehmlich durch den Bundesverband der Deutschen Tourismuswirtschaft und die Hochschule Bremen beschlossen.

Sollte eine Bestimmung dieser Prüfungsordnung ungültig sein oder werden, so berührt dies die Gültigkeit der übrigen Bestimmungen nicht. Der Bundesverband der Deutschen Tourismuswirtschaft ist verpflichtet, ungültige Bestimmungen durch im Ergebnis gleichkommende zulässige Regelungen zu ersetzen.

Berlin/Bremen, den 6. November 2001

(Die Anmeldeformulare für die Zertifikatsprüfung können angefordert werden beim: RDA, Internationaler Bustouristik Verband e.V., Hohenzollernring 86, 50672 Köln)

Register